의료커뮤니케이션과 마케팅

메디커뮤니케이션

유승철 · 임승희 · 문장호 · 김현정 · 이형민 · 이화자 · 이혜은
오지연 · 김유정 · 유우현 · 오지은 · 조은희 · 이신재 · 강승미
공저

QR코드를 통해 저자의 소개 영상을 시청하실 수 있습니다.

학지사

본서는 '2022년 한국헬스커뮤니케이션학회 출판사업 저자 공모' 사업을 통해서 출간하였습니다.

QR코드를 통해 한국헬스커뮤니케이션학회 정의철 학회장의 축사를 확인할 수 있습니다.

시작하는 글

코로나19 팬데믹(감염병 대유행) 이후 말 그대로 패러다임이 변했다고 할 정도로 우리가 세상을 해석하고 대응하는 양상이 총체적으로 변화하고 있다. 이 책의 출간 이후, 감염병이 수습된 후에도 우리 사회 여러 분야에서 후유증이 예상된다. 이런 변화 가운데 가장 두드러진 영역이 바로 '의료산업'이다. 팬데믹은 보건 위기와 경제 위기의 속성을 동시에 내포하고 있다. 이런 위기를 돌파하려는 자구책으로 기술적 그리고 사회적인 혁신이 촉발된다. 신종 감염병에 대응하기 위해 의료산업은 기존에 시도하지 않았던 혁신을 시도하기 시작했다. 비대면 원격진료와 디지털 의료커뮤니케이션이 교과서에서 만날 수 있었던 이론에서 이제 체감되는 현실로 다가오고 있다. 나아가 우리가 삶과 죽음을 바라보는 관점과 의료기관에 대한 기대 또한 변화하고 있다. 질병을 '치료를 통한 정복의 대상'이 아니라 '달래면서 함께 가야 하는 존재'로 수용하는 사회 전반의 흐름과 '웰다잉(well-dying)'이라고 일컫는 '고통스럽지 않은 편안한 죽음'에 대한 공감대가 넓어지고 있다.

의료기관은 상업재와 공공재의 성격을 동시에 지니는 '복합적 비영리-상업 조직'이다. 우리는 이미 코로나19에 대한 대응 과정에서 '의료 공공성의 중요성'을 절감했다. 의료가 상업적으로만 치달을 때 우리 사회가 감내해야 할 부작용은 상당하다. 소득과 거주지에 따른 의료 격차와 초국적 제약 기업들에 의한 백신 제조와 판매 독점을 통한 폭리, 그리고 백신 국가주의는 감염병 그 자체만큼 치명적이었다. 한편으로 병원에 대해 소비자가 요구하는 가치가 변화하고 의료 품질에 대한 기대 수준이 높아지면서 기존의 의료 관행으로는 소비자의 눈높이를 맞추기 힘들게 되었다. 의료기관은 가중된 공적 의무와 동시에 고품질 의료서비스에 대한 시장의 요구를 동시에 감내해야 한다. 의료산업이 시장경제의 논리를 그대로 따라갈 수는 없겠지만, 전과 달라진 시장과 소비자에 적응해야 할 필요가 더 커진 것이다. 결국, 병원은 비영리와 영리라는 두 날개로 균형을 잡으며 지속 가능한 경영을 추구해야 한다.

이렇게 변화하는 환경 가운데서 우리의 병의원이 직면한 현실은 매우 열악하다. 소위 '빅5' 또는 '빅10'으로 불리는 수도권에 소재한 초대형 종합병원과 소수의 전문병원을 제외한 다수의 병원은 경영난에 허덕이고 있다. 2021년 국정감사 공개 자료에 따르면, 2021년 상반기 개업 대비 폐업률이 333.3%를 기록하였다. 전체 병원 폐업률 추이를 보면, 2021년 기준 9.1%로 예년 6~7%에 대비해서 크게 상승 중이다. 의료산업의 소상공인이라고 할 수 있는 동네 의원, 특히 지방의 작은 의원의 폐업이 늘어 가는 것은 앞서 이야기한 보편적 공공 의료 관점에서는 큰 타격이 아닐 수 없다. 대형병원이 분원을 늘려 가면서 경영 확장을 노리는 것도 작은 병의원에게는 상당한 위협이다. 환자들의 대형병원 쏠림은 더욱 가속화될 것으로 예상할 수 있다. 큰 고기만 남아 있는 왜곡된 의료 생태계에서 병원은 (특히 작은 병원은) 보다 강하고 스마트해야 한다.

의료산업이 직면한 환경 변화는 크게 정책적 · 사회적 환경, 의료 소비자 환경, 그리고 의료 기술적 환경의 변화로 나누어 설명할 수 있다. 의료산업은 그 어떤 산업 영역보다 정책 의사 결정에 민감하다. 의료수가의 결정, 국민건강보험, 신약 허가, 원격의료 허용 등의 정책은 의료 이해관계자의 생업에 결정적인 영향을 행사한다. 앞서 언급한 의료 소비자의 변화도 역시 산업의 질적 변화에 결정적이다. 특히 '고령화와 저출산'이라는 메가트렌드는 의료산업 전체에 재정비를 요구하고 있다. 소위 호모 헌드레드(Homo hundred) 시대가 도래했다. 말 그대로 백 세까지 사는 것이 기본 수명이 될 정도로 인간의 평균 수명은 연장에 연장을 거듭하는 중이다. 산과와 산후조리원의 폐업이 가속화되고 있는 반면, 요양병원의 수요가 크게 늘고 있다. 출산이 줄고 있지만, 더 나은 출산 서비스에 대한 요구는 커지고 있다. 요양병원의 수는 늘고 있지만, 소비자가 가고 싶어 하는 고품질의 요양병원은 찾기가 힘들다. 이런 노인 관련 문제는 출산율 저하와 인구 절벽이라는 미래 세대에 대한 문제 못지않게 시한폭탄으로 다가오고 있다. 국가는 이미 상당한 세수를 투입해서 노인 문제에 대한 답을 구하려고 노력하고 있지만 고령화와 저출산이라는 거대한 변화의 흐름 속에서 해결의 방법은 요원해 보인다. 막을 수 없는 노화 과정이라면 여생을 보내야 할 '요양병원에서의 삶'에 대해서도 사회적 논의를 해 볼 필요가 커지고 있다.

최근 급증하고 있는 국내 거주 외국인 환자, 그리고 외국에서 방문하는 의료 관광 수요 역시 과거 우리가 예상하지 못했던 변화다. 외국인 환자를 통해 깜짝 매출 향상을 노리는 근시안적 전략은 한계에 봉착했다. 외국어 서비스 및 글로벌 문화 커뮤니케이션에 대한 필요가 커지고 있다. 마지막으로, 인공지능으로 대표되는 기술적 혁신은 의사와 간호사로 대표되는 의료서비스 제공자와 이용자인 환자와의 관계를 재정의하고 있다. 진료 기록을 담은 환자 빅데이터와 각종 IT 센서를 활용한 모바일 진료가 융합하면서 중증 질병에도 선제적 대응이 가능해지고 있다. 말 그대로 의료산업에 디지털 전환이 가속되고 있는 것이다.

앞서 언급한 환경적 변화 가운데서 의료산업이 성장할 여러 방책이 있겠지만, 이 책은 의료커뮤니케이션과 의료 마케팅에 초점을 맞춰서 우리 의료산업이 발전할 실마리를 제시하려고 한다. '의료커뮤니케이션(medical communication)'에서 이야기하는 소통은 단순히 병원이 서비스 이용자인 환자와 소통하는 것을 넘어서 여러 유형의 이해관계자(stakeholders)와의 소통을 의미한다. 70가지가 넘는 다양한 직종의 근로자가 함께 근무하고 있는 병원 조직에서 조직원과의 소통, 그리고 정책을 통해서 의료조직에 막대한 영향을 주는 정부 보건 당국과의 소통 등 다양한 형태의 소통을 포괄한다. 특히 의료조직은 가장 높은 수준의 지식 기반 조직으로 '조직커뮤니케이션(organizational communication)'의 중요성이 매우 크다. 의료는 삶과 죽음의 문제를 다루는 영역으로 이용자(환자 및 그들의 가족)의 관여도가 가장 높다. 또한 병원은 각종 의료 사고의 가능성에 지속적으로 노출되어 있다. 이런 사고와 관련해 환자와의 작은 소통 문제가 의료조직에 결정적인 위기로 작용할 수 있다. 그래서 병원은 '위기 커뮤니케이션(risk communication)' 역량을 갖

줘야 한다.

소통의 문제 다음으로 '의료 마케팅(medical marketing)'이 중요하다. 마케팅은 시장에서 특정 제품과 서비스가 소비자에게 가치(value)를 인정받으면서도 조직의 적정 이윤을 창출할 수 있도록 기능하는 시장경제의 핵심적인 도구다. 의료 시장은 공급자 중심에서 수요자 중심으로 그 틀이 바뀌고 있다. 수요자의 유형에 따라 서비스 요구가 다양해지고 원하는 품질 수준이 높아지는 가운데 의료 시장의 경쟁도 격화되고 있다. 작은 병원 입장에서는 능동적으로 잠재 고객을 찾고 발굴하며 재방문을 이끌어 내야 하는 것이 숙명이 되었다. '좋은 병원'의 개념은 정의하는 사람에 따라 크게 다르겠지만 질 높은 의료서비스를 합리적 가격에 제공하면서 커뮤니티와 함께 지속 가능할 수 있는 병원이 바로 좋은 병원이 아닐까 생각한다. 좋은 병원이 살아남기 위해서는 시장 속에서 병원이 성장하고, 성장의 과실을 시민 사회에 나눌 수 있는 선순환의 고리를 만들어야 한다.

이 책에는 다양한 배경을 가진 총 14명의 저자가 참여했다. 의료 현장에서 활약하고 있는 간호 전문가, 대체 의학을 제안하는 한방 브랜드 네트워크의 임원, 대학에서 미디어 · 커뮤니케이션 · 보건 · 광고PR · 마케팅을 강의하는 교수진까지, 모두 '의료커뮤니케이션과 의료 마케팅'을 이야기하기 위해 모였다.

제1장(인공지능 전성시대의 미래 의료산업 그리고 헬스케어 스타트업의 중요성–유승철)에서는 병원을 중심으로 한 의료산업에서 인공지능의 역할 그리고 헬스케어 스타트업 육성 방향에 대해 알아보았다. 제2장(메타버스 시대의 병원 브랜드 커뮤니케이션 그리고 의료광

고-유승철)에서는 메타버스로 대표되는 차세대 커뮤니케이션 환경에서 병원 브랜드 커뮤니케이션의 발전 방향과 의료광고의 품질 개선 방향에 대해 알아보았다. 제3장(존경받는 병원을 만드는 의료서비스 마케팅-임승희)에서는 병원의 경쟁력을 확보하고 나아가 존경받는 병원을 만드는 방안을 마케팅적 관점에서 설명했다. 제4장(의료마케팅 커뮤니케이션에서 고객구매여정 적용의 중요성-문장호)에서는 고객구매여정의 개념을 설명하고, 고객구매여정의 의료 분야 마케팅 커뮤니케이션 활용 방안에 대해 살펴보았다. 제5장(의료기관, 의료진 브랜딩과 소셜미디어 PR-김현정)에서는 의료기관과 의료인 개인의 역량에 관련한 공중관계성 PR 측면에서의 의료인 및 의료기관 브랜드화의 필요성과 SNS 활용 PR 전략 등을 소개했다. 제6장(병원 평판 관리의 두 축: 위기관리와 이슈관리-이형민)에서는 PR의 관점에서 병원 마케팅과 브랜딩을 관련 사례들을 통해 조망했다.

제7장(성공하는 병원 브랜딩을 위한 광고 만들기-이화자)에서는 병원 형태에 따른 광고 목적의 차이, 성공적인 광고 콘셉트 선정과 카피 작성, 효과적인 매체 선정과 디지털 시대의 병원광고 사례들을 살펴봄으로써 성공하는 병원 브랜딩의 노하우를 살펴보았다. 제8장(의료기관 경영과 병원장의 리더십, 그리고 병원 조직커뮤니케이션-유승철)에서는 새로운 경영 환경에서 병원장의 리더십의 역할을 고찰하고 병원의 성공을 위한 조직 커뮤니케이션 방향을 알아보았다. 제9장(당신의 병원은 소통하고 있나요: 의료조직의 효과적 커뮤니케이션-이혜은)에서는 코로나19 상황으로 의료진의 마스크 착용이 환자와의 소통과 신뢰에 어떤 영향을 주었는지, 또한 온라인 리뷰 사이트에서 병원 평가에 관한 연구를 소개하면서 병원에서의

소통의 중요성을 알아보았다. 제10장(병원, 간호사, 그리고 커뮤니케이션-오지연)에서는 병원 직종 중 가장 많은 인원을 차지하고 있는 간호사, 각종 병원 평가에서 직간접적으로 영향을 미치는 간호사들의 효과적 의사소통 및 인간관계론에 대해 알아보았다. 제11장(데이터 기반의 환자-의사 커뮤니케이션-김유정)에서는 환자 생성 건강 데이터의 등장과 발전을 알아보고, 환자 생성 건강 데이터 도입의 의료적 · 문화적 이슈를 분석할 뿐만 아니라 이를 둘러싼 기술과 제도의 변화를 최신 연구 및 다양한 사례를 통해 탐색했다.

제12장(디지털 환자 커뮤니티와 사회적 지지 커뮤니케이션-유우현)에서는 디지털 환자 커뮤니티를 통한 사회적 지지 커뮤니케이션이 만성질환자에게 어떤 영향을 미치는지 살펴보았다. 제13장('Beyond food' 변화와 가치를 담은 미래 병원-오지은)에서는 국내외 병원들의 음식 콘텐츠 활용의 예와 병원에서 활용 가능한 고령친화식품, 메디케어 식품에 대해 소개했다. 제14장(세계의 병원과 웰다잉-조은희)에서는 웰다잉의 개념을 소개하고, 치유를 위한 다양한 공간과 서비스를 제공하는 세계의 병원들을 소개하면서 병원의 발전 방향을 제안했다. 제15장(위드 코로나 시대: 성공 병원을 만드는 의료서비스 수요 창출 전략-이신재)에서는 의료기관의 디지털 전환, 치료 중심에서 예측과 예방으로 전환, 사후관리 중심의 의료서비스로의 변화, 셀프 메디케이션 중심의 맞춤형 의료서비스와 커뮤니케이션에 대해 다뤘다. 제16장(포스트 코로나 시대의 '뉴노멀', 비대면 진료의 미래-강승미)에서는 비대면 진료에 관한 국내 현행법과 정책 현황을 살펴봄과 동시에 코로나19 이후 해외 각국의 비대면 진료 현황을 함께 다뤘다.

이 책은 '2022년 한국헬스커뮤니케이션학회 출판사업 저자 공모' 사업을 통해 출간되었음을 밝힌다. 이 책의 기획에서 최종 출판까지 격려와 지원을 아끼지 않은 한국헬스커뮤니케이션학회 정의철 회장님과 집행부 이사님들께 감사를 드린다. 또한 출간을 물심양면으로 도와주신 학지사의 김진환 대표님과 최임배 부사장님, 그리고 원고를 검토해 더 좋은 책으로 만들어 준 편집부의 김순호 이사님과 박선민 대리님께도 고맙다는 인사를 전한다. 이화여자대학교 커뮤니케이션 · 미디어학부 대학원 연구원들, 지금도 한국의 병원 혁신을 위해 고전분투하고 있을 닥스미디어와 컨셉코레아의 임직원 여러분, 집필 과정을 함께해 준 가족, 마지막으로 척박한 환경에서 환자들을 위해 헌신하고 있는 의료 전문가들에게 감사의 마음을 전한다. 이 책이 병의원으로 대표되는 대한민국 의료산업이 한국을 넘어 세계 의료산업을 주도할 수 있는 강력한 병원 브랜드로 성장하는 데 작은 도움이 되기를 진심으로 고대한다.

2022년 7월 1일 14명의 필자들을 대신해서

이화포스코관에서

유승철 이화여자대학교 교수(한국헬스커뮤니케이션학회 연구이사)

차례

02
메타버스 시대의 병원 브랜드 커뮤니케이션 그리고 의료광고 · 49

03
존경받는 병원을 만드는 의료서비스 마케팅 · 79

04
의료 마케팅 커뮤니케이션에서 고객구매여정 적용의 중요성 · 111

05
의료기관, 의료진 브랜딩과 소셜미디어 PR · 143

06
병원 평판 관리의 두 축: 위기관리와 이슈관리 · 185

07
성공하는 병원 브랜딩을 위한 광고 만들기 · 215

08
의료기관 경영과 병원장의 리더십, 그리고 병원 조직커뮤니케이션 · 265

09
당신의 병원은 소통하고 있나요: 의료조직의 효과적 커뮤니케이션 · 301

10
병원, 간호사, 그리고 커뮤니케이션 · 327

11
데이터 기반의 환자-의사 커뮤니케이션 · 373

14
세계의 병원과 웰다잉 · 477

15
위드 코로나 시대: 성공 병원을 만드는 의료서비스 수요 창출 전략 · 525

16
포스트 코로나 시대의 '뉴노멀', 비대면 진료의 미래 · 565

01

인공지능 전성시대의 미래 의료산업 그리고 헬스케어 스타트업의 중요성

유승철 교수
이화여자대학교 커뮤니케이션 · 미디어학부

QR코드를 스캔하시면 저자의 설명 영상을 시청하실 수 있습니다.

✚ ✚ ✚

스마트 병원은 정보통신기술(ICT)을 의료에 적용한 디지털 기반 병원을 의미한다. 이 스마트 병원에서 핵심 기술이 바로 인공지능이다. 이 장에서는 병원을 중심으로 한 의료산업에서 인공지능의 역할 그리고 헬스케어 스타트업 육성 방향에 대해 알아보았다.

인공지능 전성시대의 미래 의료산업

스마트 병원은 정보통신기술을 의료에 적용한 디지털 기반 병원을 의미한다. 이 스마트 병원에서 핵심 기술이 바로 인공지능이다. 하지만 단어 '인공지능(artificial intelligence)'에서 '지능(intelligence)' 부분에서는 여전히 부족한 인상을 지울 수 없다. 그런데도 우리가 모르는 사이에 인간 수행 업무의 상당 부분이 속속 인공지능의 역할로 대체되고 있다. 그리고 우리에게 이런 변화가 자연스러워지고 있다. 실례로 금융 전문가의 역할을 인공지능 알고리즘 기반의 로보어드바이저[robo-advisor, robo-adviser, 금융 서비스나 투자 관리를 인공지능을 활용해 온라인으로 제공하는 투자 자문역(financial adviser)]가 상당수 대체하고 있다. 24시간 동안 밥도 안 먹고 잠도 자지 않으면서 고객의 자산을 합리적으로 관리하는 인공지능을 인간이 능가하기란 쉽지 않다. 일관적이지 않은 의사 결정과 거래 과정에서 발생하는 감정적 개입을 지울 수 없는 인간 투자 자문이 지니는 한계 때문이다. 의료 분야에서도 인공지능의 개입이 늘고 있다. 영상 이미지 판독과 해석 영역의 경우에는 환자가 인공지능을 전공의보다 더 신뢰할 정도다. 각종 반복적 처리 업무에서 실수 확률(error rate)을 계산하면 인간의 실수 확률이 인공지능보다 더 높다. 인공지능은 이제 단순 숫자 처리와 반복 업무를 넘어서 자연어 처리, 딥 러닝(deep learning), 상황 인식 처리 및 지능형 로봇 공학과 같은 첨단 기술을 사용하면서 혁신을 시작했다. 의료 현장의 전산 처리가 과거에는 '사전에 잘 정리된 정제 데이터'를 기반으로 하는 기계적 분석으로 활용도가 낮았다면, 이제 적정량의 데이터를 사용하여 스스로 학습하고 또 판단할 수 있다는 점에서 인공지능이 더욱 강력해지고 있다.

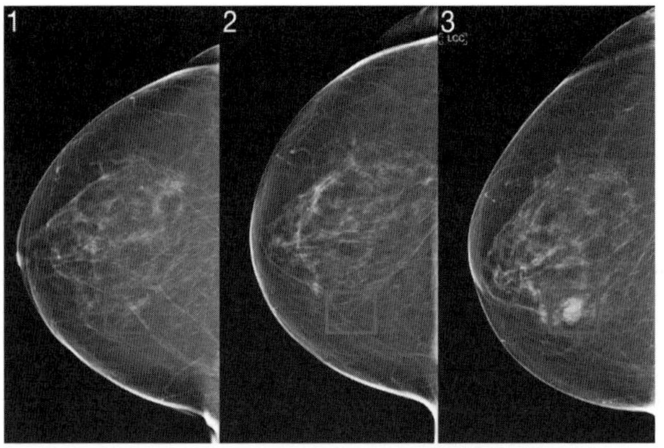

[그림 1-1] MIT대학이 선보인 인공지능을 활용한 유방암 발병 예측 시스템

출처: MIT's Computer Science and Artificial Intelligence Laboratory (CSAIL) and Jameel Clinic)[1]

1) Robust artificial intelligence tools to predict future cancer (2021. 1. 28.). https://news.mit.edu/2021/robust-artificial-intelligence-tools-predict-future-cancer-0128

인공지능과 의료 노동 시장의 변화

병원 업무 전반에 인공지능의 도입이 진척되면서 의료인에게 요구되는 의료 기술이나 전문 지식이 전과 달라지고 있다. 의사나 간호사 또는 의료 행정 실무자가 컴퓨터 코딩 내용을 이해하거나 적어도 문제 대응 능력을 갖춰야 할 시점이 가까워지고 있다.[2] 향후 인간이 수행했던 의료 업무를 인공지능을 활용해 대폭 자동화할 수 있을 것이다. 병원 내 청소나 환자 모니터링과 같은 반복적이고 힘겨운 업무는 이미 인공지능을 탑재한 로봇이 속속 대체하고 있다. 예컨대, 프란지(Franzi)라는 로봇은 코로나19 감염병 발발 이후

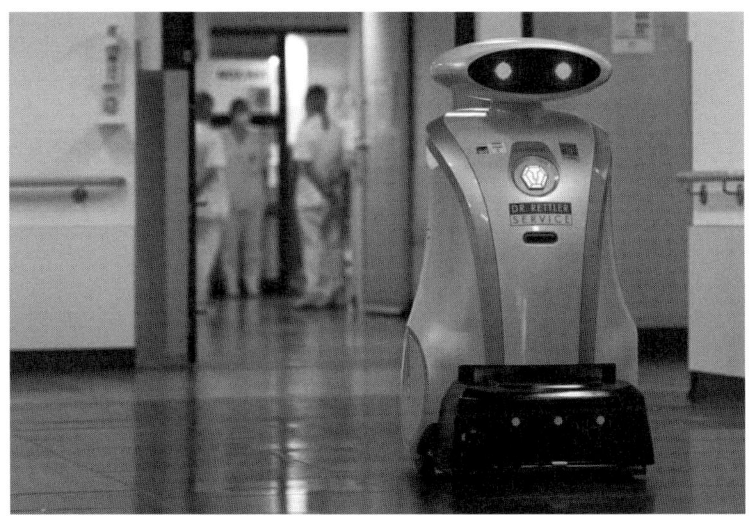

[그림 1–2] **독일 병원에 도입된 인공지능 청소 로봇 프란지**

출처: https://www.inceptivemind.com

---

2) Hazarika, I. (2020). Artificial intelligence: Opportunities and implications for the health workforce. *International Health, 12*(4), 241-245. https://doi.org/10.1093/inthealth/ihaa007

독일의 한 병원(Munich's Neuperlach Hospital)에 도입되어 호응을 얻고 있다. 과거의 병원 청소 로봇이 단순히 청소만 했다면 프란지는 인공지능을 활용해 환자에게 인기 있는 노래를 불러 주고 농담까지 던지면서 병원의 분위기를 밝게 만들고 있다는 점이 인상적이다.

인공지능이 의료 분야에서 빠르게 확산하면서 '헬스케어 정보학(healthcare informatics)'과 같은 새로운 영역의 의료 전문가에 대한 수요가 증가할 것이다. 이러한 시장 변화에 관련해 의료기관의 교육 및 훈련 프로그램 모두 '인공지능 이후의 노동 시장 수요(post-AI labor market demand)'에 맞춰 조정되어야 할 것이다.[3] 인공지능은 우리 생활의 일부가 되고 있으며 의료산업도 여기서 예외가 아니다. 인공지능이 발전함에 따라 그 기능은 의료서비스 전체를 크게 변화시킬 것이다. 인공지능을 잘만 활용한다면 업무의 효율성을 높이고 의료서비스의 품질을 개선해 환자에게 양질의 치료를 제공할 수 있을 것이다. 실제로 이미 인공지능 기반의 의료 정보 분석은 의료 기록에 대한 데이터 마이닝(data mining)을 통해 의료진의 판단을 돕는 효과적인 보조 기술로 활용되고 있다.

병원 혁신을 위한 인공지능 챗봇 커뮤니케이션

인공지능 챗봇(artificial intelligence chatbot)을 정의하면 '인간

3) The return of the machinery question. *Economist*, 23 June 2016. http://www.economist.com/sites/default/files/ai_mailout.pdf

이 사용하는 글이나 말을 인식하고, 사용자가 어떠한 언어를 입력하였을 때 동일 언어 체계로 대응하는 컴퓨터 시스템'을 의미한다. 다시 말하면 인간과 인공지능 챗봇 시스템이 사람들끼리 대화(conversation)를 나누는 것처럼 대화를 나누거나 인간(사용자)이 말로 지시하는 업무를 수행할 수 있도록 고안된 인공지능 시스템을 말한다. 신종 감염병 증가로 비대면 상거래가 일상화되면서 유통·교육과 항공·관광 업계뿐만 아니라 의료 업계의 챗봇 서비스 또한 활성화되는 중이다. 현재 몇몇 국내 종합 병원에서는 이미 '네이버 톡톡' '카카오톡'과 연계해 모바일 폰이나 PC를 통해 간단한 상담 서비스를 제공하고 있다. 시장 분석 전문가들은 2022년까지 전 세계적으로 36억 달러에 달하는 '의료 챗봇 활용을 통한 헬스케어 분야의 비용 절감'을 예상하면서 의료에 인공지능 챗봇이 널리 도입될 것을 기대하고 있다. 챗봇은 의료서비스 제공 비용 절감과 동시에 환자를 올바른 의료서비스 제공 병원과 연결하여 병원 대기 시간, 상담 시간, 불필요한 치료 및 재입원을 점진적으로 줄일 수 있다. 의사를 방문하지 않고도 환자가 자신의 건강 상태와 치료 내용을 이해하도록 돕는 등 원격의료에서도 챗봇이 활약할 것으로 기대된다.

실례로 의료 챗봇 서비스인 컨버사 헬스(Conversa Health)는 가상 진료를 통해 전염병 확산 방지 및 위험을 평가하고 환자의 증상을 확인하는 등의 역할을 하는 '코로나바이러스 자가 건강 관리 챗봇'이다. 인적 서비스를 제공하기에 많은 시간과 비용이 소요되며 의료 인력 수급에 대한 문제가 커지는 요즘 챗봇의 역할이 주목받고 있다. 신종 감염병으로 병원 방문이 어려워지고 비대면 서비스가 늘어나며 챗봇 활용은 더 증가할 것으로 예상할 수 있다. 보건 분야에서 챗봇은 환자에게는 정보에 대한 접근을 쉽게 하고, 의료진에게는 직원의 개입을 줄이려는 방편으로 사용이 늘어날 것이다. 의료 챗봇 컨버사 헬스 [4]도입 이후 '환자 만족도와 참여도' 가 크게 향상되었다는 조사 결과도 있다. 구체적으로 환자의 97%가 챗봇이 자신의 치료를 관리하는 데 도움이 되며, 87%는 치료 계획을 더 잘 따를 수 있다고 했다. 챗봇의 다른 강점은 '총 치료 비용 절감' 에 도움이 된다는 점이다. 챗봇을 사용하는 환자 집단에서 병원 재입원율이 32% 감소했고, 취소 비율은 70% 이상 감소했다. 그뿐만 아니라 챗봇을 활용할 때 병원의 치료 팀에서 서비스 생산성의 향상도 있었다고 한다.

앞서 언급한 챗봇의 여러 장점에도 불구하고 예상하지 못한 문제 발생 가능성도 유념해야 한다. 환자들이 의료 전문가와 상호

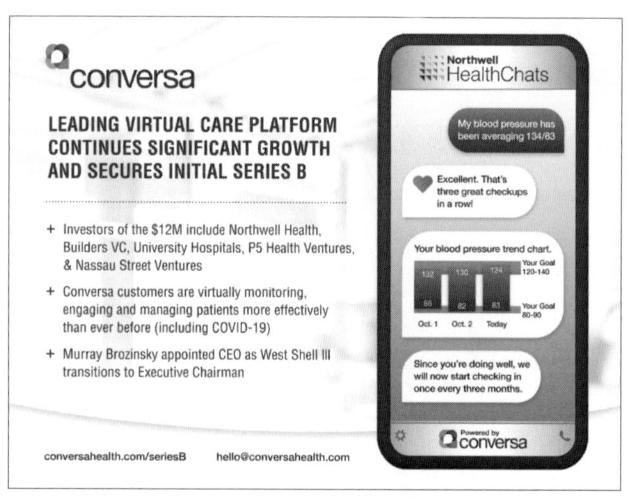

[그림 1-3] **의료 챗봇 컨버사 헬스(Conversa Health)**

출처: https://conversahealth.com

4) 의료 챗봇 컨버사 헬스 조사 자료 https://conversahealth.com

작용하거나 병원 웹 사이트를 탐색할 때 환자의 문의(query)에 대한 빠른 응답을 위해 환자와 인공지능 에이전트가 실시간으로 상호 작용하기를 원하는 것은 당연하다. 이는 의료서비스 만족도와 병원의 브랜드 이미지에도 긍정적 영향을 미치는 중요한 요소 중 하나다. 인간의 도움이 필요 없는 독립형 인공지능 챗봇을 통해 기업은 고객 지원 경험을 주도할 수 있지만, 인공지능이 제공하는 잘못된 응답이 주는 결함으로 브랜드 이미지가 손상될 수 있다. 예를 들어, 의료 챗봇이 복잡한 상태의 증상을 기반으로 정확한 진단을 내리는 것은 불가능하다. 증상에 대한 초기 진단을 담당하는 챗봇은 일련의 증상에 대한 최초 진단을 기계적으로 생성할 수 있겠지만, 대부분 정확한 진단에 도달하려면 의사가 개입해서 추가 조사 또는 질문을 진행해야 한다. 따라서 챗봇 활용은 병원의 업무를 돕는 인공지능 어시스턴트로서 기능에 초점을 맞추는 것이 효과적이다. 가상 의사 서비스로 큰 호응을 얻고 있는 바

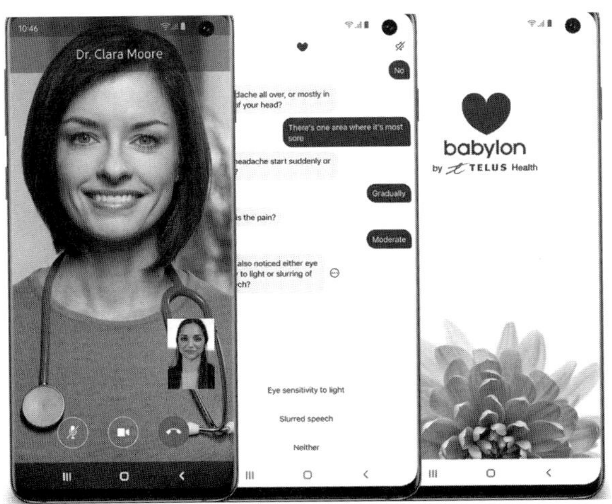

[그림 1-4] 인공지능 챗봇과 실제 의사의 상담을 함께 활용하는 바빌론 헬스

출처: https://www.babylonhealth.com

빌론 헬스(babylon health)는[5] 인공지능의 한계를 직시하고 환자와 의사와의 비디오 채팅을 도입하여 모바일 앱과 연동해서 환자의 좋은 평가를 얻었다.

인공지능 전성시대의 의료진-환자 커뮤니케이션

단순히 정보 전달과 응대를 담당하는 챗봇을 넘어서 공감하는 가상 에이전트에 대한 논의도 뜨겁다. 가상의 인간을 의미하는 디지털 휴먼(digital human 또는 virtual human)을 통한 원격의료의 움직임이다. 인공지능은 환자를 파악하지만 공감할 수는 없다. 공감(empathy)과 동정(sympathy)은 다르다. '공감'은 다른 사람의 감정과 생각을 '함께' 나누는 것이라면, '동정'은 다른 사람의 고통이나 불행을 보며 가엾게 여기는 마음이다. 병원에서는 의료에 관련한 사실을 제대로 전달하면서도 환자의 공감을 끌어내는 소통의 방법이 중요하다.[6] '로봇과 인공지능의 시대'에서 의료진의 역할은 크게 변화하고 있다. 그 변화 가운데 가장 결정적인 부분은 '의료진-환자 커뮤니케이션의 중요성'이 커진다는 점이다.[7] 인공지능의 발전이 가속하고 있지만 공감까지 도달하기에는 매우 오랜 시간이 걸릴 것이다. 이런 소통을 돕기 위해 가상 의사(virtual doctor)의 활

5) 바빌론 헬스 https://www.babylonhealth.com

6) Kerasidou, A. (2020). Artificial intelligence and the ongoing need for empathy, compassion and trust in healthcare. *Bulletin of the World Health Organization, 98*(4), 245-250. https://doi.org/10.2471/BLT.19.237198

7) Wachter, R. (2017). *The digital doctor: Hope, hype, and harm at the dawn of medicine's computer age*. https://www.medscape.com/features/slideshow/books-by-doctors-2015#page=7

용도 고려되고 있다. 인간은 사회적 동물이지만 터놓고 이야기하기 어려운 것들이 많다. 주요 치료법이 대화 요법인 정신 질환 치료에서는 아바타를 활용한 가상 비대면 미팅이 공감을 만드는 데 더 효과적일 수 있다. 이런 점에서 가상 의사를 의료 현장에서 활용하는 것도 활발하게 논의 중이다(참고: 플로리다대학교의 컴퓨터 정보과학 및 공학과 Benjamin Lok의 연구).[8]

우리가 미래의 병원을 떠올리면 첨단 장비가 있고 규모가 큰 건물을 떠올리고는 한다. 그리고 대형 병원의 광고에는 여지없이 새로운 장비들을 자랑하기 일색이다. 하지만 환자가 인지하는 좋은 병원은 '나와 나의 질병을 이해하고 소통해 주는 병원' 그리고 '의료진의 인간미'다. 필자는 2019년 여름 세계 최고의 암 병원이라고 인정받는 엠디앤더슨 암센터(MD Anderson Cancer Center)을 방문한 적이 있다. 엠디앤더슨 암센터에서 가장 흥미롭게 관찰한 부분은 첨단 기기를 자랑하는 광고물들이 아니라 따듯한 색조로 연출된

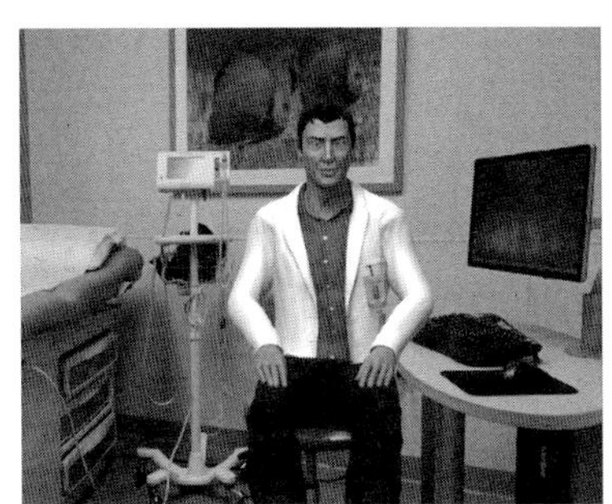
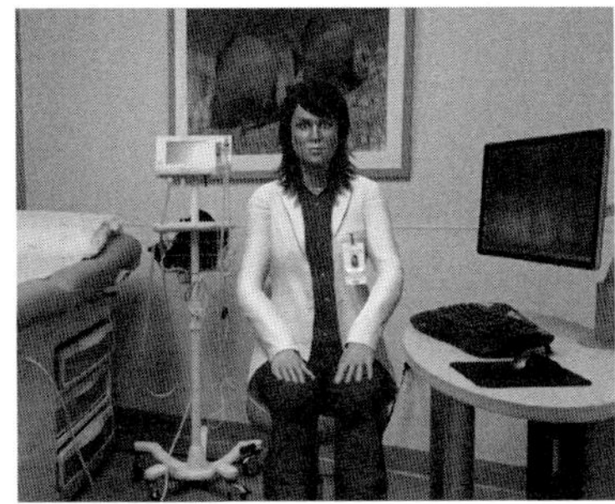

[그림 1-5] **의료 현장에서 버추어 휴먼을 활용한 정신과 진료 실험**

출처: https://news.ufl.edu/2019/08/virtual-humans-boost-mental-health-recovery

8) Virtual humans boost mental health recovery. https://news.ufl.edu/2019/08/virtual-humans-boost-mental-health-recovery

원내 공간과 오래된 카펫, 그리고 목재로 된 마루였다. 다음으로 따듯한 인상으로 소통하고 있는 의료진의 모습이었다. 미래의 의료진-환자 커뮤니케이션은 인공지능의 차가움이 아니라 공감을 끌어내는 소통하는 의료진이다.

의료산업에서 인공지능 활용의 문제점과 우려

인공지능은 '블랙박스(black box)'를 통해 작동한다고 말한다. 다시 말하면 인공지능이 어떻게 정보를 처리하고 해석해서 결정을 내리는지 그 과정은 블랙박스에 숨겨져 있어서 설명이 불가능하다는 의미다. 인공지능 시스템의 출력(산출물)을 검증하는 데 어려움이 있어서 책임성(accountability) 그리고 투명성(transparency)에 대한 우려가 제기되고 있다.[9] "인간이 인공지능을 뒤에서 조작한 이후에 책임을 인공지능에게 돌리게 된다면 어떨까?" "민감 정보에 대한 사생활 침해는 어떨까?" "생존과 사망을 확률적 가능성에 따라 결정하는 것에 관한 판단의 문제는 어떨까?" 인공지능의 문제와 관련한 다양한 사건은 이미 의료가 아닌 다른 산업 영역에서도 속속 벌어지고 있으며 의료 분야에도 여러 함의를 던진다. 국내에서도 챗봇 서비스인 이루다(AI 전문 스타트업 스캐터랩이 2020년 12월 23일에 출시한 AI 챗봇) 관련 문제가 커지면서 서비스를 중단하기도

---

9) Kortz, M., & Doshi-Velez, F. (2017). Accountability of AI under the law: The role of explanation, Berkman Klein Working Group on Explanation and the Law, Berkman Klein Center for Internet & Society working paper. http://nrs.harvard.edu/urn-3:HUL.InstRepos:34372584

했다. 챗봇에 의도적으로 성적 대화를 유도해 음란한 소통 방법을 사용자들이 의도적으로 학습시킨 것이다. 2016년 3월 마이크로소프트(MS)가 만든 AI 챗봇 '테이' 역시 출시 후 16시간 만에 운영을 중단한 바 있다. 백인 우월주의 및 여성 · 무슬림 혐오 성향의 익명 사이트에서 여러 누리꾼이 테이에게 비속어와 인종 · 성차별 발언을 반복 학습시켰고, 테이는 다른 사람과의 대화에서도 이러한 혐오 발언을 무차별적으로 쏟아냈기 때문이다. 인공지능이 사람들에 의해 오용될 수 있다는 점을 보여 주는 좋은 사례다. 의료 분야처럼 생명을 다루는 영역에서는 인공지능 관련 문제가 더 심각해질 수 있다. 인공지능이 가치중립적이라고 하더라도 그 배후를 조종하는 악의를 지닌 사람이 존재할 수 있다는 점을 명심해야 한다.

앞서 언급한 여러 우려를 인지하더라도 의료산업에 인공지능의 도입은 선택이 아니라 필수다. 인공지능이 의료 분야에 가져올 문제를 줄이고 예상되는 성과를 높이는 방법을 고민해야 한다. 인공

[그림 1-6] **챗봇 서비스 이루다**

출처: https://m.dailian.co.kr/news/view/953973

지능 시대의 병원은 의료서비스의 고품질과 환자의 안전을 도모하고, 병원 업무의 효율성을 극대화하며, 의료진이 업무에 만족하고 적극적으로 업무를 진행할 수 있도록 병원 업무 전반을 인공지능 시대에 적합한 시스템으로 개선해야 한다. 인공지능을 통한 혁신적인 기술 변화가 의료 노동자의 업무 효율성을 높이고 예산 절감에만 초점을 둔다면 인공지능이 제대로 역할을 못하는 셈이다. 인공지능의 최종 종착지는 바로 '환자 경험 제고와 치유 결과 개선'임을 명심해야 한다. 미래 의료 인력들은 의료 전문가로서 또 정보 기술에 강한 능동적인 문제 해결사로서 인공지능을 병원의 제반 업무에 적극적으로 활용해야 할 것이다.

'스타트업' 정신으로 신사업에 도전하는 의료조직

말 그대로 '스타트업 전성시대'다. 메타버스 플랫폼으로 대변되는 초국적 온라인 공룡들이 속속 등장하면서 기존의 산업 구조를 재편하고 있다. 유니콘 기업(Unicorn)이라고 불리는 기업 가치가 10억 달러(=1조 원) 이상이며, 창업한 지 10년 이하인 비상장 기업들도 세계 곳곳에서 속속 등장하고 있다. 미국을 중심으로 다수의 선진국이 스타트업 성공에 국가의 미래를 걸고 있다. 물론 국내에서도 수많은 스타트업이 새로운 시장의 패권을 쥐기 위해 앞다투어 경쟁하고 있다. 4차 산업혁명의 소용돌이 가운데에서 인공지능을 포함한 신기술 기반의 스타트업들의 중요성은 아무리 강조해도 부족하지 않다. 흥미로운 점은 이런 스타트업 가운데 다수가 '의료 정보와 소비자 효용을 기반으로 한 헬스케어 스타트업' 이라는 점이다. 의료

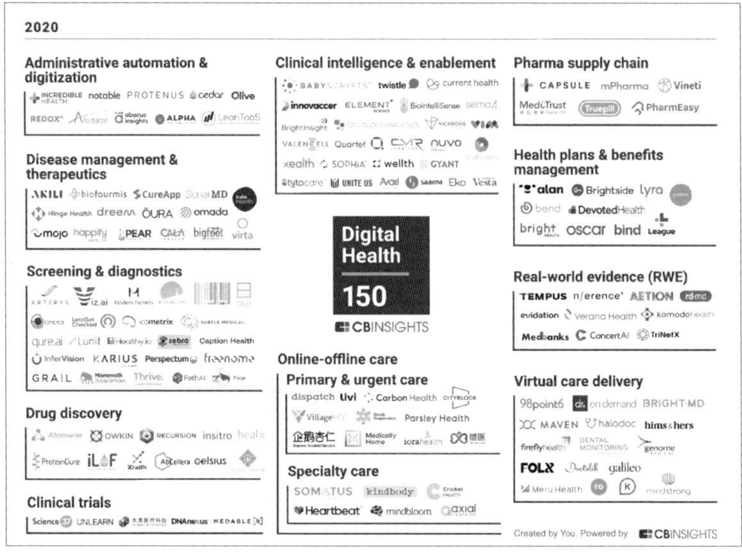

[그림 1-7] **헬스케어 관련 영역별 스타트업 기업 브랜드들**[10)]

조직을 대표하는 기관인 병원이 지닌 전통적 기능이라고 하면 내원 환자들에 대한 양질의 의료서비스 제공과 질병에 관한 연구 기능이다. 실무와 연구가 긴밀하게 연결된 영역이 바로 병원이 제공하는 헬스케어다. 물론 이 본연의 기능은 미래에도 다르지 않을 것이다. 한편으로 앞서 언급한 '병원의 본원적 기능'에만 병원의 영역을 한정하기에는 아까울 정도로 헬스케어 영역은 성장하고 있다.

실례로 세계 최대의 인터넷 기업인 아마존(Amazon)에서는 2019년 9월 회사 직원들과 가족을 대상으로 시작한 아마존 케어(Amazon care)라는 원격진료 서비스를 2022년 말까지 20개 주요 도시에 제공할 계획이라고 한다.[11)] 이미 아마존 케어의 서비스 범위

10) https://research-assets.cbinsights.com/

11) Amazon expanding Amazon care telemedicine program nationally: 6 details (2021. 3.). https://www.beckershospitalreview.com/disruptors/amazon-expanding-amazon-care-telemedicine-program-nationally-6-details.html

를 확대하기 위해 여러 대형 건강 보험 회사와 협의 중이다. 아마존 케어 앱은 또한 후속 방문 예약, 치료 요약 및 후속 알림 수신을 포함하여 환자에게 다양한 도구를 제공한다는 점에서 환자에게 매우 편리하다. 개인 건강 데이터를 쇼핑 패턴과 결합하여 질병에 걸릴 위험이 있는 미래 환자를 식별하고 예방 조치를 문자 메시지로 보낼 수 있을 정도로 고도화하는 것을 목표로 한다고 한다. 환자의 상태가 악화되어 의사의 진찰을 받아야 할 때는 스마트폰 앱을 통해 약속을 잡을 수 있고, 가상 진료 중에 의사는 음성 명령으로 처방전을 주문할 수 있으며, 2시간 후 약은 환자의 집으로 배달될 수 있다면 어떨까? 이런 상상이 현실로 다가오고 있다. 아마존은 2017년 유기농 식료품점인 홀푸즈(Whole Foods)를 인수하면서 매장 내 구매 데이터를 사용하여 고객에 대한 보다 정교한 청사진을 만들 수 있었다. 아마존이 의료 분야에 진출한다면 처방전, 인공지능 스피

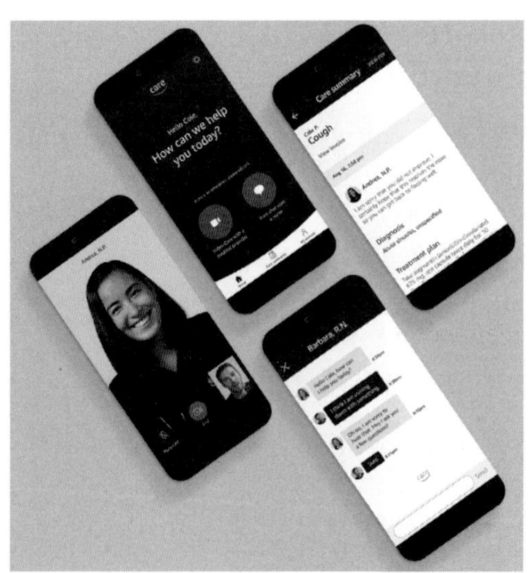

[그림 1-8] **아마존 케어 앱**

출처: https://techcrunch.com/2019/09/24/amazon-care-healthcare-service

커(Alexa 또는 Echo)에 설정된 의료 알림, 의료 기록을 포함한 건강 정보, 식료품 구매 기록을 결합해서 소비자의 건강 관리에 도움이 될 수 있는 식품, 비타민, 일반 의약품 및 기타 관련 제품을 제안할 수 있을 것이다. 궁극적으로 이런 맞춤 서비스는 불필요한 병원 방문을 줄일 수 있는 편리한 헬스케어 서비스가 될 것으로 기대된다. 국내도 원격 진료가 허용될 시점에서는 이러한 정보 융합 신사업을 충분히 기대해 볼 수 있겠다.

언택트 시대의 의료 비즈니스와 헬스케어 스타트업

공상 과학(SF)의 거장으로 1980년대 사이버펑크를 선도한 작가 윌리엄 깁슨(William Ford Gibson)은 2003년 이코노미스트와의 인터뷰에서 이런 말을 했다. "미래는 이미 와 있다. 단지 널리 퍼져 있지 않을 뿐이다(The future is already here. It's just not very evenly distributed)."[12]

코로나 이후, 우리 사회 그리고 개개인의 삶 전체는 전대미문의 변화 속에서 '넓게 퍼진 미래'를 만나기 시작했다. 특히 대면에서 비대면(untact: un-contact, 이하 언택트)의 '가상의 매개형 사회관계(mediated virtual society)'로 총체적인 라이프 패러다임 전환이 가속화하고 있다. 병원도 이런 변화에서 예외는 아니다. 병원이라는 개념이 오프라인 공간을 넘어서 이제 메타버스(Metaverse, 물리적 공

12) THE FUTURE IS ALREADY HERE. IT'S JUST NOT VERY EVENLY DISTRIBUTED, https://interactions.acm.org/archive/view/march-april-2017/the-future-is-already-here

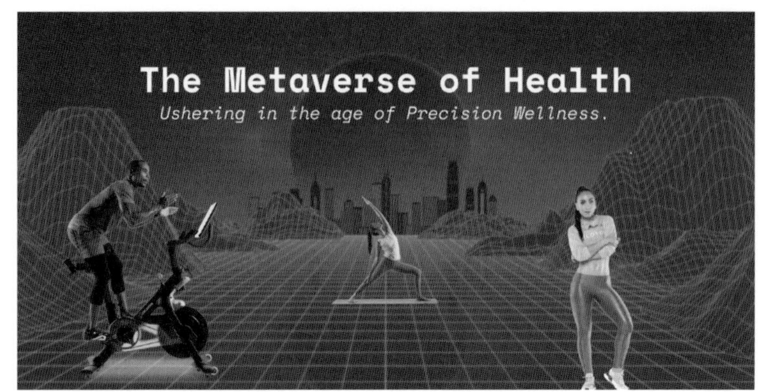

[그림 1-9] **헬스 및 웰니스 산업에 급속히 적용되고 있는 메타버스 기술**

출처: https://venturedesktop.substack.com

간을 초월한 가상 공간)의 세상으로 편재화되고 있는 것이다. 언택트(un+tact)'는 접촉을 뜻하는 콘택트(contact)에 부정, 반대를 뜻하는 언(un)을 붙인 조합어다.[13] 무인 결제 키오스크(Kiosk), 인공지능(AI) 챗봇 서비스, 배달 애플리케이션 등으로 대표되는 '언택트 문화(언택트 1.0)'가 테크놀로지에 익숙한 소비자가 많아지면서, 또 기업이 인건비 절감을 시도하면서 자생적으로 생겨난 '선택이고 자발적인 비대면'이었다면, 포스트 코로나 시대의 '언택트 2.0'은 보이지 않는 바이러스라는 적으로부터 생존하기 위한 '반-강제적이고 생활화된 전면적 비대면'이라고 볼 수 있다.

언택트 2.0 시대를 견인하는 요인과 관련된 현상은 어떠할까? 언택트 문화 확산의 배경으로 김난도 교수가 제시한 네 가지 소비자 요인에 의료산업 요인과 코로나19라는 예측하지 못했던 상황적 요인을 더해 '언택트 2.0의 확산과 사업화 방향을 의료 비즈니스 맥

13) 김난도, 전미영, 이향은, 이준영, 김서영, 최지혜, 서유현, 이수진(2017). 트렌드 코리아 2018. 미래의창.

락에서 정리하면 다음의 표와 같다. 언택트 2.0 시대에는 소비자의 심리와 행태가 크게 변하면서 의료 비즈니스 역시 혁신을 주문받고 있다. 이런 변화의 흐름에 따라 이미 선도 병원은 다양한 사업 기회를 발굴하고 성과를 나타내고 있다. 병원 경영자들은 앞서 언급한 변화를 염두하고 경영 성과를 높일 뿐 아니라 병원의 미래 먹거리를 발굴해야 할 것이다.

	언택트 2.0 시대의 주요 현상과 의료 비즈니스의 변화
의료 소비자	병원으로부터 즉각적 피드백 (스마트폰이 핵심 매체가 된 요즘 소비자들은 보다 빠르고 쉬운 거래 방식을 선호함)
	질병과 치료에 대한 정확하고 풍부한 정보 (지인이나 의료 관계자보다 스스로 검색을 통해 얻은 정보를 더 신뢰함)
	병원 행정과 기다림에서 오는 대인 관계 피로 (의료 현장에서 기다림과 행정에서 오는 심리적 피로감으로 대면 접촉 회피)
	의료 외 상거래 서비스에서 얻은 습관적 학습 (비대면 사회 관계 및 전자 상거래의 습관화로 병원에서도 효율적인 서비스를 기대함)
의료 서비스 제공 기관	병원 경영 비용 효율 (저성장 경제 상황에서 인간의 노동력보다 저렴한 자동화된 정보 기기를 선호함)
	병원 경영 관리 효용 (인적 노동에 대한 관리 노력과 인적 자원에 대한 관리자의 의무 부담을 지양함)
신종 감염병	내원 고객의 위생 염려 (대면 접촉에 따른 신종 바이러스 전염에 대한 위생 측면에서의 염려가 커짐)

미국 의료에서 상당한 영향력을 차지하고 있는 에픽(epic)[14] 은 방대한 질병 정보 제공을 통해 소비자 의료 포털의 기능을 담당하고 있다. 정보의 양과 범위가 풍성하고 각 질병에 대한 정보의 깊이도 상당하지만, 복잡한 인터페이스로 이용자가 질병에 대한 정보를 얻기가 어렵다는 단점이 있다. 또 정보를 가공해서 업데이트하려면 업무량이 종합 신문사의 업무에 육박할 정도인지라 운영자에게 부담이 될 것이다. 운영자가 공격적으로 수익 모델을 시도하면 공공 의료 정보의 상업화라는 논란에 봉착할 수도 있다. 이런 2D 기반의 의료 웹사이트가 보다 이용자에게 편리함과 효용을 주는 고도화된 메타버스 서비스로 성장한다면 그 성장 가능성은 대단할 것이다. 메이요 클리닉(Mayo Clinic)의 웹사이트가 제시하는 미션은 여러 함의를 준다. "우리 병원(Mayo Clinic)은 정보 플랫폼을 통해 의료의 벽을 넘어 확장하고, 우리가 스스로 할 수 있는 일을 늘리고, 수백만 명의 삶에 영향을 미칠 수 있는 새로운 방식으로 의료를 혁신한다."[15] 병원은 이제 보수적이고 공기관적인 이미지를 극복하고, 새로운 도전을 통해 부를 창출하며, 또 사회에 이바지하는 '좋은 스타트업'이 되어야 할 것이다.

14) https://www.epic.com
15) https://www.mayoclinic.org/

세계 최고 수준의 'K-의료'—왜 국내 대학에서 '의료 스타트업'은 성장이 어려운가

의료 스타트업 가운데서도 병원이 주축이 된 스타트업이 주목받고 있다. 병원이라는 공간이 실제 병으로 고생하고 있는 환자와 치료 서비스를 제공하는 의사가 만나는 창구이자 소비자 구매 접점(contact point)이라는 점에서 병원만큼 양질의 의료 정보를 제공하는 곳은 없기 때문이다. 또 한편으로는 의료 소비자의 수요를 정확히 알 수 있는 소비자 리서치 공간이며 소비자 데이터의 보고(寶庫)이기도 하다. 실제로 미국에서 선두 병원들이 의료 스타트업을 출시하고 있다. 또 기술 스타트업과 병원, 그리고 대학이 협업한 사례도 늘고 있다.

세계 최고 수준의 병원으로 인정받고 있는 클리블랜드 클리닉은 병원 내 기관으로 '클리블랜드 클리닉 이노베이션(Cleveland

[그림 1-10] **플러그 앤 플레이 클리블랜드**

출처: https://www.plugandplaytechcenter.com/cleveland/

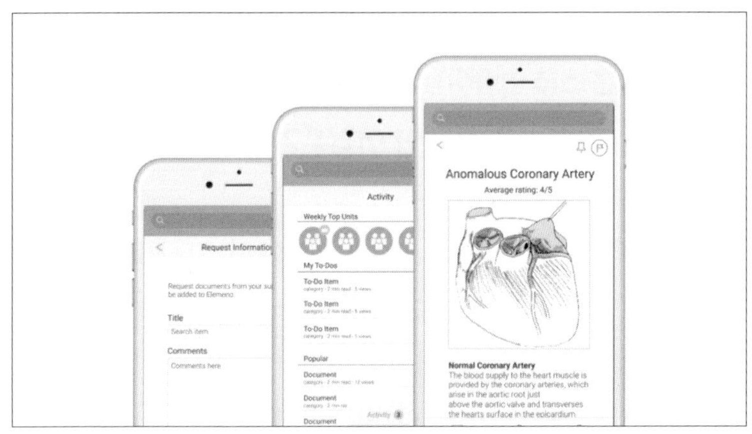

[그림 1-11] **엘레미오 헬스**

출처: https://www.ddaguilar.com/elemeno-health

Clinic Innovations)'을 운영하면서 대기업, 소기업, 기업가, 투자자 및 미래의 직원이 함께 모여 의료 혁신을 추진할 수 있도록 협력하고 있다. 또 최근에는 2006년에 설립된 플러그 앤 플레이 프로그램과 협업을 통해 '플러그 앤 플레이 클리블랜드(Plug and Play Cleveland)'라는 의료 스타트업 육성 프로그램을 시작했다. 이 프로그램은 혁신적인 스타트업을 미국 및 전 세계 의료 파트너와 연결하여 디지털 건강, 제약 및 엔터프라이즈 솔루션 허브를 목표로 한다. 이 프로그램을 통해 이미 다양한 의료 스타트업이 탄생했는데, 그 예로 일선 의료 직원을 위한 '개인 코치'로 스마트폰을 통해 진료 관련한 모범 사례를 제공하는 엘레미오 헬스(Elemeno Health)가 탄생했다. 각 의사마다 진료 결과가 다른 경우가 많다는 점을 착안해 생긴 서비스다. 의료진이 활용할 수 있는 정보 앱을 활용한 결과 진료에 일관성을 부여하고, 의료 판단의 오류를 줄이며, 치유 결과를 개선하는 데 큰 효과가 있다. 이와 같은 혁신적인 스타트업 육성 프로그램은 존스 홉킨스 대학병원 등 다른 선두 병원에서도

Mayo Clinic and
Arizona State University
Alliance for Health Care

[그림 1-12] **메이오 클리닉과 애리조나 주립대학교의 협업**

출처: https://www.medtechaccel.com

찾아볼 수 있다.[16]

대학과 병원의 협업은 여러 측면에서 매력이 있다. 대학의 여러 학과와의 협업을 통해 의료 스타트업을 창업하고, 또 관련 인력을 수급할 수 있다는 장점이 크다. 예컨대 미디어 학과와 협업을 통해서 병원 정보 서비스 플랫폼을 만들 수도 있을 것이고, 또 회계학과와 협업을 통해서 병원의 회계 시스템을 개선할 수도 있을 것이다. 인접 영역에 있는 간호학과나 보건학과 또는 약학과와의 협업도 주목할 만하다. 이처럼 일종의 창업 허브로서 대학병원이 이바지할 여지가 크다. 메이오 클리닉(Mayo Clinic)은 애리조나 주립대학교의 창업 프로그램(ASU MedTech Accelerator)과 협업을 통해 다수의 의료 스타트업을 배출했다. 초기 단계의 의료 기기 및 의료 기술 회사에 최적화된 대학의 교육과정과 맞춤형 경영 개발 계획을 제공해서 시장 출시 및 투자 가능성을 높인다는 점이 이 프로그램의 특징이다.

대학 내 헬스케어 창업이나 학제적 협업이 기대할 만한 흐름이지만 실제로는 어려운 이유를 국내 환경을 중심으로 생각해 보면 다음과 같다. 일단은 대학 부속 병원 의료진의 연구와 진료 부담이

16) MedTech Accelerator, https://www.medtechaccel.com

상당하다는 점이다. 이러한 시간적 물리적 압박 속에서 의료 관계자들이 별도의 시간을 내어 새로운 시도를 하기가 여간 힘든 것이 아니다. 흔히 여유가 있어야 창의력이 생긴다고 하는데, 이는 병원에서도 크게 다르지 않다. 다음으로 경직된 학과 간의 경계 때문이다. 실제로 융합을 강조하는 요즘의 흐름 속에서도 대학 내 융합이 이뤄지지 않는 것은 학과 간 기득권 싸움 때문이기도 하다. 협업의 주도권을 잡기 위해서 학과 간에 갈등은 물론이고, 또 이런 갈등 속에서 오직 승리자만이 살아남는 제로섬 게임(zero-sum game, 승자의 득점과 패자의 실점의 총합이 '0(Zero)'이 되는 승자 독식의 게임)이 벌어지기도 한다.

메이요 클리닉이 미국에서 가장 파괴적인 혁신을 만든 대학이라고 불리는 애리조나 주립대학교와 협업한 것을 보면 그 이유를 충분히 짐작할 수 있다. 예컨대, 의과 대학과 인문 대학이 협업을 하는 경우라면 그 주도권이 의과 대학에 있는지 인문 대학에 있는지에 따라서 실적을 나누는 것도 매우 모호해지는 상황이다. 그러다 보니까 이런 복잡성을 이겨내고 교수나 학생이 참여하길 거부하는 것은 당연하다. 하버드대학교와 MIT대학교는 학교의 장벽까지도 넘어가면서 의료 공학 협업(The Harvard-MIT Program in Health Sciences and Technology or HST) 프로그램을 1970년 이래 운영하고 있다.[17] 하버드와 MIT 캠퍼스에서 모두 진행되는 이 프로그램을 통해 의학과 공학 박사 학위를 동시에 취득할 수 있다고 한다. 해외에서는 이미 대학들 간 장벽까지 넘고 있음을 배워야 할 것이다.

17) Harvard-MIT Health Sciences and Technology. https://hst.mit.edu/

[그림 1-13] **하버드대학교와 MIT대학교가 공동 운영하는 의료 공학 프로그램**

출처: https://hst.mit.edu/

다음으로 창업을 위한 융합적 노력에 대해 대학에서 인센티브를 제공하지 않는다는 점도 문제다. 창업을 통해서 교수나 학생 창업자가 금전적인 이익을 얻는 것이 호락호락하지 않다는 점이다. 대학이 창업 교수에게 요구하는 기부금 비중이 여전히 크고, 또 사업 과정에서 교수가 교육과 행정 부담을 줄이면서 사업할 시간을 내기도 만만하지 않다. 이렇게 물리적인 인센티브나 시간적 여유가 없어서 교수자가 창업이라는 가시밭길에 들어가기 주저하는 셈이다. 외적 원인을 보면 국내 교육부에서 움켜쥐고 있는 대학에 대한 강력한 규제 때문에 대학에서는 '기존에 존재하지 않는 새로운 시도'를 두려워한다는 점 또한 주목해야 한다. '모난 돌이 정 맞는다'는 속담이 대학에서 흔히 적용된다. 대학 내에 '가만히 있으면 중간은 간다'는 보수적이고 과거 지향적인 문화가 넓게 퍼져 있다. 영어권에서 자주 쓰는 표현인 'status quo(현 상태, 변화 없이 그대로의 상태)'에 머무르는 것이다. 이런 문제점은 수도권보다 지역 대학의 경우에 더욱 심각하다.

미국 전통의 주립대학교인 일리노이 주립대학교(University of Illinois Urbana-Champaign: UIUC)에 2018년 새로 설립된 '칼 일리노이 의과 대학'(Carle Illinois College of Medicine)은 "의학과 공학의 교차점에 세워진 미국 최초의 의과 대학"을 표방한다. 이 대학의 최대 강점인 엔지니어링과 테크놀로지 분야의 고급 인재들에게 의료·과학 분야에서 능력을 발휘할 기회를 제공하고, 새로운 의료

장비 개발 및 의학 혁신 등에도 이바지할 '의학 혁신가' 양성을 목표로 한다고 한다. 2019년 텍사스 A&M 대학교가 설립한 이엔매드(Engineering & Medicine-Texas A&M University: ENMED) 프로그램도

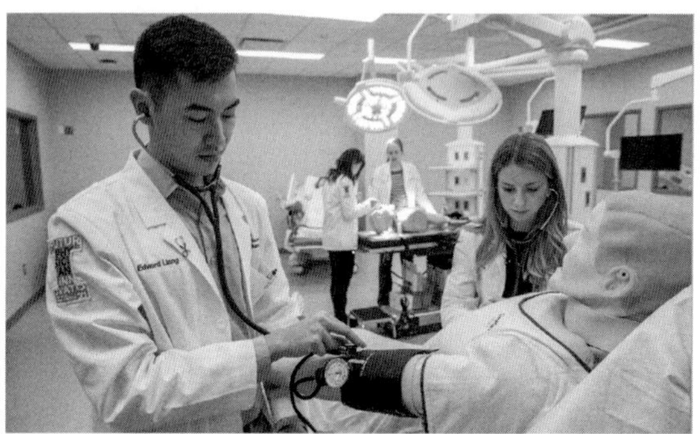

[그림 1-14] **칼 일리노이 의과 대학의 교육 장면**

출처: https://blogs.illinois.edu/view/6231/393291538

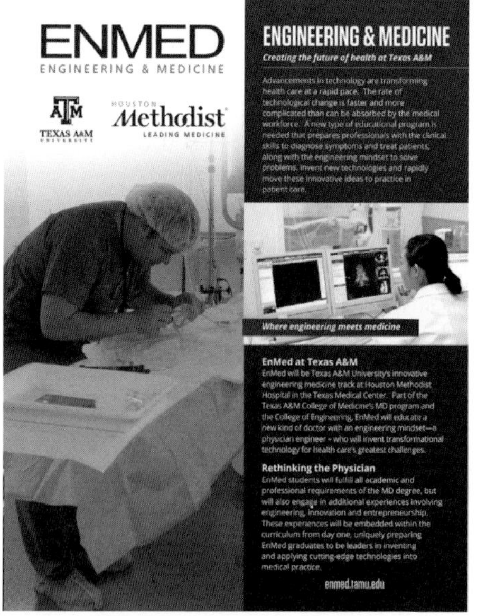

[그림 1-15] **이엔매드(ENMED) 프로그램 설명 브로슈어**

출처: https://enmed.tamu.edu/

역시 공학과 의학을 모두 아는 '이중언어자' 양성을 목표로 설립되어 성공적으로 운영되고 있다. 해외에서는 의과 대학의 탄생 단계부터 이미 창업과 비즈니스화에 초점을 맞추고 있는 것이 놀랍다.

병원과 대학의 협업이 의료 창업뿐 아니라 병원의 발전에도 기여할 여지가 크다. 예컨대, 병원이라는 기관이 예방 중심적이고 문화적인 공간으로 바뀌어 감에 따라 환자가 요구하고 있는 수많은 자기 계발과 문화적 교육에 대한 수요가 크게 높아진 점에 주목해야 한다. 병원 입장에서는 이러한 프로그램들을 만들기도 어렵고 또 운영하는 것도 만만치 않다. 이런 필요를 대학의 다양한 전공이 충족시켜 줄 여지가 크다.

병원의 마케팅 광고 활동에 미디어학과나 경영학과 등 연관 전공이 이바지할 점이 상당하다. 특히 최근에는 중국을 중심으로 한국내 유학생들이 급격히 늘어나면서 유학생들을 통해 병원이 다양한 글로벌 마케팅 활동을 전개하는 것도 충분히 가능하다. 우리에게는 문화적 장벽 때문에 접근하기 어려웠던 글로벌 고객들을 유학생들을 통해 적은 인건비를 써서 효과적으로 접근할 수 있게 된 것이다. 컴퓨터공학과와 협업을 통해서 병원에 관련된 소프트웨어를 개발하고 예약 시스템을 개선하는 것도 가능할 것이며, 통계학과나 빅데이터 과정과 협업을 통해 환자를 대하는 서비스를 개선할 수 있을 것이다. 디자인학과나 광고학과와 협업을 통해서 병원에 소비자 대상 콘텐츠들을 개선하는 데 학생들의 창의적인 아이디어를 활용할 수도 있을 것이다.

미국 유수의 의과 대학이 의과 대학 프로그램에 혁신과 창업 관련한 교육 과정을 반영하고 있다. 그리고 그 수도 늘고 있음에 주목해야 한다. 실례로, 미국 아이비리그 대학의 하나인 브라운 대

의과 대학	혁신 창업 프로그램
Brown University Warren Alpert Medical School (BROWN)	Concentration in medical technology, innovation and entrepreneurship
George Washington School of Medicine and Health Sciences (GW)	Clinical practice innovation and entrepreneurship track
New York University School of Medicine (NU)	Health systems innovation and policy concentration
Northwestern University Feinberg School of Medicine (NU)	NUvention: Medical
Thomas Jefferson University Sidney Kimmel Medical College (TJU)	College within the college design track
University of Arizona College of Medicine (UA)	Leadership and innovation in healthcare distinction track
University of Illinois College of Medicine at Chicago (UIC)	Innovation medicine program
University of Michigan Medical School (UM)	Innovation and entrepreneurship path of excellence
University of Pennsylvania Perelman School of Medicine (UPENN)	Certificate in healthcare management, entrepreneurship, and technology
University of Southern California Keck School of Medicine (USC)	Health, technology and engineering program
University of South Florida Morsani College of Medicine (USF)	Innovation, entrepreneurship and business in medicine scholarly concentration
University of Texas at Austin Dell Medical School (UT)	Health care innovation & design distinction
University of Virginia School of Medicine (UVA)	Human-centered design and medical innovation program

[그림 1-16] **미국 유수의 의과 대학 내 혁신 창업 프로그램 운영 현황**

학교(Brown University) 의과 대학은 '의료 기술 혁신과 창업 과정(Medical Technology, Innovation and Entrepreneurship)'을 운영하고 있다.[18] 공학과 의학을 접합하고, 경영학적 지식이 요구되는 현 상황을 잘 반영하고 있는 흐름이라고 진단할 수 있다. 의료 혁신은 기술 혁신을 넘어서 서비스 혁신과 환자 만족으로 이어질 수 있도록 큰 변화가 일어나고 있다.

앞에서 언급하지 못한 의료와 이종 학문 간 협업의 기회는 실로 무궁무진하다. 이런 협업의 기회를 극대화할 수 있도록 대학에서는 협업을 위한 인센티브와 구조적인 개선을 서둘러야 한다. 교육부에서도 협업을 통한 창업을 장려하고 협업을 유도할 수 있는 큰 틀을 제공해야 할 것이다. 한국은 이제 빠른 추격자(fast follower)의 나라가 아니라 선도자의 나라다. 선도자가 겪어야 할 시행착오는 숙명적이다. 한편으로 선도자가 가져갈 이점도 상당하다. 현실은 늘 창의력을 억누른다. 한국 그리고 우리 과거로부터 고개를 들고 새로운 변화에 직면해야 한다. 병원과 대학의 다양한 협업과 의료 스타트업 창업을 통해 K-병원이 세계로 나가길 고대한다.

18) Medical Technology, Innovation and Entrepreneurship. https://education.med.brown.edu/scholarly-concentrations-program/medical-technology-innovation-and-entrepreneurship

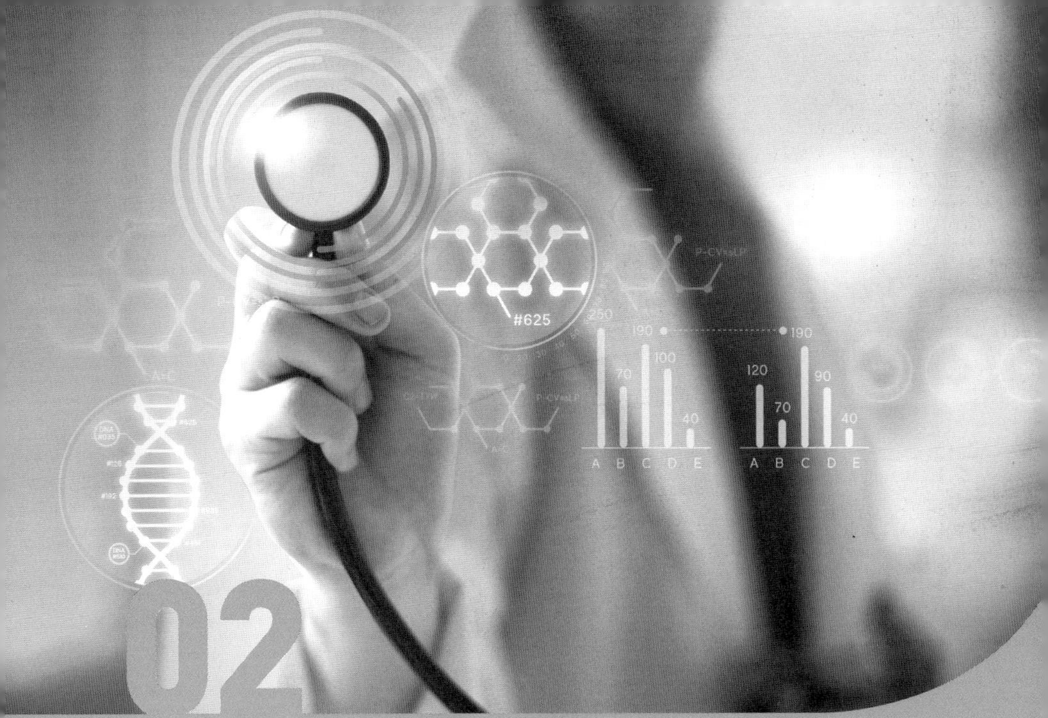

02

메타버스 시대의 병원 브랜드 커뮤니케이션 그리고 의료광고

유승철 교수
이화여자대학교 커뮤니케이션 · 미디어학부

QR코드를 스캔하시면 저자의 설명 영상을 시청하실 수 있습니다.

✣ ✣ ✣

메타버스(Metaverse)가 의료보건을 포함한 전 산업에서 화제다. 페이스북 CEO인 마크 저커버그(Mark Zuckerberg)는 메타버스를 "인터넷 클릭처럼 쉽게 시공간을 초월해 멀리 있는 사람과 만나 새롭고 창의적 방식으로 소통할 수 있는 인터넷 다음 단계"라고 정의했다. 공상과학 속 현실이 바로 우리 앞에 온 셈이다. 이 장에서는 메타버스로 대표되는 차세대 커뮤니케이션 환경에서 병원 브랜드 커뮤니케이션의 발전 방향과 의료광고의 품질 개선 방향에 대해 알아보았다.

메타버스 시대의 병원 브랜드 커뮤니케이션 메타버스라고 하면 흔히 XR(extended Reality, 확장 현실)이나 VR/AR(Virtual Reality/Augmented Reality, 가상 및 증강 현실)과 같은 실감 매체를 떠올릴 수 있다. 실제로 2021년 10월 페이스북(facebook)이 사명을 '메타(Meta)'로 바꿨을 정도로 메타버스는 '뜨거운 감자'다. 주류 언론을 포함한 각종 정보 채널에서 만들어 내는 메타버스 관련 콘텐츠가 무성하다. 한편으로 많은 정보는 크게 중복되거나 피상적인 인상을 지우기가 힘들다. 또한 현재 메타버스가 기존의 뉴미디어와 차별점이 없다는 실망감도 크다. 하지만 새로운 세계로의 도도한 변화가 일어나고 있는 것이 사실이다.

'초월'이라는 의미의 '메타'(Meta)와 우주를 뜻하는 '유니버스'(Universe)의 합성어인 메타버스(Metaverse)는 1992년 닐 스티븐슨(Neal Stephenson)의 소설 『스노 크래시』에서 유래한 개념이라고 알려져 있다.[1] 정의하는 연구자에 따라서 크게 다르지만 메타버스는 주로 '가상의 것(virtual thing)'으로만 간주되고 있다. 하지만 최

[그림 2-1] **2021 페이스북 사명 변경 및 비전 선포식 장면**

출처: https://about.facebook.com

근에는 메타버스가 정치, 경제, 사회, 문화의 전반적 측면에서 현실과 비현실 모두 공존할 수 있는 '생활형 · 게임형 가상 세계'라는 의미로 광의적으로 사용되고 있다.

메타버스와 관련한 개념으로 '디지털 트윈(digital twin)' 이 있다. 현실 세계에 존재하는 사물이나 시스템, 또는 환경 등을 메타버스라는 가상 공간에도 유사하게 구현하는, 즉 '메타버스 쌍둥이'를 만드는 것을 의미한다.[2] 물리적 병원이 존재한다면 가상 공간에 또한 유사한 기능을 담당하는 병원이 존재해야 한다는 개념이다. 세계적으로 선전하고 있는 대한민국 병원이지만 아쉽게도 디지털 트윈에서는 상당히 취약하다. 특히 글로벌 소통과 마케팅 영역에서는 불모지와 다름없다. 외국어 홈페이지도, 글로벌 대상의 소셜 미디어 소통도 없는 병원이 절대다수다. 있다고 해도 작동이 안되거

1) What is the metaverse?, https://www.economist.com/the-economist-explains/2021/05/11/what-is-the-metaverse

2) Liu, M., Fang, S., Dong, H., & Xu, C. (2021). Review of digital twin about concepts, technologies, and industrial applications. *Journal of Manufacturing Systems, 58*, 346-361.

나, 업데이트가 안 된 상태로 방치된 지 수년이 넘은 사례가 빈번하다. 우리가 자랑하고 싶은 'K-병원'이지만 우리만 알아주는 안타까운 현실이다.

병원의 메타버스라면 VR/AR을 접목한 수술과 교육 훈련처럼 어렵게 생각하는 경향이 있다. 하지만 쉽게 보면 바로 병원의 홈페이지와 소셜 미디어가 바로 메타버스의 물꼬다. 다시 말해서 검색창을 통해 나타난 결과가 바로 병원의 '메타버스 디지털 트윈'의 실체다. 검색 결과로 등장한 병원 홈페이지와 동영상, SNS, 그리고 고객들의 리뷰 모두가 병원의 연장선이 되어서 소비자의 의료서비스 선택에 막대한 영향력을 행사하기 때문이다. 이제 병원은 국적을 초월해 메타버스 공간을 드나드는 글로벌 고객들을 이해해야 한다. SNS 속 고객의 의견을 '소셜 리스닝(social listening)'하는 데 힘을 더해야 한다. 고객의 이야기를 듣고 그것을 기반으로 실제 병원과 디지털 트윈 병원에 변화를 주며, 또 변화에 대한 추가적인 의견을 참고해 성장하는 순환적 과정을 통해 병원의 디지털 트윈을 견고하게 구축해야 한다.[3]

[그림 2-2] **가상 현실을 활용한 메타버스 수술 훈련 장면**

출처: https://24newsrecorder.com

[그림 2-3] **일본의 카나자와 의과 대학병원이 2009년에 시도한 메타버스 병원을 활용한 길 안내 시스템**[4)]

출처: https://nwn.blogs.com/nwn/2009/07/3d-communication-navi-system.html

[그림 2-4] **일산차병원이 2021년 6월 제페토 플랫폼 안에 개원한 메타버스 병원**[5)]

출처: http://www.pharmstoday.com/news/articleView.html?idxno=308051

---

3) [특별기고] 메디컬 메타버스 선도 '글로벌 K-병원' 만들자 (헤럴드경제, 2021. 11. 8.). http://mbiz.heraldcorp.com/view.php?ud=20211108000604

4) Real World Navigation System For Japanese Hospital Created With OpenSim Metaverse Technology. https://nwn.blogs.com/nwn/2009/07/3d-communication-navi-system.html

5) 일산차, '병원계 최초' 메타버스 플랫폼 제페토에 병원 개원. http://www.pharmstoday.com/news/articleView.html?idxno=308051

흔히 말하길 "검색되지 않으면 존재하지 않는다"라는 명제가 있다. 실제로 소비자는 대부분 어떤 제품이나 서비스를 살 때 '검색(search)'에 의존한다. 그러다 보니 '검색 엔진 마케팅(search engine marketing)'이 디지털 마케팅에서 차지하는 비중이 막대하고, 최근에는 유튜브를 비롯한 비디오 채널이 크게 성장하면서 '비디오 검색 마케팅(video search marketing)'이 대세가 되었다. 지금 이 순간 글을 읽고 계신 독자들은 잠시 시간을 내서서 N사나 G사의 검색 포털에 여러분의 병원 이름을 검색해 보길 바란다. 유사 이름을 지닌 병원이 많다면 병원이 소재한 '○○동'을 넣어서 함께 검색해도 좋겠다. 검색 결과와 병원의 홈페이지, 그리고 고객들의 긍정적/부정적인 리뷰까지 상당한 결과가 존재할 듯하다. 물론 이 결과조차도 없다면 더 난감한 상황이다. 검색을 통해 발견할 수 없다면 가상 공간에 그 병원이 존재하지 않는다는 의미다. 사람들의 검색 결과에서 나타난 병원의 실체가 바로 그 병원의 '메타버스 디지털 트윈'의 실체다. 당연히 병원 경영자로서는 디지털 트윈 병원이 이왕이면 실제 병원보다 더 나은 모습이길 기대할 것이다.

메타버스 병원의 영향력이 실제 물리적 공간의 병원이 지니는 영향력을 그대로 반영하지는 않는다. 필자는 지난 3년(2019~2021년)간 '여성병원'을 주제로 한 소셜 비디오(유튜브 포스트)를 웹 스크래핑(scraping, 온라인 자료 수집)한 후 시각화를 해 보았다. 흥미롭게도 병원 유튜브 포스팅의 영향력[이 조사에서는 중심성 지표(degree centrality)를 활용했다] 순위를 보면 〈랄라브루스〉 〈우리동네산부인과〉 〈우리동산〉 〈홍미로운티비〉 〈나는의사다〉 〈톡투건강이진한TV〉 〈뚜뚜TV〉 〈차병원 CHA HOSPITAL〉 〈닥터인사이드〉의 순서였다. 놀랍게도 이 가운데서 물리적 실체를 가진 병원의 유튜브 채널은 단 하나뿐이다. 또 앞에서 언급한 영향력있는 채널 가운데 몇몇은 의료와 무관한 채널로, 단지 '여성 관련 이슈'를 다루고 있는 유튜브 채널이었다. 물론 실제로 앞의 결과를 얻어 낸 간이 조사는 단일 키워드(여성병원)를 활용한 영향력 순위 조사라는 한계점이 있다. 하지만 이 자료만 보더라도 충분히 검색한 사람이 이해하는 병원과 메타버스에 존재하는 의료조직이 사뭇 다름을 확인할 수 있다.

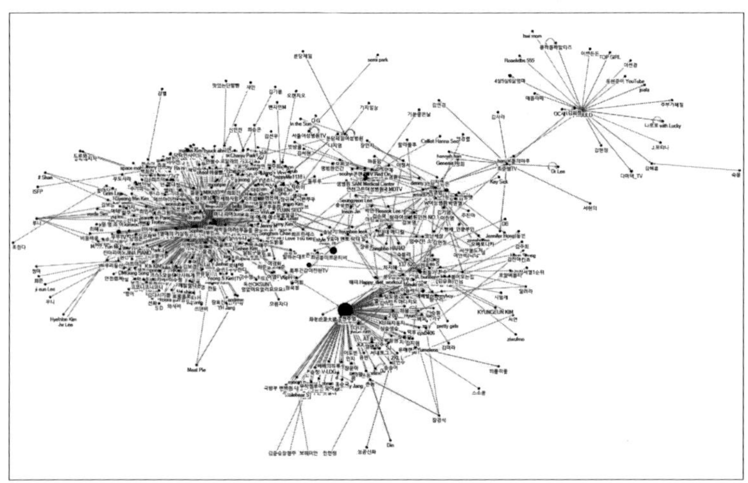

[그림 2-5] **여성병원을 다룬 유튜브 578건의 연결 네트워크**

출처: 필자의 자체 조사 자료를 토대로 분석

메디컬 메타버스를 선도할 수 있을 '글로벌 K-병원 브랜드'를 구축하자

병원으로 대표되는 보건의료산업은 미래의 먹거리이며 국가의 경쟁력이다. 리포트 링커(Report Linker)의 조사에 따르면, 세계 보건의료산업의 규모는 2018년에 이미 9조5천억 달러를 넘었다. 또 2013년 이후 연평균 5%씩 넘게 고속 성장 중이다.[6] 선진국의 인구구조가 초고령화로 변화하는 추세 그리고 신종 감염병 확산까지 고려한다면 그 성장 속도가 더 빨라질 것이다. 이런 배경 속에서 국내의 여러 지방자치단체와 대학병원이 '메디클러스터(medi-cluster)'를 만들겠다고 선포하는 등 분주하다. 다행히 우리 병원은 이미 해외에서 인정을 받고 있다. 서울아산병원을 비롯한 국내 상위 7개 병원이 뉴스위크(Newsweek) 발간 '2021 세계 병원 순위(World's Best Hospitals 2021)'에서 100위권 내에 진입해 있을 정도다.[7] 2021년 기준으로 대한민국이 GDP 기준 세계 10위 국가임을 감안한다고 하더라도 이 순위는 상당히 높다고 할 수 있다.

앞서 '메타버스 디지털 트윈 병원'의 중요성을 강조했다. 메타버스 공간은 병원에게도 무한한 기회의 땅이다. 소비자는 여전히 대다수의 병원이 비슷비슷한 서비스를 제공한다고 느낀다. 물론 소위 빅5라고 또는 빅10이라고 불리는 국내 초대 병원들에 대한 충성도는 대단하다. 그런 선두 병원들을 제외한다면 많은 병원이 '기타 병원' 또는 '동네 병원'으로 치부되는 것이 안타까운 현실이다. 한국에서 작은 병원이 큰 병원에 대항해 성공하기란 매우 힘들다. 많은 장비와 의료 시설물이 토대가 되어야 하는 규모의 비즈니스가 바로 병원이기 때문이다. 이러한 이유로 메타버스가 더욱 중요하다. 과거에는 실체가 되는 물리적 공간에 병원을 잘 만들고 메타버스 상에 병원을 꾸미는 개념이었다면, 이제 메타버스와 현실 공간

6) Global Healthcare Sector Analysis: Latest Market Trends and Statistics. https://www.reportlinker.com/ci02241/Healthcare.html

7) World's Best Hospitals 2021. https://www.newsweek.com/worlds-best-hospitals-2021

Rank	Hospital	Country	City
1	Mayo Clinic – Rochester	United States	Rochester
2	Cleveland Clinic	United States	Cleveland
3	Massachusetts General Hospital	United States	Boston
4	Toronto General – University Health Network	Canada	Toronto
5	The Johns Hopkins Hospital	United States	Baltimore
6	Charité – Universitätsmedizin Berlin	Germany	Berlin
7	Karolinska Universitetssjukhuset	Sweden	Solna
8	Singapore General Hospital	Singapore	Singapore
9	Centre Hospitalier Universitaire Vaudois	Switzerland	Lausanne
10	Sheba Medical Center	Israel	Ramat Gan
⋮	⋮	⋮	⋮
30	Mount Sinai Hospital	Canada	Toronto
31	UZ Leuven – Campus Gasthuisberg	Belgium	Leuven
32	Aarhus Universitetshospital	Denmark	Aarhus
33	NewYork–Presbyterian Hospital–Columbia and Cornell	United States	NewYork
34	Asan Medical Center	South Korea	Seoul
35	Universitätsspital Basel	Switzerland	Basel

[그림 2-6] **2021 세계 병원 순위(World's Best Hospitals 2021) 중 한국 병원 순위**

출처: https://www.newsweek.com/worlds-best-hospitals-2021

의 병원을 모두 동시에 만들어 가거나 때로는 메타버스가 우선할 시대가 온 것이다. 또 향후 우리 사회를 주도해 갈 MZ세대에게는 메타버스가 실제 공간보다 더 중요할지도 모르겠다.

단순히 멋들어진 병원 홈페이지를 만들라는 개념이 아니다. 소셜 미디어를 포함한 다양한 가상 디지털 채널을 통합적으로 또 전략적으로 운영해야 한다는 의미다. 실제로 국내 대표 포털인 네이버에서 [병원광고/병원마케팅/병원홍보/병원컨설팅]과 관련된 광고 키워드 연관어를 모아 네트워크로 시각화한 결과를 보면 이미 병원의 디지털 마케팅과 소통에 대한 수요는 상당함을 알 수 있다. 하지만 이런 소통이 현재까지는 단편적이고 피상적인 것이라 '메타버스 디지털 트윈 병원'이라는 큰 관점과 노력에는 미치지 못한다.

'메타버스 디지털 트윈 병원' 구축은 단순히 기술적인 의미를 넘어선다. 무엇보다 디지털 공간을 드나드는 병원 고객들을 잘 이해해야 한다. 병원들은 고객이 원하는 서비스를 청취하는 것이 가장 중요하며, 특히 소셜 미디어 공간에서 고객의 의견을 잘 들어야 한다. 부정적인 쓴소리 또는 악의적인 댓글까지도 차분하게 분석하고, 그 분석을 바탕으로 우리 병원의 메타버스 디지털 트윈을 더 견고하게 구축해야 할 것이다. 이러한 과정을 병원 브랜드 구축을 위한 '소셜 리스닝'이라고 부를 수 있겠다. 고객의 이야기를 듣고 그것을 기반으로 실제 병원과 메타버스 병원에 변화를 주고, 또 변화에 대한 추가적인 의견을 통해 또 다른 변화를 만드는 순환적 과정이 지속되어야 한다. 이제 병원장 또는 병원 경영을 담당하는 실무자는 메타버스 디지털 트윈 병원을 만들기 위해 뛰어난 '소셜 리스너'가 되어야 할 것이다.

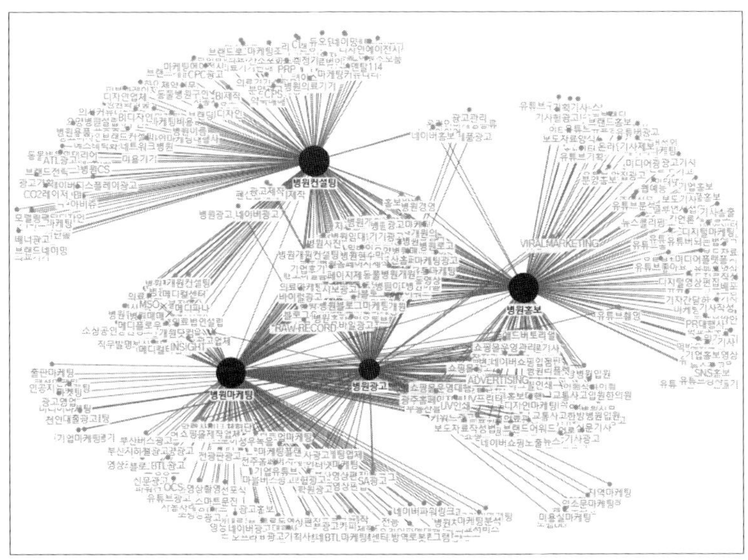

[그림 2-7] **네이버 검색 엔진에서 [병원광고/병원마케팅/병원홍보/병원컨설팅]과 관련된 광고 키워드 연관어 네트워크**

출처: 필자의 자체 조사 자료를 토대로 분석

병원의 메타버스 전략은 다양하지만 우선 강력한 디지털 트윈 병원 구축을 목표로 '병원 브랜드(hospital brand)'를 만드는 데 집중해야 할 것이다. 약 7만 개를 상회하는 국내의 병의원 가운데 글로벌 소비자가 그 명성을 알고 방문하는 병원은 소수다. 글로벌 플랫폼이 주도하는 메타버스에서 디지털 마케팅은 국경이 없고 시간의 제약도 없다. 국내의 병원들은 지금까지 국내 소비자라는 제한적인 시장만을 보고 출혈 경쟁을 지속하지 않았을까? 세계적 수준을 자랑하는 한국의 'K-병원'이 메타버스라는 뜀틀을 통해 세계 시장으로 도약하고 또 한국의 국가 경제에 기여할 수 있다면 어떨까? 여기에 〈오징어 게임〉 등 K-콘텐츠 성공으로 증명된 한류 콘텐츠 파워까지도 더할 수 있다면 금상첨화일 것이다. '메디컬 메타버스'라는 이제 막 시작된 흐름을 'IT와 K-콘텐츠, 그리고 첨단의료'를 모두 겸비한 한국이 주도할 수 있을 것이라고 충분히 기대할 만하다. 정부도 과감한 의료 규제 개혁과 의료 스타트업 지원을 통해 K-병원이 글로벌 브랜드로 성장하는 것을 응원해 줘야 한다.

메타버스 시대의 병원 브랜딩과 스토리텔링: 근본으로 돌아가라

앞서 메타버스 시대의 병원의 브랜딩과 커뮤니케이션의 흐름에 관해 이야기했다. 다음으로, 소통의 방법을 고민하기 전에 브랜드의 근간이 되어 줄 스토리의 원천은 무엇인지를 생각해 볼 필요가 있다. 필자는 수 년 전에 가양동에 소재한 '허준박물관'을 찾은 적이 있다. 서울시 강서구는 허준이 태어난 옛 '양천'이고, 가양동에 소재한 허가바위 일대는 허준이 『동의보감』을 저술한 장소다.[8] 강서구청은 이를 기리면서 1999년부터 '허준축제'를 개최하고 있다.[9] 아직 방문하지 못한 독자들은 한번 꼭 가볼 만한 대규모의 의료 축제다. 허준박물관 초입에는 허준이 힘겨운 유배 생활 가운데서도 『동의보감』을 집필한 '허가바위'가 있다. 평범한 동굴로 보이지만 그 안에 숨겨진 '의료 연구자 허준의 집념'을 떠올리면 남다른 의미로 다가올 것이다. 안타깝게도 풍부한 인간적 스토리가 숨겨진 동굴임에도 간단한 안내 팻말이 전부라 아쉬움이 남았다. 허가바위는 평범한 바위 동굴이지만 그 유래를 통해 의미를 찾아냈고, 또 이를 통해 한 지역의 대규모 축제를 이끌어 낸 동인이 되었음을 생각하면 과거의 유산은 과거의 유산 그 이상의 가치를 지닌다고 볼 수 있다.

[그림 2-8] **서울 가양동에 있는 허가바위 사진**

출처: 선을 넘는 녀석들 가운데. https://program.imbc.com/crosstheline4

8) 허준박물관 http://www.heojun.seoul.kr

9) 허준축제 http://www.heojunfestival.com

"우리는 왜 역사를 공부할까?" 흔히 우리가 역사를 공부하는 이유는 '과거의 사건' 이 단순히 반복되는 것이 아니라 과거의 시행착오 그리고 과거의 여러 가지 성공사를 통해서 우리가 현재를 딛고 미래를 이끌어 갈 수 있는 '동기와 힘 그리고 아이디어'를 얻을 수 있기 때문이다. 그래서 세계적인 역사학자 에드워드 핼릿 카(Edward Hallett Carr)는 그의 명저인 『역사란 무엇인가?(What is history?)』를 통해 "역사의 기능은 우리의 과거뿐 아니라 현재를 더 잘 알아 가는 것"이며 "과거와 미래의 대화"라고 이야기했다.[10]

최근 기업은 기업의 역사 속에서 기업의 미래를 발견하려는 시도가 늘어 가고 있다. 헤리티지(heritage)를 한국어로 번역하면 '유산(遺産)'을 의미한다. '유산'이란 "과거로부터 남겨진 의미가 있는 흔적"이다.[11] 고속 산업화의 역사 속에서 한국도 현대적 기업의 역사가 이미 50년이 넘었다. 세계인이 알고 있는 삼성이나 현대 또 LG와 같은 초국적의 글로벌 기업들이 탄생한 것은 바로 이 작은 한반도 땅이다. 앞서 언급한 초국적 기업들은 그들의 창업 과정과 기업을 키우는 발전 과정 가운데서 있었던 여러 도전 그리고 어떻게 이 도전을 극복해 왔는지에 대해 기록을 남기고 또 연구하고 있기도 하다. 우리가 잘 알고 있는 기아자동차와 삼천리자전거의 뿌리가 '기아산업'으로 동일하다는 점을 잘 아는 소비자는 드물다. 1979년 학산 김철호 회장이 돌아가시면서 서로 분리 독립되기는 했지만 그 이전에는 같은 기업이었다. 흥미롭게도 2015년 이후에 기아자동차는 인기 브랜드인 스포티지와 소울 등을 테마로 해

---

10) Carr, E. H. (2018). *What is history?* Penguin UK.

11) 웹스터 영어사전 https://www.merriam-webster.com/dictionary/heritage

[그림 2-9] **기아산업이 제작한 삼천리호 자전거**

출처: https://m.blog.naver.com/PostView.naver?isHttpsRedirect=true&blogId=1stjesus&logNo=220923247452

[그림 2-10] **기아자동차가 2015년에 선보인 스포티지 자전거**

출처: https://news.hmgjournal.com/TALK/Story/Kia-Bicycle-Riding

서 자전거를 제작하기도 했다. 자전거 회사라는 그 뿌리가 오랜 시간이 흘러 다시 현재가 된 셈이다. 물론 기아자동차가 조금 더 적극적으로 유산 발굴을 했더라면 브랜드 자산 관점에서 더 좋았겠다는 아쉬움도 남는다. 이렇게 기업의 역사를 기업 브랜드 마케팅에 자산으로 활용하는 것을 흔히 '헤리티지 마케팅(heritage marketing)'이라고 부른다.

이렇게 역사가 중요하다는 것을 인지하고 있는 가운데서도 비영리 조직으로 간주되는 병의원 같은 의료조직은 이 유산을 제대로 활용하고 있지 못하는 경향이 있다. 물론 병의원뿐 아니라 의료 연구소와 제약회사 등을 포함한 헬스케어 조직들의 헤리티지 마케팅과 헤리티지 브랜딩이 매우 취약하다. 창립자의 사진 또는 최초 병원에서 활용했던 의료기기를 역사관에 전시해 두는 정도에 그치고 있다. 병원의 역사 연구를 통해 '한국 병원의 진실'을 발견할 수 있을지도 모르겠다. 병원은 영리적 목적과 비용적 목적을 동시에 지닌 복합적 조직이기 때문에 '병원 조직의 시작점'으로 돌아가서 왜 우리가 이 조직을 만들고 또 성장시켜 왔는지에 대해 근원적으로 성찰할 기회를 고민하는 것이 중요하다. 한마디로 'BACK TO THE BEGINNING(시작점으로 돌아가라)'을 실천해야 한다. 실제로 한 조사에 의하면, 서유럽 회사들의 19%가 창업주의 이름을 따서 기업명을 쓰고 있고 이러한 이유로 회사들이 여타 이름의 회사보다 3%가 높은 자산 수익을 보여 주었다고 한다. 창업의 정신을 돌아보게 하는 '네임 브랜딩(name branding)'의 힘을 실감할 수 있다.

필자가 미국의 엠디앤더슨 암센터에 방문했을 때 놀란 점은 전시관에 1941년 개원 이래 초대 병원장을 시작으로 현재 재직 중인 병원장에 이르기까지 많은 병원장과 직원들의 사진, 그리고 그 당시에 이루어진 업적과 문제점들에 대해서 정밀히 분석한 자료를 일종의 사진 갤러리처럼 만들어 둔 것이었다. 또 이런 헤리티지에 대한 자료들은 병원의 온라인 아카이브에도 세세하게 복원되어 있었다.[12] 물론 어떤 병원장 이든 경영에서 잘하고 또 못한 부분이 있을 것이다. 이런 점들을 면밀하게 분석하고 과거의 실책과 성취로부터 미래의 성공을 이끌어내는 것이 중요할 것이다. 이런 병원 역사의 흔적을 온오프라인 공간을 통해 대중에게 공개하는 브랜딩 활동이 환자와 그 가족에게 주는 신뢰는 막대할 것이다.

국내 병원의 경우에는 헤리티지 마케팅보다는 '과거사의 복원'과 같이 단순히 병원 역사를 확인하는 수준에서만 커뮤니케이션 활동이 이뤄지고 있는 것이 현실이다. 실례로 많은 병원이 새로운 장비, 첨단의 신기술, 그리고 유명한 의사 등에만 집중하는 경향이 있다. 안타깝게도 이런 부분은 '자산이 풍부한 대형 병원'만 강조할 수 있는 부분이기도 하다. 한편으로 우리 병원이 언제 어떤 이유로 세워

[그림 2-11] **엠디앤더슨 암센터의 초기 모습을 담은 갤러리와 관련 음성 인터뷰**

출처: https://easttexashistory.org/items/show/290

12) James, S. O. (2009). *Making Cancer History: Disease and Discovery at the University of Texas M. D. Anderson Cancer Center*. The Johns Hopkins University Press.

졌고, 초대 원장님의 바람은 무엇이었는지, 또 우리 병원이 소재하고 있는 지역 커뮤니티를 위해 얼마나 많은 봉사를 했고 그를 통해 사회적 가치를 만들었는지에 대해 집중하는 병원은 많지 않다. 있다고 하더라도 형식적인 수준에 머무르고 있다. 이 글을 읽고 있는 독자들이 동네에 소재한 특정 병의원의 역사를 조금이라도 알고 있다면 그 병원은 이미 브랜딩에 크게 성공한 병원이다.

보구녀관(普救女館)은 한국 최초(1887년 10월 설립)의 근대식 여성 병원으로, 이화여자대학교 의과 대학, 이화여자대학교 간호대학, 이화여자대학교 의료원의 전신이다. 조선은 남성의 치료가 우선이었기 때문에 여성을 위한 진료 시설은 없었다. 이런 상황을 안타깝게 생각한 의료 선교사 메리 스크랜튼(Mary Scranton) 여사의 노력으로 설립된 유서 깊은 병원이다. 고종 황제는 이 병원의 이름을 보구녀관이라고 지었다.[13] '여성을 널리 구하는 곳'이라는 의미의 보구녀관은 영어로는 'House for Many Sick Women'(많은 아픈 여성들을 위한 집)이라고 불렀다고 한다. 개원 당시 의료 사각지대에 있던 여성과 소아 환자에게 무료로 의료 혜택을 제공하였고, 연간 환

[그림 2-12] **복원된 보구녀관과 관련 샌드 드로잉 기법으로 제작된 보구녀관 역사 영상**

출처: https://www.eumc.ac.kr/

13) 이화여자대학교 의료원 https://www.eumc.ac.kr/intro/footprints.do

자 수는 약 3,000여 명에 육박했다고 한다. 보구녀관은 2020년에 복원되어 서울 마곡지구에 위치한 이대서울병원에 자리했다. '2019년 대한민국 한옥공모전'에서 올해의 한옥상을 수상할 정도로 작품성도 인정받았다. 한국의 역사적 상징물이자 병원의 랜드마크로도 기능하는 건축물로 헤리티지 브랜딩의 좋은 사례라고 할 수 있다.

우리가 알고 있는 초대 기업들, 소위 FAANG(Facebook, Apple, Amazon, Netflix, Google)와 같은 글로벌 기술 플랫폼 기업은 모두 시작점은 좁은 다락방이나 차고에서 출발했다. 열악한 환경에서 출발했지만 그들은 이제 세계를 제패했다. 또 시작이 미미했음을 기업PR의 주요 의제로 삼기도 한다. 실제 실리콘밸리의 역사를 만든 HP는 한 차고(367 Addison Avenue, Palo Alto California 소재)에서 출발했음을 그 기업 정신으로 홍보하고 그 차고를 기업의 역사관으로 활용하고 있다.[14] 병원도 다르지 않다. 출발점부터 거대한

[그림 2-13] **1939년 글로벌 IT 기업인 HP가 출발한 창고**

출처: https://www.hpmuseum.net/divisions.php?did=37

14) The HP Garage-the Birthplace of Silicon Valley. https://www.hp.com/hpinfo/abouthp/histnfacts/publications/garage/innovation.pdf

자본과 뛰어난 인력 속에서 성장한 병원들도 물론 있겠지만, 제한된 자원과 그리고 부족한 인력 속에서 출발한 병원이 다수일 것이다. 우리가 경험하는 일상의 작은 역사들이 모여서 큰 미래를 만든다. 이 글을 읽고 있는 의료조직 경영자들은 노트를 꺼내서 우리 병원의 역사를 반추해 보고 그리고 이 역사를 어떻게 드라마가 있는 스토리로 만들어서 '소비자들이 공감할 수 있는 이야기'로 변환시킬 수 있을지 고민해야 한다. "소비자는 역사를 숫자로만 기억하지 않는다." "모든 이야기는 개인의 입장에서 공감될 수 있어야 한다." 역사가 그들이 이해할 수 있는 '이야기 구조(story structure)'를 갖출 때 진정한 '병원 헤리티지 마케팅'이 가능함을 증명한다.

종합병원도 동일하다. 병원이 개원한 연도와 초기 병원의 모습을 재현한 디오라마를 전시해 놓은 것이 헤리티지 마케팅이 전부가 되어서는 안 된다. 병원 개원 당시의 에피소드, 그때 직원들의 소소한 이야기들, 그리고 만약에 어려움이 있었다면 그 어려움을 극복한 사례 또 고난과 도전에 대한 세부적인 이야기가 모여 쌓이고 또 소비자에게 소통될 때 바로 헤리티지 마케팅이 고도화될 수 있다. 이런 병원 역사의 중요성에 대해서 병원 관계자들이 깊이 인식을 하고 마치 '우리 병원만의 스토리 아카이브'를 만든다는 생각으로 자료를 정리하고 정교화할 필요가 있겠다. 물론 이런 과정에서 브랜드/콘텐츠 전문가의 의견을 듣고 영감을 받는 것도 좋을 것이다.

국내에는 7만여 개의 병의원이 있지만, 소비자들이 기억하는 병원의 개수는 그렇게 많지 않다. 그들에게 보다 '이용자 개개인에게 사적으로 의미 있는 병원'으로 남을 수 있도록 병원의 역사와 그리고 아름다운 이야기들을 발견하고 또 만들어 가야 할 것이다.

병원 브랜딩과 의료광고: 현재 그리고 미래

앞서 브랜딩 근원의 중요성을 주제로 헤리티지 마케팅에 대해 논의해 보았다. 이제 독자들이 주위에서 심심치 않게 병의원의 의료광고들을 접하면서 궁금했을 질문에 대해 논의하려고 한다. 요즘 병의원 광고를 보면 그 광고 메시지의 수준이 1990년대 또는 그 전에 우리가 접했던 광고와 크게 다르지 않음을 발견하고 그 이유를 궁금해 했을 듯하다. 기업 광고가 매우 세련되게 바뀌어 가는 요즘의 추세와 역행하고 있다고 느껴질 정도다.

또 어떤 독자는 "왜 무슨 이유로 이렇게 의료광고가 발전이 없는지?" 그 이유에 대해 의문을 가지는 분도 있을 것이다. 사실 안타깝지만 의료광고 콘텐츠의 수준에서 지방은 수도권보다 광고 품질이 상당히 저하되어 있다. "의료광고는 많은 시간이 흘렀음에도 불구하고 30여 년 전 당시와 비교해도 다르지 않은 것일까?" 그 궁금증에 대해 필자의 의견은 다음과 같다.

첫 번째로, '병의원의 공공성에 대한 지나친 강조' 가운데 의료산업이 자본주의 시장에서 살아남을 자생적 경쟁력을 잃어버렸기 때문이라고 진단할 수 있다. 국내에서는 병원이 일종의 공적 기능을 가지고 있는 공공재로 인식되고 있어서 상업적 의료광고 마케팅을 활성화할 이유가 불충분했다. 괜히 눈에 띌 창의적인 광고를 집행했다가 몰매를 맞을까 두려워하는 병원장들도 많다. 이런 이유로 상투적인 광고 표현이 업계 관행으로 자리잡았을 수 있다.

두 번째로, 중견 병원의 부족이다. 요즘 유행하는 언어를 사용하면 '강소병원'이 부족하다고 말할 수 있다. 국내 병원은 두 가지 병원 카테고리로 분류된다. 바로 대형병원과 영세병원이다. 문제는 그 중간에 있는 중견의 강소병원들의 입지가 취약하며 별달리 활약하지 못하고 있다는 점이다. 다들 비슷하고 고만고만하다. 이야기하는 내용 또한 다르지 않다. 물론 최근에 척추 병원이나 한방병원 그리고 성형외과와 같은 전문병원들이 크게 성장하면서 그 중간 자리를 메우고 있기는 하지만, 전문병원의 특성상 한두 분야에만 특화되어 있기 때문에 병원의 이미지를 담은 의료광고 마케팅을 집행하기가 상당히 어렵다. 이러한 양극화 속에서 '의료광고에 대한 필요성'이 적어졌다. 구체적으로 살펴보자. 영세병원의 경우에는 광고할 만큼 마케팅 재원이 충분하지 않고, 병원이 소재하는 지역사회를 기반으로 해서 의료활동을 하고 있어서 지역 단위를 벗어난 광고의 필요성도 없고 광고할 여력도 없다. 한편으로 대형병원의 경우에는 워낙 찾아오는 환자들이 많다 보니 굳이 광고를 경쟁적으로 집행할 필요가 없다. 도리어 광고 마케팅에 불편해 하는 환자들의 민원만 늘어갈 상황이다. 인접한 중소병원도 골목 상권 침해라고 원성을 높일 것이다. 물론 '탑 10(top ten) 또는 탑 5(top five)' 라고 불리는 초대형 규모의 종합병원들 사이에서는 그들만의 경쟁이 있다. 하지만 이런 경쟁은 마케팅의 전쟁이라기보다는 평판의 경쟁 정도라고 간주할 소소한 경쟁이라고 이해할 수가 있다. 이렇게 첨예화되는 양극화 경향 속에서 의료광고 콘텐츠의 품질은 과거나 지금이나 크게 다르지 않게 되었다고 이해할 수 있다.

세 번째로, 브랜딩 광고의 부족이다. 광고는 크게 브랜딩 광고(branding advertising)와 퍼포먼스 광고(performance advertising)로 나뉜다. 브랜딩 광고라고 하면 기업이나 조직의 이미지를 전달하는 그래서 브랜드 가치(brand value)를 높이는 광고를 의미한다. 대부분 덜 직설적이고 예술적 방법으로 소비자에게 다가가는 특성을 보여 준다. 반면 퍼포먼스 광고는 특정 대상에 광고 포화를 집중해서 단기간에 마케팅 목적을 달성하는 형태의 광고를 의미한다. 예컨대, 단기간 특정 시술에 대한 내방객의 증가와 같이 특정한 목표를 위해서 그 퍼포먼스를 달성하게 하는 광고를 의미한다. 국내 병원의 경우에도 브랜딩 광고가 꾸준히 집행되고 있지만 앞서 이야기한 것처럼 품질이 떨어진다. 독자분들도 아마 뻔한 클리쉐(cliché, 관용적 표현)를 사용하는 의료광고에 질려 버린 경험이 있을 듯하다. 퍼포먼스 마케팅이 크게 성장하면서 의료광고 효과의 검증에 대해 의문을 제기하는 사람도 많다. 실제 광고 사기(Ad Fraud)는 전 세계적으로 큰 문제다. 광고주에게는 광고가 ××,×××명에게 도달되었다고 리포트를 하지만 50% 이상이 집행되지 않은 거짓말이라면 어떨까? 실제 모바일 광고의 반 이상이 광고 사기를 통해 집행된다고 한다.[15] 또 집행되었다고 하더라도 목표한 소비자가 아닌 엉뚱한 사람들에게 보이거나 맥락이 맞지 않은 지점에 집행되는 광고가 많다는 점도 우려할 부분이다. 필자도 얼마 전에 '전립선암'에 대한 글을 스마트폰을 통해 읽다가 깜짝 놀랐던 기억이 있다. 전립선암 예방을 위해서는 '육식을 삼가하라'는 내용 중간에 갈비 상품 배송에 대한 배너광고가 집행된 것이었다. 이런 경우 광고 노출 효과 그리고 기대하지 못한 놀람을 주는 효과는 있겠지만, 광고를 통한 구매는 이뤄지기 어려울 것이다. 암에 대한 경각심이 육류 제품 구매로 이어질 것이라고 가정하기는 힘든 이유다. 나아가서 광고주 브랜드에 대한 혐오로 이어질까 우려된다.

---

15) Report: Enterprises lose millions of dollars to ad fraud each year. https://venturebeat.com/2021/12/07/report-enterprises-lose-millions-of-dollars-to-ad-fraud-each-year/

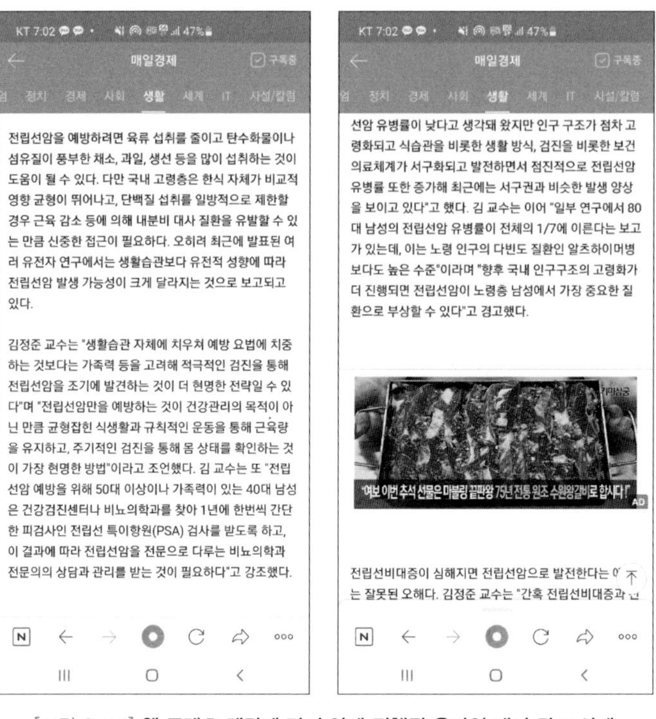

매일경제

정치 경제 사회 생활 세계 IT 사설/칼럼

전립선암을 예방하려면 육류 섭취를 줄이고 탄수화물이나 섬유질이 풍부한 채소, 과일, 생선 등을 많이 섭취하는 것이 도움이 될 수 있다. 다만 국내 고령층은 한식 자체가 비교적 영향 균형이 뛰어나고, 단백질 섭취를 일방적으로 제한할 경우 근육 감소 등에 의해 내분비 대사 질환을 유발할 수 있는 만큼 신중한 접근이 필요하다. 오히려 최근에 발표된 여러 유전자 연구에서는 생활습관보다 유전적 성향에 따라 전립선암 발생 가능성이 크게 달라지는 것으로 보고되고 있다.

김정준 교수는 "생활습관 자체에 치우쳐 예방 요법에 치중하는 것보다는 가족력 등을 고려해 적극적인 검진을 통해 전립선암을 조기에 발견하는 것이 더 현명한 전략일 수 있다"며 "전립선암만을 예방하는 것이 건강관리의 목적이 아닌 만큼 균형잡힌 식생활과 규칙적인 운동을 통해 근육량을 유지하고, 주기적인 검진을 통해 몸 상태를 확인하는 것이 가장 현명한 방법"이라고 조언했다. 김 교수는 또 "전립선암 예방을 위해 50대 이상이나 가족력이 있는 40대 남성은 건강검진센터나 비뇨의학과를 찾아 1년에 한번씩 간단한 피검사인 전립선 특이항원(PSA) 검사를 받도록 하고, 이 결과에 따라 전립선암을 전문으로 다루는 비뇨의학과 전문의의 상담과 관리를 받는 것이 필요하다"고 강조했다.

매일경제

정치 경제 사회 생활 세계 IT 사설/칼럼

선암 유병률이 낮다고 생각돼 왔지만 인구 구조가 점차 고령화되고 식습관을 비롯한 생활 방식, 검진을 비롯한 보건 의료체계가 서구화되고 발전하면서 점진적으로 전립선암 유병률 또한 증가해 최근에는 서구권과 비슷한 발생 양상을 보이고 있다"고 했다. 김 교수는 이어 "일부 연구에서 80대 남성의 전립선암 유병률이 전체의 1/7에 이른다는 보고가 있는데, 이는 노령 인구의 다빈도 질환인 알츠하이머병보다도 높은 수준"이라며 "향후 국내 인구구조의 고령화가 더 진행되면 전립선암이 노령층 남성에서 가장 중요한 질환으로 부상할 수 있다"고 경고했다.

전립선비대증이 심해지면 전립선암으로 발전한다는 이
는 잘못된 오해다. 김정준 교수는 "간혹 전립선비대증과

[그림 2-14] **웹 콘텐츠 맥락에 맞지 않게 집행된 온라인 배너 광고 사례**

출처: 필자가 직접 캡처

문제는 의료산업을 이끄는 주류 마케팅이 퍼포먼스 광고 중심으로 발전해 왔다는 점이다. 독자 여러분이 흔하게 접하는 성형외과의 광고 그리고 다이어트 식품에 대한 광고 같은 광고들은 모두 고도화된 퍼포먼스 목표에 따라 집행되고 있다. 그러다 보니 목표 소비자와 판매 메시지만 뾰족한 채 광고 표현의 예술적 측면을 강조하는 브랜딩 광고가 발전하지 못한 것이다. 관련해서 소비자 기만 광고들이 범람하고 있는 것도 문제다. 단기 성과를 달성하고 '치고 빠지는' 광고가 의료 시장의 주류가 되어 버린 것이다.

네 번째로, '훈련된 인재의 부족'이다. 이런 문제는 비단 의료산업 뿐 아니라 국내 전 광고산업에서도 큰 문제로 지적되고 있다. 광

고산업은 1980~1990년대 성장기와 2000년 이후 성숙기를 넘어선 2022년 현 지점에 와 있다. 산업이 성숙점을 넘어서면서 제대로 훈련되고 현명한 젊은 인재들의 광고산업 유입은 더뎌지고 있다. 광고 영역 가운데서도 사각 지역이거나 소외된 영역으로 간주되는 '병원 또는 헬스케어 서비스 영역'에 대한 광고/마케팅 부문에서는 특히 적합한 인재가 부족하다. 마케팅 전문가를 꿈꾸는 젊은이가 의료광고 전문가를 먼저 꿈꾸기를 바라는 것은 무리일 것이다. 관련 교육 기관도 없을 뿐더러 대학교나 사설 교육기관을 통한 교육도 전혀 이루어지지 않고 있다. 또 앞서 잠깐 이야기한 것처럼, 의료산업 자체의 덩치는 비대해지고 있지만 마케팅적으로는 고도화되지 못하기 때문에 산업 간의 경쟁을 통한 성장도 이루어지지 않고 있어 관련 광고의 수준도 높아지지 못했다.

마지막 이유는 바로 의료광고와 관련하여 다양하고 복잡한 규제 때문이다. 의료광고는 식품광고에 이어 가장 많은 규제가 있는 광고 영역이다. 그러다 보니 광고 메시지에서 시도할 수 있는 광고적 창의성을 발휘하기가 어렵다. 유머 코드를 활용하거나 과장이 있는 재미있는 비주얼을 통해서 소비자를 설득시키는 등의 광고 표현 자유도가 상당히 낮다. 또 잘못 광고를 집행했을 때 불같이 일어나는 광고에 대한 비판까지도 감수해야 한다. TV 매체를 통한 광고가 불가능하다는 점도 표현의 자유를 제약한다. 따라서 광고를 집행하는 병의원 입장에서는 상당히 보수적인 형태의 내용으로 의사결정하는 경우가 대부분이다. 이런 이유로 의료광고가 다른 산업의 광고처럼 크리에이티브를 발휘하지 못하고 있다고 이해할 수 있다.

2015년 위헌 판결 이후 2018년에 부활한 의료광고 사전심의제도는 2021년 '앱 · 인터넷상 의료광고의 사전심의 · 모니터링을 강

구분	현행 법령	개정안
의료광고 사전심의		
심의 대상 매체	• 신문, 인터넷 신문, 현수막 • 교통수단 외부 광고물 • 인터넷 매체(대통령령 위임)	• (좌동) • (좌동) • (좌동) • 교통수단 내부 광고물 • 스마트폰 어플(대통령령 위임)
심의 면제	• 심의 대상 매체 광고물이면 면제 없음	• 일정한 경우 면제 가능 –의료기관 명칭, 소재지, 전화번호 등으로만 이뤄진 광고
심의 주체	• 복지부장관이 의료인 단체에 위탁	• 자율심의기구에서 직접 수행 –의료인 단체 –소비자 단체 –대통령령으로 정하는 단체
심의위원회	• 위원 수, 자격을 시행령에서 규정	• 위원 수, 자격을 법률에서 규정
복지부장관 감독관	• 의료인 단체에 대한 일반적인 감독권으로 관리 · 감독 기능	• 자율심의기구에 대한 관리 · 감독권 배제를 명시적 규정
의료광고 금지 사항		
	• 허위, 과장 광고 등	• 법적 근거 없는 자격 또는 명칭을 표방하는 광고 추가
사후 모니터링		
	• 소비자 단체, 규정 없음 • 의료인 단체, 시행령에서 규정	• 소비자 단체 모니터링 및 처분 요구 권한 명시 • 자율 심의 기구, 모니터링 및 결과 통보 의무
제재처분		
	• 의료기관 업무 정지 처분 • 형사처벌(1년/1000만 원)	• 위반 사실의 공표, 정정광고 명령 추가

[그림 2-15] **2018년에 부활한 의료광고 사전심의의 특징**

출처: https://www.monews.co.kr/news/articleView.html?idxno=111993

화하는 입법 추진'에 따라 더욱 강화될 것으로 예상할 수 있다([그림 2-15] 참조). 물론 의료서비스 구매자가 잘못된 광고를 통해 받을 피해를 고려할 때 의료광고 규제는 필요하고, 또 뉴미디어도 심의의 영역인 것은 사실이다. 하지만 심의제도의 고도화를 통해서 의료광고의 창의성을 살리는 동시에 소비자 기만적 요소를 줄일 수 있는 묘안을 찾아야한다. 한편으로 규제보다는 진흥이라는 측면에서 광고/마케팅 문화를 만들어 나갈 수 있도록 틀을 바꿔 생각해 보는 것도 중요하다. 필자의 주장이 과학적 조사와 근거에 따라서 작성되기보다는 필자의 경험과 주변 전문가의 의견에 기초해서 작성되었다는 점을 감안하고 부족한 부분은 독자가 너그럽게 이해해 주시길 바란다. 그런데도 지금 시점에서 그동안 우리가 묻지 않았던 가려운 부분에 대해 질문을 할 시점이라고 생각해서 거친 내용이지만 펜을 잡았다. 모쪼록 이 책을 통해 이런 고민들이 공론화되길 고대한다.

향후 의료광고에 대한 변화 요구가 커질 것이라고 예측할 수 있다. 그 이유는 우선 글로벌화 때문이다. 외국인 환자가 크게 늘어나고 있고, 또 국내 환자들이 외국으로 나가는 경우도 늘어나고 있어 의료의 글로벌화는 빨라지고 있다. 물론 코로나19의 영향 때문에 속도가 많이 줄었지만, 의료의 글로벌화는 막을 수 없는 대세다. 이런 글로벌화 과정 가운데서 다문화 환자에 대한 이해뿐 아니라 다양한 소비자에 대한 이해도 늘어날 것이며, 의료산업이 덩치를 키워 가면서 당연히 글로벌 마케팅과 광고 활동이 더욱 늘어날 것이다.

두 번째로 메타버스 병원(또는 의료서비스)의 성장이다. 앞서 언급한 것처럼 특정 공간을 점유하고 있는 대형병원과 좋은 설비가

'불법 의료광고 갑론을박' 강남언니–의사협회 주요 쟁점

강남언니 측 입장	구분	의사협회 측 심의 기준
진료 비용은 병원 홈페이지 등에 공개 의무(의료법 45조)	**진료 가격 공개**	가격 기재는 불법 의료광고로 소비자 혼란 부추김
복지부, 부작용 기재 등 일정 조건 준수 시 허용	**치료 전후 사진**	치료 전후 사진 사용 광고 전면 금지
일반인의 치료 경험 글은 의료광고 아님(의료법 56조)	**일반인 후기**	일반인 후기도 불법광고, 병원 측에 삭제 요청

[그림 2–16] **강남언니–의사협회 간 갈등에 대한 쟁점**

출처: https://www.mk.co.kr/news/it/view/2021/06/533946/

물론 중요하다. 하지만 가상의 디지털 공간에서 병원의 브랜드 파워를 보여 주고 이를 소비자에게 전달하려고 하는 행동들은 더욱 늘어날 것이다. 최근 '강남언니'[16] 등 의료 중개 플랫폼의 성장에 따른 기존 성형외과 병원과의 갈등 및 법제와의 갈등 문제가 대표적인 사례다. 물리적 공간 없이도 환자들에게는 의료서비스로 인식되는 플랫폼의 시대가 의료산업에서도 주요 이슈로 자리 잡았다. 실체도 없는 중개 플랫폼이 초대형 성형외과를 압도하는 규모감을 전달하는 시대다. 결과적으로 향후 병원의 물리적인 규모뿐 아니라 디지털 커뮤니케이션 능력에 따라서도 병원의 규모와 수준이 나눠는 그런 시대가 오고 있는 것이다. 이를 통해서 병원의 광고 마케팅 활동도 디지털 매체를 중심으로 고도화될 것이라고 예상할 수가 있다.

16) 강남언니 https://about.gangnamunni.com/

의료광고의 품질이 높아진다고 해서 병원이 더욱 상업화되고 소비자를 갈취한다고 여기는 것은 근거 없는 해석이다. 병원들이 품질이 좋은 광고를 통한 선의의 경쟁 그리고 소비자 커뮤니케이션을 통해서 병원이 제공하는 서비스가 보다 환자중심적이 될 수 있다. 또 더욱 투명하면서도 소비자 품질을 향상할 수 있는 형태로 발전할 수 있는 '열린 경쟁의 장'을 여는 데 의료광고 마케팅이 활용될 수 있을 것이다.[17] 그래서 향후에는 한국의 의료광고가 발전하면서 결과적으로 한국의 선진 의료문화를 만드는 데 긍정적인 영향을 줄 수 있을 것이다. 우리는 지하철이나 신문과 잡지 또는 디지털 미디어를 통해서 만나는 수많은 의료 광고 그리고 건기식(건강기능식품)에 대한 광고를 통해서 시각적으로도 피로하고 또 정신적으로도 상당히 지쳐 있다. 의료산업 광고 문화의 향상을 통해 소비자들이 눈높이를 더 키우고 그래서 결과적으로는 더 좋은 의료광고를 접할 수 있는 의료문화 생태계를 구축할 수 있기를 고대한다.

17) Lears, T. J. (2000). From salvation to self-realization: Advertising and the therapeutic roots of the consumer culture. *Advertising & Society Review, 1*(1), 1880-1930.

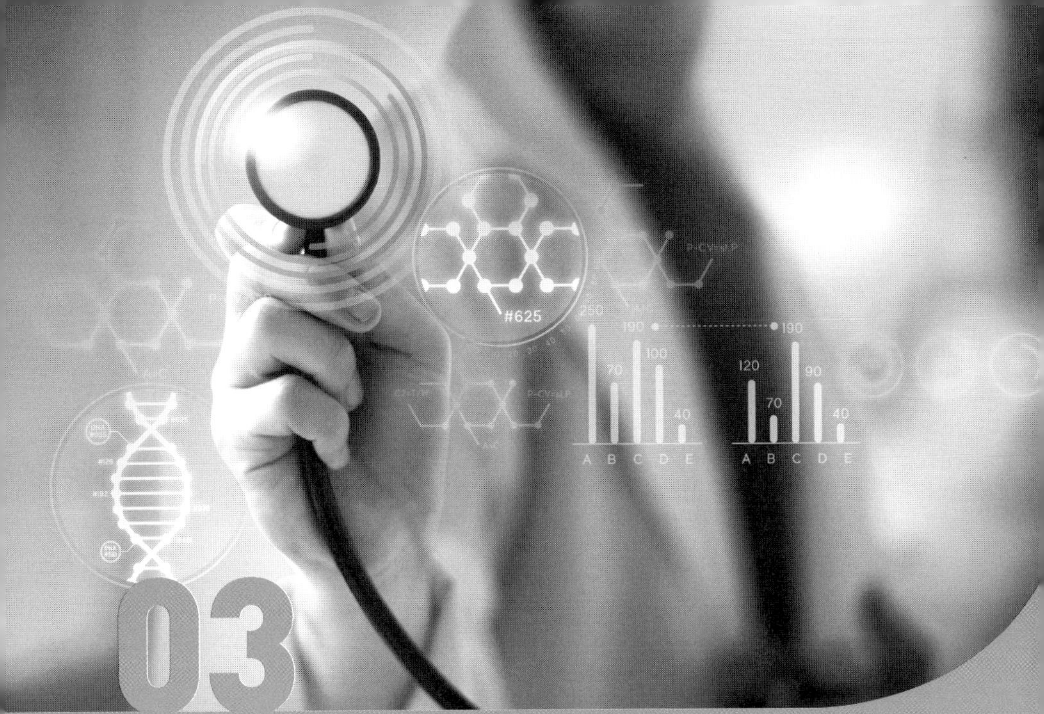

03

존경받는 병원을 만드는 의료서비스 마케팅

임승희 교수
수원대학교 경영학부

QR코드를 스캔하시면 저자의 설명 영상을 시청하실 수 있습니다.

+ + +

이 장에서는 경쟁이 가속화되고 있는 병원 환경 속에서 병원의 경쟁력을 확보하고 나아가 존경받는 병원을 만드는 방안을 마케팅적 관점에서 설명하였다. 또한 의료서비스 마케팅의 실무적 측면에서 우수한 의료서비스 제공을 위한 서비스 품질 관리 방안과 다양한 사례를 소개하였다.

존경받는 병원은 어떤 곳일까? 무엇이 병원을 존경받게 만드는가?

이 질문에 대한 답을 한마디로 설명하기는 쉽지 않겠지만, 이 글에서는 질문의 답을 마케팅적 관점에서 찾아보고자 한다. 마케팅적 관점에서 존경받는 병원의 모습을 그려 본다는 것이 다소 낯설게 생각될 수 있다. 이는 제품 판매를 위한 판매 기술(technique), 광고, 친절한 고객 서비스와 같은 마케팅의 일부 전술적 요소를 마케팅이라고 생각하는 우리의 인식 때문일 것이다. 의료서비스 관점에서도 병원 마케팅은 옥외광고나 교통광고와 같은 오프라인 매체, 병원 홈페이지, 블로그와 같은 소셜미디어를 포함한 온라인 매체를 이용해 광고와 홍보 활동으로 인식되곤 한다. 물론 이러한 요소들이 병원의 의료서비스 마케팅과 관련한 의미 있는 활동들임에는 틀림없다. 하지만 존경받는 병원을 만드는 마케팅 개념의 본질을 설명하는 데에는 한계가 있다는 점이다.

의료서비스 마케팅

마케팅과 관련해 전 세계적으로 가장 대표적인 조직인 미국마케팅학회(American Marketing Association)의 2017년 정의에 따르면, 마케팅이란 '고객, 거래처, 파트너, 그리고 사회 전체를 위한 가치 있는 제공물들을 창출, 커뮤니케이션하며, 전달하고, 교환하기 위한 활동, 일련의 제도 및 과정'이다. 이 정의를 병원 관점에서 해석해 본다면 병원의 의료서비스 마케팅이란 '병원이 내부 고객인 병원 구성원, 외부 고객인 환자 및 보호자, 거래처 및 파트너를 포함한 다양한 이해관계자와 우리 사회에 가치 있는 서비스를 창출하고 이를 커뮤니케이션, 전달, 교환하는 일련의 활동 및 과정'으로 설명할 수 있다. 이 개념에서 주목해야 할 핵심은 병원은 고객과의 관계에서 각기 '가치 있는 서비스'를 만들어 내야 한다는 점이다. 즉, 병원의 서비스가 고객에게도 가치 있고 병원에게도 가치 있어야 한다는 것이다.

고객 중심적인 병원 운영을 통한 가치 창출

병원 경영에 관심을 두고 있는 사람이라면 고객 중심적인 병원 경영이라는 패러다임의 중요성을 들어 보았을 것이다. 그러나 고객 중심 경영을 해야 한다는 당위성에 대한 이야기에 비해 '왜' 병원을 고객 중심적으로 운영해야 하는가에 대해서는 상대적으로 많은 논의가 되지 못하였다. 병원이 고객 중심적이어야 하는 이유는 고객을 위한 가치 창출이 병원에게도 의미 있는 가치 창출이라는 결과를 가져오기 때문이다. 이러한 관계를 더욱 잘 이해하기 위해 앞의 병원의 '의료서비스 마케팅'의 개념으로 돌아가 보자.

우리는 앞서 병원의 의료서비스 마케팅을 병원이 고객과 우리 사회에 가치 있는 의료서비스를 만들어서 이를 커뮤니케이션, 전달, 교환하는 일련의 과정 및 활동으로 설명하였다. 이 개념에는 의료서비스 마케팅의 과정 및 활동과 관련한 행위적 개념이 담겨 있다. 하지만 병원과 고객에게 가치 있는 의료서비스는 무엇인지, 그리고 왜 그러한 서비스를 제공해야 하는가에 대한 의문은 여전히 남아 있다. 이 의문에 대한 실마리는 미국마케팅학회가 1985년에 설명한 오래된 마케팅 정의를 통해 찾아볼 수 있다. 1970년대 미국에서는 마케팅의 영역이 수익 창출을 목적으로 하는 영리 조직에 한정되는가, 아니면 비영리 조직도 포함할 수 있는가에 대한 논쟁이 진행되었다. 그러나 실제 병원, 학교, 시민 단체 등 다양한 비영리 조직에서 마케팅 활동의 사례들이 등장하며 1985년 미국마케팅학회에서는 공동의 목표 달성을 위해 결성된 조직(organization)을 마케팅 활동의 주체로 규정하였다.

이 정의에서는 마케팅 활동의 본질을 조직과 개인(고객)의 목표를 충족시킬 수 있는 교환 창출로 설명한다. 따라서 병원의 의료서비스 마케팅의 본질은 조직인 병원과 개인인 환자의 목표를 충족시키는 교환물인 의료서비스를 창출해 내는 것이다. 그렇다면 병원과 환자의 목표는 무엇일까? 병원을 찾는 환자의 목표는 병원으로부터 기대에 부응하는 의료서비스를 제공받으며 자신의 욕구가 충족되어 만족을 얻는 것이다. 그러나 병원은 공공성과 이익이라는 두 요소를 목표로 추구해야 하는 조직의 특성을 갖고 있으며, 병

〈표 3-1〉 **우리나라 주요 대형병원의 병원 미션**

병원	목표
서울대학교병원	세계 최고 수준의 교육, 연구, 진료를 통하여 인류가 건강하고 행복한 삶을 누릴 수 있도록 한다.
세브란스병원	창립 정신인 하나님의 사랑을 실천하며, 첨단 진료 분야의 집중 육성으로 국제 경쟁력을 확보하고 끊임없는 교육과 연구로 의학기술 선도와 첨단 의료서비스 제공을 통한 고객 만족을 실현으로 인간 사랑을 실천한다.
삼성서울병원	생명 존중의 정신으로 최상의 진료, 연구, 교육을 실현하여 인류의 건강하고 행복한 삶에 기여한다.
서울아산병원	끊임없는 도전과 열정으로 높은 수준의 진료, 교육, 연구를 성취함으로써 인류의 건강한 삶에 기여한다.
가톨릭대학교 서울성모병원	치유자로서의 예수 그리스도를 우리 안에 체현하여 질병으로 고통받는 사람들을 보살핀다.

출처: 각 병원 홈페이지

원의 규모와 위치, 진료과 등에 따라 추구하는 목표가 상이할 수 있다. 이른바 빅 5라고 하는 국내 5개 대형 상급 종합병원이 추구하는 목표는 〈표 3-1〉을 참고하시길 바란다.

결국 병원의 의료서비스 마케팅이 창출해야 할 가치 있는 의료서비스는 환자인 고객과 병원 조직의 목표를 모두 충족시킬 수 있는 서비스다. [그림 3-1]의 A영역은 환자의 목표는 충족되지만 병원의 목표 달성에는 도움이 되지 않는 영역이다. 반대로 C영역은 병원의 목표 달성에는 도움이 될지언정 환자가 목표한 바를 달성하지 못하는 영역이다. 결국 의료서비스 마케팅의 영역은 B영역으로 환자와 병원 모두가 자신이 원하는 바를 달성하며 윈윈(win-win)할 수 있는 의료서비스를 제공하는 것과 관련한다. 즉, 환자 중심의 경영이라는 것은 병원의 목표와 무관하게 환자를 위한 병원의 양보와 희생을 의미하는 것이 아니라는 것이다. 병원이 마케팅

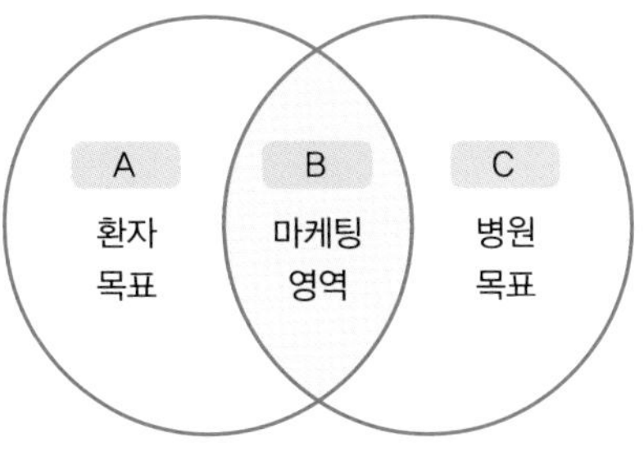

[그림 3-1] **병원의 의료서비스 마케팅 영역**

을 한다는 것은 환자의 욕구를 파악하고 이를 충족시키려는 노력을 지속적으로 해 나감으로써 고객 만족을 통한 병원의 목표 달성을 이끌고자 하는 고객 중심적인 병원 경영의 패러다임을 갖는 것, 그것이 바로 병원 의료서비스 마케팅의 본질이다. 그렇기에 마케팅 개념에 근거하여 환자 중심적인 경영 철학을 채택한 병원에서는 환자를 단순히 치료의 대상으로 여기지 않고 병원이 제공하는 서비스와 관련하여 그들이 갖고 있는 문제를 완전히 해결하여 만족을 얻게 하는 것을 목표로 해야 한다.

경쟁이 가속화되고 있는 병원 환경의 변화로 마케팅 개념에 근거한 고객 중심적 병원 경영의 필요성은 더욱 중요해지고 있다. 건강보험심사평가원이 공개한 2019~2021년 병원 폐업 현황 자료에 따르면, 2019년 이후 매년 1천 개가 넘는 병원이 문을 닫았다. 특히 2021년에는 30개 이상~100개 미만의 병상을 갖춘 병원의 폐업 수가 204개로 전년의 93개 대비 급증하였고, 병원과 요양병원의 경우에는 폐업 기관이 개원 기관의 숫자를 넘기는 현황이 처음으로 포착되었다.

대한의사협회의 발표에 따르면, 2017년 기준 한국의 의사 수는 인구 1천명 당 2.3명으로 OECD 평균인 3.4명의 70%에도 미치

〈표 3-2〉 **우리나라 병원의 개 · 폐업 현황(2019~2021년)** (단위: 개, %)

구분	2019년			2020년			2021년		
	개업	폐업	개업 대비 폐업률	개업	폐업	개업 대비 폐업률	개업	폐업	개업 대비 폐업률
종합병원	13	10	76.9	14	9	64.3	8	5	62.5
병원	111	86	77.5	119	93	78.2	86	204	237.2
요양병원	116	100	86.2	82	77	93.9	63	73	115.9
의원	1,819	1,046	57.5	1,773	1,149	64.8	1,856	1,059	57.1
합계	2,059	1,242	60.3	1,988	1,328	66.8	2,013	1,341	66.6

출처: 건강보험심사평가원

지 못한다. 그러나 연평균 의사 수의 증가율이 OECD 평균인 1.1%보다 높은 3.1% 수준으로 2038년경에는 인구 1천명 당 의사 수가 OECD 평균을 넘어설 것으로 예측하여 향후 의료 시장의 경쟁이 더욱 가속화될 것임을 가늠할 수 있다. 더욱이 코로나19로 인해 한시적으로 원격 진료가 허용되며 의료 시장 개방과 IT 기술을 접목한 새로운 진료 방식과 관련한 다양한 병원 경영 모델에 대한 기대가 높아지며 의료 시장은 새로운 경쟁 국면을 맞이하고 있다.

이러한 병원 환경의 변화로 미래 병원은 지금까지 경험하지 못하였던 새로운 경쟁 상대와 강도 높은 경쟁적인 환경에 노출될 수밖에 없다. 우리나라의 고속철도 개통에 따른 수도권의 높아진 접근성은 사회 전반에 걸친 수도권 쏠림 현상을 부추기게 되었고 병원 역시 예외일 수 없었다. 지방의 환자들은 지방 병원보다는 고속철도를 이용해 서울의 대형 종합병원을 이용하는 것을 원했고, 이로 인해 병원의 양극화 현상은 심해졌다. 고속철도로 인한 물리적 접근성의 변화가 병원 시장에 가져온 이러한 큰 변화를 생각할 때 IT 기술에 기초하여 전 세계 시장의 환자가 접근할 수 있는 의료서비스의 등장과 확대가 의료 시장에 가져올 변화의 규모와 영향력이 얼마나 클지 가늠해 볼 수 있다.

기업 중심적 사고에서 발달한 마케팅 개념이 고객의 만족을 통한 조직의 목표 달성이라는 고객 중심적 패러다임으로 전환된 배경에는 시장의 공급이 수요를 초과하는 경쟁적 시장 환경의 변화가 있다. 병원 역시 점차 거세지고 있는 경쟁적 환경에서 지속 가능한 병원이 되기 위해서는 고객 중심적 경영 철학으로 무장한 경쟁력 확보 방안이 필요하다. 병원의 마케팅은 환자와 접점에 있는 일부 조직이나 홍보 조직만의 활동이 아니다. 또는 병원을 알리고 환자를 유치하기 위한 홍보 및 광고 활동을 의미하는 것도 아니다. 결국 병원 마케팅의 근본은 병원의 전반적 경영을 위한 사고의 중심을 고객에게 맞춤으로써 고객 만족 추구를 통한 병원 목표를 달성하려는 고객 중심적 경영 마인드를 확립하는 것임을 다시 한 번 상기해 보자.

미국의 메이요 클리닉(Mayo Clinic)은 2021년 뉴스위크가 글로벌 시장 조사 기관인 스태티스타(Statista)와 함께 세계 25개국 7만여 명의 의료 전문가와 환자들의 평가를 종합하여 발표한 세계 최고 병원 순위에서 1위를 차지한 명실공히 세계 최고 수준의 병원이다. '환자의 필요를 최우선한다(The needs of the patient come first)'는 핵심 가치를 설정하고 환자 중심의 경영 철학과 운영 전략의 확립은 메이요 클리닉이 세계적 병원으로 성장할 수 있었던 주요 원동력으로 평가된다.

그렇다면 이제 생각해 볼 문제는 병원의 목표 달성을 위한 고객 만족을 얻기 위해 병원이 무엇을 해야 하는가다. 이 문제의 답은 의외로 단순하다. 바로 우수한 품질의 의료서비스를 제공하는 것이다. 단순한 예로 최근에 방문했던 음식점 중에서 가장 만족했던 곳을 떠올려 보자. 그곳이 만족스러웠던 이유는 맛있는 음식과 함께 친절한 서비스, 쾌적한 식당 분위기 등 식당이 제공하는 서비스의 품질이 우수했기 때문일 것이다. 즉, 환자 중심적 경영을 추구하는 병원이라면 의료서비스 품질의 체계적인 관리를 통해 고객 만족을 얻을 수 있어야 한다.

의료서비스 품질의 특성

우수한 품질의 의료서비스를 제공하기 위해서는 서비스 품질의 특성을 이해할 필요가 있다. 고객의 서비스 품질 평가의 특성은, 첫째, 고객은 객관적 품질(objective quality)보다는 지각된 품질(perceived quality)에 의존한다는 것이다. 객관적 품질은 서비스 품질의 객관적 평가인 반면, 지각된 품질은 고객이 주관적으로 인식하는 서비스 품질이다. 서비스는 무형성(intangibility)의 성격이 있다. 이로 인해 유형의 물체처럼 서비스의 실체를 보거나 물리적으로 접근할 수 없어 서비스의 가치 파악이나 평가가 어렵다. 더욱이 의료서비스와 같은 전문 서비스의 경우에는 전문적 지식이 없는 일반 고객은 서비스를 이용한 이후에도 서비스의 수준과 자신에게 준 가치를 객관적으로 평가하기가 어렵다. 따라서 의료서비스의 품질을 평가할 때 고객은 더욱더 자신의 주관적 판단에 근거한 지각된 품질을 평가한다. 이는 실제 우리 병원에 대한 객관적 평가에 의한 서비스 우수성의 수준과 고객이 인식하는 서비스 품질 수준에 차이가 있을 수 있음을 의미한다.

둘째, 고객의 서비스 품질 평가는 결과(outcome)품질과 과정

(process)품질을 모두 포괄하는 종합적 평가다. 서비스의 결과품질이란 고객이 서비스로부터 얻는 것의 품질, 즉 '무엇을(what)' 받았는가와 관련한 평가다. 서비스의 과정품질이란 '어떻게(how)' 서비스를 제공받았는가에 관련한 과정을 의미하는 것으로, 서비스를 제공받는 상호작용 과정에서의 고객 경험에 대한 평가다. 우수한 품질의 병원 서비스를 떠올릴 때 우리는 환자의 치료 결과에 초점을 맞추기 쉽다. 물론 병원이 적절한 치료를 제공하여 환자들의 건강하고 행복한 삶에 기여하는 것은 병원이 추구하는 본질적 가치다. 그러나 주지할 사실은 병원이 관리해야 할 의료서비스 품질은 환자의 치료 및 진료 결과에만 국한되는 것이 아니라 그러한 의료서비스를 받는 과정 모두를 포함한다는 것이다.

셋째, 서비스 품질 평가는 기대 수준이 평가의 준거점으로 작용한다. 고객은 해당 병원으로부터 기대하는 서비스 수준, 또는 그 이상의 의료서비스를 경험할 때 의료서비스를 우수하게 평가한다는 것이다. 의료서비스에 대한 고객의 기대 수준은 병원의 규모, 위치, 진료과, 진료 내용 등에 따라 상이하다. 또한 과거 경험, 먼저 그 병원을 이용했던 다른 고객들의 평판, 병원이 고객에게 제공하는 다양한 정보 등이 고객의 기대 수준에 영향을 미친다. 이러한 과정을 통해 만들어진 병원의 의료서비스에 대한 기대 수준은 서비스 품질 지각의 기준이 되므로 병원의 의료서비스 관리를 위해서는 우리 병원에 대해 고객이 기대하는 바가 무엇인지를 파악할 필요가 있다. 또한 우리 병원의 의료서비스에 대해 너무 높은 수준의 기대를 갖게 하는 것은 객관적으로 우수한 품질의 서비스를 제공하고도 고객의 기대에 부응하지 못하는 우수하지 않은 서비스로 인식될 수 있음에 유념하며 기대 수준을 관리해야 한다.

의료서비스 품질 관리

의료서비스 품질 관리를 위해서는 고객들의 의료서비스 품질 평가 과정을 이해해야 한다. 일반적으로 고객들은 다양한 요소를 종합적으로 고려하여 서비스의 품질을 평가한다. 앞서 고객들은 서비스 품질 평가 시 과정과 결과 측면을 모두 고려한다는 서비스 품질의 특성을 언급하였다. 이에 따라 서비스 품질은 서비스가 제공되는 상호작용 과정품질과 서비스 이용을 통해 고객이 얻는 결과품질로 평가될 수 있다. 과정품질과 결과품질에 물리적 환경품질을 더한 3차원 품질 모형은 서비스 품질의 다면적 요소를 포괄하며 실무적 관점에서도 용이하게 적용될 수 있는 서비스 품질 모형이다. 이러한 서비스 품질의 구성 요인 모델에 근거하면 병원의 의료서비스 품질 평가 시 고객들은 자신이 제공받은 의료서비스의 결과와 함께 의료서비스를 받는 과정 및 병원의 물리적 환경에 대한

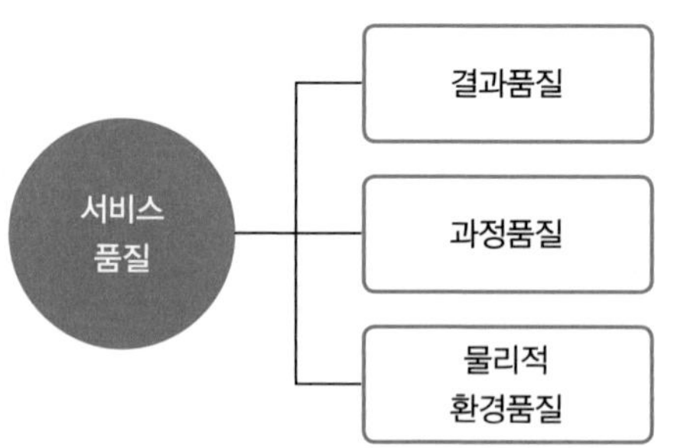

[그림 3-2] **서비스 품질의 구성 요인**[1]

---

1) Roland, R. T., Oliver, R. L. (1994). Service quality: Insights and managerial implications from the frontier. In R. T. Roland & R. L. Oliver (Eds.), *Service quality: New directions in theory and practice* (pp. 1-19). Sage Publications.

〈표 3-3〉 **의료서비스의 구성 요인**[2)]

구분		내용
의료적 요인	기술(기능)적 품질	• 병원 의료진 • 의료기구 및 설비 • 의료 기술의 우수성 • 의학 지식 및 전문성 • 의사 및 간호사의 치료와 보살핌
	결과품질	제공받은 의료서비스의 • 신뢰성 • 시기 적절성 및 즉시성 • 안전성 • 개인화
	의료진의 인적 상호작용 품질	• 진료 및 치료 과정에서의 관심 • 필요한 의학 정보의 전달 • 정보에 기반한 의사결정 • 진료 및 치료 과정에서의 소통 • 의료진의 확신성
비의료적 요인	서비스 스케이프	• 병원 건물 내 · 외관의 공간 및 디자인 • 병원 시설 • 병원 분위기 • 병원 청결도 • 병원 음식 • 병실
	접근성	• 병원의 물리적 접근 용이성 • 병원 서비스의 온라인 이용 용이성 • 예약 및 이용 관련 서비스의 편리성 • 비용의 적절성
	반응성	• 병원 직원들의 태도와 행동(공감, 존중, 친절함) • 병원의 사회적 책임

2) Upadhyai, R., Jain, A. K., Roy, H., & Pant, V. (2019). A review of healthcare service quality dimensions and their measurement. *Journal of Health Management, 21*(1), 102-127.의 연구에 근거하여 필자가 재구성

평가를 종합적으로 고려함을 알 수 있다.

그러나 서비스 품질 평가는 서비스의 특성을 고려하여 세밀하게 관리되어야 한다. 특히 병원의 의료서비스는 본질적 서비스인 진료 및 치료와 관련한 의료적 요소와 그 이외에 비의료적 요소 모두를 포함한다. 이에 의료서비스 특성을 반영한 서비스 품질 관리를 위해 〈표 3-3〉에 제시한 바와 같이 서비스 품질 관리 요인을 의료적 측면과 비의료적 측면으로 구분하여 체계화할 수 있다.

의료적 요인의 서비스 품질 관리

병원이라는 조직은 환자의 진료와 치료를 통해 환자의 더 나은 삶에 기여한다는 태생적 목적을 갖고 있다는 점에서 서비스 품질의 의료적 요인은 의료서비스의 핵심 요소다. 환자 관점의 의료적 요인의 서비스 품질 관리를 위해서는 첫째 기술(기능)적 품질 관리가 필요하다. 이는 병원이 의료서비스를 제공하기 위해 얼마나 우수한 인적·물리적 자원을 확보하고 이를 활용한 서비스를 제공하고 있는가에 평가다. 그러나 병원 의료서비스에 대한 고객의 품질 평가가 객관적일 수 없고 주관적 인식에 근거한 지각된 평가임을 다시 한 번 상기할 필요가 있다. 즉, 우리 병원의 의료진과 의료서비스의 수준이 객관적으로 우수하다고 하여도 이러한 우수성을 고객에게 잘 전달할 수 없다면 고객은 우리 병원에게 후한 점수를 주지 못할 수 있다는 것이다. 더욱이 의료서비스가 가진 무형성의 특성은 우리 병원의 의료 수준에 대한 평가를 어렵게 한다. 그렇기에 고객들에게 우리 병원의 역량을 알릴 수 있는 가시적 형태의 물적 증거를 제시하고 이를 체계적으로 관리해야 한다. 고객은 가시적인 물적 증거를 단서로 의료서비스의 기술적 품질의 우수성을 평가하기 때문이다.

이를 위해서는 우리 병원의 의료진, 의료 시설, 지금까지 병원이 쌓아 온 우수한 성과를 적극적으로 고객들과 커뮤니케이션해야 한다. 병원의 홈페이지나 병원의 입구에 의료진의 프로필 정보가 게재되어 있는 것을 흔히 볼 수 있는데, 이는 병원 의료진의 우수성을 보여 줄 수 있는 물적 증거 관리의 대표적인 예다. 병원의 물적 증거를 관리하는 또 하나의 방법은 수치화된 정량적인 정보를 제공하는 것이다. 암치료의 최고 병원으로 인정받는 미국의 엠디앤더슨 암센터는 32년간 암치료의 최우수 병원으로 평가받았음을 고객들에게 적극적으로 알리고 있다.

미국의 클리블랜드 클리닉은 의료진에 대한 고객들의 평가 점수와 후기 정보의 제공을 통해 의료진의 우수함에 대한 물적 증거를 제공하고 이를 통해 의료진을 선택하는 고객의 의사결정을 돕는다.

[그림 3-3] **32년 동안 암치료 최고 병원으로 평가 받았음을 내세우는 엠디앤더스 암센터**

출처: https://www.mdanderson.org

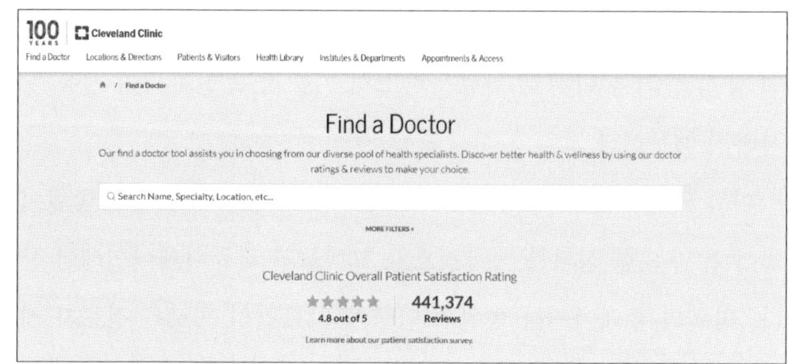

[그림 3-4] **의료진에 대한 고객의 평가 정보로 물적 증거를 관리하는 클리블랜드 클리닉**
출처: https://my.clevelandclinic.org/staff

환자 관점의 의료적 요인의 서비스 품질 관리를 위해 관리할 두 번째 요인은 결과품질이다. 이는 고객이 제공받은 의료서비스로부터 얻은 결과에 대한 평가로 경험한 의료서비스에 대한 신뢰성, 시기 적절성 및 즉시성, 안전성, 개인화에 대한 인식을 포함한다. 그러나 의료서비스의 전문성을 고려할 때 환자 입장에서 객관적으로 결과품질을 평가하기는 어렵다. 또한 의료서비스로 인한 결과는 이용 후 즉각적으로 나타날 수도 있으나 수개월, 수년 후에 나타나는 시차가 존재할 수도 있으며, 또한 그 영향력을 환자가 스스로 인지하지 못할 수도 있다는 점은 결과품질 평가의 어려움을 가중시킨다.

뿐만 아니라 의료서비스와 같이 중요한 의사결정에 대한 선택 이후 고객은 자신의 의사결정이 적절한 것인지, 다른 병원이나 의료진을 선택하는 것이 더 나은 결정이 아니었을지 불확실성을 느끼는 인지적 부조화를 경험할 수 있다. 이러한 인지적 부조화의 감소 방안 중 하나는 우리 병원의 의료서비스를 이미 다수의 고객이 이용하고 그들이 행복한 삶을 영위하고 있음을 고객들과 커뮤니케이선하는 것이다. 즉, 우리 병원 서비스의 결과품질에 대한 우수성을 고객에게 인식시키기 위한 방안으로 우리 병원의 서비스를 이용한 고객들의 경험을 공유하는 것이다. 미국의 메이요 클리닉에서는 병원을 이용했던 환자들이 이메일을 통해 자신의 이야기를 보내면 이를 Sharing Mayo Clinic이라는 블로그를 통해 공유한다. 이러한 이야기는 병원 서비스를 이미 이용한 고객뿐만 아니라 향후 병원의 잠재 고객들에게도 병원의 의료서비스의 결과품질의 우수성을 인식하게 하는 역할을 한다.

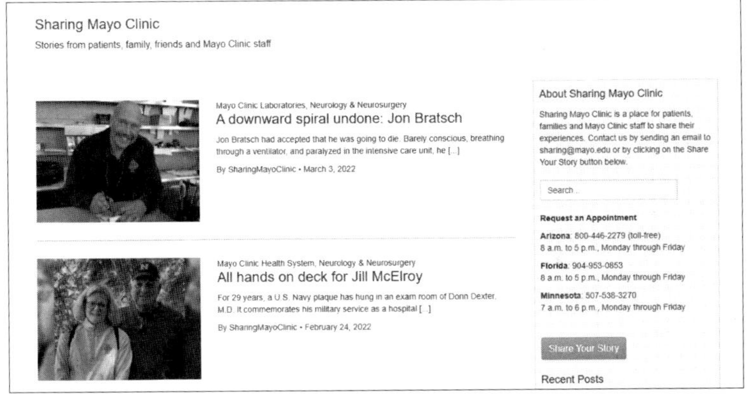

[그림 3-5] **고객의 경험 공유를 통해 의료 서비스 결과품질을 관리하는 메이요 클리닉**

출처: https://sharing.mayoclinic.org/

의료진의 인적 상호작용 품질은 의료적 요인의 서비스 품질 관리를 위해 관리할 또 하나의 요인이다. 이는 진료와 치료 과정에서 환자에게 의료인이 보이는 관심, 정보 제공 등을 포함한 의사소통 과정에 대한 품질 인식을 포함한다. 의료진의 능력을 전문 지식과 의료적 기술로만 평가하던 시대도 있었으나 이제는 환자와의 소통 능력을 의료진의 중요한 역량으로 평가한다. 의과 대학에서 의료

커뮤니케이션을 가르치고 의료커뮤니케이션이 국가고기 실기시험에 추가된 점은 고객과 소통이 중요한 의료진의 역량으로 인식되고 있음을 보여 준다.

하지만 환자와 소통의 중요성을 알고 있다고 하여도 실제로 원활한 소통을 하는 것은 쉽지 않다. 의료진과 환자 간의 의사소통을 어렵게 하는 주된 요인은 언어적 차이다. 의료진과 환자가 분명 한국어로 이야기를 하는데도 환자는 때때로 의료진의 말을 이해하기 어렵다. 일반인이 이해하기 어려운 전문 용어의 사용 때문이다. 따라서 의료진이 아는 전문 용어가 아닌 환자 눈높이에 맞춘 언어 사용이 필요하다. 이를 위해서는 진료 과목과 관련한 신체 모형을 이용하거나 영상 자료와 같은 시각적 보조 자료를 활용한 커뮤니케이션도 도움이 될 것이다. 또한 커뮤니케이션에는 정보의 내용뿐만 아니라 정보가 전달되는 방식도 중요하다. 환자의 입장을 이해하기 위해 환자의 말을 경청하고 공감하면서 이에 대한 적절한 반응을 보이는 커뮤니케이션이 필요하다.

비의료적 요인의 서비스 품질 관리

환자 관점에서 서비스 품질 관리가 필요한 비의료적 요인으로 첫째, 서비스스케이프(servicescape)가 있다. 서비스스케이프란 서비스와 경치를 의미하는 케이프의 복합어로, 서비스를 제공하는 조직의 내·외관의 공간 및 디자인, 공간 설계와 함께 공간과 관련한 분위기와 같은 물리적 환경 특성으로 설명된다. 병원의 서비스스케이프는 물리적 환경 특성과 함께 병원이 제공하는 음식, 병실

서비스를 포함하는 개념으로 폭넓게 정의된다.

우리는 병원의 물리적 환경을 떠올리면 대개 직사각형 형태의 건물 모습, 흰색 계열의 벽 색상, 사무실처럼 나란히 배치된 건물의 구조가 생각난다. 그러나 병원 공간은 병원 방문에서 오는 두려움과 부정적인 경험을 줄이며 치유와 쉼의 경험을 제공하는 장소로 재창조되고 있다. 호주 브리즈번에 있는 퀸즈랜드 어린이 병원(Queensland Children's Hospital)은 환자의 행복과 웰빙을 위한 공간을 창조한다는 접근에서 살아 있는 나무를 주제로 병원을 설계하였다. 건물의 외관은 나무 기둥에서 뻗어 나가는 나뭇가지의 모습으로 디자인하였다. 병원의 주요 색상인 초록과 보라는 인접 지역에 있는 부겐빌레아(Bougainvillea) 식물에서 영감을 얻은 것으로 치유의 친환경적 공간을 만들고자 하였다.

[그림 3-6] **나무를 주제로 건물을 설계한 호주의 퀸즈랜드 어린이 병원의 외관**

출처: https://www.lyonsarch.com.au/

[그림 3-7] **나무를 주제로 건물을 설계한 호주의 퀸즈랜드 어린이 병원의 내부**

출처: https://www.lyonsarch.com.au/

프랑스의 정신병원인 아다만트 병원(Adamant Hospital)은 강가에 정박해 있는 병원이다. 병원 외부를 움직이는 나무 셔터로 만들어 햇빛, 비, 바람과 같은 외부 자연의 변화를 병원 내에서도 경험할 수 있다. 이러한 병원의 외관은 병원의 내부에서도 강과 주변 자연의 변화를 느끼며 편안하고 평화로움을 느낄 수 있도록 설계되었다.

병원의 물리적 환경은 고객들이 병원 서비스 품질의 의료적 요인을 평가하는 물리적 단서로도 활용된다. 사람들은 평가하고 싶은 대상의 직접적인 평가가 어려울 때 용이한 단서로 대상에 대한 평가를 추론하는 경향이 있다. 우리가 흔히 제품의 품질을 눈에 보이는 단서인 가격, 브랜드, 원산지 등으로 평가하는 것과 동일한 원리다. 고객들은 병원의 의료적 서비스 품질을 평가하고 싶어도 이

[그림 3-8] **강가에서 자연의 변화와 함께할 수 있도록 설계된 프랑스의 아다만트 병원 외관**

출처: https://www.archdaily.com

[그림 3-9] **자연의 변화와 함께할 수 있도록 설계된 프랑스의 아다만트 병원의 내부**

출처: https://www.archdaily.com

를 객관적으로 평가하기가 어렵다. 이럴 경우 눈에 쉽게 띄는 병원의 물리적 요인으로 의료적 서비스 품질의 수준을 가늠한다는 것이다. 그러므로 병원의 물리적 환경을 포함한 서비스스케이프도 환자의 관점에서 설계되고 구성되어 관리되어야 한다.

환자 관점의 비의료적 요인의 서비스 품질 관리를 위해 관리할 또 다른 요인은 병원에 대한 접근성이다. 이는 병원에 대한 금전적·물리적 접근성의 용이성과 함께 의료서비스의 이용 편의성을 포함한다. 우리나라 상황에서는 의료수가나 정책적 규제로 금전적 접근성의 관리가 제한적인 것이 사실이다. 그러나 병원에 대한 물리적 접근성과 병원 서비스 이용의 용이성을 높이는 노력을 통해 병원 접근성에 대한 평가를 높일 수 있다. 병원의 입지가 선정되기 전이라면 물리적 접근성을 병원의 입지 선택의 중요 기준으로 고려할 수 있다.

그러나 병원의 입지가 이미 정해진 이후에도 물리적 접근성을 높이기 위한 다양한 노력을 기울일 수 있다. 환자의 수가 많은 중대형병원의 경우 대중교통과 접근성이 낮다면 대중교통과 병원 간 연계성을 높이는 방안을 마련해야 한다. 2016년 수서발 고속철도 개통 이후 수서역과 접근성이 좋은 서울의 대형병원들은 수서역과 병원 간 셔틀버스를 운영하여 지방 환자들을 유치하고 있는 것은 물리적 접근성 제고의 좋은 전략의 예다. 또한 자차를 이용하여 내원하는 고객에 대한 주차의 편리성을 제공하여 병원에 대한 접근성을 높일 수 있다. 주차 공간이 협소하다면 추가적인 주차 공간 확보, 대리 주차 서비스 제공 등을 검토해 볼 수 있다. 거동이 불편한 환자를 위한 병원 내 구조 및 동선 설계, 이동에 필요한 적절한 도움 제공 등과 같은 서비스도 관리해야 한다.

접근성은 온라인에서도 관리되어야 한다. 병원 이용 고객은 병원을 방문하여 진료 및 치료를 받는 경우에도 병원 및 의료진 선택을 위한 정보 수집, 사전 예약 및 변경 등의 서비스를 온라인에서 이용할 수 있다. 따라서 고객이 필요한 정보가 적시에 편리하게 고객에게 제공될 수 있도록 온라인 접근성을 관리하며 온라인과 오프라인 서비스가 매끄럽게 연결될 수 있도록 해야 한다.

마지막으로, 비의료적 요인의 우수한 서비스 품질 인식을 위해서는 반응성에 대한 관리가 필요하다. 반응성에 대한 평가는 병원 직원들의 고객을 대하는 태도와 행동 반응을 포함한다. 따라서 병원의 구성원들은 고객 지향적 사고를 확립하고, 고객들을 공감하며, 존중하며, 친절하게 응대하려는 태도와 행동을 갖추어야 한다. 무엇보다 고객에 대한 진심이 진정성 있게 전달되어야 한다.

2011년 미국 셀렌건설(Sellen Construction)의 시애틀 아동병원(Seattle Children's Hospital) 증축 공사 과정에서 있었던 일화는 병원 고객에 대한 진심의 중요성을 보여 준다. 당시 셀렌건설의 현장 근로자들은 병원에 입원한 아이들을 기쁘게 할 수 있는 일이 무엇일까를 고민하다가 아이들을 위한 작은 이벤트를 마련하였다. 우리에게도 '월리를 찾아라(Where's Waldo?)'로 잘 알려진 월리 찾기 놀이를 병원의 공사 현장에 만든 것이다. 현장 근로자들은 공사 현장에 빨간색과 흰색의 줄무늬 티셔츠를 입은 실제 크기의 월리를 매일에 등장시켰다. 『월리를 찾아라』 책에 숨겨진 월리를 찾는 놀이처럼 매일 공사장에서 월리의 위치는 달라졌고, 병원의 환자, 보호자와 병원 관계자들까지도 월리 찾기를 기대하게 되었다. 또한 철재를 다루는 근로자들은 건설 현장의 철재빔에 각각 환자의 이름을 적으며 응원의 인사를 건넸다. 한 환자의 아버지는 하루의 힘든 치료 일정을 마친 딸이 병실로 돌아와 창밖 철재빔에 적힌 자기 이름을 보고 얼마나 기뻐했는지에 대한 병원의 페이스북에 일화를 남기기도 하였다. 또한 한 보호자는 힘든 치료를 받고 있는 아이가 매일 새롭게 등장하는 월리를 찾기 위해 '내일'을 기다리고 기대할 수 있게 해 주어 감사하다는 이야기를 전하기도 하였다.

어린 환자 아이들을 생각하는 셀렌건설의 마음은 지역사회 신문과 방송을 통해 전해졌고, 이는 지역사회에서 셀렌건설과 병원에 대한 좋은 이미지와 평판을 가져왔다. 셀렌건설의 작은 이벤트가 많은 사람에게 감동을 줄 수 있었던 것은 무엇보다도 아이들을 기쁘게 해 주려는 작지만 진심이 전달될 수 있었기 때문이다. 셀렌건설의 이 작은 이벤트는 이후 여러 병원의 공사 현장으로 퍼져 나가며 어린 환자들에게 위안을 주었다.

[그림 3-10] **미국 사우스 밴드에 있는 메모리얼 어린이 병원(Memorial Children's Hospital)의 공사장에 등장한 월도**

출처: https://www.buzzworthy.com

[그림 3-11] **메모리얼 어린이 병원 공사장에 숨겨진 왈도**

출처: https://www.buzzworthy.com

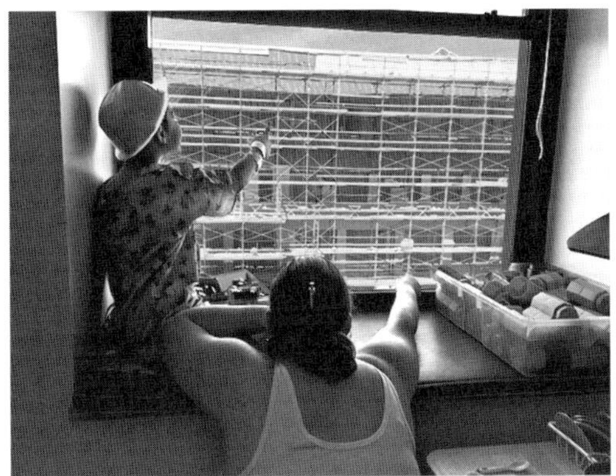

[그림 3-12] **숨겨진 왈도를 찾고 있는 환자와 보호자의 모습**

출처: https://www.buzzworthy.com

[그림 3-13] **미국의 텍사스 어린이 병원(Texas Children's Hospital) 철재빔에 적힌 환자에 대한 응원 메시지**

출처: https://www.today.com

[그림 3-14] **철재빔에 적힌 응원 메시지에 대해 누군가가 남겨 놓은 감사의 화답**

출처: http://www.today.com

고객과 소통을 위해서는 고객 관점에서의 생각과 소통이 필요하다. 호주의 퀸즈랜드 어린이 병원에서는 2021년 드레스업 데이(Dress-up day)에 아이들의 눈높이에서 아이들이 좋아하는 이야기책에 등장하는 캐릭터들로 직원들이 분장하는 이벤트를 열었다. 이는 고객의 입장에서 그들이 필요를 이해하고, 그들의 관점으로 소통하는 방식의 일례를 보여 준다.

[그림 3-15] **101마리 달마시안의 캐릭터로 분장한 퀸즈랜드 어린이 병원 직원들**

출처: 퀸즈랜드 어린이 병원의 페이스북(https://www.facebook.com/childrenshealthqld)

[그림 3-16] **미국의 유명 어린이 작가인 닥터수스(Dr. Seuss)의 작품 속 캐릭터로 분장한 퀸즈랜드 어린이 병원 직원들**

출처: 퀸즈랜드 어린이 병원의 페이스북(https://www.facebook.com/childrenshealthqld)

병원의 반응성에 대한 평가는 병원이 우리 사회에 대해 보이는 태도와 행동과 관련하여 병원의 사회적 책임 활동을 포함한다. 병원의 사회적 책임이란 병원이 우리 사회를 구성하는 하나의 조직으로서 사회적 가치를 창출하며 사회적 책무를 수행해야 함을 의미한다. 미국의 매사추세츠 종합병원(Massachusetts General Hospital)은 지역사회의 일원으로 지역사회 불평등 문제 해결에 관심을 갖고 있다. 이러한 관심으로 성별, 인종, 교육 수준, 소득 등과 상관없이 모든 사람이 건강하게 살 기회를 누리는 데 기여하는 다양한 사회적 활동을 하고 있다. 예를 들면, 필요한 음식을 충분히 공급받을 수 없는 사람들의 식량 불안정의 문제가 사람들의 건강과 웰빙에 영향을 미치는 주요 문제임에 인식하고 식량 불안정 문제 해결을 위해 노력하고 있다. 실제로 2020년 12월 기준 매사추세츠의 식량 불안정 문제는 코로나 팬데믹 이전보다 배로 증가하여 6분의 1 가구가 충분한 음식을 공급받지 못하고 있는 것으로 나타났다. 이러한 조사 결과는 전반적인 굶주림의 문제가 미국에서 해결되었음에도 불구하고, 식량 불안정의 문제는 여전히 해결해야 할 중요한 사회 문제임을 보여 준다. 이러한 문제 해결을 위해 매사추세츠 종합병원의 지역사회 건강 증진 센터(Center for Community Health Improvement: CCHI)에서는 가족을 위한 음식 프로그램(Food for Families Program)을 운영하고 있다. 병원의 첼시 헬스케어 센터(Chelsea HealthCare Center) 1층에 위치한 식품 팬트리는 이 프로그램의 주요 사업이다. 매사추세츠 종합병원에서는 식품 구매를 돕는 국가의 보조 영양 지원 프로그램(Supplemental Nutrition Assistant Program: SNAP)의 지원 대상이 되는 환자들에게 이 프로그램의 지

[그림 3-17] **미국 매사추세츠 종합병원의 식품 팬트리**

출처: www.massgeneral.org

원 과정을 도와주고 있다. 그러나 국가 지원 대상의 사각지대에 있거나 또는 지원 신청을 꺼리는 사람들에게는 팬트리에 있는 식품을 제공함으로써 취약계층의 서비스를 받고 있다는 사회적 낙인을 갖지 않게 한다. 코로나 팬더믹 이전에는 이 식품 팬트리에서 매주 약 3천 파운드의 음식을 필요한 사람들에게 제공하였다.

의료서비스 품질의 평가

의료서비스 품질의 다면적 요소를 관리하기 위한 병원의 다각적인 노력으로 우리 병원의 서비스 품질 우수성을 고객에게 분명히 각인시킬 수 있을 것이다. 우리 병원의 의료서비스 품질 수준에 대한 평가가 필요하다면 과학적인 방법으로 개발된 평가 문항들을 활용할 수 있다. 일정한 시간적 간격에 따라 주기적으로 병원이 자체 평가한다면 시간에 따른 병원의 의료서비스 품질의 변화를 관찰할 수 있다. 또한 다른 병원의 결과와 비교해 본다면 우리 병원의 상대적 위치를 파악할 수 있다. 이러한 진단을 통해 우리 병원의 서비스 품질은 어떤 요인에 강점과 개선점이 있는지 파악할 수 있고, 서비스 품질 개선을 위한 노력의 전략적 방향을 수립할 수 있다. 미국 연방정부 병원 규제 기관인 메디케어 및 메디케이드 서비스 센터(Center for Medicare and Medicaid Service: CMS)에서는 의료서비스를 경험하는 과정에서 의료진, 진료, 구체적인 건강 상황, 건강 관리 계획과 관련한 프로그램, 병원의 제반 시설과 관련한 물리적 환경을 평가할 수 있는 의료 서비스 제공자 및 시스템의 소비자 평가 도구(Consumer Assessment of Health Provider and Systems:

CAHPS)를 개발하여 활용하고 있다. 이 중 병원의 입원 환자를 대상으로 하는 입원서비스에 대한 평가 도구인 HCAHPS(Hospital-

〈표 3-4〉 **HCAHPS의 평가 항목**

구분	항목
간호사의 의료서비스/ 의사소통	병원에 입원해 있는 동안 1. 간호사는 귀하를 정중하고 존중하는 태도로 대하였습니까? 2. 간호사는 귀하의 말을 주의 깊게 잘 들었습니까? 3. 간호사는 귀하가 이해할 수 있는 방법으로 설명을 했습니까? 4. 귀하가 도움이 필요해 호출 버튼을 누르고 난 뒤, 원하는 시기에 도움을 받게 된 경험이 얼마나 있습니까?
의사의 의료서비스/ 의사소통	병원에 입원해 있는 동안 5. 의사는 귀하를 정중하고 존중하는 태도로 대하였습니까? 6. 의사는 귀하의 말을 주의 깊게 잘 들었습니까? 7. 의사는 귀하가 이해할 수 있는 방법으로 설명을 했습니까?
병원 환경	병원에 입원해 있는 동안 8. 귀하의 병실과 화장실은 얼마나 자주 깨끗하게 관리되었습니까? 9. 귀하의 병실은 밤에 얼마나 조용했습니까? 10. 귀하는 화장실에 갈 때 간호사나 다른 병원 직원으로부터 도움이 필요했습니까? 있었다면 얼마나 자주였습니까?
의약품 처방 관련 커뮤니케이션	11. 귀하는 이전에 복용한 경험이 없는 새로운 약을 처방받은 적이 있습니까? 있었다면 새로운 약을 처방하기 전에 병원의 직원들은 약에 대한 설명을 해 주었습니까? 또한 있을 수 있는 약의 부작용을 귀하가 이해할 수 있는 방식으로 얼마나 자주 설명해 주었습니까?
퇴원 후 관리	12. 귀하는 퇴원 이후 본인의 집이나 타인의 집, 또 다른 의료기관 중 어느 곳으로 갔습니까? 만일 집으로 간 경우 입원해 있을 때 병원의 의료진은 퇴원 후 귀하가 필요한 도움을 받을 수 있는지에 대해 이야기했습니까? 또한 병원에서 퇴원 후 귀하가 살펴봐야 할 증상과 건강 문제가 무엇인지에 대해 정보를 받았습니까? 13. 병원에 입원해 있는 동안 병원 직원은 퇴원 후 필요한 의료서비스를 결정할 때, 귀하와 귀하의 가족, 간병인의 의견을 고려했습니까? 14. 퇴원할 때, 귀하의 건강을 유지하기 위해 관리해야 할 것을 잘 이해하고 있었습니까? 15. 퇴원할 때, 귀하가 복용하는 각각의 약물의 목적을 분명하게 이해하였습니까?

출처: https://www.cms.gov/Research-Statistics-Data-and-Systems/Research/CAHPS/HCAHPS1

CAHPS)는 입원서비스에 대한 전반적인 평가 1개 문항과 타인 추천 여부를 묻는 1개 문항과 서비스 경험을 평가하는 18개의 개별 문항으로 구성되었다. 〈표 3-4〉는 HCAHPS의 세부 항목을 소개하고 있으니 우리 병원의 입원 서비스 품질 수준을 확인하고 싶다면 이를 체크리스트로 활용할 수 있을 것이다.

웹툰의 인기에 힘입어 드라마로 제작된 〈내과 박원장〉은 개원의들의 고군분투하는 이야기를 다룬 것으로, 의사의 사명감과 병원의 수익 사이에서 고민하는 의사들의 모습이 등장한다. 실제 웹툰을 그린 장봉수(필명) 작가는 의사 출신으로 본래 개원의였으나 폐업을 한 경험이 있다고 한다. 의료서비스를 통한 공익적 가치와 수익 창출은 모든 병원에게 주어진 난제다. 고객 만족을 통해 병원의 목표를 달성한다는 고객지향적 경영 마인드에 입각한 의료서비스 품질 관리는 이러한 난제를 해결하는 방안이 될 것이다. 나아가 우리 병원을 존경받는 병원으로 만드는 비법이 될 것이다.

[그림 3-18] **의사의 사명감과 병원의 수익 사이에서 고민하는 의사의 모습을 다룬 〈내과 박원장〉의 웹툰(좌)과 드라마(우)**

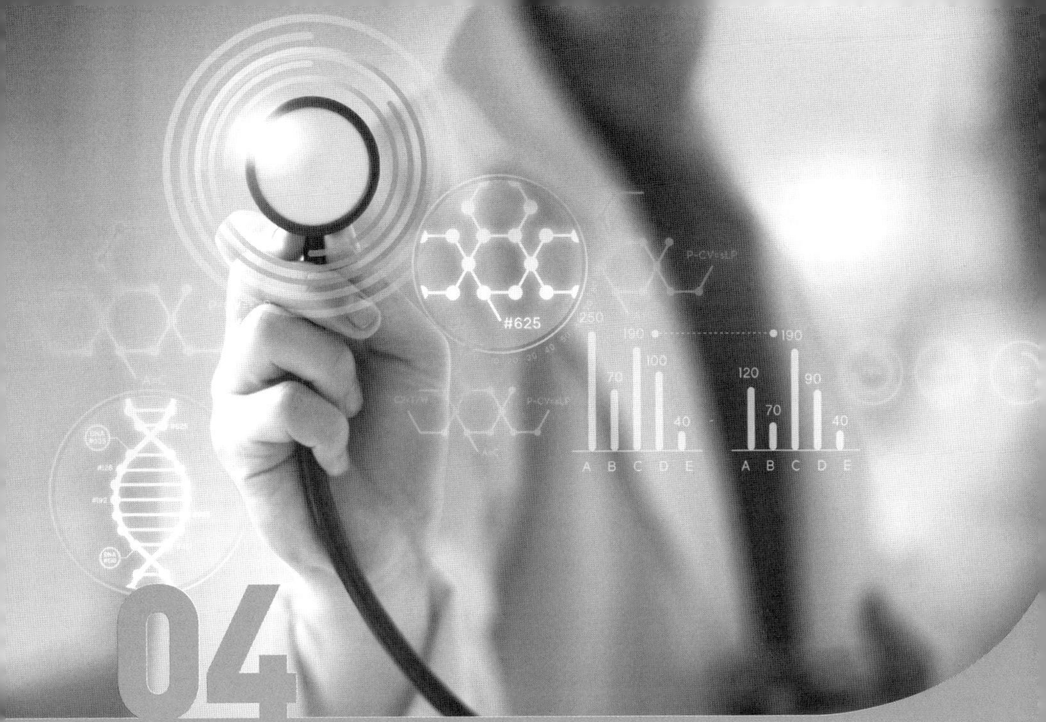

04

의료 마케팅 커뮤니케이션에서 고객구매여정 적용의 중요성

문장호 교수
숙명여자대학교 홍보광고학과

QR코드를 스캔하시면 저자의 설명 영상을 시청하실 수 있습니다.

✚ ✚ ✚

한 명의 환자가 의료서비스의 욕구를 느끼고 최종적으로 결정에 도달해서 이 과정이 종료될 때까지 다양한 상호작용을 경험하게 된다. 환자는 이 의료서비스의 최종 구매 결정에 이르기까지 다양한 고객 접점(customer touch-point)을 거치게 되는데, 이때 각 접점에서 사소한 것처럼 보이는 단서들이 종합적으로 작용하여 의료 소비자의 최종 선택에 영향을 미치게 된다. 사람의 건강과 생명에 관련된 만큼 병원을 선택한다는 것은 그 어떤 상품과 서비스의 구매보다도 더 까다롭고 복잡한 의사결정과 평가의 과정을 거친다고 봐도 과언이 아니다. 더욱이 의료기관이 비약적으로 증가하면서 의료서비스 시장의 경쟁이 심화되어 왔고, 의료 소비자인 환자들의 생활 및 의식 수준이 향상됨과 함께 의학 지식에 대한 접근성이 높아지면서 병원에서의 치료 경험은 질병 치료 이상이 요구되는 의료서비스 경쟁으로 전환되었다. 따라서 다른 의료기관과 차별화되는 가치 창출을 통해 병원의 브랜드를 만들어 내고, 이를 다양한 수단을 통해 광고하고 홍보하는 의료 마케팅 커뮤니케이션의 중요함이 과거와는 비교할 수 없을 정도로 증대된 상황이다.

이러한 상황에서 디지털마케팅 연구에서 시작된 고객구매여정(customer decision journey)의 개념을 의료 마케팅 커뮤니케이션에 전략에 적용한다면 의미 있는 인사이트를 도출할 수 있을 것이다. 하버드 비지니스 리뷰에서 본격적으로 소개된 이후 맥킨지를 비롯한 글로벌 컨설팅 펌들이 다양한 산업 분야의 마케팅 전략 수립에 활용하고 있는 고객구매여정모델(customer decision journey model)은 본래 소비자가 한 기업의 제품 혹은 서비스를 경험하는 과정에서 소비자와 브랜드의 상호작용은 단계별로 구분하는 도구이다(Court et al., 2009; Edelman, 2010; Edelman & Singer, 2015).[1] 이 모델은 소비자가 제품 혹은 서비스를 인지하게 되는 단계에서 시작하여 평가의 단계를 거쳐 구매에 이르고, 구매 후 경험을 통해 해당 브랜드를 옹호하여 구전 활동을 하고, 로열티를 형성하기까지의 일련의 단계를 설명하는 데 활용된다([그림 4-1] 참조).

환자를 의료서비스를 구매하는 의료 소비자로 감안하는 시각에서 볼 때, 소비자가 의료서비스의 욕구를 인지하고 최종 결정을 내리기까지(고려단계와 평가단계)의 모든 접점과 단서들을 더 잘 이해할 수 있다면 그 병원은 환자가 후보로 생각하는 여러 경쟁 의료기관 중에서 최종 선택을 받을 확률이 높아질 것이다. 더불어 의료서비스 과정에서의 전반적 환자경험(구매단계)과 의료서비스가 완료

[그림 4-1] **고객구매여정 모델**

출처: Edelman, D. C. (2010). Branding in the digital age. *Harvard Business Review, 88*(12), 62-69.

1) Court, D., Elzinga, D., Mulder, S., & Vetvik, O. J. (2009). The consumer decision journey. *McKinsey Quarterly, 2009*(1), 1-11.
Edelman, D. C. (2010). Branding in the digital age. *Harvard Business Review, 88*(12), 62-69.
Edelman, D. C., & Singer, M. (2015). Competing on customer journeys. *Harvard Business Review, 93*(11), 88-100.

된 후의 환자경험(구매 후 단계)에서의 접점과 단서들을 파악하여 이를 바탕으로 경쟁자들과 차별화되는 효과적인 커뮤니케이션이 실행된다면 장기적으로 그 환자는 병원의 옹호자(advocate)가 되어 자발적으로 자신의 경험을 타인에게 전파하고 병원을 추천하는 충성스러운 고객으로 전환될 것이다.

이 장에서는 고객구매여정의 개념을 이해하고, 이를 의료서비스와 마케팅 맥락에 적용함을 통해 고객구매여정의 의료 마케팅 커뮤니케이션 활용 방안에 대해 살펴보았다이미 다른 산업 분야의 마케팅 커뮤니케이션 전략 수립에 있어 다양하게 활용되고 검증되어 온 고객구매여정모델이라는 도구를 도입하여 의료 분야에 적용해 보는 과정을 통해 병원의 전반적인 마케팅 커뮤니케이션 구조를 조망하고, 각 단계를 짚어 나가며 새로운 인사이트를 찾는 기회를 제공할 수 있을 것으로 기대한다.

고객구매여정의 개념과 각 단계의 이해

고객구매여정 분석의 시작은 '소비자들은 어떤 경로를 통해 구매라는 의사결정에 도달하는가?'와 같은 질문에서 출발한다. 소비자의 구매 의사결정 과정은 소비자가 필요나 욕구를 가지고 구매하고자 하는 제품이나 서비스의 존재를 인지하는 순간부터 구매에 이르기까지의 과정을 여러 단계로 나누어 설명하는 것을 목표로 한다.

마케터들은 전통적으로 소비자들이 처음에 여러 브랜드를 고려하다가 차츰 대안을 줄여 가며 최종 결정에 이르는 마케팅 퍼널 모델(marketing funnel model, 깔때기 모형)에 의존하여 구매 의사결정 과정을 분석했다([그림 4-2] 참조). 그러나 디지털 미디어의 눈부신 발전과 함께 소비자들의 의사결정 방식은 변화하였다. 소비자들은 자신의 상황과 조건에 맞는 채널과 미디어를 적극적으로 이용하고, 이를 활용하여 정보를 획득하여 평가한다. 이런 환경에서 소비자가 구매 결정 시 '인지도 형성(awareness)-친숙(familiarity)-고려(consideration)-구매(purchase)' 의 결정 과정을 거치는데, 그 과정 가운데 대안을 줄여 나가면서 최종 결정에 이르게 된다는 마케팅 퍼널 모델의 가설은 두 가지 한계점에 직면한다.

첫 번째는 소비자가 각 단계를 거치며 대안을 줄여 나가는 이 의사결정 과정이 일방향으로 진행된다고 생각한 점이다. 이 때문에 마케팅 퍼널 모델에 의존한 마케터들은 각 단계별로 소비자들에게 영향을 줄 수 있는 접점을 찾아내서 메시지를 전달하는 푸시(push) 마케팅에 중점을 두었다. 광고를 통한 인지도 제고와 이미지 형성,

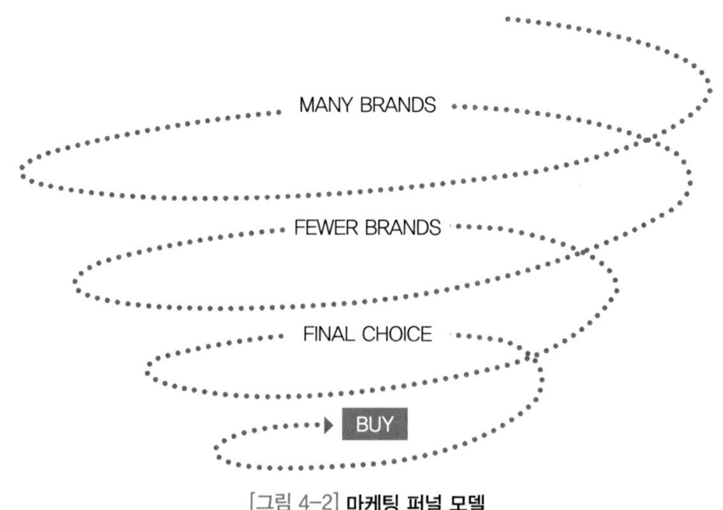

[그림 4-2] **마케팅 퍼널 모델**

출처: Edelman, D. C. (2010). Branding in the digital age. *Harvard Business Review*, *88*(12), 62-69.

프로모션 활동을 통한 구매 촉진 등이 그 주요 방식이다. 이는 과거 미디어에 의존하던 시절, 주요 신문, 방송 프로그램 등 구독자의 수가 많고 시청률이 높은 채널을 활용했을 때는 유용한 방식이었고, 직관적으로 이해가 되기 때문에 실무에서 많이 활용된 측면이 있다. 하지만 브랜드들이 롱테일로 다양화되고, 디지털 미디어의 활용이 본격화되면서 소비자들의 선택권과 정보 접근성은 높아졌고, 이로 인해 이 모델에 기반한 마케팅 커뮤니케이션을 통해서 과거와 같은 효과를 기대하기 힘든 상황이다.

특히 소비자들이 구매 여정의 각 단계를 지날 때마다 대안을 줄여 나간다고 가정하는 점에서 그 한계점이 상당하다. 예를 들어, 기미를 없앨 목적으로 피부과를 갈 것을 고려하는 환자가 있다. 이 환자는 구매 초기에는 집이나 직장 근처의 평소 알고 있는 피부과 위주로 방문할 병원 한두 개 정도로 구매 여정을 시작할 것이다. 하지만 기미 치료를 잘하는 병원에 대해 알아보면 알아볼수록 방문할 만한 병원의 브랜드 수가 오히려 늘어나는 경우를 경험한다. 즉, 여러 경로를 통해 정보와 평가를 접하고 훨씬 더 다양한 대안이 존재함을 알게 되면서 한 방향으로 진행되는 마케팅 퍼널 모델의 한계점이 생긴다.

두 번째 기존 모델의 한계점은 소비자들이 구매를 마친 이후에는 마케팅 과정도 끝났다고 보는 점이다. 즉, 자사의 제품이나 서비스를 구매한 소비자들을 '이미 잡은 물고기'로 치부해 버리고 '사고 나면 끝'이라는 생각을 하는 점이다. 과거에는 입소문이란 것이 지리적 · 물리적 한계가 있었지만, 현재의 소비자들은 디지털 미디어를 도구 삼아 구매 후 후기와 브랜드의 평판을 다양한 경로로 생산하고 전파한다. 이렇게 입소문의 지리적 · 물리적 한계란 더 이상 존재하지 않게 되었고, 강해진 구전의 효과는 다른 소비자들의 의사결정에 큰 영향을 미치게 되어 자연스럽게 소비자 중심 마케팅의 중요성이 매우 증가했다. 광고, PR, 프로모션, 매장 내 제품 경험, 영업사원의 설득 등 기업이 주도하는 마케팅 이상으로 이미 제품과 서비스를 경험해 본 기존 소비자들의 후기와 추천을 기반으로 하는 소비자 중심 마케팅의 효과는 커지게 된다.

앞서 등장한 기미를 치료할 목적을 가진 환자가 자신이 최종 선택한 병원에서 매우 순조로운 과정을 통해 효과적으로 치료를 받았다면, 이 환자는 다양한 온오프라인 경로로 자신의 경험에 대해 구전 활동을 하는 주체가 될 것이다. 본인의 치료 과정에서 다른 병원의 경험과 차별화되는 매우 효과적인 치료라거나, 친절한 상담과 세심한 설명을 들었다거나, 치료 후 공감 어린 메시지를 받았다거나 하는 차별화되고 긍정적인 환자경험을 했다면, 이들은 더욱 적극적인 병원의 팬이 되어 능동적으로 구전 활동을 하는 옹호자가 될 것이며, 환자 본인도 다음 치료의 욕구가 있을 때 고민 없이 이전에 좋은 경험을 한 병원을 선택하게 될 것이다. 즉, 우리 병원을 선택한 환자에 대해 '우리 병원에 왔으니까 끝' 이 아니라 이들에 대해 어떤 구매 경험과 구매 이후의 경험을 제공할 것인가가 굉장히 중요한 지점으로 부각된다.

앞에서 살펴본 한계점들은 디지털 미디어 시대의 변화된 소비자 의사결정 과정을 이해할 때 기존의 소비자 의사결정 모델이 적합하지 않음을 잘 보여 주고 있고, 이러한 한계점을 극복하고자 새로운 개념의 소비자 여정을 다룬 모델인 고객구매여정모델이 제시된다(Court et al., 2009; Edelman, 2010; Edelman & Singer, 2015). 이 모델은 소비자가 상품이나 서비스를 구매하는 과정을 초기고려단계,

적극적 평가단계, 구매결정단계, 구매 후 단계의 주요 네 가지 단계를 넘나들며 반복하는 순환식 프로세스로 설명한다. 변화된 의사결정 과정이 '초기고려단계–적극적 평가단계–구매결정단계–구매 후 단계'로 고리의 형식으로 여행하는 것과 같다고 하여 '구매여정' 이라는 이름이 붙었다. 특히 기존의 여정모델과는 달리 '구매 후 단계'를 향유–옹호–애착의 세 가지 단계로 세분화하여 마케터에게 보다 다양한 고객접점을 제시하고, 이 과정을 통해 고객이 충성도 고리로 유입되는 과정을 설명한 점을 주목해야 한다.

본격적으로 고객구매여정을 의료 마케팅 커뮤니케이션 맥락에 적용하기에 앞서 먼저 이 고객구매여정을 구성하는 초기고려 단계, 적극적 평가단계, 구매결정단계, 구매 후 단계(향유–옹호–애착) 네 단계의 개념과 각 단계의 특징을 살펴보고 이해해 보기로 하겠다.

먼저 고객구매여정의 첫 번째 단계인 초기고려단계(initial consideration)는 소비자가 각종 마케팅 커뮤니케이션 접점에서 상품이나 서비스를 제공하는 브랜드를 인지하게 되는 단계다. 소비자들은 온오프라인 광고, 신문 및 잡지 기사, SNS와 유튜브 등 다양한 소셜 미디어, 친구 · 가족 · 직장 동료 · 지인 등 다양한 경로를 통해 한 브랜드가 제공하는 제품이나 서비스를 인지하고, 욕구를 가지게 되며, 이 욕구를 채워 줄 수 있는 구매를 고려하게 된다. 이 단계에서 마케터는 전방위적으로 혹은 타기팅을 통해 자신을 최대한 잠재적인 소비자들에게 노출하고 인지시키는 것을 목표로 한다. 욕구를 가지고 이 제품을 구매하기로 마음먹은 소비자들은 브랜드가 제공하는 마케팅 커뮤니케이션 속 정보 혹은 지인으로부터 얻은 정보와 평소 본인의 지식을 토대로 초기 후보군을 고려하고 다음 단계로 넘어가게 된다.

두 번째 단계인 적극적 평가단계(active evaluation)는 소비자들이 이전 단계에서 고려한 브랜드들에 대해서 능동적으로 정보를 수집하고 평가하는 단계다. 이 단계에서 소비자는 본인의 욕구를 채울 수 있는 제품이나 서비스에 대한 정보를 수집하게 되는데, 이때 소비자는 직접 다양한 경로로 검색을 하거나 전문가 집단 혹은 지인이나 가족 등의 의견을 구하는 등 능동적으로 평가에 들어간다. 이 단계의 소비자들은 제품 평가를 거치며 더 많은 정보를 습득하기 때문에 초기보다 오히려 일부 브랜드를 더 추가하거나, 초기에 고려한 브랜드 후보군에서 일부를 제외하기도 하며 조정에 들어간다. 이 단계에서는 브랜드의 일방적인 푸시 마케팅보다 소비자 스스로 찾아서 검색했을 때 충분한 자료와 차별화된 메시지가 전달될 수 있도록 하는 풀(pull) 마케팅 전략이 빛을 발하게 된다.

세 번째 단계인 구매결정단계(purchase)는 소비자가 최종적으로 하나의 브랜드를 선택하여 구매 시점에 도달하는 단계다. 이때 하나의 브랜드를 선택한 소비자라고 할지라도 구매 시점에서 새로운 제품을 인지한다거나 구매 시점에서의 가격 비교를 통해 새로운 대안을 알게 되어 적극적 평가단계로 돌아갈 수도 있다는 점에 주목해야 한다. 전통적인 의사결정 과정에서는 이 단계에서 최종 결정을 하고 구매로 이어지는 것을 전제로 하지만, 우리가 살펴보고 있는 고객구매여정모델 상에서는 이 단계에서 소비자가 실제 구매를 할 수도 있지만, 다시 전 단계로 돌아갈 수도 있다는 점을 환기시킨다. 마케터의 입장에서는 이 구매결정단계에서 소비자가 최종 의사결정에 도달할 수 있도록 소비자 경험에 긍정적으로 소구되는 점을 파악하고, 프로모션, 인센티브 등 구매결정단계에 도달한 소비자에게 소구할 수 있는 요소를 파악하여 중점적인 노력을 기울여야 하는 지점이다.

마지막으로, 향유-옹호-애착(enjoy-advocate-bond)으로 세분화되는 구매 후 단계(post purchase)는 제품을 구매하고 서비스를 경험한 고객이 자신의 경험을 바탕으로 추천 혹은 비판하는 등 개인적 경험에 관해 이야기하고 장기적으로 소비자와 브랜드가 일종의 관계(consumer-brand relationship)를 형성해 나가는 지점이다. 소비자가 브랜드의 제품이나 서비스의 소비를 통해 만족할 만한 경험을 향유하게 되면 소비자의 긍정적인 평가 의견이 만들어지게 되고, 이는 오프라인은 물론 다양한 온라인 채널을 통해 전파되며 옹호의 과정으로 이어진다. 즉, 소비자의 만족스러운 경험이 소비자가 자발적으로 브랜드에 대한 긍정적 정보를 전파하는 브랜드 옹호자로 전환하는 촉매제가 되는 셈이다. 또한 브랜드를 옹호하며 본인과 유사한 의견과 가치를 공유하는 동질적인 소비자들과 소통하고, 또 때로는 해당 브랜드와 직접 소통하며 그 소비자는 브랜드에 대해 애착을 가지는 팬(fan)으로 변모하게 된다.

이렇게 만족스러운 고객경험을 향유한 소비자는 자신의 경험을 자발적이고 적극적으로 타인에게 알리는 옹호자가 되며, 이들은 그 과정에서 브랜드를 향한 충성도 높은 팬으로 전환하게 되는데, 이때 그 소비자는 충성도 고리(loyalty loop)로 진입하게 된다. 이 충성도 고리에 진입한 소비자들은 재구매 시에 초기고려단계, 적극적 평가단계, 구매결정단계를 건너뛰고 바로 재구매로 이어지게 된다. 향유-옹호-애착으로 구성되는 이 구매 후 단계는 특히 과거에는 간과되었던 부분으로 사후 마케팅을 통해 소비자의 브랜드 충성도 형성과 소비자와의 관계를 유지하는 노력이 왜 중요한지에 대해 잘 설명하고 있다.

고객구매여정모델의 의료 디지털마케팅 커뮤니케이션 적용의 시작: 초기고려단계

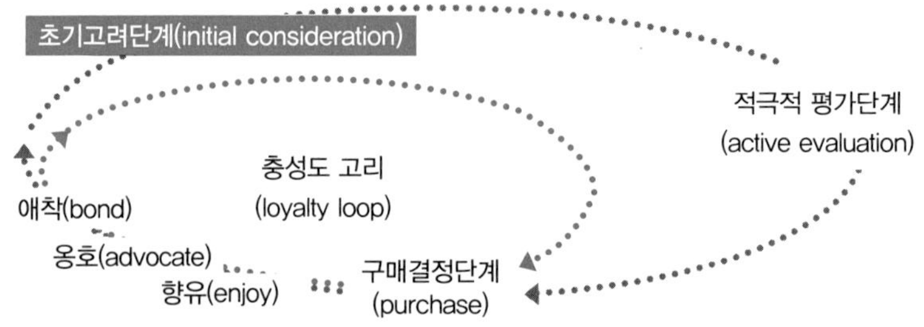

이상 살펴본 고객구매여정모델의 초기고려단계, 적극적 평가단계, 구매결정단계, 구매 후 단계(향유–옹호–애착)를 환자–병원 맥락에 대입해 보면서 이 개념을 의료 마케팅 커뮤니케이션 맥락에서 어떻게 적용할 것인지에 대해 살펴보자. 의료서비스의 소비자인 환자 시각에서의 이해뿐만 아니라 의료서비스를 마케팅해야 하는 병원으로서는 각 단계에서 어떠한 노력을 기울여야 하는지 양쪽의 시각에서 모두 살펴보는 것이 중요하다.

먼저, 초기고려단계는 환자가 치료의 욕구를 갖고 의료서비스를 받고자 하는 관심이 생기며, 이 의료서비스와 관련된 의료기관의 후보군을 꼽아 보는 단계로 이해할 수 있다. 잠재적 환자가 치료의 욕구를 갖게 되는 경로는 매우 다양하지만 크게 보면 둘로 구분된다. 소비자의 욕구는 이상과 현실의 괴리에서 발생하게 되는데, 이

때 현실과 이상의 괴리는 외부 자극으로부터 발생할 수도 있고, 외부 자극 없이 발현될 수도 있다. 따라서 환자 본인이 통증이나 불편함과 같은 증상을 인지하거나 스스로 심미적 목적을 위해 욕구를 느끼게 되고 이를 해소하여 이상적인 상태가 되고 싶을 때가 있는가 하면, 광고, 신문 기사, 지인의 추천 등 외부 자극을 통해 인지하지 못했던 혹은 잊고 있었던 치료의 욕구가 발생될 때도 있다. 이때 의료기관의 마케팅 커뮤니케이션 메시지는 외부 자극이 되어 환자의 욕구를 발생시키거나, 상기시키거나, 증폭시키는 역할을 담당한다.

우리주변에서 흔히 경험할 수 있는 다양한 유형의 옥외(Out-of-Home) 의료광고, 온라인상에서 정밀한 타기팅이 가능하고 개인화가 가능한 디스플레이광고와 리타기팅 광고, 검색광고, 유튜브나 블로그, SNS 플랫폼 상의 인플루언서를 통한 추천형 광고와 같은 대표적인 의료 마케팅 커뮤니케이션이 초기고려단계에서 집행되는데, 외부 자극의 임무를 수행한다. 이렇게 다양한 유형의 외부 자극에 노출되어 치료의 욕구를 가지게 된 환자는 광고에서 본 병원, 매체의 기사를 통해 알게 된 병원, 자신의 직장이나 집과 가까워서 평소 알고 있는 병원, 가족 혹은 지인의 추천을 통해서 알게 된 병원들을 초기 고려군으로 일차적으로 종합하게 된다. 이 초기 고려단계에서 환자들은 평소 이동 동선에서 눈여겨보던 병원을 기억해 낼 수도 있고, 평소 접한 병원의 광고(버스, 버스정류장, 지하철, 지하철역, 옥외광고 등)를 기억해 낼 수 있으며, 각종 매체를 통해 접한 기사에 영향을 받을 수 있으므로 지속해서 진행하는 광고와 PR을 통한 커뮤니케이션이 그 효과를 발휘하는 단계다. 당연히 지속적인 마케팅 커뮤니케이션을 통해서 소비자와의 노출 접점을 확보하고 이를 반복하며 메시지를 전달한 의료기관은 그렇지 않은 의료기관에 비해 브랜드 인지도와 이미지와 같은 브랜드 지식이 확보되기 때문에 소비자의 초기 구매 후보군에 속하게 될 확률이 높아지게 된다.

전통적인 마케팅의 관점에서 '병원의 광고 홍보'는 대부분 이 단계를 뜻한다. 주로 광고로 대표되는 유료매체(paid media)를 활용하여 초기고려단계에서의 인지도 제고를 위한 노력에 큰 비중의 마케팅 비용이 투입되는 것이 일반적인 의료 마케팅의 현실이다. 따라서 의료 마케팅 커뮤니케이션 시장은 주로 이 초기고려단계를 중심으로 발전해 왔고, 전략과 전술 그리고 도구들도 매우 다양하게 준비되어 있다. 특히 마케팅 예산이 충분한 의료기관에서는 업계에서 인정받는 광고대행사와 PR대행사를 선정하여 대대적인 마케팅 커뮤니케이션 캠페인을 집행하여 잠재적 환자들의 시선을 끌고, 인지도를 높이고, 이미지를 형성하여 소비자들의 머릿속에 위치시키는 브랜딩을 용이하게 진행할 수 있다. 그러나 미디어 환경의 다변화 · 파편화에 따라 유료매체에 집중하는 마케팅 커뮤니케이션 전략에는 필연적인 한계가 발생하게 된다. 매스미디어의 파급력이 컸던 과거와 달리 오늘날의 디지털 소비자들은 다양한 SNS 플랫폼, 검색엔진과 포털사이트, 모바일 버티컬 앱, 블로그, 웹사이트 등 다양한 미디어 채널로 흩어져 있다. 이 파편화 된 소비자들에게 유료매체를 통해 도달하는 마케팅 커뮤니케이션은 점점 더 복잡하고 어려워지고 있다. 더욱이 광고를 회피하는 성향이 강한 이 소비자들은 능동적으로 정보를 탐색하는 것이 생활화되어 있고, 이렇게 향상된 정보 접근성은 초기고려단계부터 시작되어 최종 구매 결정에 도달하기까지 소비자의 결정 과정에 많은 영향을 미친다. 따라서 초기고려단계에 집중되어 있던 마케팅 커뮤니케이션 노력과 예산을 소비자 여정상의 다른 단계에 존재하는 고객접점으로 분산시키고 분배할 필요가 있다. 그리고 구매 결정에 가장 영향력 있는 접점을 찾아서 해당 접점의 우선순위에 따라 마케팅 예산과 자원을 할당하는 노력이 필요하다는 것이 고객구매여정의 핵심 인사이트다(Edelman, 2010). 이러한 점을 고려하며 다음 단계로 넘어가 보자.

검색마케팅과 획득미디어의 중요성: 적극적 평가단계

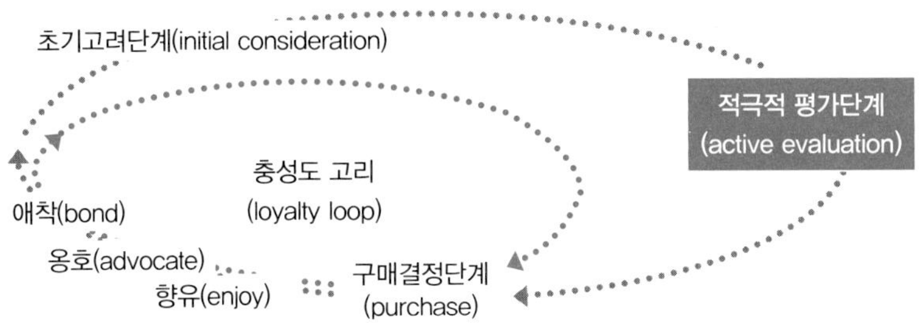

두 번째 단계인 적극적 평가단계는 환자가 앞서 초기고려단계에서 꼽은 의료기관 후보군에 대한 적극적 평가가 이루어지는 단계로 해석할 수 있다. 환자들이 자신의 필요를 충족시키기 위해 어느 병원을 최종 선택할지 능동적으로 여러 병원에 관련된 정보들을 취득하고 이들을 모아 태도를 형성하게 되는 단계다. '환자가 치료를 원하는 증상을 검색했을 때 우리 병원과 연관된 검색 결과에 노출될 수 있는가?' '환자가 우리 병원을 검색했을 때 어떤 정보를 찾을 수 있는가?' '우리 병원의 정보들은 환자들의 최종 선택에 충분

하며 이해하기 쉽고 설득적인 방식으로 구성되어 있는가?' 와 같은 점검이 필요한 단계다. 앞서 초기고려단계에서의 마케팅 커뮤니케이션은 병원에서 환자를 향한 밀어내기(Push)마케팅이라면, 적극적 평가단계의 마케팅 커뮤니케이션은 환자가 직접 키워드를 입력하여 검색하거나 주변에서 정보를 수소문하기 때문에 끌어당기기(Pull)마케팅의 영역이다. 이 때문에 의료 마케팅 커뮤니케션 맥락에서 검색마케팅이 가지는 중요성은 이 단계에서 극대화된다.

검색마케팅은 크게 검색광고(search advertising)와 검색엔진최적화(Search Engine Optimization: SEO)로 구성된다. 검색광고는 포털 혹은 SNS 검색엔진 등에서 키워드를 구입하여 광고가 결과 페이지 상위에 노출되어 웹사이트 트래픽을 획득하는 방식이고, 검색엔진 최적화는 웹사이트의 구조 및 내용을 개선해 검색엔진의 결과 페이지 중 자연검색결과 페이지 상에 우리 병원의 웹사이트 혹은 병원에 관련된 브랜디드 콘텐츠가 상위에 노출될 수 있도록 하는 방식이다. 검색엔진을 운영하는 포털과 SNS에서는 자사 고유의 검색광고 상품들을 다수 보유하고 있는데, 소비자들이 특정 검색어를 입력했을 때 검색결과 페이지 상에서 유료검색결과(paid search results)와 자연검색결과(organic search results)에 노출된다. 이때 유료검색결과는 검색광고 집행의 결과이고, 자연검색결과는 검색엔진최적화 작업의 결과다([그림 4-3] 참조). 검색마케팅 집행 시 단기적으로는 검색광고 운영 전략을 통해 유료검색결과에서 우선적 노출을 만들어 내는 것이 효과적이고, 중장기적으로는 검색엔진최적화 작업을 통해 자연검색결과에서도 병원의 웹사이트나 병원의 블로그 등에 게재된 브랜디드 콘텐츠가 상단에 노출되게 만드는 노력이 필요하다.

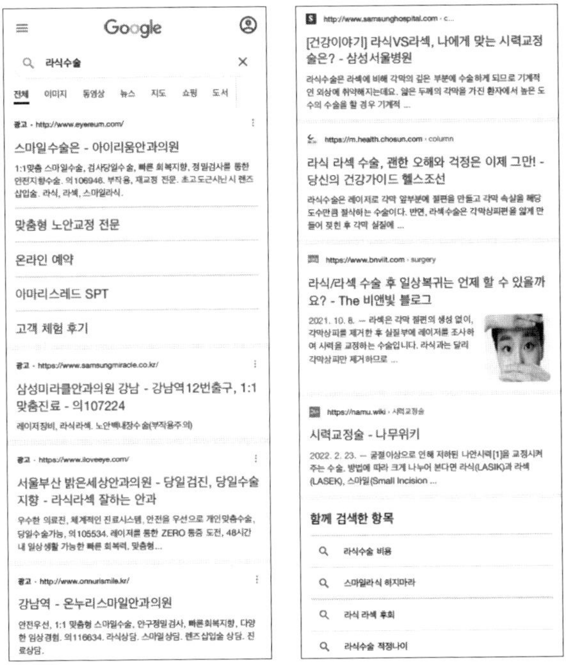

[그림 4-3] **라식수술 검색 시 유료검색결과(검색광고)와 자연검색결과**

특히 검색광고는 소비자가 자발적으로 직접 입력한 특정 검색어를 검색한 결과의 일환으로 노출되며, 소비자가 입력한 검색어에 어떤 형식으로든 연관되어 있어야 한다. 이 때문에 검색광고는 자신의 필요에 따라 자발적으로 정보를 탐색하는 소비자의 여정을 방해하지 않으면서 상품 정보에 자연스럽게 노출될 수 있도록 하는 풀(pull) 형식의 광고이며, 이는 광고 수신을 동의하지 않은 소비자들에게 도달하기 위해 일방적으로 메시지를 전달하는 푸시(push) 형식으로 집행되는 배너광고 등과 차별화되는 부분이다.[2] 전통적인 검색광고는 병원 웹사이트로 트래픽을 획득하는 것에 그 목적

2) 권오윤, 김지영, 문장호, 부수현, 이병규, 최세정(2019). **검색광고의 이해**. 한울엠플러스

을 두고 있었으나, 이후 검색광고가 다양한 형태로 발전하였고, 현재는 사진, 동영상 등 멀티미디어 기반의 검색광고와 블로그 형식의 콘텐츠 기반 검색광고 등으로 다변화된 상황이다. 이렇게 검색광고 형식이 다변화되면서 병원 웹사이트로 랜딩페이지로의 이동이 되지 않을 때에도 병원 관련 블로그 콘텐츠에 노출되는 등의 결과가 가능해졌다. 따라서 브랜드 인지도 상승과 같은 브랜딩 영역에서도 그 역할을 할 수 있게 되면서 검색 마케팅의 중요성은 더욱 커졌다. 이 단계에서 우리 병원에 오는 환자들의 적합한 욕구를 반영한 검색 키워드가 적절하게 설정이 되어 있는지, 환자들이 스마트폰을 통해 검색할 시 위치 기반 정보 탐색에서 노출이 되는지, 작지만 응집력 있는 버티컬 플랫폼(예, 굿닥, 똑닥)에서의 검색 결과는 놓치고 있지 않은지 등이 점검되어야 할 부분이다.

검색결과가 주목도 높은 위치에 노출되어 병원의 웹사이트에 랜딩이 되었다면 이제부터 많은 경쟁자 중 우리 병원의 웹사이트에 방문한 환자들을 설득하는 노력이 필요하다. 환자들은 자신의 후보군에 포함된 병원들의 웹사이트를 탐색하고, 각 병원의 블로그, SNS, 유튜브 등에 올라온 콘텐츠들을 살펴보면서 해당 병원에 대한 태도와 신뢰도를 형성하게 된다. 이때 병원 웹사이트의 사용자 경험(User Experience)은 호감이 가고 편리한지, 웹사이트 내 환자가 필요로 하는 필수적인 정보의 제시가 충분하고 직관적인 방식으로 이루어지고 있는지, 상담 또는 방문 예약 등 웹사이트 방문 이후 다음 단계인 구매단계로의 전환 경험은 매끄럽게 제공되고 있는지 등을 탐색하며 자신의 후보군들을 비교, 분석하게 된다. 웹사이트에 더하여 좀 더 상세하고 환자 친화적인 콘텐츠 게시와 소통을 할 수 있는 블로그, SNS 등의 소셜미디어를 통한 커뮤니케이션 역시 이 평가단계에서 중요한 활동이다. 특히 병원의 공식적인 정보를 의례적으로 정돈하여 신뢰성을 소구하는 방식으로 웹사이트를 구성한다면, 소셜미디어는 보다 다양하고 사소한 정보들까지 격식 없고 부드럽게 구성하여 친밀함과 호감을 소구할 수 있다는 점에서 차별화된 커뮤니케이션을 진행할 수 있다.

예를 들어, 환자가 병원에서 받는 치료법에 관한 정보를 소셜미디어에서는 웹사이트에 게시된 공식적인 정보를 그대로 쓰기 보다는 구체적으로 어떤 방식으로 치료가 이루어지는지를 보다 세세한 사진과 친근한 문체로 다양한 환자의 시각에서 제시할 수 있다. 또 병원 구성원들의 학력과 경력 같은 공식적인 프로필이 웹사이트에 등장한다면, 소셜미디어 콘텐츠에서는 이들의 인간적인 면모를 보여 줄 수 있는 병원 내에서의 모습, 봉사 활동과 같은 이야기들을 통해 환자의 눈높이에서 의사소통하는 노력이 필요하다. 이처럼 브랜드의 공식 웹사이트가 프런트 스테이지로 기능한다면, 브랜드의 다양한 백스테이지(backstage: 무대후명영역)를 소셜미디어 브랜디드 콘텐츠를 통해 소통하는 브랜드 자기노출(brand self-disclosure) 전략은 고객의 신뢰와 호의적인 태도를 이끌어 내는데, 특히 이는 평소 상업적인 정보에 의심이 큰 고객들에게 더욱 효과적이다.[3] 특히 관여도가 높고 위험을 피하고 싶은 의료서비스 고객의 특성을 감안한다면 이러한 자기노출을 통한 소셜미디어 소통 전략은 의료 마케팅 맥락에서도 유효할 것으로 기대한다.

물론 병원의 웹사이트에서 일차적으로 차별화가 되는 것이 이상적이지만, 현실적으로 병원의 웹사이트에서 형식, 정보, 구성면에

3) 문장호(2015). 브랜디드 콘텐츠를 통한 브랜드 무대후면영역 정보 노출이 소비자 반응에 미치는 영향-연극적 접근이론의 적용. **한국콘텐츠학회논문지**, 15(4), 139-152.

서 획기적인 차별을 만들어 낼 여지가 크지 않다면 소셜미디어를 통한 커뮤니케이션에 집중하는 방식이 차별화에 효율적일 수 있다. 때로는 창의적이고, 때로는 솔직담백한 브랜디드 콘텐츠를 부지런히 업로드하는 소셜미디어 운영은 병원을 평가하는 단계에 있는 환자들은 물론 이 병원에서 치료를 받은 환자들이 병원과의 관계를 구축할 수 있는 접점이 되기도 하여 장기적으로는 하나의 브랜드 커뮤니티를 구성해 나갈 수 있다.

이처럼 웹사이트, 소셜미디어 등 병원에서 직접 관리하고 운영이 가능한 병원의 다양한 보유미디어(owned media)라는 접점을 통해 검색하여 찾아 들어온 잠재적 고객들에게 충분한 정보를 제공하고, 이들과 소통하는 것은 평가단계에서 반드시 시행해야 할 부분이다. 희망적인 점은 이 평가 과정에서 환자들의 후보군 병원 수가 줄어들기도 하지만 오히려 늘어나기도 한다는 점이다. 환자들이 원하는 치료를 키워드로 검색을 해 나가다보면 본인이 알고 있던 혹은 광고나 추천으로 접했던 병원들 외에도 신뢰가 가고 매력적인 병원들을 더 많이 알게 되기 때문이다. 이는 예산의 부족과 같은 이유로 적극적 마케팅 커뮤니케이션을 하지 못하여 환자의 초기 고려군에 속하지 못한 병원들에게는 좋은 기회다.

적극적 평가단계에서 또 하나 중요하게 생각해야 하는 점은 이 적극적 평가단계와 마지막 단계인 구매 후 단계가 직접적으로 연결되어 있는 구조에 대한 이해다. 현재 적극적 평가단계에서 후보 병원들을 조사하고 평가하는 환자들이 가장 신뢰하는 정보는 바로 가장 마지막 단계에서 생성된 '나와 같은 환자가 이 병원에서 이미 경험한 후기와 의견 그리고 추천'이다. 이를 커뮤니케이션 분야에서는 획득미디어(earned media)라고 하는데, 이미 우리 병원에서 치료를 받고 긍정적인 경험을 가진 환자들과의 관계 구축과 소통 노력을 통해 얻은 획득미디어는 마케팅 커뮤니케이션 메시지로서 그 어떤 광고PR 메시지보다도 강력한 효과를 발휘하게 된다. 따라서 의료기관의 입장에서는 기존에 우리 병원에 방문하여 치료를 끝낸 환자들의 후기와 추천이 긍정적이고 많이 생성될 수 있도록 환자의 만족을 위해 노력하는 것이 '적극적 평가단계'에 있는 환자들을 설득하기 위해 필수적이다.

네이버, 다음과 같은 포털사이트에서, 구글과 같은 검색엔진에서 검색했을 때 병원이 어떤 평가를 받고 있는지에 대해 적극적으로 모니터링하고, 맘카페와 같은 동네 커뮤니티는 물론 병원 예약 어플과 같은 버티컬 플랫폼을 중심으로 다양한 온라인 접점에서 병원의 온라인 평판을 관찰하는 노력이 필요하다. 매일 병원에 방문하는 환자들이 남기는 짧지만 진정성 있는 후기들이 지역 커뮤니티, 맘카페, 포털과 검색엔진, 버티컬 플랫폼에 입력되고 검색될 수 있도록 환자들을 만족시키는 풀뿌리 활동이 가장 효과적이며, 지속 가능한 방식이라고 볼 수 있다. '나와 같은 환자'가 작성한 리뷰와 방문기들이 온라인상에서 축적될 때 병원의 온라인 평판은 뿌리부터 단단하게 강력한 방식으로 구축되고, 검색 알고리즘 상에서도 상위 노출을 점하게 되며, 이는 궁극적으로 적극적 평가단계에 있는 잠재적 환자에게 가장 신뢰성 높은 방식의 정보로 기능하게 된다.

그러나 많은 의료기관의 고민은 이렇게 환자들의 자발적인 획득미디어를 얻어 내는 것이 시간이 오래 걸리고 굉장히 힘들다는 데 있을 것이다. 자연적으로 발생한 후기와 추천이 최고의 구전 정보임은 틀림이 없으나, 마냥 후기가 생길 때까지 손 놓고 기다리기도 힘든 노릇이다. 그래서 많은 의료기관에서는 브랜디드 콘텐츠가 보다 많은 잠재 환자군에 빠른 시간에 도달하도록 병원 체험단 운영, SNS 인플루언서 · 인기 유튜버 · 파워 블로거의 병원 방문기 및 후기 등 소셜미디어 콘텐츠 작성을 직간접적으로 후원하는 소셜미디어 마케팅을 진행한다. 이러한 방식도 「의료법」에 저촉 되지 않는 전제하에 단기적으로는 하나의 전략이 될 수 있다. 그러나 주의할 점은 환자들은 병원 측의 후원을 받고 작성된 광고성 리뷰와 후기를 간파하는 능력을 갖추고 있기 때문에 실행 시 상당한 주의가 필요하다.

역설적이게도 파워블로거 시절부터 소셜미디어 마케팅에 단련된 우리나라의 소비자들은 '돈 받고 쓴 후기'에 익숙해져 있고, 콘텐츠의 상업성을 간파하는 능력이 상당한 수준이다. 그래서 최근 연구 동향에 의하면, 브랜드가 직접 제작하여 소비자들에게 제공하는 소셜미디어 콘텐츠일지라도 정보의 일치성과 유용성이 제공된다면 소비자들은 그 콘텐츠에 긍정적인 반응을 보인다는 결과들은 주목할 만한 점이다.[4] 즉, 소비자들이 검색하는 키워드에 맞는 정보를 제공하고, 그 정보가 정보 탐색 여정에 있는 소비자들에게 도움이 되는 경우라면 기업이 직접 제작한 콘텐츠라고 할지라도 소비자들은 기꺼이 받아들인다는 점이다. 이 때문에 의료 마케팅 커뮤니케이션 맥락에서도 체험단 후기라든가 인플루언서의 후기와 같이 상업성이 드러날 수 있고, 자칫 잘못하면 기만적인 인상을 줄 수 있는 전략보다는 제3자를 거치지 않고 병원이 직접 공들여 제작한 브랜디드 콘텐츠를 네이버 파워콘텐츠나 인스타그램의 스폰서광고와 같은 네이티브광고[5] 플랫폼을 통하여 직접 소비자

4) 권오윤, 이은지, 문장호, 성용준(2018). 소비자가 인지하는 검색 대응형 네이티브 광고의 가치와 재사용의도. 광고PR실학연구, 11(2), 9-29.

에게 전달하는 방향이 더욱 효과적일 수 있다. 더욱이 고도의 전문적 정보가 요구되는 의료서비스인만큼 더더욱 의료 전문가가 직접 제작한 공신력 있는 정보를 제공하는 활동은 적극적 평가단계상에서 정보를 획득 중인 잠재 환자에게 효과적일 것이다.

환자 경험의 차별화가 구체화되는 구매결정단계

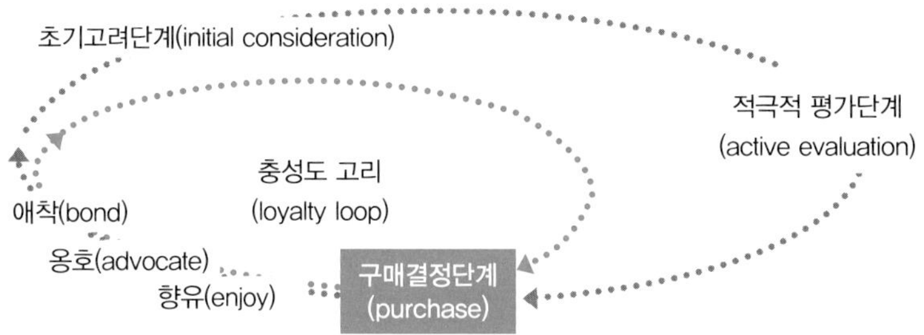

다음으로 세 번째 단계인 구매결정단계는 환자가 초기고려단계와 적극적 평가단계를 거쳐 최종 선택한 병원을 방문하여 상담하고 치료를 받는 단계로 해석할 수 있다. 병원의 첫 예약 경험에서부터 시작하여 상담과 진단을 받고, 치료 계획이 수립되고, 치료를 받는 기간 동안 병원을 왕래하고, 마지막 치료를 끝내고 결제를 하고 병원 문을 나설 때까지의 일련의 환자 경험이 포함된다고 볼 수 있다. 기본적으로 이 구매결정단계에서의 성과는 의료서비스의 본질적인 편익인 치료에 달려 있다. 따라서 이 구매결정단계는 초기고

5) 콘텐츠를 제공하는 플랫폼과 디자인과 정보의 동일성을 유지하면서 양질의 콘텐츠를 제공하는 것을 목적으로 하는 광고

려단계에서 발현된 환자의 욕구를 만족시키는 의료서비스를 제공하는 단계에 해당하기 때문에 환자의 고객구매여정모델 선상에서 가장 핵심적인 단계라고 볼 수 있다. 특히 병원에서의 치료 과정을 '환자경험여정(patient journey)'이라는 개념으로 분석하는데, 의료계에서 다루는 '환자경험여정'과 이 장에서 살펴보고 있는 고객구매여정모델은 그 이름은 유사하지만 다른 개념이며, 고객구매여정 모델 상에서 구매결정단계를 확대하여 더 상세하게 들여다본 것을 환자경험여정의 개념으로 연결 지을 수 있겠다.

혹시라도 '병원이 병만 잘 고치면 되지' 라고 생각하는 독자는 없기 바란다. 환자의 최종 선택을 받은 병원은 병은 기본으로 잘 치료하면서도 우수한 고객 경험을 제공하는 병원임을 다시 한 번 상기할 필요가 있다. 질병 치료라는 의료서비스의 핵심적 편익이 동일하다는 전제하에 우수한 고객 경험을 제공하여 경쟁자들과 차별화시켜야 하는 단계가 바로 이 구매결정단계다.

평소 일상생활에서 때로는 환자의 입장에서, 또 때로는 환자의 보호자 입장에서 여러 의료기관을 경험하면서 이 구매결정단계의 고객경험 디자인이 병원별로 편차가 크다는 생각을 많이 하게 된다. 앞서 살펴본 초기고려단계와 적극적 평가단계에서의 노력이 아무리 효과적이더라도 이 구매결정단계에서의 경험이 형편없다면 우리 병원을 최종 선택하게 만든 앞단의 노력들이 허사로 돌아가고, 구매 후 단계에서의 계획은 무용지물이 되기 마련이다. '우리 병원의 환자 경험이 경쟁 병원들과 차별화되는 속성, 편익, 서비스는 무엇이 있는가?'라는 질문을 통해 우리 병원의 현 상황을 진단할 필요가 있고, 체계적으로 개선해 나갈 필요가 있다. 이러한 개선점들은 특히 고객 중심으로 접근하여 환자들과의 인터뷰 또는 설문 조사를 통해 파악될 때 효과적이다. 의료서비스의 핵심적인 편익 제공을 하는 과정에서 다양한 부가적 요소가 확장된 편익으로서 치료 과정에서 환자의 경험에 영향을 미치게 된다. 소아과의 예를 들어 보자. 아기를 데리고 혼자 운전해서 가는 엄마를 위한 소아과의 무료 발레파킹 서비스, 버티컬 앱(굿닥, 똑닥)을 통해 예약과 접수는 물론이고, 현재 환자가 몇 명이 대기 중이고, 대기 시간은 몇 분 남았다는 정보를 실시간으로 제공해 줘서 아기가 최소한으로 기다릴 수 있게 하는 진료 예약 및 접수 시스템의 편리성, 비대면 전화나 온라인 상담 시와 대면 접점에서의 친절함과 신뢰성, 그리고 무엇보다 아기를 향한 의료진의 공감 어린 커뮤니케이션, 아기가 치료 후 경과가 어떤지를 체크업하는 사후관리, 이번 병원 방문에서의 만족도와 개선점에 대한 설문, 다음 번 예방 접종 및 정기 검진의 시기가 왔을 때 리마인더 보내기 등 진료 프로세스 전반에서 환자들이 경험하는 접점들을 분석하고 점검하여 개선시켜 나가는 과정은 매우 중요하다.

이 단계에서 병원이 고객 경험을 차별화시키는 영역은 방대한데, 이 장에서는 대인커뮤니케이션이라는 하나의 틀 안에서 살펴보고자 한다. 대개 구매결정단계의 첫 번째 환자–병원 접점은 온라인 또는 전화로 이루어지는 방문 예약 커뮤니케이션일 것이다. 병원에 첫 방문을 위해 전화 문의를 하는 환자들이 이 전화를 한 통 하기까지 어떤 과정을 거쳤을지를 헤아려 보지 않아서 이 첫 전화 한 통의 가치를 모르는 것 같아 안타까울 때가 많다. 초기고려단계와 적극적 평가단계를 거쳐 마침내 우리 병원을 오기로 선택한 환자와의 첫 번째 커뮤니케이션 접점에서 성의 없고 불친절한 전화 응대로 앞선 모든 노력이 소용없어지기도 한다. 고객구매여정 상에서 환자는 언제든 앞 단계를 넘나들 수 있기에 많은 노력을 통해 경쟁자들을 물리치고, 잠재 후보군에서 최종 후보로 올라선 당신의 병원은 한 직원의 전화 응대만으로 탈락될 위기에 놓이는 것이다.

환자가 병원을 방문했을 때 첫 번째 대면 접점은 대개 접수처이겠지만, 때로는 주차대행 서비스를 하는 직원일 때도 있다. 주차대행 직원의 환대에 잠시 기분이 좋다가도 접수대에서 겪는 직원 혹은 간호사들의 불친절하고 기계적인 응대는 앞서 초기고려단계와 적극적 평가단계를 거치며 쌓아 온 환자의 기대를 한순간에 무너뜨리게 될 것이다. 접수 이후에 상담을 전문으로 하는 실장과의 미팅에서 장삿속이 보이는 과잉 진료를 권유할 때 환자의 설득 지식[6]은 발화되고 이는 부정적인 태도 형성으로 이어지게 될 것이다. 이 모든 과정을 거쳐 환자는 마침내 병원에서의 경험을 좌우하는 가장 큰 대인 커뮤니케이션 접점인 의료진과의 커뮤니케이션에 도달한다. 항상 환자로 바쁜 의사가 매번 환자에게 친절하게 응대하고, 항상 최고의 설명을 해 줄 수는 없을 것이다. 이때 의사와 환자의 커뮤니케이션에서 가장 강력한 효과를 발휘하는 키워드는 공감(empathy)이라고 생각한다. 의사가 환자를 대할 때 가져야 하는 공감은 의사가 환자의 생각 및 감정 상태를 유추하는 것을 뜻한다. 환자의 상황에서 역지사지의 입장으로 불편함, 어려움, 걱정을 유추하고, 이를 적극적으로 환자에게 표현하는 노력이 필요하다. 의사의 공감 어린 의료 커뮤니케이션은 이 환자의 구매결정단계에서 가장 효율적이고 효과적인 고객 경험을 만들어 낼 것이다.

6) 상대방이 어떤 목적을 가지고 어떤 전술을 사용하여 나를 설득하고 있는지에 대해 인지하는 능력

구매 후 단계: 환자 경험 차별화의 블루오션

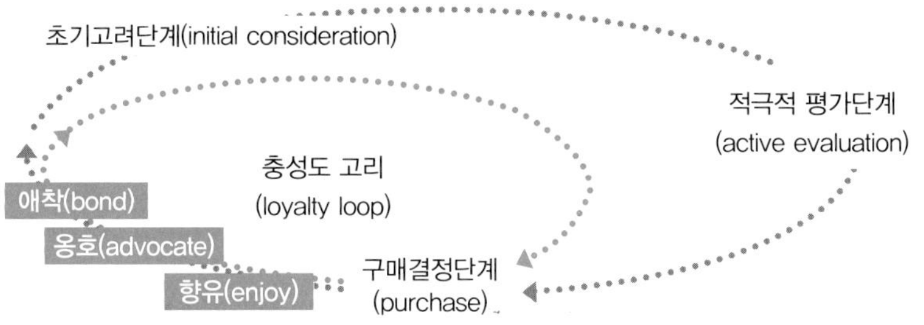

네 번째 단계인 구매 후 단계는 향유–옹호–애착의 세부 단계로 구분되는데, 환자가 자신의 경험을 향유하고, 이에 대해 만족할 때 병원에 대한 로열티가 형성되고, 병원의 옹호자가 되어 자발적으로 긍정적 평가를 전파하는 단계다. 한 병원을 선택해서 치료를 받았던 환자는 고객여정모델 상에서 초기고려단계–적극적 평가단계–구매결정단계를 거친 고객들이다. 이들이 일회성 방문 고객이 아닌 해당 병원에 충성도를 가진 옹호자로 변모할 수 있도록 어떤 접점에서 어떤 노력이 필요한지에 대해 파악하고, 이를 현재보다 적극적으로 실행해 나가야 하는 단계다. 물론 병원의 규모와 성격에 따라 다르겠지만, 치료 후 병원–환자 관계를 지속해 나가고 우리 병원의 자발적 옹호론자로 만들기 위해 공통으로 고민해야 하는 핵심은 환자와 개인화된 지속적 커뮤니케이션을 통한 관계 구축이다.

우선 우리 병원에서 치료를 받은 환자들에게 어떤 커뮤니케이션 노력을 하고 있는지 점검해 보자. '바쁜데 치료를 이미 끝낸 환자들까지 신경을 써야 하나?' 라는 회의적인 의문을 가지기 전에 '과연 우리 병원의 상황을 고려할 때, 우리 병원에서 이미 치료를 받은 환자들과 치료 후 어떤 소통을 한다면 좋을 것인가?'에 대해 생각해 보고 조사해 보기를 바란다. 왜냐하면 이 단계에서 감동을 받고 만족한 환자들의 후기와 추천은 그 어떤 마케팅 비용을 들인 커뮤니케이션보다 더 신뢰도 있고 효과적인 광고 홍보 수단이기 때문이다. 앞서 두 번째 단계에서 살펴보았듯이, 구매 후 단계에 진입한 이미 병원을 경험한 환자들이 생산하고 전파하는 리뷰와 후기 콘텐츠들은 온라인 상의 여러 경로에서 구매 후보군 병원들을 평가 중에 있는 초기고려단계와 적극적 평가단계의 잠재적 환자들에게 지대한 영향을 미치게 된다. 이렇게 초기고려단계와 적극적 평가단계에 있는 환자들에게 영향을 미칠 수 있는 중요한 단계임에도 불구하고, 많은 병원에서 이 구매 후 단계에 소홀한 측면이 존재한다. 흔히 구매 후 단계에서 이루어지는 활동을 고객 만족(Customer Satisfaction) 차원으로 해석하지만, 고객구매여정 상에서는 이 단계의 활동이 곧 하나의 마케팅이 된다. 관점의 변화가 필요한 지점이다. 더욱이 '구매 후 단계'는 아직 경쟁이 치열하지 않은 블루오션이다. 고객구매여정 상에서 앞서 살펴본 초기고려단계–적극적 평가단계–구매결정단계에서는 이미 치열한 경쟁이 이뤄지고 있지만, 이 구매 후 단계는 아직 본격적으로 진입한 병원들이 많지 않음을 관찰할 수 있다. 따라서 이 구매 후 단계에서 실행되는 아주 조그만 차별화 노력만으로도 상당한 효과를 볼 수 있을 것이라고 판단한다.

이메일이나 메신저를 통해 기존 환자들과 어떤 내용으로 소통하고 있는지에 대해 모니터링하고, 이때 스팸메일이나 마케팅 전화로 취급받지 않도록 환자별로 이름을 부르는 등의 개인화 노력은 하고 있는지 점검이 필요하다. 치료를 받은 후 증상은 어떤지에 대한 세심한 안부 메시지, 정기적 관리가 필요한 환자에게 리마인더를 제공하는 등의 개인화된 사후커뮤니케이션은 환자가 병원의 충성도 고리 안으로 들어오게 만드는 중요한 역할을 담당하게 된다. 또한 이 과정에서 환자에게 피드백을 요청함을 통해 환자 경험을 개선해 나가는 데이터로 활용할 수 있다.

이 구매 후 단계에서의 환자 경험을 조사하던 중 가장 인상적이었던 커뮤니케이션은 병원 원장님이 직접 환자에게 전화하여 치료가 끝난 후 증상이 어떤지에 대해 물어본 경우였다. 해당 환자는 어디서도 경험해 보지 못한 의사 선생님의 전화를 받은 후부터 이 병원에 대한 칭찬과 구전 활동에 적극적인 옹호자로 변모했다. 환자로 하루 종일 바쁜 의료진의 입장에서는 엄두가 안 날 수도 있겠지만, 의료진이 아니더라도 간호사나 병원 직원을 통해서 치료 이후를 점검하는 커뮤니케이션이 이루어진다면 그 환자의 구매 후 단계 고객 경험은 다른 병원과 큰 차별을 만들어 낼 것이다. 또한 병원 버티컬 앱의 고객 관계 관리(Customer Relationship Management: CRM) 서비스를 활용하는 등 사후커뮤니케이션을 자동화할 수 있는 기회도 늘어나고 있다. 여기에 큰 마케팅 비용도 들지 않는다는 장점은 덤이다. 매달 집행하는 매체광고비의 일부분만 이 단계에 투여해도 상당한 효과를 체감할 것으로 생각한다. 병원의 의료서비스는 세상에 존재하는 그 어떤 서비스보다도 고객 맞춤형으로 개인화되어 있는 영역이다. 이러한 특징을 최대한 활용하여 개인화되고 공감어린 구매 후 단계의 커뮤니케이션이 이루어진다면 이를 향유하고, 만족을 경험한 환자들이 병원에 대한 옹호 콘텐츠를 자발적으로 생성하고, 이는 바로 그 시점에 고객여정모델 상 두 번째 적극적 평가단계에 있는 잠재 환자들에게 영향을 미치는 강력한 마케팅 커뮤니케이션의 기능을 수행한다는 점을 잊지 말자. 그리고 그 환자들은 브랜드 충성도가 형성(bout)되어 다시 병원을 방문할 필요가 있을 때는 초기고려단계와 적극적 평가단계를 건너뛰고 바로 구매결정단계로 유입되는 충성도 고리로 진입하게 되어 고객여정모델의 완성 단계에 이르게 된다.

이상 이 장에서는 의료 마케팅 커뮤니케이션 상에서의 고객구매여정을 초기고려단계, 적극적 평가단계, 구매결정단계, 구매 후 단계로 나눠 살펴보았다. 요컨대, 환자 여정의 분석은 다음과 같은 일련의 질문에 대한 답이라고 할 수 있다. 한 환자가 증상을 경험한 순간부터 의사를 만날 때까지 어떤 단계를 거치게 되는가? 그 여러 단계에서 환자에게 선택의 확신을 안겨 준 중요한 결정의 접점은 무엇이었나? 병원에 내원한 환자는 어떤 경험을 하게 되며, 이번 치료가 끝난 다음 다음번에 병원을 선택할 때 고민 없이 바로 우리 병원을 선택하게 만들기 위해서는 어떤 장치들이 필요한가? 우리 병원에 온 환자들이 우리 병원을 위해 자발적으로 옹호하는 충성도 높은 팬으로 만들기 위해서 어떤 노력이 필요한가?

디지털마케팅 분야에서 제안하는 고객여정모델을 의료서비스라는 고도의 전문적인 분야에 적용함에 있어서 다소 현실과의 괴리가 있을 수 있다. 특히 병원의 규모와 전공의 특성에 따라 모두 상황이 다르고, 그 성격에 차이가 있을 수밖에 없어 더욱 조심스럽다. 그러나 이러한 한계점에도 불구하고 이 장에서 살펴본 고객구매여정의 이해를 통해 큰 틀에서 환자라는 의료서비스 고객이 어떤 과정을 거쳐 최종 선택에 이르게 되는지를 조망하고, 각 단계의 연결과 순환 과정을 이해하고 점검함을 통해 전체적인 의료 마케팅 커뮤니케이션 전략을 개선해 나가는 도구를 제안한다는 점에서 그 의의를 찾을 수 있다. 특히, 초기고려단계에 집중되어 있는 마케팅 예산을 다른 단계에 분산함을 통해 경쟁력을 갖출 수 있는 방편을 마련하고, 구매 후 단계와 같이 아직 많은 시도가 없는 새로운 고객 경험의 접점을 개척하여 차별화된 가치를 창출하는 기회로 만들기 바란다. 고객구매여정의 이해가 병원이 환자를 이해하는 맥락에서 일반적으로 그리고 필연적으로 적용되기를 희망하며, 이 장을 통해 더 나은 환자 경험을 제공하는 병원이 늘어나기를 기대한다.

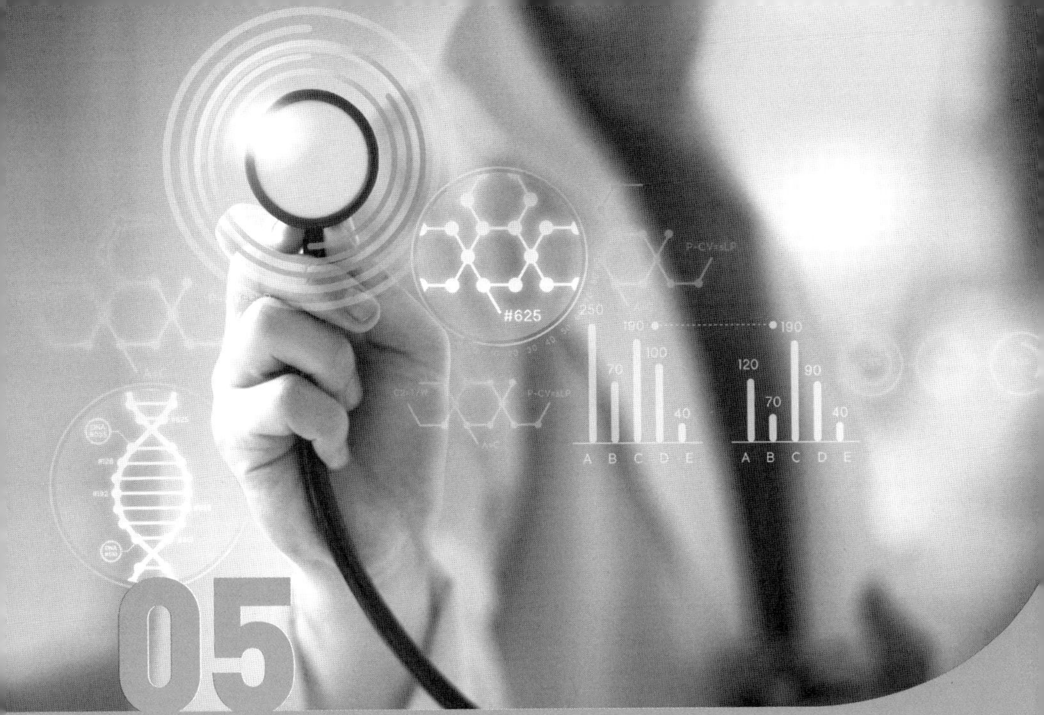

05

의료기관, 의료진 브랜딩과 소셜미디어 PR

김현정 교수
서원대학교 광고홍보학과

QR코드를 스캔하시면 저자의 설명 영상을 시청하실 수 있습니다.

✚ ✚ ✚

오늘날 의료서비스 공급 과잉 현상이 발생하면서 병원마케팅이 병원 중심에서 환자 및 고객 중심의 시장으로 빠르게 변화하고 있다. 이러한 상황에서 이 장에서는 의료기관과 의료인 개인의 역량에 관련한 공중관계성 PR 측면에서의 의료인 및 의료기관 브랜드화의 필요성과 SNS를 활용하는 손쉬운 PR 전략 등을 소개하였다.

소셜미디어 활용 의료서비스 PR의 필요성

모든 것이 '스마트(smart)' 로 통하는 시대에 의료인 PR과 의료인 개인 브랜딩은 의료 마케팅 부분에서 가장 '스마트하게' 제고되어야 할 분야다. 환자 혹은 의료서비스 이용자들이 병원을 선택하는데 있어서 가장 중요한 기준 중의 하나는 브랜드다. 하지만 이에 못지않게 중요한 선택 요인으로 의료인 개인의 진료 역량도 존재한다. 의료인의 역량은 스마트 미디어를 통해 스마트하게 검색되고, 스마트하게 소비되며, 스마트하게 노출되고, 스마트하게 공유된다. 따라서 스마트 미디어에서 유명 의료인의 이름은 가장 '핫한 정보'가 될 수도 있다. 환자들이나 의료서비스 이용자들에게 특정한 질병 및 그 치료와 관련하여 우수한 치료 역량을 가진 의료진에 대한 정보는 가장 요긴하고 쫄깃한 정보이기 때문이다. 따라서 스마트 미디어를 통한 의료인 개인 역량에 대한 PR 활동은 오늘날 의료서비스 마케팅에서 '스마트'하게 제고하여야 하는 가장 '스마트'한 주제가 될 수도 있다.

무엇보다 오늘날 환자 혹은 의료서비스 이용자의 다수는 의료인 개인의 역량을 인터넷이나 SNS상의 정보를 통해 추출하고 확인한다. 이는 다시 말해서 스마트 미디어 검색의 맨 앞자리에 검색되는 의료서비스가 되기 위한 전략적 경쟁 방안의 모색이 필요하다는 것이다. 의료서비스가 치료와 처방이라는 부분을 담당하는 영역이기는 하지만 다른 일면에서는 역시 하나의 사업 분야로서 마케팅이라는 부분을 간과할 수 없는 것도 사실이다. 물론 생명을 다루는 일이 본업이기에 의료서비스의 우수성을 높이는 것이 선행 과제이지만 그에 못지않게 의료서비스의 질에 대한 혹은 의료인 개인의 역량에 대한 PR도 게을리할 수 없는 것도 현실이다. 더욱이 오늘날은 의료산업의 발달로 인해 의료서비스 공급 과잉 현상이 발생하면서 의료서비스 산업이 "병원 중심에서 환자 및 고객 중심의 시장으로 빠르게 변화하고 있으며, 환자가 지각하는 병원의 의료서비스에 대한 평가도 병원 간 경쟁 우위의 원천이 되고"[1]있다. 따라서 오늘날 의료기관 및 의료인 개인의 역량에 대한 PR, 혹은 마케팅에서의 브랜드 충성 고객 확보를 위한 전략적 노력의 필요성은 매우 충분하다.

하지만 이러한 현실과 달리 실제적으로 의료기관이나 의료인 개인 역량에 대한 PR 활동은 매우 한계성을 지닌 채 이루어지고 있다. 특히 대다수의 의료인이 평소 마케팅을 따로 공부한 적이 없으며, 뉴미디어를 활용하는 스마트한 PR 전략에 대해서는 더욱더 잘 모른다는 점도 한계점이 되고 있다.

1) 박광민, 양종현, 장동민(2015). 병원선택 요인이 고객만족과 재이용의도에 미치는 영향. 한국콘텐츠학회 논문지, 15(8), 376.

이에 이 장에서는 의료기관과 의료인 개인의 의료서비스 역량에 관련하여 공중관계성의 구축과 유지 측면에서의 브랜드화의 필요성 및 소셜미디어를 활용하는 PR 브랜딩 전략 등에 대해서 보다 실제적인 내용들을 다루어 본다.

국내 의료진 및 의료기관 현황

국민건강보험공단에서 제공하는 우리나라 의료진에 대한 통계를 보면, 2020년 기준 478,086명의 의료진이 있는 것으로 나타났다. 분류별로 보면 의사 107,906명, 치과의사 26,978명, 한의사 22,038명으로 집계되어 있다. 아울러 시 · 도별 의료기관 현황(2021년 11월 기준)을 살펴보면, 현재 전국의 의료기관은 98,225개소로 나타났다. 이 중에 상급 종합병원은 45개소가 있으며, 종합병원은 318개소, 병원은 1,404개소가 있는 것으로 나타났다. 아울러 개인의원은 33,777개소가 있다.

〈표 5-1〉 **시 · 도별 의료인력 현황(2020년 기준)**

(자료 갱신일: 2021. 12. 24.)

시도별	합계	의사	치과의사	한의사	간호사	약사	물리치료사	작업치료사	사회복지사
	소계	소계	소계	소계	소계	소계	소계	소계	소계
계	478,086	107,976	26,978	22,038	225,462	39,765	43,735	7,996	4,136
서울	118,497	31,140	7,368	5,073	54,778	9,516	8,762	1,322	538
부산	37,898	8,102	1,783	1,725	18,961	2,835	3,444	661	387
대구	26,608	6,013	1,338	1,172	12,683	2,139	2,407	632	224
인천	24,983	5,130	1,322	1,034	12,176	1,963	2,507	543	245
광주	18,117	3,676	1,030	718	9,112	1,307	1,779	316	179
대전	16,095	3,680	866	756	7,457	1,283	1,565	353	135
울산	9,205	1,762	511	415	4,808	739	749	136	85
세종	1,899	441	127	119	754	227	212	10	9
경기	98,513	22,173	5,983	4,674	43,922	9,037	9,717	2,058	949
강원	12,525	2,793	695	543	6,235	1,050	962	145	102
충북	11,446	2,541	662	629	4,869	1,118	1,290	209	128
충남	14,417	3,244	933	836	6,112	1,461	1,440	216	175
전북	17,277	3,682	929	941	7,971	1,480	1,784	303	187
전남	16,872	3,140	782	818	8,556	1,305	1,867	189	215
경북	19,271	3,655	958	1,050	9,693	1,632	1,815	227	241
경남	28,757	5,619	1,406	1,291	14,576	2,192	2,794	584	295
제주	5,706	1,185	285	244	2,799	481	578	92	42

출처: 국가통계포털 https://kosis.kr/statHtml/statHtml.do?orgId=350&tblId=TX_35003_A003

〈표 5-2〉 **시 · 도별 의료기관 현황**

(자료 갱신일: 2021. 11. 21.)

	계	상급 종합 병원	종합 병원	병원	요양 병원	정신 병원	의원	치과 병원	치과 의원	조산원	한방 병원	한의원	보건 의료원	보건소	보건 지소	보건 진료소	약국
전국	98,225	45	318	1,404	1,467	239	33,777	238	18,508	17	460	14,588	15	243	1,314	1,903	23,689
서울	23,595	14	42	223	124	12	9,135	61	4,897	3	70	3,641	0	25	8	0	5,340
부산	6,959	3	25	139	169	24	2,454	24	1,308	1	17	1,147	0	16	11	5	1,616
대구	5,246	5	12	90	75	16	1,880	15	900	0	10	897	0	8	8	8	1,322
인천	4,666	3	17	56	67	11	1,625	9	951	1	42	671	0	10	27	26	1,150
광주	2,921	2	22	84	58	7	973	15	634	0	86	316	0	5	1	10	708
대전	3,068	1	9	47	49	6	1,103	6	541	1	13	508	0	5	6	8	765
울산	1,828	1	8	33	41	7	614	4	388	0	5	280	0	5	8	11	423
세종	551	0	2	1	5	1	197	1	91	0	3	83	0	1	10	7	149
경기	21,639	5	62	278	321	48	7,441	39	4,439	7	105	3,235	1	47	120	162	5,329
강원	2,616	2	13	37	33	9	782	4	416	0	4	372	2	16	97	129	700
충북	2,857	1	12	38	41	9	915	5	451	1	10	406	0	14	95	159	700
충남	3,701	2	11	45	67	18	1,090	11	573	0	11	514	2	14	151	235	957
전북	3,851	2	11	64	83	10	1,187	3	592	0	32	508	4	10	148	239	958
전남	3,446	1	23	75	83	10	961	6	497	0	26	371	3	19	216	327	828
경북	4,481	0	20	55	112	23	1,282	13	673	1	7	641	2	23	223	308	1,098
경남	5,519	3	23	132	130	27	1,680	21	928	1	18	803	1	19	174	221	1,338
제주	1,281	0	6	7	9	1	458	1	229	1	1	195	0	6	11	48	308

출처: 국가통계포털 https://kosis.kr/statHtml/statHtml.do?orgId=354&tblId=DT_MIRE01

2020년 국내 의료진의 수를 보면 의사 107,906명으로 적지 않은 숫자다. 또한 상급 종합병원, 의원 등을 합쳐 국내 병원의 수는 98,225개에 달하고 있다(2021년 11월 기준). 이 중 대부분은 서울 · 경기 지역에 몰려 있다(서울 23,595개소, 경기 21,639개소). 이러한 상황에서 일부 환자들의 경우에는 상급 종합병원의 유명 의사의 진료를 받으려고 몇 달을 기다리는 일도 비일비재하다. 반대로 지방이나 지역에서는 병원이나 개인 의원의 경우에는 환자들이 없어서 폐업하는 경우까지도 발생한다. 이러한 비정상적인 대비가 수급의 불균형이나 지역 문제 탓이라고 그냥 두고 보기에는 매우 심각한 상황에 이르고 있다. 특히 개인 병원들의 경우에는 경영난과도 직결되는 문제이기에 해결 방안에 대한 논의가 필요하다.

박광민, 양종현, 장동민(2015)[2]은 병원 이용자의 병원 선택 요인이 고객 만족과 재이용 의도에 미치는 영향을 체계적으로 분석했다. 이 연구를 위해 부산 · 울산 · 경남 지역 3개 종합병원을 이용한 외래 환자 및 보호자 519명을 대상으로 설문 조사를 시행하였으며, 그 결과 병원 선택 요인 중 인적 요인, 접근성 요인, 대외 이미지 요인이 고객 만족에 영향을 미치는 주요 요인으로 나타났다. 특히 이들의 논문에서는 인적 요인이 중요 선택 요인임을 입증하고 있어 주목된다. 인적 요인이란 인적서비스와 직결된다. 특히 의료인력, 즉 의사 및 간호사에 대한 신뢰와 친절성에 기인하여 병원을 선택하는 경우가 많기에 인적 요인은 병원 선택 요인 중에서도 가장 중요시된다.[3]

---

2) 박광민, 양종현, 장동민(2015). 병원선택 요인이 고객만족과 재이용의도에 미치는 영향. 한국콘텐츠학회 논문지, 15(8), 375-388.

3) 박광민, 양종현, 장동민(2015). 병원선택 요인이 고객만족과 재이용의도에 미치는 영향. 한국콘텐츠학회 논문지, 15(8), 375-388.

이 주장은 결국 의료서비스의 핵심이 인적 요인으로 구성되었음을 증거하고 있다. 환자들이 병원을 선택하는 요인의 제일은 의료진의 역량과 서비스라는 것이다. 사실 의료서비스는 다른 상품 구매 서비스들과 달리 제품을 주고받는 것이 아니다. 형태가 없는 하나의 결과로서 서비스가 이루어지기에 의료진과 환자 간의 상호작용이 보다 중요하다. 더욱이 의료서비스란 환자가 느끼고 인식하는 차원이 중요하기에 의료진 스스로가 진료서비스의 질이 높다고 자부해도 환자가 공감하지 않는다면 무의미하다. 또한 치료를 받은 환자들마다 같은 진료나 치료에 대해서도 제각각으로 지각하므로 환자마다 만족감의 수준도 다르다. 결국 환자에 대한 의료서비스의 만족감에 있어서 통일된 수준의 만족감을 담보한다는 것은 매우 어려운 일이다. 의료서비스 혹은 병원 선택에 있어서 의료진의 역량이나 의료서비스를 환자들은 자신만의 기준으로 평가하고 선택하는 것이다. 따라서 선택의 요인은 절대적으로 평가 기준과 연계되어 있다. 무엇보다 선택의 가장 중요한 평가 기준이 바로 의료진의 서비스와 역량에 의해 결정된다. 따라서 의료기관의 인적 서비스, 특히 의사의 서비스 품질이 환자의 만족에 가장 큰 영향을 미칠 수 있는 변수가 된다.[4)]

만족은 어떠한 경험의 결과에 따라 일어나는 사후적인 결과 요소다. 따라서 만족 요소가 병원이나 의료기관을 선택하게 하는 데 사전적 영향을 끼치기는 쉽지 않다. 물론 주변에 이미 치료를 받은 이들을 통해 환자가 느낀 만족감을 대리로 전해 들으며 그 우수성

4) 강춘한(2012). 의료서비스 품질 핵심 요인이 고객의 재이용 의도에 미치는 영향에 관한 연구. 인제대학교 대학원 박사학위논문.

을 확인할 수는 있다. 하지만 이러한 구전 활동도 치료를 받은 환자가 사전에 의료서비스를 선택하는 일이 먼저 있었기에 가능한 것이다. 즉, 환자가 만족을 경험하기 위해서는 사전에 병원을 선택하는 일이 만족에 앞서 일어난다. 국내 98,225개소의 숱한 병원 가운데 단 하나의 병원을 선택하는 일이 선행되는 것이다. 또한 그 어려운 선택에 있어 환자들은 우선적으로 의사의 역량 혹은 의료서비스의 품질을 고려한다. 더구나 그 선택이 생사를 바꾸는 일도 있으니 치료 후의 만족보다는 병원 선택 자체에 모든 것을 집중할 수밖에 없는 것이다. 따라서 치료 후의 만족 요인보다는 선결적 요인인 의료기관 선택에 영향을 끼치는 요인들, 의사의 역량이나 의료서비스의 품질과 같은 요인들이 우선적으로 고려된다. 결국 병원 선택 요인은 선택의 요인일 뿐만 아니라 선택할지 말지 그 자체의 여부마저 결정짓는 매우 중요한 요인이다.

하지만 의료서비스의 품질 혹은 의료진의 역량이 절대적인 선택요인임에도 불구하고, 기존의 많은 병원은 의료서비스나 의사가 아닌 병원 이름을 중심으로 마케팅하고 PR 활동을 펼친다. 병원 자체를 홍보하고 나서 의사의 이름 대신 진료과목만 등장하는 경우가 그 대표적인 예다. 의사나 의료진에 대한 정보가 담기지 않은 병원의 홈페이지를 통해서는 의사의 역량 혹은 의료서비스 질에 대한 이용자들의 어떠한 확인도 불가하다. 제대로 PR이 되지 않는 것이다. 특히나 의사의 수만 해도 서울의 경우 8879명이 등록되어 있는데, 의사 간의 차별성을 홈페이지의 자료를 통해서 전혀 고려할 수 없다면 그 홈페이지에서 환자나 이용자들은 무엇을 기대할 수 있을까? 결국 홈페이지가 아닌 주변인을 수소문하여 소위 '아는 병원' '아는 의사'를 찾아가게 될 것이다. 선택의 요인이 사라지고 소위 '지인 찬스'만이 난무하게 된다. 심지어 친척이나 지인 중에 의사 한 명 없으면 병원 잡기 어렵다는 것이 불문율처럼 받아들여지고 있기도 하다. 그런 경우에 큰 병원에서 나와 소위 개업의가 되었거나 혹은 처음부터 이름 없는 병원으로 간 우수한 의료진에 대한 이용자의 선택 기회는 사라진다. 아울러 개인병원에 대한 혹은 의사 역량에 대한 PR도 무의미하게 되고 마는 것이다. 그렇다면 과연 의사, 의료진 및 의료서비스의 우수성을 우선적으로 그리고 보다 전방위적으로 이용자나 환자에게 효율적으로 전달할 수 있는 효율적인 방법은 무엇일까?

첨단 스마트 미디어 기술과 의료서비스의 융합

최근 코로나19, 메르스, 사스와 같은 예기치 않은 질병들이 새로운 재난으로 현대 사회에 등장하면서 인간의 행복한 삶을 위한 건강의 중요성에 대한 인식이 더욱 높아졌다. 또한 AI, AR, VR 등 보다 첨단적인 스마트 기술들과 의료기술이 만나게 되면서 의료서비스의 효율을 높일 수 있는 다양한 방안이 다각적으로 모색되고 있다. 더불어 미래의 첨단 산업으로서 스마트 기술과 융합한 의료산업의 가치도 더욱 높아지고 있다. 그 일환으로 AI를 활용한 수술 등은 이미 의료 현장에서 활발하게 활용되고 있다. "의사를 도와 빠른 속도로 완벽한 수술을 해내는 로봇이 속속 등장하고 있고, 의사보다 훨씬 정확한 진단을 내리는 인공지능도 있다."[5] 국내에서는

5) 수술시간 절반, 35초면 암 진단… 로봇 · AI의 의료혁명. https://www.chosun.com/economy/tech_it/2021/01/07/GQJMLJGYMJGBNLMGYVQTUL6DJQ/

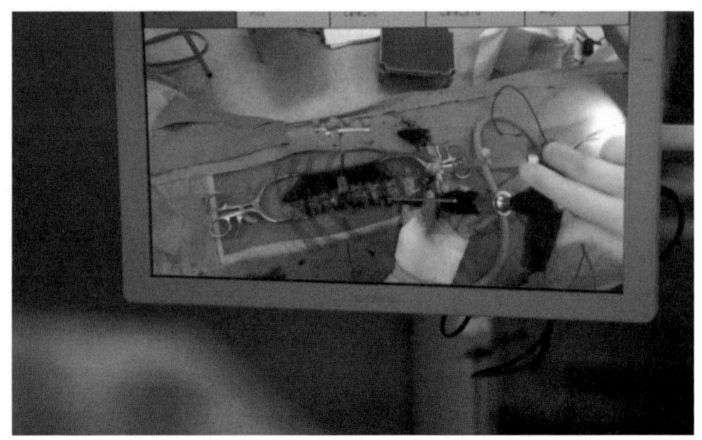

[그림 5-1] **로버레이 그래픽을 이용해 척추경 나사를 삽입하는 모습(분당서울대병원)**
출처: http://www.econovill.com/news/articleView.html?idxno=514066

서울대병원, 서울아산병원 등이 도입한 질병 진단 AI인 스타트업 루닛의 폐암·유방암 진단 정확도가 97~99%에 이르고 있다. 또한 분당서울대병원에서는 2021년 1월 정형외과 척추 분야 연구팀(염진섭, 김호중, 박상민 교수)이 AR 기술을 적용한 척추수술 플랫폼을 개발했다고 밝힌 바도 있다.[6]

이러한 상황에서 오늘날 병원 혹은 의료서비스에 대한 서비스 이용자 및 환자들의 검색과 소비 역시 스마트 미디어의 기술적 측면과 연결되어 있다. 개인적인 네트워킹을 통한 보다 검증 가능한 의료 정보의 획득이 일반화되었고, 환자들이 어느 의료기관에서, 어떤 의료진에게 진료를 받을 것인지를 개인의 검색 능력에 따라 다르게 선택한다. 또한 의료 치료 후의 결과 역시 검색 능력에 따라 달라지는 현상이 등장하고 있다.

6) 분당서울대병원 "AI 기술 적용 척추수술 플랫폼 개발". http://www.econovill.com/news/articleView.html?idxno=514066

이처럼 개인의 검색 능력의 차이로 벌어지는 현상은 결국 의료기관이 구체적이고 정확한 의료정보를 노출함으로써 의료서비스에 대한 PR을 보다 다양한 매체에서 다양한 방식으로 다각화할 필요가 있다는 것을 시사한다. 즉, 차별화된 의료서비스에 대한 PR 활동을 보다 강화하거나 기업의 수준으로까지 PR을 강화할 필요가 있다는 것을 의미한다. 아울러 그것은 보다 첨단화한 방식이나 첨단 매체의 활용을 통해서 해야 한다는 전제가 수반된다. 고객인 병원 서비스 이용자들이 누구보다 첨단화된 매체를 활용하는 수용자들이기 때문이다. 따라서 오늘날의 첨단 매체 이용자들에게 적합한 전달 방식의 PR을 해야 한다.

그렇다면 그 매체는 구체적으로 무엇이며, 어떠한 형태로 전달해야 할까? 그 해답은 무엇보다도 소셜미디어라고 할 수 있다. 김현정과 손영곤(2013)[7]은 소셜미디어야말로 의료기관 서비스 이용을 높이는 공중과의 관계 강화 PR을 위한 최적의 도구임을 증명했다. 즉, 소셜미디어의 특성이라고 할 수 있는 정보성, 공감성, 반응성은 모두 병원 조직이나 병원 서비스 이용에 있어서 병원 서비스 이용자와의 관계성을 높여 의료서비스 이용은 물론 구전 행동까지 영향을 미치는 유의미한 요인임을 증거하고 있다.

오늘날 소셜미디어의 종류는 매우 다양하며, 새로운 소셜미디어들도 자꾸 생겨난다. 가장 일반적인 형태의 소셜미디어로는 블로그가 있으며, 페이스북, 트위터, 인스타그램, 유튜브 등이 가장 영향력 있는 도구로 인식된다. 그밖에도 최근에는 틱톡과 같이 흥미

7) 김현정, 손영곤(2013). 소셜미디어를 통한 조직–공중 간 공중관계성 강화를 위한 모색: 삼성의료원 소셜미디어를 통한 공중관계성 영향력 분석을 중심으로. **홍보학연구**, 17(3), 278-339.

위주의 숏컷을 올리는 소셜미디어가 수용자들에게 영향력 있는 도구로 부상했으며, 우리나라의 카톡이나 미국의 챗봇처럼 나라마다 다양한 대화형 소셜미디어들이 있으며 그 종류도 다양하다. 의료서비스와 의료진에 대한 PR을 위해서는 이러한 다양한 소셜미디어를 적절히 활용하는 일이 필요하다. 오늘날의 사람들은 하루 종일 소셜미디어를 쳐다보고 거기서 이야기를 나누고, 흥미를 나누고, 정보를 찾는다. 온종일을 소셜미디어와 함께 생활하고 있기에 다양한 소셜미디어를 적절히 찾아내고, 각각의 소셜미디어마다의 차별적 특성에 맞는 마케팅이나 PR 전략을 기획할 필요가 있는 것이다.

소셜미디어의 특성과 의료서비스

소셜미디어의 미디어적 특징은 무엇보다 현대인의 소통과 담론의 핵심 도구로 활용된다는 것이다. 즉, 자신의 미디어를 소유하는 소셜 네트워킹 시대가 시작되면서 개인들은 누구나 자신의 소셜미디어를 통해 이야기를 나누고 소통하는 삶의 모습을 보이기 시작했다. 오늘날 누구나 미디어의 주인이기에 개인 미디어의 주체적 활용자가 된다. 과거 언론과 같은 대중적 미디어를 통해 자신의 의견을 동조하고자 했던 이들이 이제는 언론을 통하지 않고 자신의 미디어를 통해 사회에 던지고 싶은 말은 물론이고, 자신의 의견에 동조하는 개인들과 자발적으로 의견을 교환한다. 소소한 생활 속 대화에서부터 거대한 사회적 이슈에 대한 담론까지 자유롭게 주고받는다. 이러한 양상에 따라 소셜미디어는 여론의 가장 중요한 도구로 부상하였다. 또한 여론의 소통 창구로서 소셜미디어의 위상은 이슈에 대한 시민들의 소통창구 역할을 하면서 더욱 높아졌다. 심지어 자유 수호를 위해 독재정권을 무너뜨리는 거대한 정치적 혁명에 기여하기도 했다. 대표적으로 2011년 튀니지의 '재스민 혁명'을 들 수 있다. 23년간 장기 집권한 벤 알리 독재 정부를 몰락시킨 재스민 혁명이 성공할 수 있었던 데에는 리나 벤 메니라는 민주 운동가가 '레겝의 순교자'란 제목으로 독재 반대 시위에서 숨진 시민 5명의 사진을 트위터, 페이스북에 올리면서 튀니지 전 국민의 공분을 일으켜 혁명의 강한 도화선이 되었기 때문이다.

이처럼 SNS는 개인적 목소리에서 출발하여 이제는 사회, 문화, 정치 전반을 아우르는 "다수의 의견 여론"[8), 9)] 공간으로 자리잡았다. 국내에서도 가장 최근에 '박근혜, 최순실 게이트'에 항의하는 시민들의 촛불 시위 참여 독려는 물론이고, 다양한 주제의 국가 사회적 이슈에서 국민 여론의 향방을 보여 주는 중요한 여론의 도구로 작용했다. 여론의 도구로서의 소셜미디어의 강력한 영향력은 상품이나 서비스에 대한 긍정의 의견을 이끌고자 하는 마케팅의 도구로서도 높은 영향력을 보여 준다. 다시 말해서 의료기관은 물론이고, 의료진 개인의 우수성을 입증하는 데 있어서도 소셜미디어는 매우 영향력 있는 도구로 작용할 수 있는 것이다.

소셜미디어는 광고와 달리 적은 비용을 가지고 많은 이에게 통합된 메시지를 손쉽게 전달할 수 있다. 그뿐만 아니라 개별적인 성향이나 개인 간의 취향을 고려한 맞춤형 메시지의 전달도 가능하

---

8) Price, V., & Roberts, D. F. (1987). Public opinion processes. In C. Berger & S. Chaffee (Eds.), *Handbook of communication science* (pp. 781-816). Sage Publications

9) 김현정(2011). CMC(Computer Mediated Communications) 상황의 여론화 과정에 관한 탐색적 연구. 한국광고홍보학보, 13(2), 94-133.

다.[10] 따라서 공중과의 관계 구축과 유지라는 PR의 목적적 측면에서 더욱더 열린 기회의 도구로 인식되고 있다. 특히나 "의료서비스는 대표적인 고몰입 상품이고, 의료서비스 소비자들은 인터넷을 통하여 의료기관과의 진료 품질에 대한 각종 정보를 적극적으로 수집하여 이를 바탕으로 의료기관 선택권을 가지려는 경향을 보인다"[11]는 측면에서 매우 효율적인 도구가 될 수 있다. 즉 웹사이트를 통해 병원은 병원 정보를 적극적으로 제공할 수 있으며, 공중과의 쌍방향 의사소통 채널을 구축하여 이용자들의 불만이나 문의 사항을 즉각 해결함은 물론이고, 원격진료를 위한 채널로도 발전[12], [13]시킬 수 있게 하는 것이다. 이러한 경향은 웹사이트뿐만 아니라 웹사이트를 넘어 소셜미디어와 같이 개인과의 관계관리망을 활용하는 경우에는 더욱 맞춤형 관계 구축을 위한 최적의 도구가 될 수 있을 것으로 판단된다.

PR은 말 그대로 Public Relations, 즉 조직이 공중과 관계성을 구축하고 유지하고자 하는 활동을 말한다. 특히 공중과의 관계성 구축에서는 관계를 맺고자 하는 주체자, 즉 조직의 인식보다는 공중의 인식이 더 중요하다는 것이 일반적 견해다.[14] 따라서 공중관계

10) 김현정, 손영곤(2013). 소셜미디어를 통한 조직-공중 간 공중관계성 강화를 위한 모색: 삼성의료원 소셜미디어를 통한 공중관계성 영향력 분석을 중심으로. **홍보학연구**, 17(3), 278-339.

11) 옥샘, 오재영, 김상만(2009). 의료정보 웹사이트의 품질이 Offline 의료서비스의 기대 및 이용의도에 미치는 영향에 관한 연구. **e-비지니스 연구**, 10(3), 176

12) 양성관, 이현우, 김형석(2002). 인터넷 홈페이지의 이용 만족도와 홍보 효과에 관한 연구. **한국언론학보**, 46(2), 412-451.

13) 이기광, 정유수, 한창희(2009). 의료서비스 인터넷 마케팅 활동에 대한 진료과목별 소비자 수용에 관한 연구. **한국전자거래학회지**, 14(1), 331-346.

14) Kim, Y. (2001). Searching for the organization-public relationship: A valid and reliable instrument. *Journalism and Mass Communication Quarterly*, 77(4), 799-815.

성의 입장에서 의료기관이나 의료서비스 PR, 즉 공중관계성을 구축하고자 하는 경우를 살펴보아도 의료서비스 이용자의 인식에 보다 초점을 두어야 한다.

PR의 공중관계성에 대한 목표와 관련하여 연구한 혼과 그루닉(Horn & Grunig, 1999)[15]은 조직과 공중 간의 관계성을 측정하기 위해 여섯 가지의 측정 요소를 제안하였다. 상호 통제, 신뢰, 만족, 헌신, 교환관계, 공공관계가 그것이다. 이 여섯 가지 요소는 이후 공중조직 간의 관계성을 측정하는 데 가장 일반적인 척도로 받아들이게 된다.[16] 즉, PR 활동을 통해 공중과 조직 간에 관계성이 정말 제대로 이루어진 것이라면 그것은 다시 말해 상호 통제, 신뢰, 만족, 헌신, 교환관계, 공공관계가 형성되었다는 것이다. 이러한 여섯 가지 요소 외에도 한국형 공중관계성 요인을 연구한 이들은 추가적인 측정 요소들을 제안했다. 애착[17], 정[18], 명성과 구전의도[19] 등이다. 지속적인 관계 형성과 유지가 PR의 목표이기에 PR의 주체자와 수용자 간에 '상호 통제, 신뢰, 만족, 헌신, 교환관계, 공공관계'가 형성되고, '정'이나 '애착' '명성' '구전의도'가 생성된다면 그 PR 활동은 관계성의 형성과 유지라는 목표를 달성한 것이라고 볼 수 있다.

---

15) Hon, L., & Grunig, J. E. (1999). Guidelines for measuring relationships in public relations. The Institute for Public Relations, Gainesville, FL: University of Florida.

16) Ledingham, J. A. (2006). Relationship management: A general theory of publicrelations. In C. H. Botan & V. Hazleton (Eds.), *Public relations theory II* (pp. 465-483). Mahwah, New Jersey: Lawrence Erlbaum Associates, Inc.

17) 김형석, 이현우(2008). 한국의 문화적 특성을 반영한 공중관계성 측정도구에 관한 연구. **한국광고홍보학보**, 10(1), 99-139.

18) 한정호, 정지연(2002). 조직체의 위기상황에 대한 공중의 인식과 공중관계성의 영향력에 관한 연구. **한국언론학보**, 46(2), 634-674.

19) 김찬석, 이재록(2008). 과학기술 PR 효과 측정 방안으로서 조직-공중 관계성 연구. **한국언론학보**, 52(2). 407-435.

의료서비스에 대한 공중관계성 형성과 유지

PR에서 가장 중요한 화두인 공중과의 관계성 구축과 유지라는 부분을 좀 더 쉽게 풀어서 설명하면 친구관계와 같은 관계 혹은 그 이상의 관계가 형성되고 지속적으로 이어지는 것을 말한다. 즉, PR 활동을 하고자 하는 의료기관(조직)과 대상인 공중(의료서비스 이용자) 사이에 관계가 형성되고 유지된다면 그것은 성공한 PR이라고 볼 수 있다. 아울러 그러한 경우에는 이용자 혹은 환자와 해당 의료기관 혹은 의료서비스 간에 믿음, 만족, 헌신이나 공공관계, 교환관계, 애착, 심지어는 정과 구전의도까지 일어날 수 있음을 의미한다. 또한 그렇게 형성된 끈끈한 관계는 환자 혹은 이용자의 생애 동안 지속적으로 이어질 수도 있다.

이러한 관계의 형성과 유지에 대한 예를 하나 들어 보겠다. 어떤 사람이 밥을 먹다가 급체를 한 것 같아서 동네 병원에 갔다. 검사를 해 본 후에 담당 의사는 단순한 급체가 아니라 목에 담석이 끼었다는 사실을 발견한다. 이어 그 의사는 환자에게 긴급한 수술이 필요하다고 말한다. 하지만 그 병원은 작은 동네 병원이었기에 의사는 그런 큰 응급수술을 할 여건이 되지 않는다는 사실을 전하고 자신이 아는 병원으로 연계해 준다. 작은 병원에서 긴급히 큰 병원으로 이송된 환자는 바로 수술대에 올라 담석을 제거할 수 있었다. 이후, 해당 환자는 어디가 조금만 아프다 싶어도 바로 그 동네 병원을 찾아가서 그 의사와 상담을 즐기는 정도까지 되었고, 아는 동네 사람들에게도 해당 병원을 적극적으로 추천했다. 심지어 홍보대사를 자처하면서 해당 병원에 대한 그의 신뢰는 점점 깊어졌다. 이 예시는 필자의 지인에게 실제로 일어난 일이다.

그 동네 병원 혹은 해당 의사와 앞의 환자 사이에 생긴 이 끈끈한 관계성을 우리는 무엇이라고 부를까? 이는 단순히 서비스를 파는 사람과 그것을 이용하는 고객과의 일회성 관계로 볼 수는 없다. 물론 의료서비스 자체도 하나의 상품으로 볼 수 있고, 그 상품을 이용하는 이들을 고객으로 볼 수도 있다. 하지만 그것이 깊은 관계성의 요소들(헌신, 신뢰 같은 것들)을 포함하는 순간, 단순하게 팔고 사는 관계에서 벗어난다. 훨씬 높은 차원으로 변한다. 더욱 깊은 교감이 작용한 관계성이 작용하는 것이다. 앞의 사례에서 긴급한 치료가 필요한 환자가 느낀 절박함에 대한 의사의 바른 판단과 처치, 그리고 그것을 받으면서 환자가 느낀 고마움과 만족할 만한 결과 등에 의해 생긴 감정과 교감은 관계성의 시작이 되었을 것이다. 그러하기에 그 관계는 결국 해당 병원에 대한 또 다른 헌신과 믿음, 애착, 만족이나 교환관계 같은 것들을 형성한다. 또한 그러한 PR의 공중관계성 이론에서 제시하는 관계성 요소를 바탕으로 마침내 병원이나 의료진에 대한 충성도(소위 브랜드 충성도)가 이어진다.

이러한 관계성은 한 번 형성되면 쉽사리 무너지지 않는다. 마치 오래 우정을 쌓은 친구와는 아무리 어려운 상황에서도 우정이 변하지 않고 오히려 그 관계가 도움을 주는 것과 같다. 혹은 우연히 위로를 받아서이든, 외모에 반해서이든 어떤 이유로 일단 유명 연예인의 팬클럽에 가입하여 다양한 팬 활동을 참여한 후에는 그냥 단순히 그 연예인을 좋아하던 과거와는 다른 양상을 보인다. 그 연예인에 대한 더 강한 애착과 지지를 보내며, 심지어 해당 연예인의 정치적 의견과 같은 양상의 태도를 보이기도 한다. 오늘날 전 세계의 BTS 팬클럽 아미들이 인종차별에 대한 목소리를 내는 것도 이와 같다. 단순하게 노래를 좋아하는 정도를 넘어 보다 거시적인 정치적 목소리와 의견 지지에까지 관계성을 확장하는 것이다. 이것이 공중 관계성 구축과 유지의 힘이다.

그래서 PR의 목표는 단순히 물건 하나 팔자는 것이 아니라, 공중과의 관계성을 형성하고 유지하고자 하는 모든 활동을 통해 상호간에 깊은 관계성을 형성하고 이어 가려고 한다. 만약 이러한 관계성을 의료서비스에 그대로 적용하여 PR 활동을 하고자 한다면 환자–의사 간에 보다 깊은 관계성의 형성과 유지가 가능하다고 할 수 있다. 특히 건강의 위협이 존재하는 보다 심각한 상황에서, 의료서비스에 대한 자발적인 정보 탐색과 더불어 병에 대해 알고자 하는 강한 욕구가 작용하면서 관계 시작의 첫 발걸음을 떼는 것이다. 그러하기에 병원 PR에서는 그 발걸음이 더 빠른 관계의 도약을 향한 출발이 되도록 해야 한다. 즉, 특수한 환자의 상황에 맞는 적합한 대응방식으로 환자의 의문과 물음에 답해야 한다. 그럼으로써 의료서비스 이용자, 혹은 의사–환자 간의 교감, 헌신은 물론이고, 보다 충성도를 지닌 관계 형성과 유지가 이루어진다고 볼 수 있다. 수많은 검색을 통해 현명한 선택을 하고자 하는. 디지털에 익숙한 의료서비스 이용자들에게 놓인 그 각각의 상황에 맞는 의료 정보, 혹은 의료진에 대한 정보의 제공을 통해 PR 공중관계성을 형성하기 위한 처음을 보다 견고하게 만들어 낼 수 있는 것이다.

의료서비스와 의료진 브랜드화를 위한 선행 작업

앞에서 살펴보았듯이, 오늘날 의료서비스와 의료진에 대한 마케팅에서는 이용자들에게 정확하고 바른 정보를 보다 신속하게 그리고 개인별로 나타나는 증상에 맞춤화하여 제공하는 특화된 PR 활동이 요구된다. 그러한 특화된 PR 활동을 통한 공중관계성 구축과 유지는 궁극적으로 해당 의료서비스에 대한 브랜드 충성도로까지 이어진다. 브랜드 충성도 혹은 브랜드 로열티는 비단 상품으로 이루어진 브랜드만의 독점물이 아니다. 의료서비스와 같이 서비스를 사고파는 경우에도 브랜드화는 가능하며, 그것은 공중관계성과 같은 관계성의 시작을 토대로 만들어진다. 즉, 의료서비스의 경우에는 소셜미디어를 활용하여 공중관계성을 구축하고 유지하는 활동을 하고, 그것이 궁극적으로 해당 의료서비스나 의료진에 대한 의미 있는 관계성으로 형성되면 궁극적으로는 해당 의료기관이나 의료진에 대한 브랜드 충성도로까지 이어질 수 있다. 결국 브랜드 충성도가 나타나는 지점을 만들기 위해서는, 즉 그 의료기관이나 그 의료진과만 소통하도록 만들기 위해서는 우선 다음과 같은 선행 작업이 PR 활동에 필요하다.

첫째, 보다 개별적으로 세분화되고 환자별로 맞춤화된 정보를 제공하는 일이 선행되어야 한다. 의료기관이든, 의료진이든 간에 고객인 의료서비스 이용자와 직접적이고, 실시간으로 상호적 교감이나 개인화된 정보를 공유할 수 있게 하는 작업이 필요한 것이다. 특히 소셜미디어와 같은 개인 중심 매체를 통한 맞춤 정보 제공은 그 일환이 될 수 있다. 모든 의료서비스 이용자들은 그들이 처한 상황이 다르다. 따라서 제각각인 환자 혹은 이용자의 상황에 맞는 정보의 제공이 선택의 여부를 판단하게 할 것이다. 바른 첫 선택은 결국 의료서비스 이용 결과에 대한 만족을 높이고, 만족은 다시 애착을 만들고, 브랜드 충성도에까지 이르게 할 수 있을 것이다.

이러한 과정에서는 무엇보다 의료서비스를 이용하는 이용자들의 상황적 요인들을 파악하여야 한다. 같은 의료기관을 이용한다고 해도 개인별로 의료서비스 이용 원인이나 상황이 다르다는 것이다. 즉, 의료서비스를 이용하는 개별 이용자들의 질병 관련 상황은 매우 개별적이고, 제각각일 수밖에 없기에 그 경우의 수만 해도 수만 가지가 나타날 수 있다. 따라서 수많은 경우의 수에 맞추어서 일정한 의료정보 서비스를 제공해야 한다. 물론 그러한 다양한 정보 제공은 결국 의료서비스 혹은 의료기관에 대한 홍보가 쉽지 않다는 것을 보여 준다.

그렇지만 저마다 상황이 다르다고 해도 기본적으로 질병들은 공통된 양상을 띠며 나타난다. 따라서 몇 가지의 대표적 양상으로 구분한다면 정보의 구조화가 보다 수월할 것이다. 실제로 의료기관마다 혹은 의사마다 진료에 대한 특화 분야가 가능하다. 예를 들어, 피부과만 해도 여드름 때문에 고생하는 환자, 종기로 고생하는 환자, 아토피로 고생하는 환자 혹은 피부 미백을 하고자 하는 사람 등등 다양한 환자가 찾아올 수 있으며, 각각의 경우에 대한 대처와 처방도 다양하게 진행될 것이다. 따라서 해당 질병 양상에 대한 대표할 만한 처방이 담긴 정보를 제공하되, 각 세부 경우마다 맞는 전문 의료진을 내세워야 한다. 즉, 대표성과 특별성 혹은 차별성을 적절하게 구가하는 방식의 정보 구체화가 필요하다는 것이다.

피부과를 예를 들어 설명한다면, 피부과 환자의 모든 경우의 수를 다 고려하여 맞춤화된 정보를 제공할 필요는 없다는 뜻이기도 하다. 즉, 해당 의료기관에서 혹은 그 의료진이 가장 잘할 수 있는 분야를 특화하는 구체화가 필요하다. 한마디로 선택과 집중이 맞춤 정보 제공에서도 고려되어야 하는 것이다. 또한 대표 진문

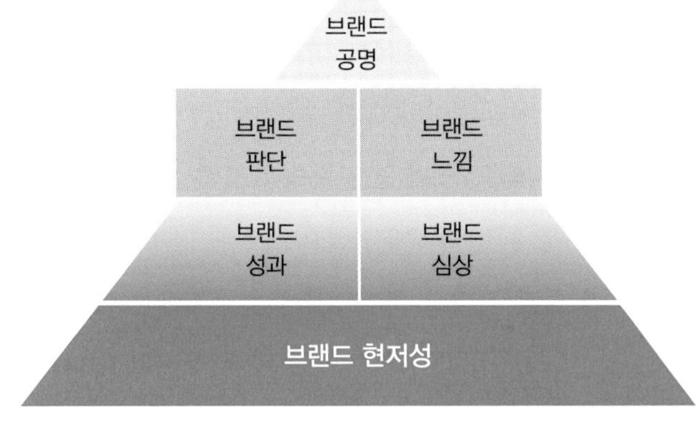

[그림 5-2] **Keller (1998)의 고객 기반 브랜드 자산 모델 단계**

분야로 피부과를 내세우되, 어떠한 경우에는 특수한 개별 상황을 강조함으로써 개별 상황에 대한 맞춤형의 정보를 제공할 필요도 있다. 이 특수한 개별성은 브랜드의 차별성과도 관련지어 생각해 볼 수 있다. 병원이나 의료진도 하나의 브랜드이기도 하며, 브랜드 차원에서 보면 이러한 개별성은 차별성으로 이용자들에게 각인될 수 있다. 또한 일종의 브랜드 자산이 될 수도 있다. 마케팅의 결과로 생성된 소비자의 그러한 차별화된 지식을 켈러(Keller, 1998)는 브랜드 자산이라고 정의했다.[20] 켈러(Keller, 1998)의 고객 기반 브랜드 자산(CBBE) 모델에 따르면, 그 브랜드가 얼마나 잘 회상되는가와 같은 브랜드의 현저성을 바탕으로 브랜드 정체성이 형성되는데, 이를 브랜드 성과인 제품의 품질, 기능, 가격 같은 것들에 대한 경험을 통해 인지하면서 이에 대한 브랜드 심상(이미지)이 생기고, 이를 바탕으로 브랜드에 대한 판단과 느낌이 일어나 그것이 결국에는 브랜드에 대한 공명, 즉 브랜드에 대한 몰입이나 애착, 브랜드

20) Keller, K. L. (1998). *Strategic brand management: Building, measuring, and managing brand equity*. Prentice Hall, Upper Saddle River.

충성도로 이어진다는 것이다.[21]

결국 브랜드의 차별성은 브랜드의 현저성에서 발현돼서 브랜드 자산이 되는 중요한 요인이라고 볼 수 있다.

'샤넬'이 명품인 대표적 이유는 차별화시킨 브랜드 자체의 정체성 때문이라고 할 수 있다. 예를 들어, '샤넬' 가방의 소재도 '가죽'으로 다른 가방들과 같다고 하자. 제품의 본질에는 아무런 차별성이 없다는 것이다. 더욱이 무엇인가를 넣어 가지고 다니는 일종의 주머니라는 기능의 측면으로 봐도 특별한 차이는 없다. 그런데 '샤넬'이라는 브랜드 로고를 가죽 가방에 붙이는 순간, 그것은 타 브랜드와 비교하면 10배 이상의 값이 나가기도 하고 심지어 시장에서 브랜드 없이 파는 가방과는 100배 이상의 가격 차이가 발생하기도 한다. 이러한 차이가 재료인 가죽의 차이나 디자인 차이라고 말할 수도 있을 것이다. 하지만 그보다는 '샤넬'이라고 하는 브랜드를 둘러싼 보이지 않는 심리적 가치가 그 원인이라고 보는 것이 더욱 합리적일 것이다. 즉, 브랜드의 눈에 보이지 않는 가치는 겉으

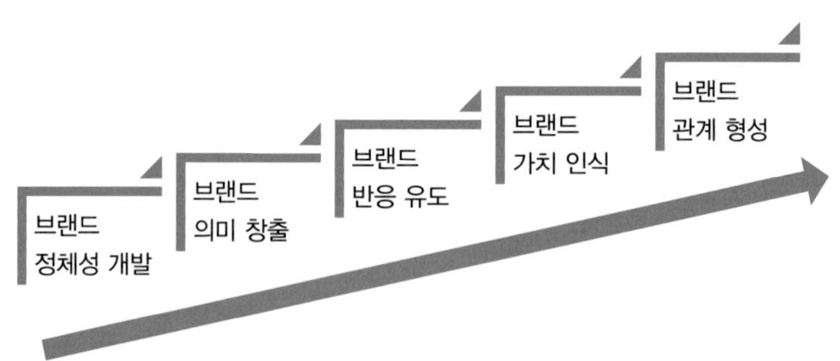

[그림 5-3] **Keller(1998)의 CBBE 모델에 따른 브랜드 관계 형성 과정도**

---

21) Keller, K. L. (1998). *Strategic brand management: Building, measuring, and managing brand equity*. Prentice Hall, Upper Saddle River.

로 드러난 결과물로만 평가되는 것이 아니다. 의료서비스나 의료진에 대한 브랜드도 마찬가지가 될 수 있다. 유명 상급 종합병원에도 이름만 대면 아는 의료진이 있고, 그 의료진에게 진료를 받기 위해 몇 달을 기다리는 환자들도 있다. 어쩌면 그들도 그 보이지 않는 의료 브랜드의 가치를 인식하는 것일 수 있다. 물론 처음에는 그 의료진의 능력에 대한 평가에서부터 시작되어 유명세가 생겨난 것이겠지만, 그것은 능력치를 넘어선 어떤 것 흔히 '마음속에 자리한 이미지'나 '느낌' 같은 것들이 새로운 가치와 정체성을 만들어 내는 데 기여한 것이라고 할 수 있다. '샤넬'이 아무리 좋은 가죽을 활용하며, 디자인이 뛰어나고, 한땀 한땀 수공으로 만들어졌다고 해도 시중 가방의 100배 이상이 되는 가치는 단순히 품질의 우수성 탓만은 아니라는 말이다.

따라서 의료기관 혹은 의료진이 대표성을 가졌으면서도 차별화된 정보를 구조화하려고 한다면 우선적으로 차별적 정보를 선별해 내어 그것을 이용자에게 맞춤화하는 정보의 구체화 작업부터 시작해야 한다. 또한 그 선별 작업은 대표성과 차별성을 동시에 갖게 만드는 데 집중되어 하나의 정체성을 확보할 수 있도록 해야 한다. 소위 브랜드 자산을 위한 현저성을 구체화하고, 브랜드 성과와 심상을 만드는 과정이 되도록 해야 한다. 일례로 피부과이면서도 다른 피부과와는 다르게 보이는 정보 구체화를 하는 일로부터 그 활동은 시작될 수 있다. 우리 병원 이용자에게 맞춤화된 차별적 정보를 구체화하여 제공하는 것이 브랜드 가치를 심리적으로 느끼는 소비자의 정보 수용 태도를 바꾸는 일이다. 예를 들어, 피부과의 미백 기술이야 어느 피부과나 대동소이할 수 있다. 같은 수입기계를 활용하는 경우에는 더욱 더 그러할 것이다. 그런데도 피부과의 미백

서비스를 이용하려는 사람이 피부과 의사의 시술에 관하여 다음과 같은 한 줄의 특별한 정보를 읽는 순간, 마음에 새기게 되는 수용적 심리 가치는 분명 같지 않을 것이다. "같은 미백도 ○○○ 의사가 하면 다릅니다." 그러한 심리적 가치의 생성은 피부과에 대한 첫 선택이 되고, 선택 후에는 해당 피부과 브랜드의 가치나 피부과 의사의 개인 브랜드 가치로 이어질 수 있다. 이는 의료서비스에 대한 상세 정보를 주는 일이 PR이나 광고라고 가볍게 생각하지 말아야 한다는 것을 의미한다. 정보화의 차별성과 대표성의 구조화 작업은 브랜드 충성도를 만드는 첫 출발점이 될 수 있음을 명심해야 한다.

둘째, 맞춤화된 정보가 단순히 소셜미디어를 통해 일방적으로 배포되는 정보가 되게 하지 말아야 한다. 죽어 있는 정보가 아니라 살아서 소통하는 정보가 되게 해야 한다.

이 두 번째 요소는 결국은 소셜미디어의 기본적 특성과 연결된다. 세상에 정보를 제공하는 매체들은 많다. 그런데 왜 굳이 소셜미디어여야 하는가와 연결된다. 가장 흔히 하는 의료서비스의 홍보 매체로 브로셔나 광고가 있다. 하지만 브로셔나 광고는 일방향적으로 메시지를 전달하는 방법이다. 어떠한 메시지에 대해서 이용자들의 반응을 살필 수가 없는 매체라는 뜻이다. PR에서 공중관계성의 전제는 상호 간의 소통이다. 소셜미디어는 직접 대응하고 반응할 수 있는 특성을 갖기에 소통이 가장 큰 장점이다. 즉, 공중관계성의 요소인 상호 통제(한국형에서는 균형성으로 재정의되고 있기도 함), 신뢰, 만족, 헌신, 교환관계, 공공관계는 물론이고, 애착이나 정, 명성, 구전의도 같은 것들을 소셜미디어를 통해서 높일 수 있다는 말이다. 즉, 환자와의 소셜미디어를 통한 상호 간 소통이 궁극적으로 공중관계성의 요소들을 높이는 데 기여할 수 있으며, 지속적으로는 해당 의료기관의 브랜딩이나 의료진에 대한 브랜드 관리와도 연계될 수 있는 것이다.

즉각적이고 반응적인 소통의 특성을 갖는 소셜미디어에서 환자 혹은 의료서비스 이용자들이 원하는 맞춤화된 정보를 제공하고, 그 정보에 대한 공중들(이용자들)의 추가 정보 요청이나 질의에 대해 바로 응답하는 즉각적 상호성을 확보할 수 있다면 의료서비스와 의료진에 대한 브랜드 충성도 효과가 확실하게 확보될 수 있다. 즉, 개별적인 이용자 상황과 관련한 개별적 질문이 있을 때 그에 대한 실시간적 반응 혹은 실시간은 아니더라도 빠른 답변을, 너무 늦지 않을 만큼의 시간 내에 응답해야 한다. 그것이 소셜미디어 소통의 가치가 된다. 사실 의료진이 진료를 하는 시간에 실시간으로 소셜미디어에 반응한다는 것은 말이 안 된다고도 볼 수 있다. 하지만 소셜미디어 담당자를 고용하여 즉각적으로 반응하도록 한다면 그 결과는 달라질 수 있다. 또한 그에 더하여 해당 의료진이 진료 시간 이후에 추가 응답을 하여 준다면 그 상호적 관계성으로 인한 결과는 달라질 수 있다. 또한 정확한 진단을 받을 수 있도록 예약 링크를 주거나 이용자가 원하는 입원, 수술, 진료비 등에 대한 추가 정보를 전달하는 반응성만 확보해도 이용자들과의 관계 형성은 즉각적으로 다른 결과를 가져올 수 있다. 금방 입소문이 나는 일도 가능하다. 또한 이러한 반응성의 확보를 통해 의료기관이나 의료진의 브랜딩이 성공적으로 이루어지려면 소셜미디어가 다원적인 매체라는 것을 이해하는 것도 도움이 된다.

한편 이러한 이해에는 소셜미디어가 다수의 사람의 공통된 의견이 모이는 여론의 집합체와 같은 공적인 매체가 되기도 하지만, 그

보다는 개인적 관심사의 해결이나 개인적 취미 공간이라는 특성이 우선시되어 있다는 것도 유념할 필요가 있다.

가장 유념할 사항은 소셜미디어의 특성은 무엇보다 정보의 실시간적 · 비공간적 메시지 전달과 메시지 순환이 가능하다는 것을 염두에 두어야 한다는 것이다.[22] 이는 어떠한 정보가 좋은 의미에서 구전이 될 수도 있지만 부정적 견해나 치명적 문제로 부각될 수도 있다는 것이다. 즉, 소셜미디어의 구전이나 실시간적 메시지 전달이 장점이 아닌 단점이 될 수도 있다는 것을 유념하여야 하는 것이다.

어떠한 환자의 질문에 대해서 맞춤화한 정보를 제공하면서 질병 관련 문의에 실시간으로 간단히 답을 했더니 그것이 널리 공유되면서 다른 유사 질병을 앓는 이들에게서도 문의가 왔다면 장점으로 작용한 것이다. 하지만 질병이 사람마다, 체질마다 다르게 나타날 수도 있기에 실시간 응답을 위해 짧게 답한 글이 충분히 정보를 담지 못하여 오히려 엉터리 의사나 엉터리 진단이라고 비난하고, 그 내용을 캡처하여 널리 공유시키는 일도 발생할 수도 있다. 즉, 정보의 순환이라는 부분에서 소셜미디어는 그 자체로 장점과 단점을 모두 안고 있는 양날의 검이 될 수 있다. 아무리 좋은 정보도 개인의 관점이나 개인의 이해도에 따라 또 다른 문제가 될 수도 있다는 것이다. 소셜미디어를 활용하는 경우, 이 점을 항상 유념할 필요가 있다.

무엇보다 소셜미디어라는 공간에서 사람들이 의료서비스를 선택하는 경우에 소셜미디어에 기대하는 것은 의료서비스의 질에 대

22) 안주아, 김현정, 김형석(2015). 소셜미디어 시대의 PR. 커뮤니케이션북스.

한 다양하고 풍부한 정보의 제공이다. 또한 의료서비스 이용으로 인한 올바른 정보 획득과 함께 향후의 치료나 의료서비스 이용 결과에 대한 기대나 긍정적 결과를 예측하고자 한다. 병원 조직에서 운영하는 소셜미디어들은 서비스에 대한 다양한 정보성과 서비스 결과에 대한 혜택을 주는 데 있어서 그 기대에 부흥하는 도구로써 용이하다. 즉각성과 반응성이 가능하기 때문이다. 즉, 질병의 예방이나 처치와 관련된 다양한 정보를 제공하는 데 있어서 기존의 웹사이트의 역할을 대신할 수 있으며, 원하는 이들에게 즉각적으로 정보를 제공할 수 있다. 그러다 보면 응급 환자들에게 소셜미디어가 가진 응답성과 신속성을 활용하여 질병과 관련된 필요 정보를 신속하게 전달할 수 있기도 하다. 다만, 그 정보의 제공과 특성을 활용하는 데 있어서 앞과 같은 유념 사항들을 먼저 되새기는 일은 잊지 말아야 한다.

의료서비스와 의료진 브랜드화의 소셜미디어 활용 방안

블로그를 통한 환자-의사 간 관계 구축과 브랜드 PR 방안

블로그는 오늘날 많은 포털에서 원하는 단어를 검색할 때 상위 결과에 노출되게 하는 데 중요한 도구가 된다. 따라서 블로그를 활용하는 브랜딩이나 관계성 구축 PR 활동은 중요한 홍보 방법이 된다. 블로그 포스팅에 언급된 내용들은 포털 검색어에 오를 수가 있기 때문에 어떠한 검색어를 눌러도 연관된 말들이 올라올 수 있도록 포스팅을 하면서 해시태그를 달아 주는 방식으로 정보를 구조화해야 한다. 아울러 블로그 자체를 의료서비스 이용자들과 실시간으로 소통하는 도구로 활용해도 좋다. 어떠한 의료 관련 정보나 진료 관련 내용 및 해당 질병에 대해 알기를 원하는 환자들이 블로그에 올려진 내용을 보고 댓글을 달 수 있다. 이러한 경우에는 바로 응답해야 한다.

또한 의사를 여러 명 보유한 개인병원이라면 블로그 자체를 해당 병원의 홍보 매체로 활용하는 것이 바람직하다. 각 의료진의 상세 이력과 전문 분야를 하부 메뉴로 올리고, 그 하부 메뉴 내에서 해당 의료진에게 실시간으로 묻고 답할 수 있는 Q & A 난을 달아주는 방법은 효과적인 PR 방안이 될 수 있다. 의사가 환자만 잘 치료하면 되지 블로그에 답까지 달아야 하냐고 말할 수도 있고, 종일의 진료에 지쳐 블로그에 답할 시간을 내기 어렵다고 호소할 수도 있다. 그러나 의사가 환자와 원활한 커뮤니케이션을 하는 경우, 환자의 상태가 호전된다는 연구결과들은 다양하게 존재한다.[23], [24], [25] 의사가 환자에게 상세하고 충분한 정보를 제공하고, 환자와 질병의 상태 그리고 대체 치료의 성과와 부작용에 대해 환자의 언어로 설명한다면 환자 참여에 긍정적인 영향을 미친다고 보고되고도 있다.[26] 블로그는 그러한 환자를 위한 커뮤니케이션의 일환으로 현재의 질병에 대한 궁금증 소통 창구로서 충분한 역할이 가능하

---

23) Coulter, A., & Ellins, J. (2006). Patient focused interventions: A review of evidence. Quest for Quality and Improved Performance(QQUIP). The Health Foundation, London. pp.7-20. https://www.health.org.uk/sites/default/files/PatientFocusedInterventions_ReviewOfTheEvidence.pdf

24) Kowalski, C., Anika, N. F., Petra, S., Ute-Susann, A., & Holger, P. (2009). Breast Cancer Patients' Trust in Physicians: The impact of patients' perception of physicians' communication behaviors and hospital organizational climate. *Patient Education and Counseling, 77*, 344-348.

25) 이송학, 김찬중(2013). 의사의 환자중심 커뮤니케이션이 환자참여에 미치는 영향: 신뢰의 조절효과를 중심으로. **한국콘텐츠학회 논문지**, 13(3), 278-286.

다. 또한 첫 선택을 하려는 이용자들에게도 의사-환자 혹은 의료기관-환자 간의 관계를 형성하는 시발적 도구로서도 정보와 반응성에서 중요한 역할을 할 수 있다.

실제로 블로그를 활용한 PR이 공중과 조직 간의 관계에서 효과적인 신뢰(trust)를 높일 수 있다는 연구도 있다.[27] 즉, 블로그에서의 내러티브 구조를 바탕으로 대화적 자아(dialogical self)와 방문자와의 상호작용을 강화함으로써 블로그에서 공중관계적 신뢰도가 높아진다는 것이다.[28] 특히 블로그의 내러티브 구조, 즉 이야기를 풀어내는 방식이 중요한데, 상호작용을 높이는 방향으로 대화나 참여성을 강화하면 관계적 신뢰(공중-조직 간의 관계적 신뢰)를 높일 수 있다. 공중과의 신뢰도 측면에서 효과적인 BMPR(blog-mediated public relations)을 하기 위해서는 블로그 포스트에서 이야기를 하고 있는 대화적 자아가 어떠한 전문성과 진정성을 가지고 있는지가 중요하다. 환자나 이용자들이 그 진정성을 스스로 파악하기 때문이다. 따라서 블로그의 대화적 자아는 블로그 운영 PR 활동에서 핵심적 요소가 된다.

결국 환자와의 관계성 구축 혹은 치료라는 측면에서 블로그의 대화적 자아를 연관시켜 보면 의료진 혹은 의사가 직접 대화적인 방식으로 환자의 상태를 진단하는 식의 대화적 포스팅은 매우 의

---

26) Coulter, A., & Ellins, J. (2006). Patient focused interventions: A review of evidence. Quest for quality and improved performance(QQUIP). The Health Foundation, London. pp.7-20. https://www.health.org.uk/sites/default/files/PatientFocusedInterventions_ReviewOfTheEvidence.pdf

27) Yang, S. -U., & Lim, J. S. (2009). The effects of Blog-Mediated Public Relations (BMPR) on relational trust. *Journal of Public Relations Research, 21*(3), 341-359.

28) Yang, S. -U., & Lim, J. S. (2009). The effects of Blog-Mediated Public Relations (BMPR) on relational trust. *Journal of Public Relations Research, 21*(3), 341-359.

미심장한 역할을 할 수 있다. 만약 진료로 시간이 부족하다거나 피곤이 쌓여서 블로그 대화 활동이 어렵다고 한다면 차라리 진료시간을 1시간 줄이고 오히려 블로그에 답하는 시간을 1시간 늘리는 방안도 고려해 봄 직하다. 물론 병원의 PR 담당자를 뽑아서 블로그를 운영하게 한다고 해도 어느 하부 메뉴에는 의료진이 직접 답하는 메뉴가 추가로 존재한다면 그것은 다른 의료기관들 혹은 의료진과는 매우 차별적일 수밖에 없다. 또한 의료진의 경우에도 환자에 대한 답을 쓰면서 피곤함을 쉬어 가는 시간이 될 수도 있고, 지나친 진료로 인해 진료에 부족함은 없었는지를 돌아보는 계기가 될 수 있다면 더욱 바람직한 결과를 가져올 수 있다. 또한 블로그에서의 의사의 친절한 응답은 구전과 공유에 더없는 도구이므로 브랜드 현저성을 확보한다. 결국 이러한 현저성은 의사 개인 브랜드 자산을 수용자들이 인식하고 브랜드 충성도를 만들어 내는 일로 연결될 수 있다.

[그림 5-4]의 캡처한 블로그는 의사 블로그로 유명하다. 하지만 이 블로그를 운영하는 의사 분은 본인을 밝히지 않아서 누구인지 알 수 없고, 또한 전문 의학에 관련된 내용들이 주로 포스팅되어 있어 인턴, 간호사, 의대학생들이 의학 공부에 도움이 많이 되었다는 댓글을 남기고 있다. 하지만 왼쪽에 보이듯이 계기 판독과 같이 일반적으로 궁금해 하는 내용들도 더러 포스팅되어 있다. 공중관계성의 입장에서 보면 일반적인 의료 궁금 사항을 하부 메뉴에 "환자와의 대화" 같은 난을 만들어서 환자들이 궁금해 하는 내용들과 해답을 올려 주면서 본인의 소속 병원이나 성함도 밝힌다면 의사 개인의 브랜딩에도 크게 도움이 될 것이다.

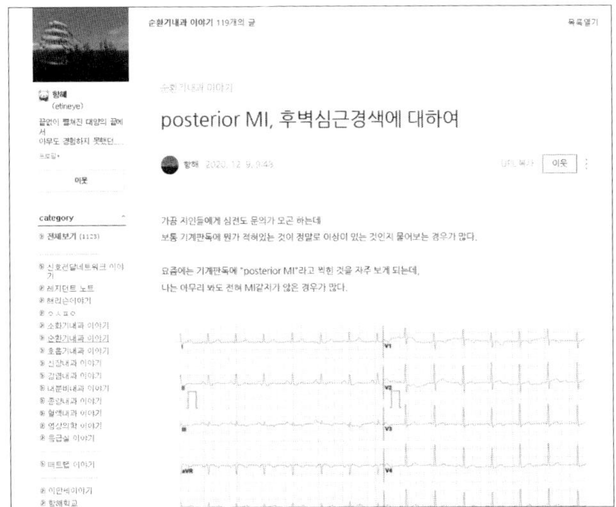

[그림 5-4] **항해님의 블로그 첫 화면(상)과 후벽심근경색에 대한 포스팅 일부(하)**

출처: https://blog.naver.com/etineye

[그림 5-5]는 서울대학교병원 블로그다. 이 블로그는 홍보팀에서 운영하는 것으로 판단된다. 프로필이라는 난이 있지만 의료진의 프로필이 올려져 있지는 않다. 의료진들이 개인적으로 자신의 전문 분야에 대한 상세 정보를 올리거나 질병에 대한 구조화된 정보나 질의응답 같은 부분들을 만들 필요가 있다고 판단된다. 만약

그렇게 한다면 환자-의사 간의 발전적인 방향의 관계성 구축은 물론이고, 의료진 개인 브랜딩에 도움이 될 수 있을 것으로 보인다. 기본적으로 많은 의료기관의 홈페이지가 예약 등을 위한 창구로 활용되기도 하므로 블로그는 그와 차별화하여 대화적 포스팅의 창구로 활용한다면 보다 바람직한 마케팅이나 PR 방안이 될 수 있다. 하지만 안타까운 것은 국내 병원 중 가장 유명한 브랜드 병원인 서울대학교병원 블로그 어디에서도 환자와의 실시간 대화 내용을 찾을 수 없다는 것이다. 특히 서울대학교병원 블로그의 팔로워 수가 6만에 이르고 있어 의료 정보를 알고자 하는 이용자들의 높은 욕구를 짐작하게 한다. 하지만 그럼에도 불구하고 실시간 대화의 내용이나 환자가 알고 싶은 의학 정보에 대한 내용은 매우 미비하다. [그림 5-5]의 오른쪽에 캡처한 블로그 사진을 보면 의료진의 췌장암 관련 인터뷰 동영상 링크와 더불어 동영상 내용을 요약한 췌장암 관련 질의응답 글이 올라와 있다. 이 포스팅은 환자들이 궁금해할 만한 정보를 주고 있지만 이에 대한 '좋아요' 댓글이 6만 팔로워 가운데 단 9개에 불과하다는 사실은 이용자들이 원하는 정보를 주

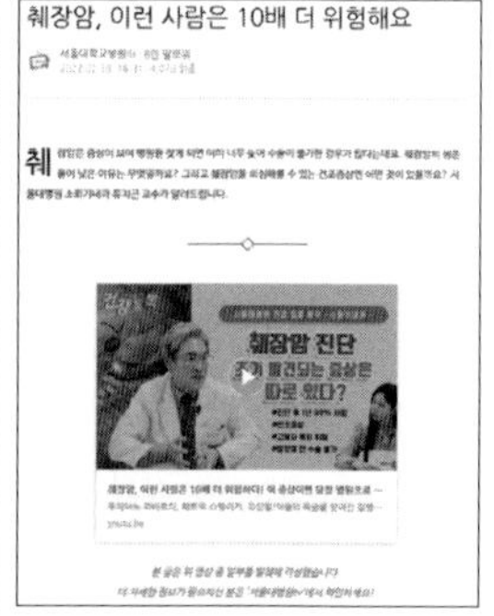

[그림 5-5] **서울대학교병원 블로그 첫 화면(좌)과 췌장암 관련 포스팅 일부(우)**

출처: https://m.post.naver.com/viewer/postView.naver?volumeNo=33316853&memberNo=3600238

지 못한다는 반증이라고도 판단된다.

페이스북, 트위터, 인스타그램과 메시지 PR 전략

페이스북이나 트위터, 인스타그램의 경우에는 그 성격이 블로그와는 매우 다르다. 우선 페이스북은 영상 링크나 사진 등의 자유로운 글쓰기가 가능하다. 반면 트위터는 게시 글자 수의 제한이 있어서 많은 글을 올리기가 어렵다. 하지만 짧은 만큼 강한 임팩트의 글을 많이 올리는 경우에 도움이 되며, 팔로워 간의 고정적인 교류가 강하게 일어나므로 충성도를 만들어 내기에는 오히려 유리하다. 인스타그램의 경우에는 이미지 중심으로 올리는 소셜미디어이므로 한 장의 사진이나 영상이라도 환자들의 마음에 강한 의미를 줄 수 있는 그런 사진이나 영상을 올리는 것이 좋다. 사실 친구관계가 아닌 경우에도 추천 영상이나 이미지 위주의 포스팅들이 유효한 것이 인스타그램이기 때문에, 예를 들어 로봇을 이용한 수술 장면 등과 같이 화제성을 가질 수 있는 영상이나 이미지를 올리는 것이 도움이 된다.

소셜미디어의 타임라인에 올라온 메시지들은 멈추지 않고 흘러가 버리기 때문에 한 장의 영상이나 이미지를 올리더라도 반드시 해시태그를 다양하게 활용하는 것이 바람직하다. 해시태그를 통해서 검색되고 노출되기에 해시태그를 올리면 더 다양한 확장성을 갖게 된다. 아울러 개인 의료진이 언론 등에서 인터뷰되었을 경우에는 링크와 해시태그를 달아서 게시한다면 널리 공유되기에도 유리하다. 특히 진료에 바쁘거나 많은 정보를 구조화하기가 어려운 의료진이나 의료기관 소셜미디어의 경우에도 간단한 메시지만 가지고도 화제성을 만들어 노출될 수 있기에 편리하게 활용할 수 있는 블랜딩 방법이 될 수 있다.

트위터에서 소통을 많이 하는 한 산부인과 의사의 트윗글을 보면 대단한 메시지를 올리지는 않는다. 그냥 날씨 이야기나 일상사에 대한 내용을 올린다. 그럼에도 많은 팔로워가 있고, 의료에 관한 내용들을 올릴 때는 그 전문성을 인정하여 많은 팔로워들이 자발적 리트윗을 한다. 따라서 소셜미디어를 가볍게 PR 활동에 활용하고자 한다면 트위터나 인스타그램은 다른 소셜미디어보다 유용한 방법이 될 수 있다. 또한 블로그의 보다 다양한 정보가 담긴 글을 페이스북이나 트위터, 인스타그램 등으로 링크하는 것도 좋은 방법이다.

특히 이처럼 간단한 소셜미디어를 활용하는 PR 메시지를 위한 전략을 제시한다면 다음과 같은 몇 가지 방법을 제안할 수 있다.

첫째는 질병에 대한 지나친 공포나 낙관적 편향을 보여 주는 방식의 메지시는 바람직하지 않다는 것이다. 오히려 공포나 낙관적 편향이 과다할 때 그 메시지는 거부될 수 있기에 중간 정도의 공포나 중간 이하의 낙관성을 지닌 메시지로 구조화하는 것이 좋다.[29] 환자가 선천적인 불안 체질이 아닌 경우에도 어떤 상황에 불안감을 느낄 때, 공포소구의 정도에 따라 메시지의 설득력이 달라질 수 있다는 보고도 있다.[30] 따라서 지나친 공포보다는 중간 정도의 공포를 느낄 경우에 그 공포에 대한 설득력이 높아진다고 한다.[31] 어

29) 백혜진, 이혜규(2013). **헬스커뮤니케이션 메시지, 수용자, 미디어 전략**. 커뮤니케이션북스. p. 63.

30) Halpern-Flesher, B. L., Bichl, M., Kropp, R. Y., et al (2004). Perceived risks and benefits of smoking: Differences between adolescents with different smoking experiences and intentions. *Prev Med, 39*, 559-567. https://doi.org/10.1016/j.ypmed.2004.02.01

31) Hill, R. P. (1988). An exploration of the relationship between AIDS-related anxiety and the evaluation of condom advertisements. *Journal of Advertising, 17*(4), 35-42. https://doi.org/10.1080/00913367.1988.10673127

떤 질병에 걸렸을 때, 빠른 대처를 해야 한다고 진단하는 메시지를 주면서 지나친 공포를 주는 경우는 환자와 의사 간의 대화 상황에서 종종 일어난다. 하지만 실제적으로 대면을 통해서 하는 메시지가 아닌 경우, 구조화된 메시지를 짧게 올리는 페이스북 등의 소셜미디어에서는 그러한 과대한 공포 유발 메시지는 적절하지 않다. 따라서 만약 질병의 문제를 어느 정도의 공포소구를 통해 전달하고자 한다면 그 메시지를 외면하게 하는 과한 공포심을 느끼지 않을 정도의 메시지로 구조화해야 한다.

아울러 지나친 낙관적 메시지 역시 도움이 되지 않는다. 소셜미디어의 특성상 짧은 글의 메시지만이 가능하기에 그러한 메시지를 보고 잘못된 견해가 생길 수도 있기 때문이다. 심지어는 치료 받지 않아도 된다고 느낄 수 있기 때문에 심각한 질병을 두고도 방관하거나 치료를 미루는 일도 일어날 수 있다. 의료인의 한마디는 결정적으로 환자들에게 영향을 미칠 수 있다. 특히 소셜미디어의 경우에는 오히려 짧은 메시지를 주어야 하므로 더욱 그 메시지의 방향과 정도에 대한 고려가 필요하다.

둘째는 환자에게 효능감을 주는 방향으로 메시지를 구조화하라는 것이다. 즉, 치료를 통해 나을 수 있다는 확신을 주는 방향으로 메시지를 구조화하는 것이다. 또한 소셜미디어에서는 메시지가 타임라인에서 흘러가 버리므로 한순간 환자나 이용자의 눈을 사로잡을 수 있는 결정적인 효능감 한마디가 PR 관계성 시작에 큰 역할을 할 수 있다. 즉, 치료를 통해 나을 수 있다는 확신적 효능감을 심어주는 전문 의료진의 짧지만 강한 한마디의 메시지는 의료정보를 찾는 환자들에게는 매우 강한 공감을 불러올 수 있다. 의료정보를 담은 메시지가 굳이 길 필요는 없기에 의사로서의 전문성, 혹은 해당 병원이나 의료기관의 전문성을 강조하면서 그것이 환자의 효능감으로 이어지도록 구조화하는 것이 중요하다. 소셜미디어의 메시지를 하루에도 수십 번씩 확인하는 이들에게 페이스북이나 인스타그램에 짧지만 강한 효능감을 심어 주는 한 줄의 메시지는 그 어떤 전략보다 효과적으로 환자 혹은 수용자와의 관계를 만들어 낼 수 있다. 또한 그러한 효능감 메시지가 단순한 마케팅이 아니라, 실제로 치료받은 환자의 댓글이나 공감을 통해 확증적 메시지로 상호작용되고, 공감, 구전될 때 그것은 의료기관이든 의료진이든 저절로 브랜드 자산을 높이거나 브랜드 충성도를 높이는 일로도 이어질 수 있다.

하지만 이러한 메시지 전략을 활용하면서 경계할 일도 있다. 소셜미디어를 통해 처음부터 브랜드 현저성을 만들고, 브랜드 충성도를 만들 수 있을 것이라는 기대를 가지고 소셜미디어 메시지 전략을 활용하고자, 큰 욕심을 내어서는 안 된다는 점이다. 아무도 보지 않는 경우도 많은 것이 또한 소셜미디어의 특성이기 때문이다.

그러나 아무도 보지 않는 소셜미디어의 한 줄 메시지라고 해도 그것을 꾸준히 전략적 메시지의 소통 창구로 활용할 필요는 있다. 더욱이 반복적으로 같은 메시지를 노출하면서 활용하는 것도 중요하다. 그렇게 한다면 어느 순간은 폭발적인 확산의 요인으로 돌아올 수도 있기 때문이다. 즉, 시작은 미비해도 궁극적으로는 가장 효과적인 관계성 강화의 방안이 될 수 있다.

무엇보다 기억할 것은 메시지 전략에 있어서 지나친 공포도, 지나친 낙관도 아니라 환자의 효능감을 강화하는 방향의 메시지로 구조화되어야 한다는 것이다. 다시 말하면 이것은 의료기관 혹은 의료진의 진정성을 의미한다고도 볼 수 있다. 짧지만 강한 임팩트

[그림 5-6] **23만399명의 팔로워를 지닌 한 병원장의 트위터**

출처: www.twittr.com@charisclinic

를 주는 메시지를 효능감과 더불어 치료나 처방으로 나을 수 있다는 방향으로 구조화하는 일이 환자 혹은 의료서비스 이용자들과의 소통이 될 수 있다. 또한 그러한 소통이 공감으로 화답될 때 브랜드 충성도도 따라서 높아질 수 있다는 것은 기억할 일이다.

반응적이고 즉각적인 소통의 도구로 SNS를 활용하라

많은 의료기관 관계자, 혹은 병원 홍보담당자, 그리고 의료진으로부터 자주 병원 PR을 어떻게 하면 좋을지에 대한 질문을 받았다.

특히 소셜미디어를 활용하는 방안에 대하여 많은 이가 기업 PR이나 제품 판매와 다른데, 어떻게 해야 하냐고 질문하곤 했다. 이번 원고는 그 질문들에 대한 작은 답변이라고 할 수 있다. 또한 이 글은 의료진과 의료기관이 어떠한 방향으로 PR을 이해하고 브랜딩이라는 측면에 접근할 수 있을지에 대한 기본적인 틀을 형성하는 데 도움을 주고자 하였다. 따라서 더 획기적인 PR 방안을 찾고자 했다면 도움이 되지 않았을 수도 있다. 하지만 공중관계성, 소위 환자 혹은 이용자와의 관계성 구축이 브랜딩화를 위한 필요충분조건임을 이해하고, 그 방안의 하나로 소셜미디어를 활용하는 방안에 대해 한번쯤이라도 고민하게 되었다면 본고의 성과일 수 있다고 생각한다.

소셜미디어가 우리 일상의 대부분을 차지하게 된 지금, 소셜미디어를 활용하는 PR 방안은 의료업계에서도 중요한 화두일 것이다. 그러나 소셜미디어의 특성이나 PR의 목표를 모르고 무작정 이용자나 환자 수를 늘리는 방안으로 소셜미디어에 대한 PR에 접근해서는 곤란하다. 소셜미디어는 관계와 소통의 중요한 도구이며 장점도 많이 가지고 있지만 반대로 단점도 많기 때문이다. 예를 들어, 의료서비스의 문제나 민원 사항을 널리 공유하기에도 매우 유용한 도구가 될 수 있다.

또한 온라인 공중의 특성은 익명성을 바탕으로 어떠한 여론에도 쉽게 쏠리기 쉬우며, 언제 어느 경우에 긍정에서 부정으로 의견을 바꿀지 알기 어려운 가변적인 특성도 가지고 있기 때문이다.[32] 따라서 소셜미디어를 활용하여 의료진이나 의료기관이 브랜드 충성도를 만들고자 하는 관계 구축의 PR 활동을 하고자 한다면 우선적

32) 배미경(2003). 온라인 공중: 개념, 특성, 공중세분화에 관한 논의. **홍보학연구**, 7(2), 213-245.

으로 환자-의사 간, 환자-병원 간의 반응적이고 즉각적인 소통을 위한 단순한 도구로 시작해 보는 것이 좋다. 우선은 가벼운 마음으로 활용해 보는 방안을 권하고 싶다.

즉, 처음부터 큰 기대를 하거나 많은 욕심을 내기보다는 한 발 한 발 진정성 있는 대화의 도구로 소셜미디어를 활용하기를 권하는 것이다. 쉽게 말해서 기다림의 미학을 가지고 의료서비스나 의료인 PR에 소셜미디어를 활용하라는 뜻이다. 대화는 서로 간의 마음을 나누는 것이며, 혼자서는 할 수 없기에 상호적 반응성을 갖는 것만으로도 충분히 가치가 있다. 의료서비스에서 이용자나 환자와의 대화도 마찬가지다. 환자 혹은 이용자와의 대화를 소셜미디어를 통해 시작하는 것만으로도 가치를 지닐 수 있다.

또한 그 가치는 가치에 머물지 않을 수도 있다. 이용자나 환자와의 소셜미디어를 통한 대화 자체만으로도 어느 날 폭발적인 화제로 부상하면서 구전과 공유가 일어나는 일도 발생할 수 있기 때문이다. 나아가 그 화제성은 든든한 관계성의 구축과 유지로 이어져 PR의 궁극적 목표인 '상호 통제, 신뢰, 만족, 헌신, 교환관계, 공공관계, 정, 애착, 명성, 구전'이 일어나는 진정한 관계성으로 발전할 수도 있다. 또한 의료기관이나 의료진에 대한 브랜드 충성도로도 이어질 수 있다. 이것이 소셜미디어 PR의 매력이기도 하다. 그리고 그 매력적인 시작은 소셜미디어의 즉각성과 반응성, 상호성을 활용하는 것이라고 감히 말할 수 있다. 마치 환자에게 나을 수 있다고 효능감을 주는 말을 전할 때, 그 말의 결과가 기대 가능한 일이 되면서 환자 스스로 나아야겠다는 의지와 합쳐져서 더욱 높은 치료 효과를 낼 수 있듯이 말이다. 다만, 처음부터 큰 욕심을 내는 일만은 경계할 필요가 있다.

06

병원 평판 관리의 두 축: 위기관리와 이슈관리

이형민 교수
성신여자대학교 미디어커뮤니케이션학과

QR코드를 스캔하시면 저자의 설명 영상을 시청하실 수 있습니다.

이 장에서는 PR의 관점에서 병원 마케팅과 브랜딩을 조망했다. 특히 PR의 고유한 역할이자 기능이라고 할 수 있는 위기관리와 이슈관리의 개념을 소개하고, 그러한 전략적 커뮤니케이션 활동이 병원 조직의 사회적 평판에 어떠한 긍정적인 영향력을 행사함으로써 병원의 수익성 제고와 지속 가능성 향상에 기여할 수 있는지 다양한 선행 연구 결과와 실제 사례를 중심으로 기술했다.

병원 조직의 운영에 있어서 '사회적 평판(social reputation)'은 매우 중요하다. 평판은 다양한 요소가 유기적으로 결합되어 사람들의 인식적인 차원에서 형성되는 무형의 조직 자산(organizational asset)이다. 하지만 병원 조직의 평판을 관리하는 일은 쉽지 않다. 평판을 구성하는 요소가 너무나 다양하고, 평판을 관리하는 방법도 천차만별이기 때문이다. 이번 장에서는 그동안 병원 마케팅 및 브랜딩 영역에서 상대적으로 간과되어 왔던 PR의 주요한 개념인 위기관리와 이슈관리를 소개하고자 한다. 특히 위기관리와 이슈관리의 필요성과 중요성을 병원 조직의 평판 관리와 연결하여 설명해 보고자 한다. 병원 조직의 위기관리와 이슈관리가 병원의 사회적 평판을 긍정적으로 유지, 발전시켜 나가는 데 어떠한 역할을 할 수 있는지 살펴봄으로써 점차 치열해지는 병원 마케팅과 브랜딩 환경 속에서 상대적 경쟁 우위를 확보할 방안에 대해서 고민해 보고자 한다.

PR의 관점으로 본 병원 브랜딩

병원 조직의 마케팅과 브랜딩 경쟁이 치열하다. 의료서비스를 제공하는 기관의 수는 점차 늘어나고 있고, 소비자의 눈높이는 지속해서 높아지고 있다. 건강보험심사평가원의 통계 자료에 따르면, 2020년 1분기에만 종합병원 4곳, 병원 25곳, 요양병원 380곳, 의원 436곳이 폐업을 신청했다. 이는 병원 개업 대비 폐업의 비율로 보면 65.2%에 달하는 수치다.[1] 이제 병원만 차리면 손님이 몰리고 돈을 벌 수 있는 시대가 아니다. 광고, PR, 브랜딩, 서비스 질 관리 등 치열한 경쟁 환경 속에서 생존하기 위한 고민과 노력이 성공적인 병원 운영에 있어서 필수적인 요소로 자리매김하고 있다.

의료서비스 시장의 내외부 환경 또한 급변하고 있다. 인구 감소 추세로 인한 시장 역동성의 둔화, 공공 의료서비스 확충에 대한 여론의 비등, 의료인력 수급 문제, 인공지능 기술의 의료서비스 도입 가능성 등 미래 병원 운영의 양상에 중대한 영향을 끼칠 여러 가지 이슈가 수면 위로 부상하고 있다. 이러한 상황에서 병원 운영의 미래 경향성을 가늠하기는 매우 어렵다. 한 가지 확실한 것은 성공적인 병원 운영에 있어서 다소 정형화되었던 이전의 방식이 이제는 작동하지 않을 수도 있다는 사실이다. 병원 운영의 최일선에 서 있는 관계자들이 민감하게 환경 변화를 감지해서 혁신적이고 선도적인 병원 마케팅과 브랜딩을 끊임없이 고민해야 하는 이유가 여기

1) 정윤식(2020. 4. 28.). 2020년 1분기 의원 경영 최악 '100곳 열면 65곳 문 닫아'. 메디칼업저버. Retrieved 2/22/22 from www.monews.co.kr/news/articleView.html?idxno=210254.

에 있다.[2]

이번 장에서는 병원 마케팅과 브랜딩 분야에 있어서 비교적 생소했던 PR의 전략적 개념을 소개하고, 그러한 개념을 병원 운영 실무에 적용할 수 있는 방법을 모색해 보고자 한다. 일반적으로 '홍보(弘報)'라고 통용되는 PR은 조직과 공중 간의 상호 호혜적이고 지속 가능한 관계를 구축하기 위한 제반 커뮤니케이션 행위를 총칭하는 개념이다.[3] 그동안 '널리 알린다'는 홍보의 단어적 의미에만 지나치게 구속되어 PR의 진정한 역할과 기능이 왜곡되어 알려진 것이 사실이다.[4] 이번 장에서는 홍보의 협의적이고 제한적인 개념에서 탈피하여 조직과 공중 간의 관계 관리라는 PR의 본래 의미에 초점을 맞추어 논지를 전개하고자 한다. 다른 모든 사회적 조직과 마찬가지로 병원 또한 병원 운영의 성공과 실패에 실질적인 영향력을 행사할 수 있는 다양한 형태의 공중 집단과의 관계를 효과적으로 관리해야만 성공적으로 운영될 수 있다. 그리고 사회의 다양한 공중 집단과 상호 호혜적인 관계 형성 및 지속을 통해 병원 조직은 성공적인 평판을 구축할 수 있으며, 그러한 평판을 토대로 존재의 사회적 정당성과 지속 가능성을 확보할 수 있다.

특히 이번 장에서는 PR을 통한 조직의 평판 구축 및 관리에 있어서 핵심적인 요소들이라고 할 수 있는 위기관리(crisis management)와 이슈관리(issue management) 두 개념을 소개하고자 한다. 위기관리는 조직 내외부에서 발생 가능한 위기 상황 시 다양한 공중 집

2) 유승철, 정철(2021). **미래병원**. 학지사.

3) Ledingham, J. A., & Bruning, S. D. (2000). *Public relations as relationship management: A relational approach to the study and practice of public relations*. Lawrence Erlbaum Associates.

4) 신호창, 문빛, 조삼섭, 이유나, 김영욱, 차희원 (2017). **공중 관계 핸드북**. 커뮤니케이션북스.

단과의 관계 피해를 최소화하고 평판을 유지, 복구해 가기 위한 전략적 커뮤니케이션을 의미한다. 반면, 이슈관리는 조직과 공중 관계에 긍정적 또는 부정적 영향을 미칠 수 있는 다양한 사회적 이슈를 사전에 발굴하고 이를 전략적으로 관리하기 위한 제반 소통 행위를 의미한다.[5] 이번 장에서는 특히 병원 조직의 긍정적이고 지속 가능한 사회적 평판을 수립하고, 그러한 평판을 사회의 다양한 구성원에게 확장적으로 인식시킴으로써 마케팅과 브랜딩에 유리한 여론 환경을 조성하기 위한 실질적인 방법론의 차원에서 위기관리와 이슈관리를 설명하고자 한다. 즉, 이번 장을 통해 주장하고자 하는 핵심 내용을 요약하자면 다음과 같다. 사회적으로 존경받을 만한 평판 수립과 유지는 병원 조직의 성공적인 운영과 영속성의 제고를 위해 필수적이며, 병원 조직의 평판을 효과적으로 관리하기 위해서는 체계적이고 지속적인 위기관리와 이슈관리가 필수적이라는 것이다.

평판에 대한 개념적 이해

평판은 다른 말로 명성이라고 지칭하기도 하며, 마케팅, 광고, PR 등의 분야에서 중요하게 다루어지는 개념 가운데 하나다. 평판은 다양한 학자와 실무자가 여러 가지 특성과 차원을 기반으로 정의해 왔으나 여전히 명확한 개념적 파악과 이해가 다소 어렵고 모

5) Ham, C. D., Hwang, S., & Cameron, G. (2011). Placing crisis management research in context: An analysis and a call for the state of crisis management research in public relations. *Journal of Public Relations, 15*(3), 144-175.

호한 개념이라고 할 수 있다.[6] 그러한 이유로 평판은 학계 또는 산업계에서 이미지(image), 정체성(identity) 등의 개념과 혼용되어 사용되기도 한다.

일반적으로 평판은 특정 조직이나 대상에 대해 사람들이 공통적으로 그리고 집단적으로 공유하는 생각과 평가를 의미한다. 바넷, 제르미어, 래퍼티(Barnett, Jermier, & Lafferty, 2006)는 그동안 진행된 연구 결과를 종합하여 평판을 오랜 시간에 걸쳐 조직의 재정적 · 사회적 · 환경적 영향력에 대한 평가를 바탕으로 형성되는 사람들의 집합적인 인식 또는 판단이라고 정의하였다.[7] 비슷한 맥락에서 차희원(2004)은 다양한 공중 집단이 오랜 시간을 두고 특정 조직에 대해 갖게 되는 인식과 평가로 평판을 정의하면서 평판은 해당 조직의 과거 및 현재의 가치관, 행위, 커뮤니케이션 등에 기반하여 구성된다고 주장하였다.[8] 즉, 평판은 어떠한 조직에 대해 많은 사람의 인식 속에서 형성, 유지, 변형, 발전되는 무언가라고 볼 수 있으며, 사람들의 인지적인 차원에서 생성되는 평판은 해당 조직에 대한 사람들의 감정적 · 행동적 반응과 평가에 지대한 영향력을 행사한다.

조직의 평판은 마치 개인의 지문과도 같다. 실체성과 역사성이 내재된 다양한 요소가 결합하여 한 조직의 평판을 형성하고, 그러한 평판은 해당 조직에게만 적용되는 희소성을 지닌다. 따라서 어떠한 조직의 평판은 해당 조직의 고유한 자산으로 인식되며, 개별

6) 김대영(2014). 평판 분야의 국내 연구에 대한 내용분석: 국내 학술지의 연구대상 및 방법론을 중심으로. **대한경영학회지**, 27(11), 1903-1921.

7) Barnett, M. L., Jermier, J. M., & Lafferty, B. A. (2006). Corporate reputation: The definitional landscape. *Corporate Reputation Review*, *9*(1), 26-38.

8) 차희원(2004). 공중 관여도와 미디어 신뢰도에 따른 기업 명성의 미디어 의제 설정 효과 연구. **한국언론학보**, 48(6), 274-303.

공중이 조직의 평판을 인식하는 바에 따라 사회적인 평가가 이루어진다. 한편, 어떤 조직이 사회적으로 갖는 평판은 그 조직의 고유한 무형 자산으로서 해당 조직의 성과, 운영, 지속 가능성 등에 큰 영향을 끼친다. 쉽게 말해서 좋은 사회적 평판을 가진 조직은 지속적으로 성장, 발전할 가능성이 높으며, 그렇지 못한 조직은 사회적으로 도태될 가능성이 크다. 기업, 정부조직, 공공기관, 비영리 기관 등 다양한 형태와 목적의 조직들이 평판 관리를 중요시하는 이유는 평판이 조직의 성패에 미치는 이러한 영향력 때문이다. 일반적으로 좋은 평판은 조직에 대한 공중의 인식을 긍정적으로 제고시킴으로써 조직에 대한 공중의 호의적인 행위(예를 들면, 제품 구매, 후원, 지지)를 촉발시키는 것으로 알려져 있다.[9] 뿐만 아니라 좋은 평판은 우호적인 사회 여론과 분위기 등으로 연결되어 각종 위기 발생 시 완충제의 역할을 하는 등 조직의 경영에 도움이 되는 자산으로 활용될 수 있다.[10]

한 조직의 평판은 매우 다양한 요소로 구성된다. 많은 연구자는 기업을 포함한 조직의 평판을 구성하는 요소들로 혁신성, 지배구조, 리더십, 사회적 책임, 미래 비전, 실적, 재정 건전성, 투자 가치, 제품/서비스의 질 등을 들었다.[11] 평판 관련 연구에서 많이 인용되는 폼브룬과 반 리엘(Fombrun & Van Riel)의 평판 지수는 감성소구,

9) 권혁인, 김현수, 최용석(2015). 기업의 메세나 활동이 기업 이미지 및 평판, 구매의도에 미치는 영향에 관한 연구: 네이밍 조절효과를 중심으로. **경영교육연구**, 30(1), 265-294.

10) 김효숙(2010). 위기 상황에서 부정적 보도의 강도에 따라 평판의 면역효과는 어떻게 달라지는가?: 부정적 보도의 강도와 기업 평판이 공중반응에 미치는 영향에 관한 연구. **한국언론학보**, 54(1), 275-292.

11) 한은경, 유재하(2004). 소비자 구매의도에 영향을 미치는 기업평판요인에 관한 연구: 한국과 일본의 유제품 기업을 중심으로. **광고연구**, 65, 127-146.

제품/서비스, 재무 실적, 비전/리더십, 근무 환경, 사회적 책임의 여섯 가지 하위 차원으로 구성되어 있다.[12]

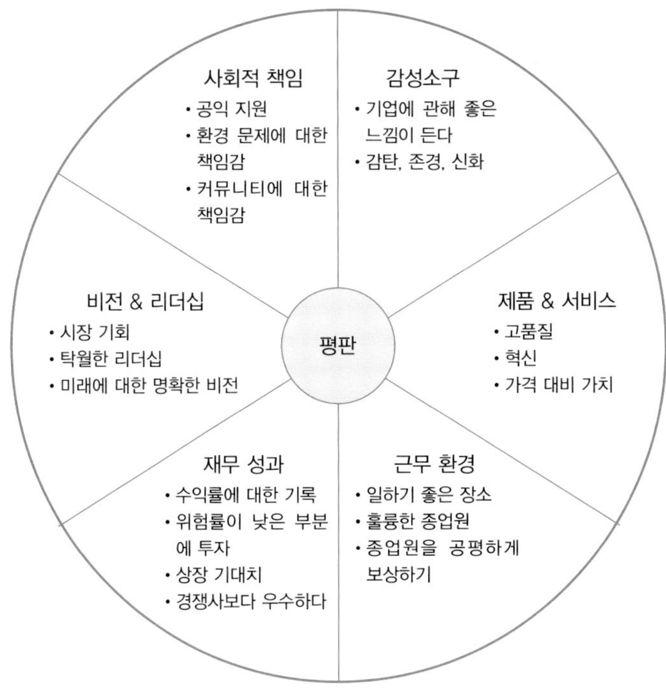

[그림 6-1] **조직 평판 요인 및 측정 항목**

출처: Fombrun & van Riel (2003); 한은경, 유재하(2004)에서 재인용

왜 병원 조직의 평판이 중요한가

평판 관리는 병원 조직의 운영에서도 말할 나위 없이 중요하다. 특히 병원 조직이 환자의 건강과 생명에 직접적인 영향력을 행사

12) Fombrun, C., & van Riel, C. (2003). *Fame and fortune: How successful companies build winning reputations*. Prentice Hall.

할 수 있는 의료서비스를 제공하는 기관이라는 점을 감안할 때 평판의 중요성은 배가된다. 소비자로서의 환자가 어느 병원에서 진료를 받을 것인가를 스스로 결정할 때, 그들의 인식 차원에서 형성되는 평판은 매우 중요한 평가 기준으로 작용할 수 있다. 의사 또는 간호사들이 어떠한 병원에서 근무할 것인지 결정할 때에도 평판은 중요한 영향력을 행사한다. 국가 의료보건 업무를 담당하는 정부 기관이 행정적 · 정책적 판단을 할 때에도 특정 병원의 평판이 중요한 고려 사항이 됨은 당연하다. 취재와 보도를 하는 기자들과 언론사 사이에 형성된 평판은 특정 병원 조직에 관한 뉴스 기사의 방향성과 논조 구축에도 무시할 수 없는 영향을 끼칠 수 있다.

일련의 연구들은 병원 조직의 평판에 영향을 미칠 수 있는 선행 요인들에 주목했다. 김현아, 안보섭, 김윤희(2015)는 의사와 환자 간 소통의 유형과 질이 환자가 병원에 대해 인식하는 의료서비스 품질과 병원 평판에 유의미한 영향력을 행사하고 있음을 실증적으로 규명하였다. 대학병원에 내원한 216명의 환자들을 대상으로 진행된 설문 조사를 통해 의사–환자 간에 수평적이고 민주적으로 형성되는 소통이 환자가 인식하는 의료서비스의 품질에 통계적으로 유의미한 긍정적인 영향력을 행사함으로써 궁극적으로는 해당 병원에 대한 평판도 호의적으로 형성된다는 사실이 확인되었다.[13] 백유성(2018)은 병원 조직의 사회적 공헌 활동(Corporate Social Responsibility: CSR)이 평판에 미치는 영향에 대해 분석하였다. 대형 종합병원에 내방한 환자들을 대상으로 진행한 설문 조사

13) 김현아, 안보섭, 김윤희(2015). 의사–환자 간 커뮤니케이션 유형이 병원만족도와 병원 평판에 미치는 영향: 병원 서비스 품질 인식 매개효과를 중심으로. **광고PR실학연구**, 8(3), 54-72.

결과, 병원이 사회적 책임 의식을 갖고 공익 활동, 지역사회 봉사, 자선 활동 등을 활발하게 한다고 인식할수록 해당 병원에 대한 평판이 긍정적이고 호의적으로 형성된다는 사실이 밝혀졌다.[14] 최지은, 김소담, 김희웅(2018)은 최근 병원 마케팅에 있어서도 인터넷 채널의 영향력과 중요성이 증대되고 있다는 점에 착안하여 병원 의료서비스에 대한 소비자들의 인터넷 후기가 병원 평판에 미치는 효과를 분석하였다. 연구 결과, 의료서비스의 질과 만족도가 높고, 의료진의 대처가 적절하고, 의료진의 전문성을 신뢰할 수 있으며, 그들로부터 인간적이고 공감되는 처우를 받았다는 내용의 인터넷 후기가 긍정적인 병원 평판 형성에 큰 영향력을 행사하고 있다는 사실이 규명되었다.[15]

이상의 연구 결과들을 종합적으로 고려할 때, 다음과 같은 두 가지의 함의를 도출할 수 있다. 첫째, 조직의 특징과 목적이 다를지언정 병원 조직에서의 평판 관리는 기업 조직에 못지않게 중요하다는 점이다. 기업의 평판은 소비자들의 해당 기업에 대한 인식과 행동에 큰 영향력을 행사함으로써 기업의 성패를 좌우할 수 있는 중요한 요소다. 따라서 모든 기업은 마케팅, 광고, PR 등의 다양한 전략적 커뮤니케이션을 통해 소비자, 내부 조직원, 미디어, 지역사회, 정부 기관 등과 소통하고 우호적인 평판 관리를 위해 최선을 다해야 한다. 병원 조직도 예외가 아니다. 앞서 언급했듯이, 개원만 하면 알아서 환자들이 모여드는 시대는 이미 종언을 고했다. 의료서

14) 백유성(2018). 고객지향성과 사회적 책임활동이 조직평판에 미치는 영향: 비영리 조직을 중심으로. **사회적기업연구**, 11(2), 163-182.

15) 최지은, 김소담, 김희웅(2018). 의료서비스 리뷰의 감성 수준이 병원 평가에 미치는 영향 분석. *Information Systems Review*, *20*(2), 111-137.

비스 시장에서의 경쟁이 점차 치열해지는 가운데 체계적이고 효과적인 평판 관리를 통해 경쟁 우위를 확보하는 것이 생존을 위한 필수 전략으로 자리매김하고 있다. 둘째, 기업의 평판 관리를 위해 고려해야 하는 점들과 병원의 평판 관리를 위해 고려해야 하는 점들이 크게 다르지 않다는 점이다. 물론 병원 조직은 공익성, 희소성 등의 요소에 있어서 기업 조직과 차별점을 갖는다. 하지만 기업 조직을 대상으로 진행된 여러 실증적 선행 연구들을 통해 정립된 개념과 이론을 병원 조직에 적용하는 것에 아무런 문제가 없다. 예를 들어, 과거 기업 조직에만 제한적으로 적용되었던 사회 공헌 활동은 병원 조직이 사회적 책임을 다하고 평판을 관리하는 데 선도적으로 활용할 수 있는 개념으로 보인다. 최근 선풍적인 관심을 끌고 있는 ESG(Environmental, Social, Governance) 개념도 병원 경영에 충분히 적용할 수 있다. 결국 병원도 다양한 사회 구성원과 지속해

[그림 6-2] ESG 경영 고려 요소

출처: http://www.hkrecruit.co.kr/news/articleView.html?idxno=24114

서 영향을 주고받는 유기적인 조직이기 때문에 환경 보호, 사회적 문제 해결, 지배구조의 투명성 확보 등의 화두를 무시하고는 좋은 평판을 구축할 수 없기 때문이다.

병원 위기관리를 통한 평판 제고

조직을 설립하고 운영하면서 위기로부터 완벽하게 자유로울 수는 없다. 최근 기술이 발달하고 사회가 점차 복잡해짐에 따라 새로운 위험 요소가 지속적으로 생성되면서 조직 내외부에서 위기가 발생할 가능성 또한 동시에 증가하고 있다.[16] 위기 상황이 조직의 경영에 미치는 영향, 보다 구체적으로 조직과 공중 간의 형성, 유지, 발전되는 관계에 미치는 영향을 고려하여 위기관리는 특히 PR 분야에서 독자적이고 특징적인 연구 영역으로 발전해 왔다.[17]

PR의 위기관리 측면에서 볼 때 조직의 위기는 조직 내외부 공중들의 건강과 이해관계에 부정적인 영향을 줄 수 있고, 조직의 평판을 훼손할 수 있는 예측 불가능하고 일상적이지 않은 사건 또는 사고를 의미한다[18]. 모든 조직에 크고 작은 위기가 발생할 수 있지만 그러한 위기들을 효과적이고 체계적으로 관리하지 못한다면 결국 조직의 사회적 평판에 심각한 타격이 발생하여 최악의 경우에는 조

16) 김영욱(2006). 위험사회와 위험 커뮤니케이션: 위험에 대한 성찰과 커뮤니케이션의 필요성. **커뮤니케이션이론**, 2(2), 192-232.

17) 이현우, 손영곤(2016). 국내 위기관리 커뮤니케이션 연구에 대한 메타분석. **홍보학연구**, 20(3), 139-172.

18) Ulmer, R. R,, Sellnow, T. L., & Seeger, M. W. (2011). *Effective crisis communication: Moving from crisis to opportunity*. Sage Publications.

직의 붕괴나 해체로 이어질 가능성도 있다. 따라서 위기관리는 조직의 중요하고 핵심적인 경영 기능을 수행한다. 이러한 맥락에서 위기관리는 조직 내외부에서 발생 가능한 위기를 사전에 감지하려고 노력하고 예방에 최선을 다하며, 위기 발생 시 부정적인 영향력을 최소화함으로써 조직의 사회적 평판을 보호하고 지속 가능성을 제고하기 위한 전략적 커뮤니케이션 활동이라고 정의할 수 있다.[19)]

당연한 얘기겠지만 병원 조직도 다양한 위기에 항상 노출되어 있으며, 조직의 원활한 경영을 도모하고 사회적 평판을 효과적으로 유지하기 위해 위기관리 체계와 전략이 필요하다. 병원 조직에 심각한 타격을 줄 수 있는 위기의 종류는 의료사고, 노사갈등, 환경오염, 경영 악화, 비윤리적 사건, 기타 불법적 행위 적발 등이 있다. 일단 위기 상황이 발생하면 병원 조직은 일련의 부정적인 영향을 피하기 어렵다. 그러나 병원 조직에서 발생 가능한 위기의 종류, 책임성 소재, 그리고 위기 발생 이후 조직의 대처 등에 따라 부정적 영향을 더욱 키울 수도, 아니면 부정적 영향을 최소화시킬 수도 있다. 즉, 조직이 위기 상황을 어떻게 예방하고 대처하느냐에 따라 위기가 커질 수도 있고, 작아질 수도 있다는 것이다. 그러한 이유 때문에 위기관리는 전략적 커뮤니케이션 또는 경영 행위로 이해된다.

많은 PR 전문가는 효과적인 위기관리를 위해 상황에 따른 위기를 유형화하고, 각 유형별 위기를 극복하기 위한 가장 효과적인 커뮤니케이션 방법에 대해 제안해 왔다. 특히 상황적 위기 커뮤니케

19) 김현정, 정원순, 이유나, 이철한, 정현주, 김수연, 오현징, 백혜진, 최홍림, 조삼섭, 조재형, 김동성, 이형민, 김활빈(2021). 디지털 시대의 PR학 신론. 학지사.

이션 이론(Situational Crisis Communication Theory: SCCT)은 위기관리의 이론적 개념을 명확히 하고 실무에 적용할 수 있는 전략 수립에 많은 기여를 했다. SCCT는 일반적으로 사람들이 사건 또는 사고가 발생한 상황에서 그러한 상황이 발생하게 된 원인을 합리적, 이성적으로 이해하고, 그들이 인식하는 책임 유무 및 경중에 따라 원인제공자에 대한 비난의 정도를 결정하는 과정을 설명하는 귀인 이론에 기반하고 있다. 즉, 조직과 공중 사이 관계에 영향력을 행사할 수 있는 위기 상황이 발생하면 사람들은 인과 관계와 책임 여부를 종합적으로 판단하여 해당 조직에 어느 정도의 책임을 묻고 비난의 화살을 돌릴 것인지 결정한다는 것이다.[20]

SCCT는 위기관리를 연구하는 학자들뿐만 아니라 실제 조직에서 위기관리 실무를 담당하는 전문가들로부터도 유용하게 활용될 수 있다. SCCT에 근거하여 위기 상황 발생 시 조직의 책임성 유무 및 경중에 따라 위기를 체계적으로 유형화할 수 있고, 가장 효과적일 수 있는 커뮤니케이션 전략을 고민해 볼 수 있다.[21]

[그림 6-3]에서 볼 수 있듯이, 위기 상황 발생 시 조직이 해당 위기 발생에 대해 지고 있는 책임의 정도에 따라 위기는 루머, 자연재해, 악의, 사고, 범죄 등의 유형으로 분류될 수 있다. 또한 SCCT에 따르면, 위기의 유형과 공중이 일반적으로 인식하는 조직의 책임 정도에 따라 효과적으로 작동할 수 있는 커뮤니케이션 전략이 다르게 채택될 수 있다고 본다. 예를 들어, 어떠한 위기에 대한 조직의

20) Coombs, W. T. (2014). *Applied crisis communication and crisis management: Cases and excercises*. Sage Publications.

21) 이현우, 최윤형(2014). 위기관리에서 상황적 위기 커뮤니케이션 이론의 전개과정과 향후 연구를 위한 제언. **홍보학연구**, 18(1), 444-475.

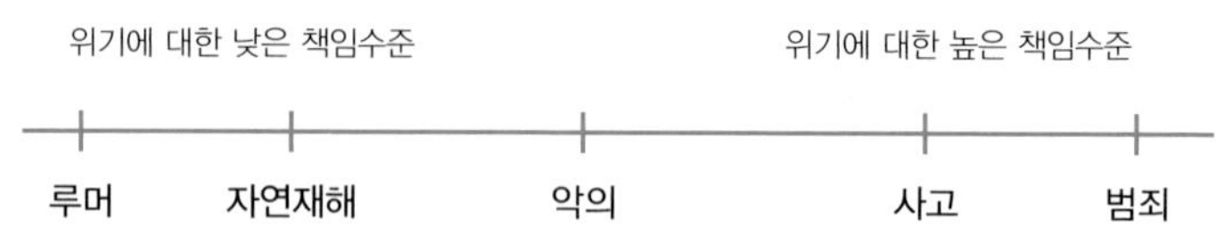

[그림 6-3] **조직의 위기 책임 수준에 따른 위기 유형 분류**

출처: 이현우, 최윤형(2014). 위기관리에서 상황적 위기 커뮤니케이션 이론의 전개과정과 향후연구를 위한 제언. **홍보학연구**, 18(1), 444-475.

책임성이 낮거나 조직의 위기 상황에 대한 연관성이 사실무근일 경우에 해당 조직은 적극적인 부인과 강력한 사실 확인을 통해 위기 상황으로 인해 조직의 이미지와 평판에 미칠 수 있는 부정적인 영향을 최소화해야 한다. 반면, 위기 발생에 대한 책임 소재가 명백하게 조직에 있고 이에 대한 공중들의 분노가 심상치 않을 경우에는 법적인 배상을 각오하고라도 진정성 있는 사과, 피해 보상에 대한 확실한 책임, 재발 방지를 위한 노력 등을 분명히 전달해야 위기 상황의 확산 및 지속을 최소화할 수 있고 조직의 평판이 복구 불가능한 수준으로 훼손되는 것을 막을 수 있다.

앞서 언급했던 바와 같이, 병원 조직도 의료분쟁부터 불법적 행위 적발까지 다양한 위기 상황에 노출될 수 있다. SCCT는 이렇게 다양한 위기 상황이 병원 조직에 발생했을 때, 각 위기를 유형화하고 그 위기를 극복하기 위한 최적의 커뮤니케이션 전략을 도출하

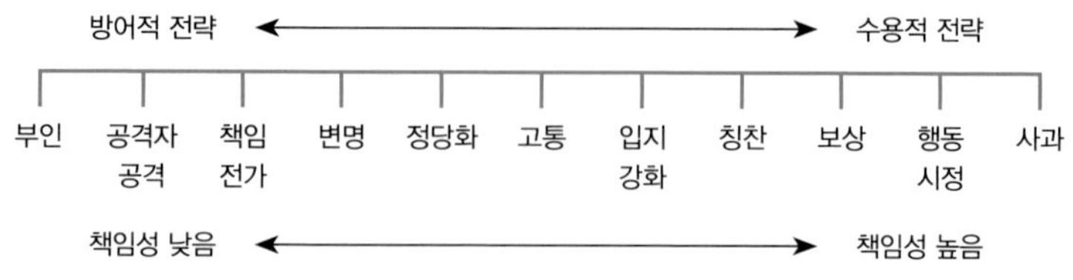

[그림 6-4] **상황적 위기 커뮤니케이션 전략**

출처: 이현우, 최윤형(2014). 위기관리에서 상황적 위기 커뮤니케이션 이론의 전개과정과 향후연구를 위한 제언. **홍보학연구**, 18(1), 444-475.

는 데 활용될 수 있다. 김은진(2012)은 SCCT를 바탕으로 국내 병원들에서 실제 위기관리를 어떻게 하고 있는지 연구한 바 있다. 해당 연구에서는 서울 · 부산 · 경남 지역 소재의 다양한 규모의 병원에서 근무하고 있는 의료분쟁 담당자 12명을 대상으로 심층 인터뷰를 진행하여 의료분쟁 위기관리 커뮤니케이션의 일반적인 과정과 단계를 구조화하였다. 연구 결과, 국내 병원 조직에서 의료분쟁 발생 시 진행되는 위기관리 커뮤니케이션은 총 6단계로 분류할 수 있음이 확인되었다. 보다 구체적으로 살펴보면, 의료분쟁 위기관리 커뮤니케이션은 '위기 준비 단계' '쟁점 관리 단계' '설명과 경청 단계' '협상 단계' '법적 대응 단계' '정리 학습 단계'로 구분되어 진행되며, 사안에 따라 일부 단계가 누락될 수는 있지만, 일반적으로 각 단계가 순서대로 연속적으로 진행되는 특성이 있는 것으로 나타났다.[22]

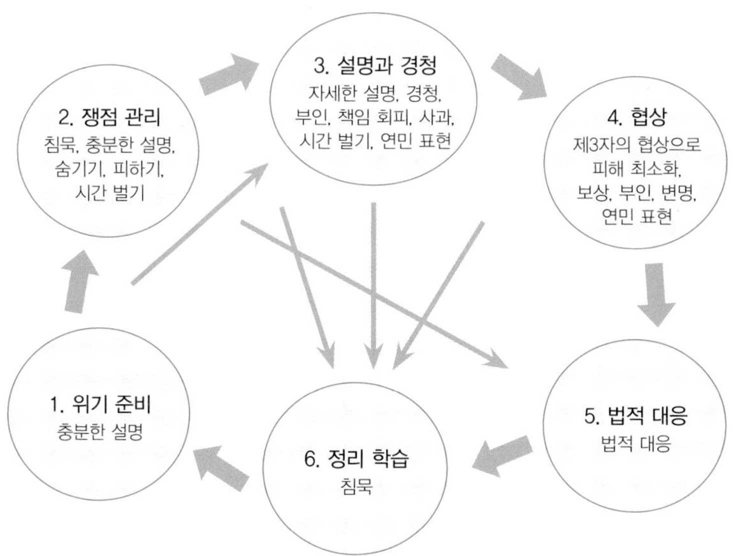

[그림 6-5] **의료분쟁 위기관리 커뮤니케이션의 단계적 모델**

출처: 김은진(2012). 의료분쟁 위기관리 커뮤니케이션 단계모델 추출을 위한 탐색적 연구. 보건사회연구, 32(3), 391-428.

병원 위기관리 체계의 운용

많은 전문가가 병원 위기관리 체계를 효과적이고 효율적으로 수립하고 운영할 필요성에 대해서 역설한다. 하지만 아직 국내에 이러한 전략적 커뮤니케이션의 체계를 치밀하고 계획적으로 인식하고 준비하는 병원은 그리 많지 않다. 앞서 살펴본 바와 같이, 병원 조직의 평판에 위협을 가할 수 있는 위기 상황은 체계적으로 유형화가 가능하고 유형별로 효과적인 커뮤니케이션 전략을 수립하여 집행하는 것 또한 가능하다. 또한 위기 발생을 예방하고 준비하는 단계부터 실제 위기 상황에 대응하고 피해를 복구하는 단계까지의 순환적인 과정을 체계적으로 관리하고 적절하게 조율할 수 있는 체계와 지침서가 필수적이다.

미국에서는 병원 경영과 의료서비스 질 관리가 국민의 건강과 안녕에 직접적인 영향을 미칠 수 있는 중요한 사회적 사안이라는 점에 공감하고, 국가 차원에서 병원 위기관리 체계의 구축과 상시 운용을 장려하고 있다. 병원 사고 지휘 시스템(Hospital Incident Command System: HICS)이라고 불리는 이 지침서는 다섯 번의 개정을 통해 더욱 정교화되었으며, 미국 전역의 주요 병원뿐만 아니라 일본, 대만, 터키 등 다른 국가의 병원에서도 많이 참고되고 있는 대표적인 병원 위기관리 매뉴얼이라고 할 수 있다.[23]

HICS에서는 위기 발생 이전과 이후에 기민하고 효과적으로 위

22) 김은진(2012). 의료분쟁 위기관리 커뮤니케이션 단계모델 추출을 위한 탐색적 연구. **보건사회연구, 32**(3), 391-428.

23) 김형진(2016). 병원의 위기관리 시스템. **병원경영학회지, 특별호**, 85-95.

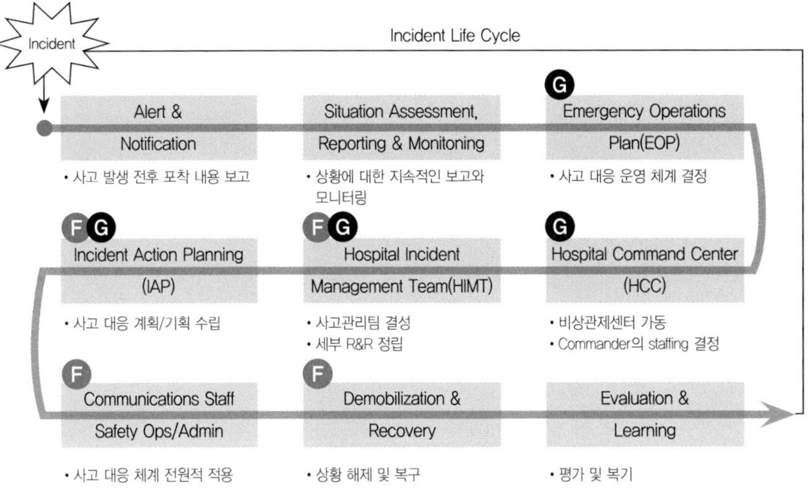

[그림 6-6] **HICS 병원 위기관리 프로세스**

출처: 김형진(2016). 병원의 위기관리 시스템. 병원경영학회지, 특별호, 85-95.

기에 대응할 수 있는 병원 내 조직의 필요성을 강조하고 있다. 국가적인 재난 상황이 발생했을 때 비상대책기구가 신설되어 운영되는 것과 마찬가지로 병원 내외부에 심각한 위기 상황이 발생하면 그러한 위기에 적극적으로 대응하고 극복하기 위한 조직이 가동되어야 한다. 많은 전문가는 병원 조직 내에 위기관리본부가 평소에도 상시 운영되면서 위기 상황을 미연에 방지하는 역할을 해야 한다고 주장한다. 실제 위기 발생 시에는 병원의 경영을 총괄하는 최상위 컨트롤타워로서 위기관리본부가 기능할 필요가 있다. 위기 상황에서의 업무 분장과 의사결정이 일반적인 상황과는 상이하고 위기 상황 대응에 전문성을 갖춘 인력들의 중요성이 증대되기 때문이다.

병원의 규모와 상황에 따라 위기관리 체계의 운용 방식 또한 천차만별로 달라질 수 있다. 중요한 점은 어떠한 병원 조직이든지 위

[그림 6-7] **병원 위기 대응 체계 및 업무분장의 예시**

출처: 김형진(2016). 병원의 위기관리 시스템. 병원경영학회지, 특별호, 85-95.

기관리의 필요성을 인식하고 전략적인 고민을 해야 한다는 것이다. 위기의 종류와 경중에 따라 병원이 져야 할 사회적 책임과 병원 평판에 가해지는 부정적인 영향력의 규모가 달라질 수 있지만, 효과적인 위기관리 체계 마련과 전략적인 커뮤니케이션의 전개는 성공적인 병원 경영과 조직의 지속 가능성 제고에 있어 꼭 필요하다.

이슈관리의 이해와 병원 경영에의 적용

병원 조직을 둘러싼 내외부 환경은 지속적으로 변화한다. 또한 시대의 흐름에 따라 사람들의 유행과 가치관이 변화하고 사회적으로 중요한 의제나 사안도 끊임없이 명멸한다. 다양한 사회적 이슈가 어떠한 조직과 공중 간의 역학관계에 첨예한 영향력을 행사할 수 있고, 조직이 그러한 이슈들을 어떻게 받아들이고 대처하느냐가 공중들이 인식하는 해당 조직의 사회적 평판과 이미지를 변화시킬 수 있다는 점에서 이슈관리는 PR의 중요한 역할이자 기능이라고 할 수 있다.

개념적으로 이슈관리는 조직의 성과와 성패에 영향을 미칠 수 있는 다양한 사회적 이슈를 지속적으로 모니터링하고 바람직한 방향으로 관리함으로써 조직 내외부의 다양한 공중 집단과 상호 호혜적이고 지속 가능한 관계를 형성, 유지, 발전시켜 가는 과정이자 행위라고 할 수 있다.[24] 즉, 이슈관리는 특정 사회 이슈들에 대한

24) 김대욱(2020). 네트워크 의제 설정 모델을 적용한 공공 이슈관리 탐색: 북한이탈주민에 대한 신문과 SNS의 담론 비교를 중심으로. **홍보학연구**, 24(3), 23-54.

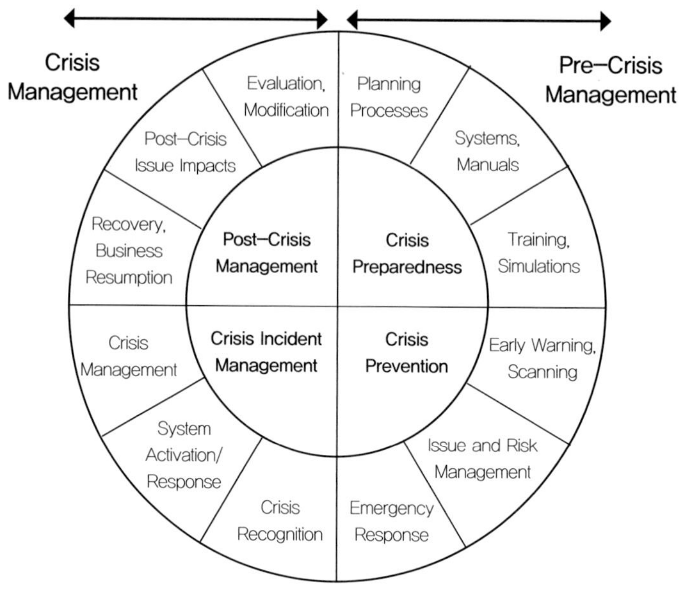

[그림 6–8] **이슈관리와 위기관리의 통합 모형**

출처: Jaques, T. (2007). Issue management and crisis management: An integrated, non-linear, relational construct. *Public Relations Review, 33*, 147-157.

선제적이고 전략적인 대응을 통해 조직의 사회적 평판을 관리하고, 나아가 다양한 공중 집단과 상호 호혜적인 관계를 구축함으로써 조직에 대한 사회적 여론 지지와 존재의 정당성을 확보하고자 하는 것이다.

이러한 이슈관리의 기능적 특성 때문에 혹자들은 이슈관리를 위기관리와 통합적인 시각에서 바라보기도 한다. 이슈관리는 어떤 조직에 구체적이고 명확한 위기가 발생하기 전에 지속적인 이슈 모니터링과 사전 위기 감지 대응 체계의 확립 등을 통해 잠재적 위기 상황을 준비하고 예방하는 임무를 수행한다고 보는 것이다.[25]

25) Jaques, T. (2007). Issue management and crisis management: An integrated, non-linear, relational construct. *Public Relations Review, 33*, 147-157.

[그림 6-8]에서 확인할 수 있듯이, 어떤 조직의 평판 관리 전략을 사전 위기관리와 사후 위기관리로 나누고 각각의 상황에서 PR 전문가들이 수행해야 할 업무들을 체계적으로 고려해 볼 수 있다.

조직이 PR을 위해 지속적으로 주목하고 관리해야 하는 이슈들은 그 내용과 공중의 관심도 측면에서 끊임없이 변화한다. 조직 자원의 한계를 감안할 때, 모든 사회적 이슈에 대한 관리와 대응은 현실적으로 불가능하다. 따라서 조직은 일반적으로 많은 관심과 주목을 받는 이슈들 또는 해당 조직의 특성과 상황에서 핵심적인 이슈들에 제한적인 초점을 맞춰 이슈관리를 실행할 수밖에 없다. 일반적으로 이슈는 등장부터 소멸까지 일종의 생애주기를 갖는다. 대부분의 이슈는 사람들이 잘 모르거나 별 관심을 기울이지 않는 잠재적인 상태로 존재하고, 그러한 이슈들 가운데 특히 언론의 보도가 집중되는 일부 이슈가 많은 사람의 관심을 받게 되면서 사회적으로 중요한 이슈로 부상하게 된다.[26]

예를 들어, 최근 사회적으로 많은 사람이 관심을 갖고 있고, 조직 입장에서 선제적이고 모범적인 관리와 대응이 바람직하게 받아들일 수 있는 이슈는 환경, 인권, 평화 등의 의제를 내포하고 있다. 점차 파괴되고 있는 환경을 보존하고 인류의 지속 가능성을 제고하기 위해 조직은 어떠한 역할과 기능을 수행해야 하는가? 사회적 약자, 소수집단 등을 보호하고 그들의 권익을 증진하기 위해 조직은 어떠한 책임과 의무가 있는가? 이질적인 집단, 계층, 민족, 국가 간의 갈등을 최소화하여 협력적이고 평화로운 세상을 만들어 가기

26) Zyglidopoulos, S. C. (2003). The issue life-cycle: Implications for reputation for social performance and organizational legitimacy. *Corporate Reputation Review*, *6*(1), 70-81.

위해 조직은 무엇을 할 수 있는가? 이와 같은 것들이 최근 이슈관리와 관련하여 눈여겨볼 만한 화두들이라고 볼 수 있다. 최근 환경, 사회, 지배구조라는 키워드를 바탕으로 개념화된 ESG가 많은 PR, 마케팅 전문가 사이에서 회자되는 이유도 여기에 있다.

이러한 이슈관리의 개념과 역할을 고려할 때, 이슈관리는 병원 조직의 평판 관리, 호의적 여론 환경 형성, 성과 지표 향상, 지속 가능성 제고 등을 위해 매우 중요하게 고려되어야 할 전략적 커뮤니케이션이라고 할 수 있다. 양질의 의료서비스를 제공함으로써 시민들의 건강과 복지에 기여한다는 병원의 가장 기본적이고 핵심적인 사회적 역할을 수행하는 것 외에도 이제 많은 사람은 병원이 더욱 적극적이고 선제적인 모습으로 다양한 사회적 이슈에 관심을 경도하고, 우리 사회를 더욱 살기 좋은 곳으로 만들어 가는 노력을 경주해 주길 바라고 있다. 전략적 커뮤니케이션의 관점에서 볼 때, 이러한 이슈관리를 효과적으로 기획하고 실행하는 병원 조직이 시장에서 경쟁 우위를 점할 수 있다는 사실은 너무나도 자명하다.

이슈관리 사례: 존스홉킨스 병원과 서울아산병원

지금까지의 경향을 볼 때, 앞으로 사람들이 병원 조직에 요구하는 바는 지속적으로 늘어나고 기대하는 바는 더욱 높아질 소지가 다분하다. 과거 사람들이 기업 조직에 요구하고 기대하는 것은 좋은 품질의 제품을 생산하고 많은 사람에게 일자리를 제공하는 것에 국한되었다. 그러나 이제는 다르다. 사람들은 환경 문제 해결, 사회 불평등 해소, 삶의 질 향상 등 다양한 차원에서 기업 조직의 적극적이고 모범적인 대응을 요구한다. 미래 병원 조직에 대한 사회적 요구와 책임의 강도도 그렇게 진화하고 확장될 가능성이 높아 보인다. 단순히 양질의 의료서비스를 제공하는 것을 넘어서 다양한 사회적 이슈를 선점하고 그러한 이슈들에 대해 바람직한 방향으로 대응하는 모습을 보여 주는 것이 병원 평판 관리의 핵심적인 요소로 대두될 것이다.

이미 일부 선도적인 병원들은 적극적인 이슈관리를 통해 긍정적이고 호의적인 평판을 구축하고자 노력하고 있다. 미국의 존스홉킨스 병원(Johns Hopkins Hospital)이 그 대표적인 예라고 할 수 있다. 미국 메릴랜드주 볼티모어시에 위치한 존스홉킨스 대학의 부속병원인 존스홉킨스 병원은 1년에 240만 명 이상의 환자를 치료하는 대형병원이다. 존스홉킨스 병원은 이미 수년 전부터 다양한 사회적 의제에 대한 선제적이고 모범적인 이슈관리와 전략적인 커

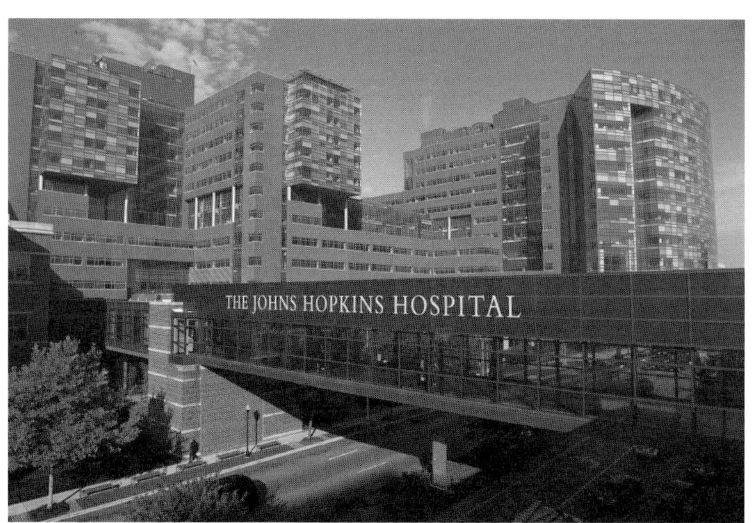

[그림 6-9] **존스홉킨스 병원 전경**

출처: https://hub.jhu.edu/2020/09/25/community-health-needs-assessment-medicine/

뮤니케이션을 통해 병원의 평판을 효과적으로 관리하고 있다. 존스홉킨스 대학이 주목하는 사회적 이슈들은 인종 차별 철폐, 양성평등, 환경보호 활동을 위한 지속 가능성 제고, 투명한 경영, 지역사회 환원 등이다.

예를 들어, 존스홉킨스 병원은 병원을 운영하면서 발생할 수 있는 각종 환경오염 문제를 적극적으로 해결하고, 환경 친화적인 조직으로 거듭나기 위한 노력으로 지속 가능성팀(office of sustainability)를 내부적으로 설치, 운영하고 있다. 이 지속 가능성팀은 여러 환경 관련 이슈들을 전문적으로 대응하는 부서로 기능한다. 에너지 절약, 재활용, 의료 폐기물 규제, 쓰레기 줄이기, 건강한 먹거리 제공 등 다양한 환경 이슈를 발굴하여 병원 구성원 모두의 관심과 실천을 제고하고, 이러한 조직 차원의 노력을 효과적으로 여러 공중 집단에 알림으로써 병원의 평판을 제고하는 것이 지

[그림 6-10] 존스홉킨스 병원의 녹색 지붕(green roof)

출처: https://baltimorefishbowl.com/stories/3-baltimore-hospitals-are-greenest-in-america/

[그림 6-11] **존스홉킨스 병원 구성원들의 자원봉사 활동**

출처: https://www.hopkinsmedicine.org/news/articles/the-time-is-always-right-to-do-what-is-right

속 가능성팀의 주요 업무라고 할 수 있다.

반면, 우리나라의 서울아산병원도 이슈관리와 평판 관리의 차원에서 사회 공헌 활동을 진행하고 있다. 서울아산병원은 1977년에 설립된 아산사회복지재단을 모태로 1989년에 처음 문을 열었다. 2021년 기준 2,715개의 병상을 운영하고 있고, 연간 91만 명을 상회하는 환자를 치료하고 있는 국내 최대 규모의 종합병원 가운데 하나다.

서울아산병원의 사회 공헌 활동은 크게 해외의료봉사, 국내의료봉사, 직원봉사활동, 불우환자진료비지원으로 구분된다. 해외의료봉사활동은 해외 불우환자를 초청하는 초청진료, 해외의료봉사단 파견, 의료기술 전수 등으로 구성되며, 국내의료봉사는 특히 전문

[그림 6-12] **서울아산병원 직원 봉사 활동**

출처: https://www.amc.seoul.kr/asan/hospitalstory/socialcontribution/staff/

[그림 6-13] **서울아산병원 네팔 해외의료봉사**

출처: https://www.amc.seoul.kr/asan/hospitalstory/socialcontribution/overseas/

적인 의료서비스 혜택이 잘 미치지 못하는 도서산간 지역에 방문하여 검진 서비스를 제공하는 형태로 이루어진다. 이 외에도 연탄 나눔, 벽화 그리기, 무료급식, 외국인 이주민 축제 개최 등의 다양

한 봉사 활동을 제공하고 있다.[27]

서울아산병원의 사회 공헌 활동에서 한 가지 아쉬운 점은 의료 봉사, 의료비 지원, 직원 봉사 활동 등 아직은 제한적인 사회적 이슈에 국한되어 있다는 점이다. 이제 병원 조직도 환경 문제, 인권 문제, 지속 가능성 문제 등 보다 다양한 사회적 이슈로 관심과 기여를 확장시킬 필요가 있다. 시의적절하고 효과적인 이슈관리는 병원의 사회적 평판을 제고함으로써 더욱 치열해질 병원 마케팅 시장에서 비교 우위를 차지하는 데 중요한 역할을 할 것이라고 생각한다.

선도적 병원 평판 관리

이 장에서는 PR의 고유한 역할과 기능이라고 할 수 있는 위기관리와 이슈관리에 초점을 맞춰 병원 마케팅의 측면에서 시사하는 바를 논의했다. 의료서비스 시장이 수요자 중심으로 변하면서 각 병원은 보다 참신하고 혁신적인 방법으로 스스로를 알리고 브랜딩 해야 하는 과제를 안게 되었다. 이제 병원들도 기업들과 마찬가지로 적극적인 위기관리와 이슈관리를 도입할 필요가 있다. 위기관리와 이슈관리는 특히 호의적인 여론 환경을 조성하고 사회적 평판을 제고함으로써 병원 조직의 경영 성과와 지속 가능성을 향상하는 데 기여할 수 있다. 단순히 양질의 의료서비스를 제공하

27) 서울아산병원 사회 공헌. https://www.amc.seoul.kr/asan/hospitalstory/socialcontribution/overseas/overseasList.do

는 것을 넘어 우리 사회에서 존경받고 사랑받는 구성원이 될 수 있도록 이제 병원들도 위기관리와 이슈관리에 많은 신경을 써야 할 것이다.

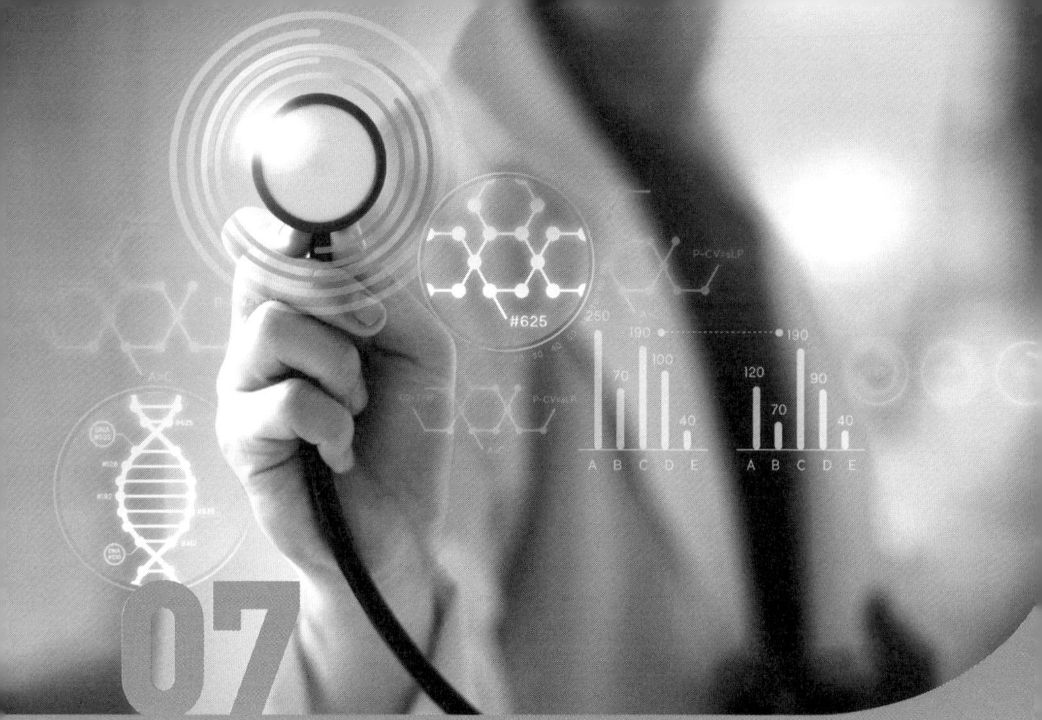

07

성공하는 병원 브랜딩을 위한 광고 만들기

이화자 카피라이터
(전) 호남대학교 광고홍보학과 교수

QR코드를 스캔하시면 저자의 설명 영상을 시청하실 수 있습니다.

+ + +

오늘날 병원은 실력도 중요하지만 병원의 존재를 고객에게 알리지 않으면 안 되는 무한 경쟁의 시대에 놓여 있다. 이 과정에서 중요한 것이 바로 **'병원 브랜딩'**이며, 브랜딩에 중요한 영향을 주는 것이 병원광고다. 어떤 이미지로 우리 병원을 고객의 머릿속에 심어주느냐는 고객의 병원 선택에 있어서 매우 중요한 역할을 하기 때문이다. 이 장에서는 병원 형태에 따른 광고 목적의 차이, 성공적인 광고 콘셉트 선정과 카피 작성, 효과적인 매체 선정과 디지털시대의 병원광고 사례들을 살펴봄으로써 성공하는 병원 브랜딩의 노하우를 살펴보았다.

오늘날 병원은 종류에 따라 소규모의 개인병원에서부터 대형병원, 네트워크형 병원, 진료과목이 특화된 병원 등 다양한 형태로 개원하면서 무한 경쟁의 시대에 접어들었다. 이로 인해 환자들에게 정보를 제공하고, 병원의 인지도나 신뢰도를 높이며, 병원의 경쟁력을 높이려는 방법으로 병원 마케팅이 중요해지고 있다. 병원도 이젠 의료서비스를 제공하는 주체로서 마케팅의 관점에서 전문가들과 함께 논의할 필요성이 커지고 있는 것이다. 병원 마케팅에는 방송에 의사가 출연하여 전문지식을 알림으로써 간접적으로 병원이 홍보되는 방식도 있고, 지하철이나 버스 등 교통광고나 옥외광고를 사용하는 방법도 있다. 오늘날은 보다 직접적 방법으로 의사 개인이 유튜브나 팟캐스트 등을 통해 정보도 제공하고 개인 브랜딩도 하는 방식의 일종의 스타마케팅도 효과를 얻고 있다. 이 장에서는 병원 형태에 따른 광고 목적의 차이를 살펴보고, 성공적인 광고 콘셉트 선정과 카피 작성, 매체 선정과 디지털 시대의 병원광고 사례, 브랜드 아이덴티티의 중요성, 병원 내 디자인의 중요성의 순서로 살펴보았다.

병원 형태에 따른 광고 목적의 차이

병원의 수가 적었던 시대에는 병원 이름, 진료과목, 진료 시간 등 기본 정보만 전달해도 충분했다. 그러나 경쟁이 치열한 지금은 검색 포털에서 거주지나 근무지 주변의 병원만 검색해도 수많은 병원이 노출되며, 병원 밀집 지역에 인접한 지하철역, 버스정류장의 내부와 외부 광고는 모두 병원광고로 채워져 있다. 이런 환경에서 비슷한 메시지의 광고나 획일적 비주얼의 광고는 사람들의 기억에 남지 못한다. 이것이 병원 마케팅에 있어 병원 형태나 주변 환경에 따라 광고 목적을 명확히 하고 제작에 임해야 하는 이유다.

광고주(병원장, 홍보담당자)는 광고를 하고자 할 때 보통 광고 전문가 그룹(광고대행사)에게 광고를 의뢰하게 되는데, 이 과정에서 광고주의 역할은 매우 중요하다. 광고주는 우선 광고를 하려는 목적, 광고에 담았으면 하는 메시지, 광고의 분위기(mood) 등 광고 방향을 사전에 검토하고 결정하여 광고대행사에게 전달해야 한다. 그렇지 않을 경우에는 비효율적인 진행이 되기 때문이다. 이러한 방향 아래서 광고대행사는 주어진 예산 안에서 가장 효과적인 매체(media) 선정과 메시지 제작을 하게 된다. 이를 위해서 필요하다면 시장조사, 소비자 조사, 상품 분석 등 현황 파악이 필요하며, 해당 병원이 겨냥할 고객을 결정하고 병원의 콘셉트를 찾아내어 창의적인 영상이나 인쇄물로 발전시키게 된다. 이렇게 만들어진 두

세 가지의 아이디어(광고 시안)를 광고주에게 제안하면 광고주는 그중 가장 마음에 드는 아이디어를 선정하여 실제로 집행(제작과 실현)하는 과정을 거치게 된다. 반짝이는 아이디어가 제안되는 것도 중요하지만 더 중요한 것은 의사결정자(광고주)의 안목과 뚜렷한 의지다.

소규모의 개인병원에서부터 대형병원이나 네트워크형 병원, 진료과목이 특화된 병원 등에 따른 광고 사례들을 살펴보자.

- 개인병원이나 소규모 병원의 경우: 병원 위치나 접근성, 치료 전후의 효과를 알림으로써 방문을 유도하는 광고가 많다.

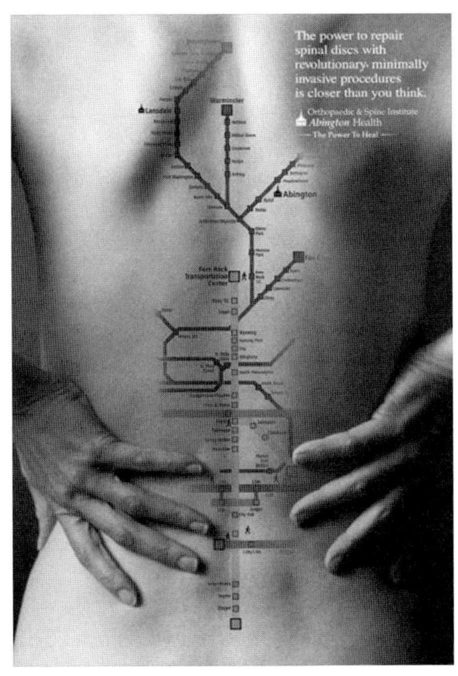

[그림 7-1] **척추전문병원인 Abington Center의 광고**

척추를 지하철역 모양으로 표현하면서 병원의 위치를 부각시킨 척추전문병원인 Abington Center의 광고

[그림 7-2] **Howard Farran 치과 광고**

치료 전과 후의 차이를 보여 주는 Howard Farran 치과 광고

- 대형병원이나 병원 이름을 함께 사용하는 네트워크형 병원의 경우: 지역사회의 건강을 함께 책임진다는 내용의 광고를 하고 있다.

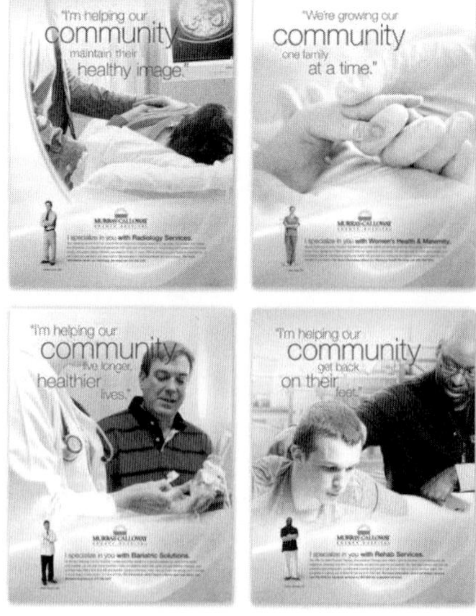

[그림 7-3] **지역사회의 건강을 함께 책임진다는 내용의 광고**

• 진료과목이 특화된 병원의 경우: 지형지물이나 연상 이미지를 통해 병원을 알리는 광고가 많다.

[그림 7-4] 옥외 설치물을 활용한 허리디스크 전문병원의 광고

[그림 7-5] 선인장의 가시를 통해 환자의 고통을 상징하는 치질 전문병원의 광고

의료법규 숙지는 필수 요구사항!

병원광고나 의약품 광고가 일반 광고와 다른 점은 무엇보다 「의료법」을 잘 알고 그에 적절하게 대응할 수 있어야 한다는 점이다. 의료광고 금지조항에 대한 법령은 나라마다 다른데, 우리나라의 경우에는 법제처 국가법령정보센터(https://law.go.kr/법령/「의료법」제56조)에서 확인할 수 있으며, 법령에 의해 금지된 사항은 다음과 같다. 법령을 살펴보면 상식적으로 봐도 금지되어야 하는 광고 내용도 있지만 그렇지 않은 것도 있다. 가령, 치료 전후의 모습을 비교하거나 치료 결과에 대한 경험을 광고의 소재로 활용할 수 있다고 생각할 수 있는데, 그것은 엄연히 금지조항에 해당되므로 광고 제작 시 주의할 필요가 있다. 때로는 판단이 모호하거나 경계가 애매한 부분도 있으므로 광고를 결정하고 시행하기 전에 이를 항상 확인해야만 추후 발생될 문제를 미연에 방지할 수 있다.

1. 제53조에 따른 평가를 받지 아니한 신의료기술에 관한 광고
2. 환자에 관한 치료경험담 등 소비자로 하여금 치료 효과를 오인하게 할 우려가 있는 내용의 광고
3. 거짓된 내용을 표시하는 광고
4. 다른 의료인 등의 기능 또는 진료 방법과 비교하는 내용의 광고
5. 다른 의료인 등을 비방하는 내용의 광고
6. 수술 장면 등 직접적인 시술 행위를 노출하는 내용의 광고
7. 의료인 등의 기능, 진료 방법과 관련하여 심각한 부작용 등 중요한 정보를 누락하는 광고
8. 객관적인 사실을 과장하는 내용의 광고
9. 법적 근거가 없는 자격이나 명칭을 표방하는 내용의 광고
10. 신문, 방송, 잡지 등을 이용하여 기사(記事) 또는 전문가의 의견 형태로 표현되는 광고
11. 제57조에 따른 심의를 받지 아니하거나 심의받은 내용과 다른 내용의 광고
12. 제27조제3항에 따라 외국인 환자를 유치하기 위한 국내 광고

13. 소비자를 속이거나 소비자로 하여금 잘못 알게 할 우려가 있는 방법으로 제45조에 따른 비급여 진료 비용을 할인하거나 면제하는 내용의 광고
14. 각종 상장 · 감사장 등을 이용하는 광고 또는 인증 · 보증 · 추천을 받았다는 내용을 사용하거나 이와 유사한 내용을 표현하는 광고. 다만, 다음 각 목의 어느 하나에 해당하는 경우는 제외
15. 그 밖에 의료광고의 방법 또는 내용이 국민의 보건과 건전한 의료 경쟁의 질서를 해치거나 소비자에게 피해를 줄 우려가 있는 것으로서 대통령령으로 정하는 내용의 광고

성공적인 광고 콘셉트 선정과 카피 작성

어떤 광고가 성공한 광고인가

매일 수많은 광고가 나오지만 어떤 것은 소비자의 기억에 오래 남아서 브랜드에 개성(brand personality)을 부여해 주고 **브랜드 자산**(brand equity)을 높이는 효과를 내는 반면, 어떤 광고는 비용을 많이 사용했으나 효과를 거두지 못하는 경우도 있다. 광고 홍보 활동은 마케팅 전략과 예술의 결합품으로서 결과적으로 고객과 만나는 것은 지면이나 영상과 같은 작품이지만 그 이면에는 수많은 데이터와 소비자 조사, 전략을 담고 있다는 점에서 광고는 예술과 구분된다. 효율적인 예산 집행을 위해서 반드시 선행해야 할 것이 시장조사, 소비자 조사, 경쟁자 조사와 같은 정확한 정보수집이다. 단지 비용을 절약하고자 이러한 중요한 단계를 건너뛴다면 잘못된 방향으로 갈 수도 있기 때문이다. 정확한 데이터를 바탕으로 올바른 목적과 전략을 수립한 후에 메시지 제작을 고려하는 것이 바람직하다.

• 광고 전략의 목적

–가장 적절한 메시지를 만들어 내기 위한 것

–가장 적절한 사람들(핵심 타깃, 정확한 소비자)에게 메시지를 보내기 위한 것

–가장 적절한 시기에 고객에게 도달하기 위한 것

이 세 가지에서 벗어나지 않는 것이 좋은 광고의 원칙이며, 이를 위해서는 다음 사항을 고려할 필요가 있다.

–모든 광고는 제작자나 광고주의 관점이 아닌 소비자의 관점에서 만들어져야 한다.

–광고는 판매 메시지를 분명히 전달할 수 있어야 한다.

–소비자는 '상품의 속성'을 사는 것이 아니라 '자신의 이익'을 산다는 점을 분명히 알고 있어야 한다. 광고주나 제작자가 상품의 속성에 매달리는 경우가 종종 있는데, 소비자에게 중요한 것은 상품이 자신에게 궁극적으로 어떤 이익을 가져다줄 것이냐에 있다.

차별화된 콘셉트와 일관성 있는 표현

콘셉트(concept)란 일종의 방향 같은 것으로, 표현 소재는 달라질 수 있지만 그 속에서도 일관성을 갖는 것이 중요하다.

현대와 같은 광고 홍수 시대에는 고객의 머릿속에 브랜드 네임을 기억시키기가 점점 어려워지고 있다. 이로 인해 메시지는 단순하면서도 직접적인 경향을 띤다. 고객은 병원을 선정할 때 우선 머릿속에 떠오르는 몇 개의 목록 중에 고민을 하게 되는데, 이를 '탑

오브 마인드(top of mind)', 즉 '우선 고려 대상'이라고 하며, 그 목록에 들어가지 못하면 처음부터 실패한 것이라고 보아도 무방하다. 광고를 소비자의 마음속에 자리 잡는 일이라고 하여 **'마인드 마케팅(mind marketing)'**이라고 부르는 이유도 여기에 있다.

광고의 일차적 목표인 소비자의 머릿속에 떠오르는 몇 개의 명단에 속하려면 단 한 번의 광고로는 부족하며, 매번 메시지를 바꾸는 것도 바람직하지 않다. 광고주(병원 주체)는 결정하고 집행하는

[그림 7-6] **캐릭터 '지방이'를 통해 병원을 각인시킨 비만 치료 전문 병원 365mc**

비만 전문 클리닉의 브랜드 이미지를 일관되게 끌어 가기 위해 연상이 쉬운 '지방이'캐릭터를 사용함으로써 메시지의 전달 및 기억을 쉽게 도와준다.

과정에서 여러 번 본 것이라고 할지라도 고객의 입장에서는 한 번도 못 본 경우도 많기 때문에 한 번 선정한 메시지는 지나치다 싶을 정도로 고집스럽고 일관성 있게 밀고 나갈 필요가 있다. 이렇게 할 때 비로소 소비자의 마음속에 겨우 조금 자리 잡게 된다. 효과적인 광고의 3C 원칙은 첫째도 일관성(Consistency), 둘째도 일관성(Consistency), 셋째도 일관성(Consistency)이다.

효과적 브랜딩을 위한 슬로건과 카피 작성법

슬로건은 제품과 비즈니스의 핵심을 담은 문구를 말하는 것으로, 목표, 의미, 비전을 담은 짧은 문구를 말한다. 좋은 슬로건은 당신의 병원을 경쟁 병원보다 더 전문적으로 보이게 하고, 사람들이 다른 병원이 아닌 당신의 병원을 선택하도록 하는 강력한 이유를 제공함으로써 마케팅에 필수적이다. 고객의 마음에 영향을 주고 눈에 잘 띄는 병원 슬로건을 선정하기 위해서는 수없이 많은 슬로건 후보를 작성하게 되는데, 최종적으로 하나의 슬로건을 결정하기 위한 체크리스트는 다음과 같다.

–짧고 간단하게 만들어졌는가?
–기억에 남는 슬로건인가?
–리듬, 라임 등으로 이루어졌는가?
–고객에게 정직한가? 당신이 할 수 없는 것을 약속하고 있지는 않은가?
–고객에게 제공할 수 있는 주요 혜택을 홍보하고 있는가?
–고객에게 긍정적인 감정을 전하고 있는가?
–독특하면서도 의미가 있는 슬로건인가?

–전문성을 보여 주고 있는가?
–건강에 대한 사랑과 헌신을 담았는가?

• 해외 병원의 슬로건 사례
–치유하는 힘
–돌보는 정신
–도우려는 열정
–우리와 함께하면 안심할 수 있습니다
–남다른 배려를 하고 있습니다
–환자를 위한 감성
–당신을 더 나은 삶으로 이끌겠습니다
–배려에 전념합니다
–하루 24시간/ 주 7일, 우리는 당신을 위해 언제나 여기에 있습니다
–우리는 당신의 건강에 대하여 비밀을 지킵니다
–당신의 집과 같은 느낌
–신뢰가 중요한 진료입니다
–우리는 당신의 삶을 더 나은 방향으로 이끕니다
–환자의 기분을 좋게 하라
–당신을 건강한 삶으로 이끄는
–더 나은 인생을 당신에게
–더 나은 건강을 위해 일하는
–우리는 전문가입니다
–어디서나 최고의 돌봄
–우리는 안팎으로 진단합니다

–함께 치료합시다

–사랑으로 치료합니다

–건강 관리, 보호

–건강한 몸, 건강한 영혼

–우리는 항상 환자에게 정직합니다

• 선정된 슬로건의 활용

슬로건은 단지 광고물이나 홍보물뿐 아니라 병원의 모든 곳(사원증, 소셜미디어 프로필, 연락처 페이지, 클리닉 목록, 웹사이트 상단, 공식 이메일 서명 등)에 일관되게 사용한다면 병원이 지향하는 가치관, 서비스를 더욱 효과적으로 전달할 수 있다.

• 전문병원의 예시

종합병원이 아닌 전문병원의 경우에는 슬로건과 함께 진료과에 대한 설명을 곁들이면 더욱 더 신뢰감을 높일 수 있다.

–가정의학과

당신과 당신의 가족을 돌볼 수 있는 좋은 주치의를 곁에 두세요. 저희는 예방, 질병 관리, 질병 해결을 위한 팔로업이 가능합니다. 온 가족의 예방 접종 및 이력 또한 한 곳에서 관리가 가능하므로 지속적인 의료서비스를 받으실 수 있습니다.

–스포츠 의료 병원

운동을 하다 보면 부상을 피할 수 없습니다. 가장 필요한 시기에 부상을 적절히 치료할 수 있는 클리닉이나 병원을 찾는 것이 가장 좋습니다. 운동과 재활 요법을 결합한 종합적이고도 전문적인 치료를 제공하여 부상을 적절하고 신속하게 치료할 수 있도록 돕습니다.

–척추 지압 병원

근골격계 질환에 대한 즉각적인 진단 및 장애 예방을 위한 전문가를 만나십시오. 해결할 수 있습니다.

–물리치료 클리닉

문제가 생긴 곳을 적절히 치료해서 움직임과 기능을 끌어올리고 유지, 복원하는 데 집중합니다. 개인별 맞춤 치료를 통해 더 나아진 신체 기능을 되찾을 수 있습니다.

–재활 클리닉

물리치료 외에도 부상 후 근력을 향상시키기 위해 특정 운동과 재활이 필요할 수 있습니다. 근육과 운동에 관한 전문가들이 당신의 재활을 도와 빠른 복귀가 가능하도록 해 줍니다.

–피부 관리 클리닉

스킨케어의 파트너로서 더 큰 만족과 마음의 평화를 위해 최선을 다합니다. 바디 컨투어링, 마이크로 니들링, 케미컬 필링, 미용 침술, 이중 턱, 지방 제거와 같은 다양한 트리트먼트 중에서 선택할 수 있습니다.

해외 병원 광고로 살펴보는 슬로건과 카피 활용 사례

오늘날과 같은 광고 홍수 시대에는 한두 개의 광고를 집행했다고 해서 하루아침에 병원에 대한 좋은 이미지가 쌓인다거나 매출이 오르는 것을 기대하기는 어렵다. 그렇다고 무한대로 많은 수의 광고를 집행할 수도 없는 것이 현실이다. 이에 대한 해결책으로서 각각의 광고가 서로 연결되고 일관성을 지닐 때 광고 간에 시너지가 발생되어 효율성을 높일 수 있다. 특히 개인병원보다 프랜차이즈 형태의 병원인 경우에는 일관되고 통일성 있는 메시지의 발신

[그림 7-7] Saint John's Health Center 광고

이 효율성을 극대화할 수 있다.

Saint John's Health Center는 병원 로고 바로 밑에 "Breakthrough Medicine(의학의 약진), Inspired Healing(탁월한 치료)"라는 슬로건을 일관되게 사용하고 있다. 시리즈 광고를 통해 첫 번째 광고에서는 신뢰감 있는 의사를 비주얼로 "나는 당신 안의 기적을 돌볼 테니 당신은 오직 멋진 하루를 만드는 데에만 신경 쓰면 된다"고 말하고 있다. 두 번째 광고에서도 같은 포맷에 엄마가 아이를 높이 들어 올리는 비주얼에 "우리의 신생아학 전문가들은 당신의 아이를 하늘 높이 날아오르게 합니다"라고 말하고 있다. 일관된 자리, 일관된 슬로건, 일관된 포맷은 고객으로 하여금 매체 노출이 적더라도 광고를 기억하기 쉽게 하는 누적 효과를 갖도록 하는 역할을 한다.[1]

Spodak dental group은 "당신의 미소에 전념하는(dedicated to

1) https://www.behance.net/gallery/14352285/2011-Saint-Johns-Health-Center-Life-Campaign

[그림 7-8] Spodak dental group 광고

your smile)"이라는 슬로건에, 첫 번째 광고에서는 운동 기구를 등장시켜서 치아를 튼튼하게 하는 것이 이 병원의 강점이라고 말하고 있다. 두 번째 광고에서는 치아를 전등불빛으로 표현한 비주얼에 "당신의 미소로 방을 밝히세요"라고 말하고 있다.[2]

병원광고를 위한 매체 선정과 비주얼 임팩트의 활용

오늘날 사람들은 광고의 홍수 속에 살고 있지만, 점점 더 광고에 대한 관심은 낮아지고 있다. 그런 소비자들의 주목을 끌기 위해서는 빠르고, 충격적이며, 차별화된 시도가 필요하다. 각종 디지털 기기의 등장과 언제 어디서나 접속이 가능한 네트워크 환경은 점

2) https://www.mdgadvertising.com/marketing-insights/healthcare-advertising-were-giving-spodak-dental-group-every-reason-to-smile/

점 더 고객의 시선을 붙잡기 어렵고 기억시키기 어려운 것이 현실이다. 이에 반해 많은 엔터테인먼트 대체물로 인해 소비자의 감수성과 욕구는 점점 더 예민해지고 다양해지고 있다. 이러한 흐름 속에서 병원광고가 고객의 시선을 끌면서도 진정성 있게 다가가기 위해서는 타성에 젖지 않은 매체의 활용과 크리에이티브가 중요하다. 광고 매체란 광고주가 소비자에게 메시지를 전달하기 위해 사용하는 채널을 말하는 것으로서 4대 매체 광고 및 SP 광고, 뉴미디어를 활용한 광고가 있는데, 그 분류는 〈표 7-1〉과 같다.

〈표 7-1〉 **매체의 종류**[3]

<table>
<tr><td rowspan="3">매스컴 광고</td><td rowspan="2">방송 광고</td><td>• 공중파 TV 광고
• 케이블 TV 광고</td></tr>
<tr><td>• 라디오 광고</td></tr>
<tr><td>인쇄 광고</td><td>• 신문 광고
• 잡지 광고</td></tr>
<tr><td rowspan="3">SP 광고</td><td>옥외 광고</td><td>• 빌보드 광고
• 전광판 광고
• 네온 광고
• 현수막 광고
• 앰비언트 광고</td></tr>
<tr><td>교통 광고</td><td>• 지하철 광고
• 버스 광고
• 공항 광고
• 철도 광고
• 고속도로 광고</td></tr>
<tr><td>DM(Direct Mail)</td><td>• 직접 우편 광고
• E-mail 광고</td></tr>
<tr><td rowspan="3">뉴미디어 광고</td><td>SNS 광고</td><td>• 페이스북, 인스타그램 등 SNS를 이용한 광고</td></tr>
<tr><td>블로그 광고</td><td>• 블로거를 통한 바이럴 광고</td></tr>
<tr><td>1인 미디어</td><td>• 유튜브, 아프리카 TV를 통한 광고</td></tr>
</table>

3) 이화자(2019). 크리에이티브 내비게이터(2판). 한경사.

진화하는 옥외광고

병원광고는 TV나 라디오, 신문, 잡지 같은 전통 매체보다는 옥외광고나 교통매체광고, 앰비언트와 같이 고객들에게 특정 장소에서 지속적으로 노출되도록 하는 매체들이 비용 대비 높은 효과를 가지기 때문에 많이 활용된다. 던킨도너츠의 창립자 윌리엄 로젠버그(William Rosenberg)는 "옥외광고가 가까운 미래에 최후의 대중시장 매체가 될 것"이라고 지적한 바 있다. 삶의 질에 대한 관심이 고조되고, 휴대전화로 대변되는 모바일 문화가 일상이 됨에 따라 옥외광고는 점점 더 중요성이 증가하고 있다. 특히 기술 발달에 힘입어 실생활에 녹아든 기발하고 입체적인 광고 표현들은 옥외광고의 새로운 패러다임을 보여 준다.

• 옥외광고의 3대 효과

- 스케일(scale) 효과: 다른 광고 매체보다 크기(size)가 클 경우에 소비자에게 강한 인상을 줄 수 있다.
- 잠재적(subliminal) 효과: 해당 병원과 연결된 교통수단(지하철, 버스 등)이나 역 내외부에 게시되는 광고들은 광고 내용을 기억하기 쉬우며, 당장은 아니라고 하더라도 반복적으로 노출되다가 보면 자신도 모르게 잠재의식에 광고 내용을 새기게 되는 효과가 있다.
- 랜드마크(landmark) 효과: 그 지역의 상징으로 자리 잡는 효과가 있으며, 도시 경관의 중요한 요소로서 고정성과 상징성, 지역 한정성, 반복 소구성, 장기성, 소재 표시성의 특징이 있다.

[그림 7-9] **레고빌딩 외벽 광고**

건물 외벽을 레고블럭화함으로써 시선을 사로잡고, 그곳을 지나가는 사람들에게 깊은 인상을 심어 준 사례

[그림 7-10] **샬롯 성형외과**

늘어진 뱃살을 성형해 준다는 것을 현수막이라는 적절한 매체를 통해 심플하면서도 효과적으로 표현하고 있다.

톡톡 튀는 아이디어로 승부하는 앰비언트 광고

앰비언트 광고의 정의

대중매체의 참신한 대안으로 떠오르고 있는 '앰비언트 광고(ambient advertising)'란 환경을 의미하는 'ambient'와 광고를 뜻하는 'advertising'의 합성어로서 생활 속에서 만나게 되는 모든 것을 매체로 활용하는 것을 말한다. 일상에서 흔히 만나는 가로수, 전봇대, 벤치, 쇼핑백 등 모든 것이 매체로 활용 가능하며, 전통적 옥외광고의 개념에서 벗어나 소비자의 생활 접점에서 만날 수 있는 비전형적인 광고 형태로서 의외성과 톡톡 튀는 아이디어로 깊은 인상을 줄 수 있다. 사용할 수 있는 미디어는 거의 제한이 없어서 도심에 설치된 구조물을 이용한 광고를 비롯하여 존재하는 모든 공간에서의 광고가 가능하다. 장소의 성격과 광고 대상과의 관련성을 찾아내는 것이 핵심이며, 이들이 조화를 이룰 때 사람들의 관심과 흥미를 획득할 수 있다. 텔레비전 광고처럼 메시지의 전달 범위(coverage)가 넓지는 않지만 해당 지역에 집중된 광고 효과와 화제성을 얻을 수 있다. 이들 사례들은 "이번에는 뭐 좀 다르게 소비자에게 다가갈 수 없나?"라는 질문에 대한 훌륭한 대답으로서 앞으로 크리에이터와 광고주는 이러한 생각을 더 많이 해야 할 필요가 있으며, 관습적 미디어라는 틀에 묶이기보다는 그것을 넘어서 색다른 미디어를 자유자재로 왕래할 수 있는 아이디어가 필요해지고 있음을 입증하는 사례라고 하겠다.

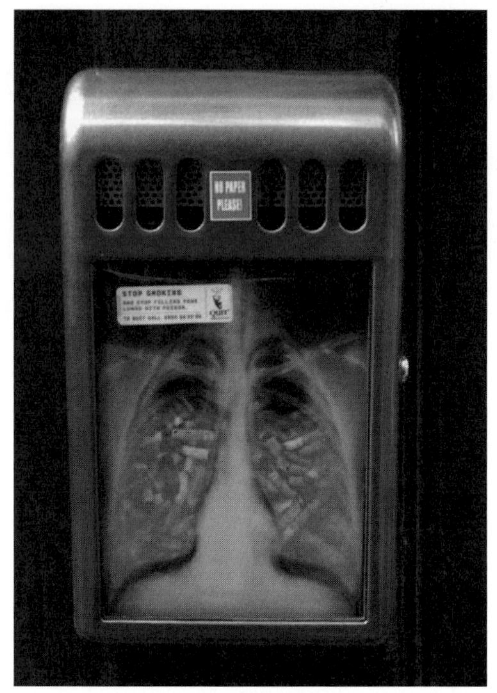

[그림 7-11] **금연 광고**

거리의 재떨이 앞면에 반투명 엑스레이 폐 사진을 붙여 놓아 사람들이 담배 꽁초를 투입하면 폐에 점차 꽁초가 쌓이는 것이 보이도록 한 더퀄트스모킹클리닉의 광고

[그림 7-12] **골다공증약 광고**

보행 보조기로 보이기도 하는 쇼핑 카트 측면에 "이렇게 끝내지는 마십시오(Don't end up like this)"라는 메시지를 넣은 골다공증약 광고

[그림 7-13] **호주 적십자 헌혈 캠페인**

"돈이 전부가 아닙니다. 단돈 1센트를 들이지 않아도 3명의 생명을 구할 수 있습니다"라고 말하는 헌혈 권장 광고

[그림 7-14] **팬틴 샴푸**

구매 접점인 마트 천장에 모니터를 매달아 놓아 비듬을 확인하게 하고 구매로 유도한 사례

[그림 7-15] **뉴질랜드 유방암재단의 브랜드 체험 광고**

10월 10일 '세계 유방암의 날'을 맞이하여 유방암의 조기진단과 예방의 중요성을 호소하고자 도시 곳곳에 암세포 덩어리를 오가는 사람들에게 일부러 방해가 되도록 배치함으로써 예방과 검사의 중요함을 몸소 체험하게 하는 캠페인을 실시하여 화제를 낳은 사례

[그림 7-16] **종이컵에 높아진 코를 그려 놓은 성형외과의 앰비언트 광고**

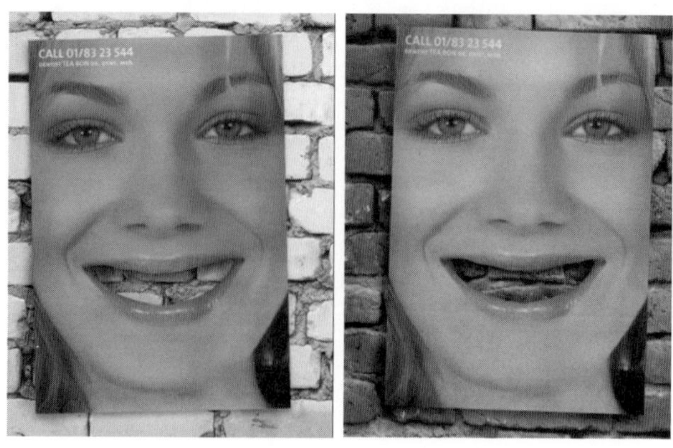

[그림 7-17] **건물 외벽을 치아로 보이도록 활용한 치과 광고**

[그림 7-18] **전단지 광고의 형태로 만들어진 gentle dental의 광고**

분실물을 찾는 전단 광고의 형태로 치아 문제로 잃어버린 미소를 다시 찾으라고 말하고 있다.

[그림 7-19] **지하철 계단을 활용하여 누군가에겐 계단 하나 하나가 에베레스트를 오르는 것만큼 힘들 수 있음을 몸으로 체험하도록 한 미국장애인협회의 광고**

디지털 미디어 시대의 병원광고

오늘날에는 병원광고도 SNS를 포함한 다양한 디지털 매체를 통해 광고 활동을 하고 있다. 디지털 시대에 병원광고는 어떻게 통합적이고 일관성 있는 메시지를 집행할 수 있는지 FASTMED라는 긴급 치료서비스의 캠페인 사례를 살펴보고자 한다.[4)]

FAST MED는 100개 이상의 지점을 보유한 미국 2위의 긴급 치료서비스로서 이미 좋은 성과를 거두고 있었다.

이 회사는 새로운 고객들에게 다가가고, 현재의 환자들을 더 잘 케어하고, 명성을 관리할 수 있는 디지털 시대에 맞는 광고 전략을 고민한 결과, 통합적인 마케팅 활동을 하기 위해 다음과 같은 목표를 수립했다.

–FASTMED 웹 사이트로 더 많은 트래픽 확보
–소셜 채널에서의 참여 강화
–온라인 체크인 수 증가
–신규 고객 수 증가
–환자 획득 비용 절감
–데이터 분석을 활용하여 마케팅 효과 개선

홈페이지에서 고객들이 편리하게 정보에 접근할 수 있도록 만든다

FASTMED는 홈페이지 방문객들이 찾고자 하는 것을 쉽게 찾을

4) 이 내용은 www.mdgadvwrting.com에 소개된 내용을 발췌하여 정리한 것이다.

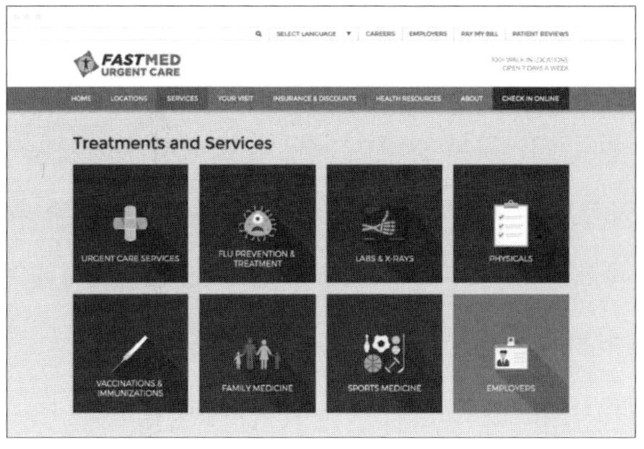

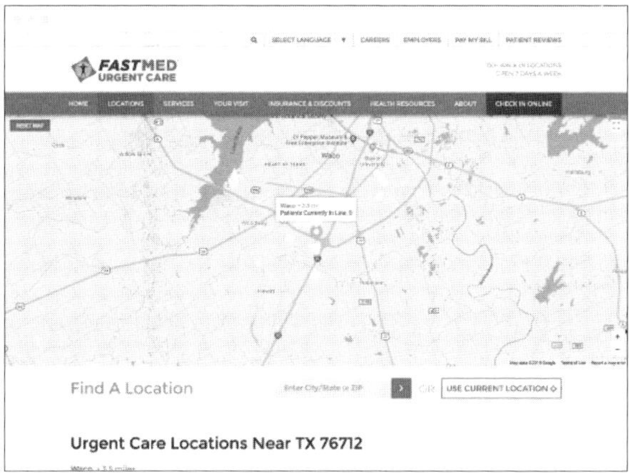

[그림 7-20] FASTMED 홈페이지

수 있도록 메뉴를 텍스트 아닌 타일 형식의 이미지로 만들어 직관적으로 메뉴에 접근하고, 지도 어플을 통해 지점들을 쉽게 찾을 수 있도록 했다. 예약하는 코너도 눈에 잘 들어오게 크게 만들어 보다 쉽게 예약을 하고 확인할 수 있도록 했다. 이런 작은 편리함들이 모여서 병원 홈페이지에 대한 접근을 보다 쉽고 편리하게 만들어 준다. 홈페이지의 승패는 '복잡함을 줄여 간편하게 만드는 것'이 핵심으로, 텍스트는 최소화하고 클릭 한 번으로 원하는 서비스에 바로 연결되는 응답성을 높이는 것이 중요하다.

소셜미디어의 특성을 활용해서 고객에게 접근한다

응급 상황은 날짜를 가리지 않고 발생한다. 그날이 하필 공휴일이거나 특별한 날인 경우에는 응급서비스의 필요성은 더 커지게 된다. FASTMED는 부활절, 여름 휴가, 핼러윈 데이, 새해 첫날 등 특별한 날에도 응급 진료를 받을 수 있다는 내용의 광고를 SNS를 통해 지속적으로 전달하고 있다. 이러한 집중적인 노력으로 인해 12개월 동안 FASTMED는 소셜미디어에서 340만 명 이상의 예비 환자에게 이 광고를 노출시켰고, 1,760만 명 이상이 '좋아요'를, 24만여 명 이상의 예비 환자와 직원들과의 공유를 이끌어 냈으며, 홈페이지(www.fastmed.com)에서 5만 건 이상의 클릭을 이끌어 내는 성과를 거두었다.

[그림 7-21] 핼러윈 데이, 새해 첫날, 여름 휴가, 부활절 등 특정일에 맞춰서 집행한 FastMed의 페이스북 광고들

온라인에서 시즌별로 검색이 많이 되는 키워드를 활용해서 광고한다

겨울에는 독감 예방주사에 대한 검색을 많이 할 것이고, 봄에는 야외 활동에 관한 검색을 많이 할 것이다.

키워드 검색을 통해 홈페이지로 연결하는 것에 그치거나, 똑같은 메시지만 계속 반복해서 보여 주는 것이 아닌 시즌별로 맞춤 광고들을 만들어 온라인 배너광고나 홈페이지 첫 화면에 보여 준다면 효과를 더 극대화할 수 있다.

[그림 7-22] **이번 봄에 아픈 상태로 스포츠를 하지 말고, FASTMED의 도움을 받고 빨리 회복해서 스포츠를 즐기라는 온라인 광고**

오프라인에서도 온라인의 이미지와 연결된 광고를 만든다

온라인에서 단순한 비주얼을 사용한 것처럼, 오프라인 광고에서도 직관적이고 눈길을 끌 수 있는 광고물을 집행하면 시너지를 얻을 수 있다. 독감 예방주사가 20달러라는 메시지를 독감에 걸렸을 때의 증상을 직관적인 비주얼로 보여 주는 광고들을 통해 예방주사에 대한 관심을 끌고 있다.

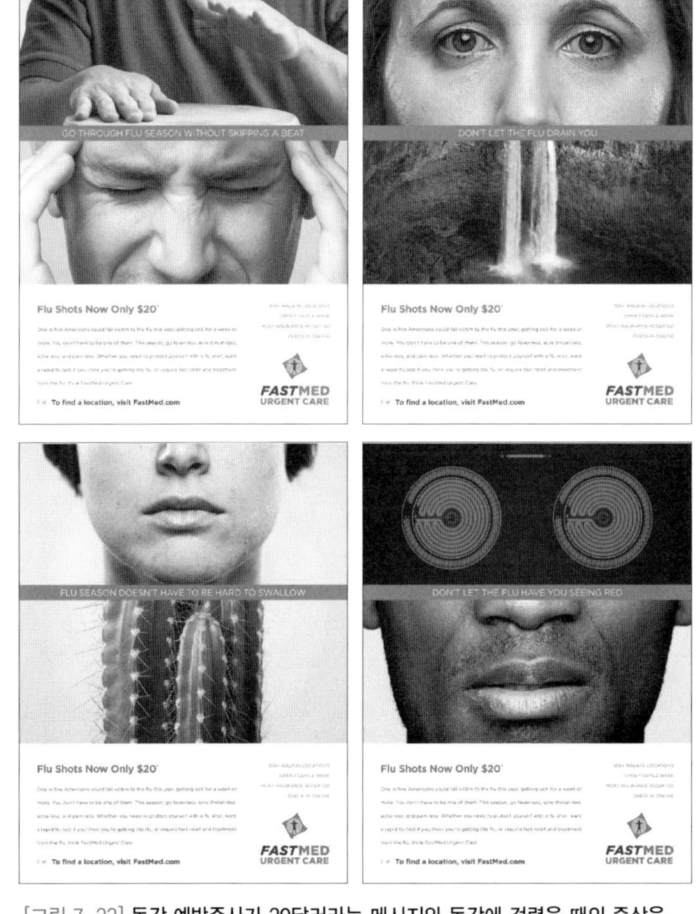

[그림 7-23] 독감 예방주사가 20달러라는 메시지와 독감에 걸렸을 때의 증상을 직관적인 비주얼로 보여 주는 광고들

병원 마케팅의 출발은 병원의 브랜드 아이덴티티 정립부터

광고의 개수가 많다고 해서, 광고의 집행이 많다고 해서 성공적인 브랜딩이 되는 것은 아니다. 브랜딩은 정체성(identity)을 통해 만들어진다. 병원광고도 자신만의 정체성을 무엇으로 할 것인가에서 출발한다면 더 나은 브랜딩 작업이 가능해질 것이고, 더 높은 광고 효과를 얻을 수 있을 것이다. 현재의 디지털 광고 캠페인의 메인 플랫폼은 SNS라고 할 수 있다. 페이스북, 인스타그램 같은 SNS는 콘텐츠의 소비 간격도 짧고, 그만큼 광고를 노출시키기도 용이하다. 앞서 소개한 응급 진료 치료서비스인 FASTMED와 마찬가지로 응급 진료 치료서비스를 하고 있는 MD NOW의 SNS 광고 케이스를 통해 병원광고가 어떤 방법으로 정체성을 만들어 가는지를 살펴보자.[5)]

사우스 플로리다의 대표적인 응급 치료서비스 업체인 MD NOW는 실적이 저조한 센터에서 환자 수를 늘리고, 3년에서 5년 내에 지점의 수를 두 배로 늘린다는 목표를 가지고 있었다. 당시 마케팅 상황은 디지털 검색에만 치중하고 있었고, 일관성 없는 광고들로 인해 브랜딩이 전혀되지 않는 상황이었다.

5) 이 내용은 www.mdgadvwrting.com에 소개된 내용을 발췌해서 추가적인 의견을 덧붙여 정리한 것이다.

[그림 7–24] MD NOW의 브랜치 지점

브랜딩 작업의 목표는 다음과 같았다.

–일관성 있는 캠페인

–소셜 채널에서 주목도 증가

–T.O.P. 즉 시간(time), 장소(place), 상황(occasion)에 맞는 메시지

–신규 고객 수 증가

–환자 획득 비용 절감

–데이터 분석을 활용하여 마케팅 효과 개선

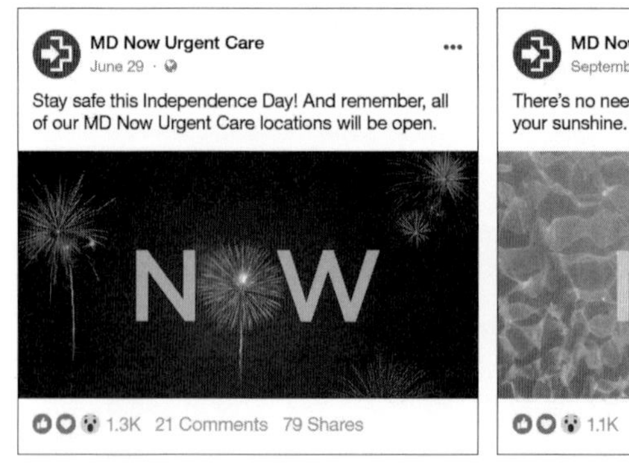

[그림 7-25] **다양한 기념일 전에 집행된 MD NOW의 페이스북 광고**

첫째, SNS에 어울리는 비주얼로 광고 비주얼을 만들었다

소셜미디어는 텍스트로 소비되기보다는 비주얼로 소비되는 플랫폼이자 광고 매체라고 할 수 있다. 따라서 MD NOW는 소셜미디

어 계정을 통해 광고를 게재하기로 결정하였다. 즉, 소셜미디어의 특성에 맞춰 광고에서 강력한 시각적 아이덴티티를 만들고, 메시지도 더 명확하고 쉽게 정리해서 전달하는 방법을 이용하기로 한 것이다. 하나의 매체에 여러 개의 메시지나 비주얼이 등장하는 것은 브랜딩을 강화하는 데 방해가 되기 때문이다.

MD NOW도 FASTMED와 비슷하게 특정일에 맞춰 그날의 특징이 쉽게 연상되는 비주얼과 메시지를 전하고 있다. 불꽃놀이 비주얼에 "독립기념일에는 안전하게 집에서 머무르세요. 그리고 우리 MD NOW의 모든 지점은 영업한다는 것도 기억하세요" 같은 것이 좋은 예다. 특정일을 상징하는 비주얼을 MD NOW의 NOW를 이용해 시각화해서 상호에 대한 이미지를 기억하게 만들고 있는 것으로, 각기 다른 날이지만 통일성을 부여하고 있어야 한다. '브랜드 아이덴티티(brannd identity)'란 모든 것이 같다는 의미는 아니며, 공통된 요소를 가지고 다양하게 변형을 하더라도 그 공통된 중심축이 흔들리지 않는다면 아이덴티티가 유지될 수 있다.

둘째, 같은 비주얼을 반복해서 아이덴티티를 만들었다

"감기로부터 당신을 보호하는 더 나은 방법이 있습니다(There's a better way to protect yourself from the flu)"라는 헤드라인과 사람들 사이에 방호복을 입은 사람을 포함시킨 비주얼을 통해 방호복을 입는 것보다는 예방 백신을 맞고 평범하게 생활하는 편이 낫다는 이야기를 전달하고 있다. 방호복과 동일한 포맷의 레이아웃이라는 비주얼 아이덴티티를 통해 메시지를 강열하게 전달한 예라고 하겠다.

[그림 7-26] **독감 예방주사가 40달러라는 메시지와 방호복을 입은 사람을 함께 등장시킨 광고**

셋째, T.P.O.(시간, 장소, 상황)에 맞는 카피로 아이덴티티를 만들었다

공항 빌보드 광고에서도 메시지 작성에 아이덴티티를 유지하고 있다. 공항이라는 장소에 맞게 수하물, 일등석, 피행편, 수트 케이스 등과 연계해서 카피를 작성했다. 아이덴티티를 같은 것의 반복을 통해 만들 수도 있지만, 공항 빌보드 광고에서처럼 장소나 상황에 맞춘 카피도 아이덴티티가 될 수 있다.

[그림 7-27] **공항 빌보드를 일관성 있게 활용**

병원 내 환경 디자인도 진료서비스이며, 병원 브랜딩이다

진료가 최우선인 병원에서 가장 중요한 것은 '진료서비스의 질'이며, 그 다음은 환자들이 심적으로 안정감을 갖고 진료를 받을 수 있는 환경을 만드는 것이다. 병원 내부의 편안한 소파와 쾌적한 분위기도 물론 고객들의 만족도를 높이는 요소지만, 진료 과정에 대해 쉽게 알 수 있는 디자인적 요소를 더한다면 환자들은 직접적인 진료만이 아니라 기다림 속에서도 질적으로 높은 진료서비스를 경험할 수 있을 것이다. 대형병원이 아니더라도 소규모 병원, 건강검진센터 같은 곳에서도 진료 동선에 맞춰 패널 등을 설치한다면 환자의 심적 안정감과 진료에 대한 신뢰도는 더 높아질 것이다.

병원광고를 해야겠다고 생각하면 외부의 고객들을 먼저 떠올리게 된다. 하지만 병원을 방문하는 고객들에게 의료서비스만큼 중요한 것이 병원을 이용하는 안정감과 편리성일 것이다. 병원에 들어온 순간부터 어떤 진료 과정을 거치게 될지 쉽게 이해할 수 있다면 기다리는 동안에 고객은 더 안정감을 느끼게 될 것이기 때문이다. 과거에는 내 진료 차례가 언제 올지 모르는 채 이름이 불릴 때까지 한없이 기다리던 시절도 있었다. 그러나 지금은 모니터를 통해 진료 순서를 알 수 있어서 고객들이 진료를 받기가 훨씬 편리해졌다. 이런 작은 변화들이 병원 이용에 대한 편리성을 높이고 신뢰도와 호감도까지 높이게 되는 것이다.

그런 의미에서 병원 디자인과 브랜딩에 대한 성공 사례로 환자 경험 중심으로 디자인을 개선한 영국 국민건강서비스의 '더 나은 응급실 프로젝트' 사례를 소개하고자 한다.

영국 국민건강서비스의 '더 나은 응급실 프로젝트'[6]

환자들 입장에서 디자인하는 것도 중요한 진료서비스 중 하나다

우리나라에서도 심각한 문제로 대두되었지만, 영국의 국민건강서비스 산하 병원에서 매년 발생하는 응급실 폭력 사건은 6만여 건에 달한다고 한다. 응급실 폭력은 신체적 · 정신적 피해는 물론이고, 의료진이 병원을 떠나게끔 만들며, 폭력 상황에 대응하기 위해 보안인력을 고용해야 하는 등 직간접적으로 막대한 사회적 비용 부담을 초래하는 일이다. 응급실 폭력의 원인 중 대부분은 긴 대

6) 이 내용은 http://www.abtteraande.co.uk와 이 프로젝트를 진행했던 PearsonLloyd의 홈페이지에 소개된 과정, 사진을 참고했다.

기 시간, 진료와 처치 내용 등에 대한 설명이나 정보제공 부족 등으로 인한 환자와 보호자의 불만에서 비롯되고, 여기에 '누구나 응급실에 가면 빨리 진료를 받을 수 있다'는 응급실 이용에 대한 오해도 크게 작용한다.

영국의 국민건강서비스(National Health Service: NHS)에서는 응급실 폭력을 줄이고 문제를 개선하기 위해 영국 보건부의 지원 아래 민간 전문가와 병원 내외부 전문가들이 협력하여 병원의 시스템, 프로세스, 시설 구조, 서비스 방식, 커뮤니케이션 방식 등이 병원 내 폭력 발생에 어떤 영향을 미치는지를 분석하고, 이를 방지하기 위해 어떤 변화가 필요한지를 도출해 내었다.

그것이 바로 '더 나은 응급실 프로젝트(A better A & E[7])'인데, 그 중 하나가 "벽에 부착하는 진료 프로세스 맵"이다.

문제점을 해결하는 디자인

• 문제점

응급실은 고도의 집중력이 요구되는 환경이며, 가장 효율적인 방법으로 치료를 제공하는 데 초점을 맞추는 곳이다. 그러다 보니 치료 과정에서의 인간적이고 감정적인 측면은 종종 무시되기도 한다.

• 목적

응급실 도착 즉시 환자에게 정보를 제공하고, 안내하고, 질문에 대해 답변하는 것을 통합적으로 제공함으로써 긍정적인 A&E 경험을 만드는 것이다.

7) A&E는 Accident & Emergency의 약자다.

• 솔루션

환자가 응급실 내에서 치료를 기다리는 동안에 정보를 제공하고 안내하는 설계 솔루션 프로그램을 디자인적으로 제공해서 직관적으로 이해하기 쉽도록 만들었다.

그래픽을 활용한 직관적인 디자인

응급실이라는 곳은 의료진이나 환자, 보호자까지 모두가 극도로 예민해지는 공간이다. 의료진은 빠른 시간 안에 진단을 내려서 더

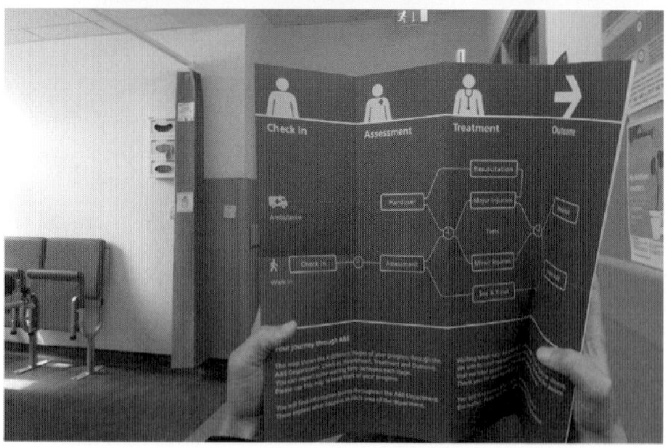

[그림 7-28] **접수처에서 받게 되는 응급실 프로세스 맵**

응급실에 도착하면 어떤 과정을 통해 응급 진료를 받게 되는지 쉽게 이해할 수 있는 프로세스 맵을 받게 된다.

많은 환자를 치료해야만 하고, 환자는 빠른 시간 안에 정확한 진료와 치료를 받기 원한다. 그 과정에서 보호자는 애가 타고, 서로의 이해가 충돌하면서 문제가 발생할 수 있는 여건이 만들어지는 것이다. '더 나은 응급실 프로젝트'는 응급실의 진료 과정을 쉽게 이해할 수 있는 프로세스 맵과 직관적인 패널 디자인을 통해 직접적인 질문이나 대답 없이도 쉽게 현재 상황을 파악할 수 있게 함으로써 의료진은 물론이고, 환자들에게도 안정감과 만족감을 높이는 매우 성공적인 프로젝트다. 프로젝트의 내용은 다음과 같다.

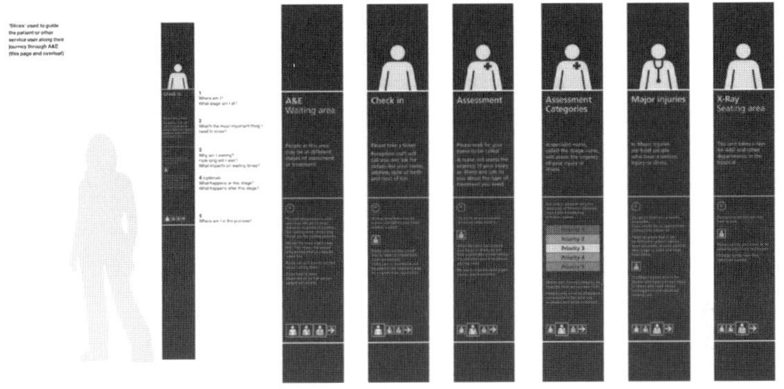

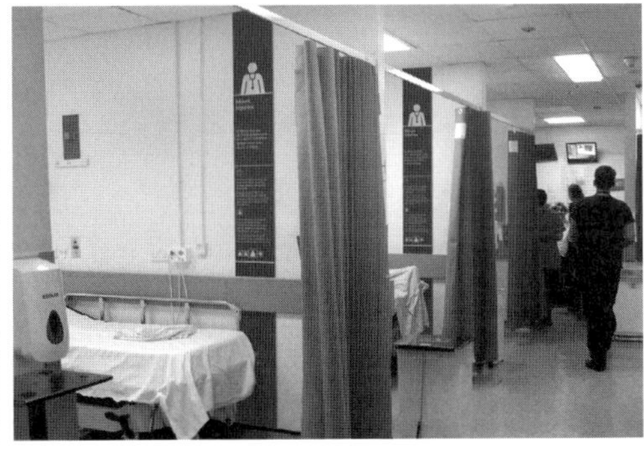

[그림 7-29] **응급실에 설치된 패널들**

각 통로에 설치된 패널은 환자의 관리단계와 검사에 관한 정보, 현재 위치까지 한눈에 알 수 있게 만들었다.

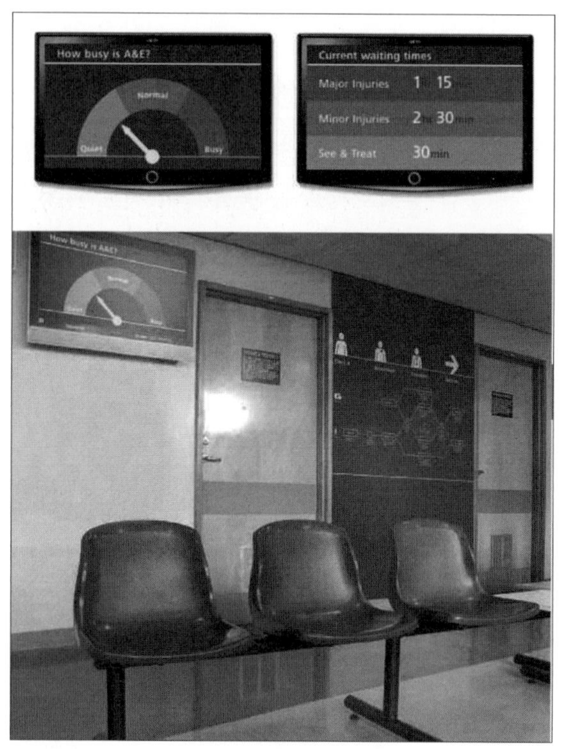

[그림 7-30] **실시간 정보 화면**

각 진료단계에서는 현재의 응급실 상황과 대기 시간을 알려 줌으로써 환자들이 상황을 이해하는 데 도움을 준다.

혼자서는 힘든 병원 마케팅, 함께하면 시너지가 생긴다

개인병원들이 통합적이고 광범위한 마케팅을 하기는 쉬운 일이 아니다. 프랜차이즈로 소속되어 병원을 운영하는 것도 방법이지만, 자신만의 병원을 운영하면서 좀 더 체계적인 마케팅을 하고 싶은 마음도 당연히 더 클 것이다.

DCA(Dental Care Alliance)에서는 그런 생각을 갖고 있는 병원들을 위해 차별화된 서비스를 제공하고 있다.[8)]

치과 진료 관리 회사인 DCA는 330개의 병원과 750명 이상의 치과의사들과 함께 치과업계의 발전을 일하는 다양한 전문가로 구성된 지원팀이 함께하는 강력한 플랫폼이다.

DCA 활동의 첫 번째 단계는 치과의사 진료 과정부터 시작했다. 환자로 전환할 가능성에 따라 소비자를 분류함으로써 가장 효과적인 미디어 전술을 결정해서 행동의 장벽을 없앨 수 있었다. 또한 같은 진료서비스를 제공하는 다양한 회원 병원들을 위해 통합적이고 일관성 있는 광고 캠페인을 펼쳤다.

[그림 7-31] DCA 소속 병원들의 다양한 로고타이프

8) 이 내용은 www.mdgadvertising.com, www.dentalcarealliance.net에 소개된 내용을 바탕으로 정리한 것이다.

하나의 병원광고처럼 보이지만 지역별로 다른 회원 병원들의 광고

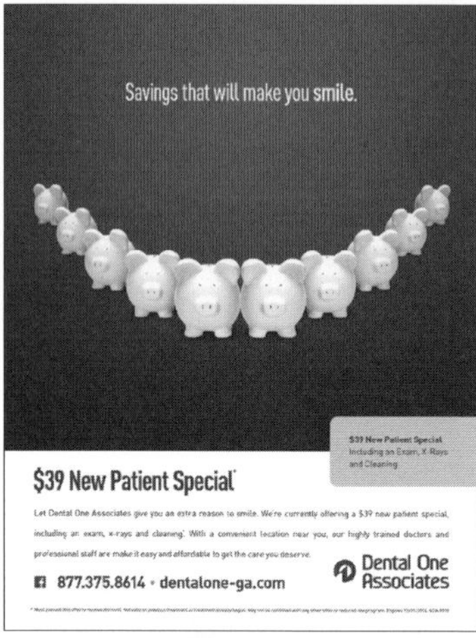

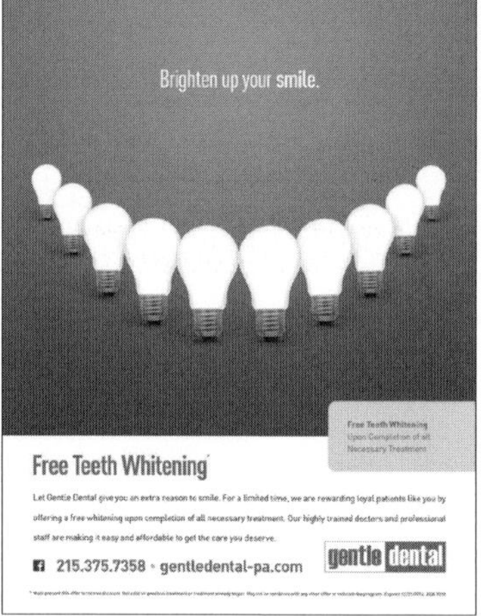

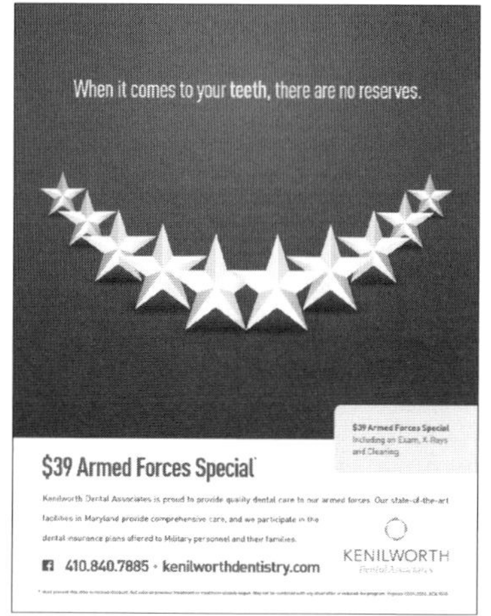

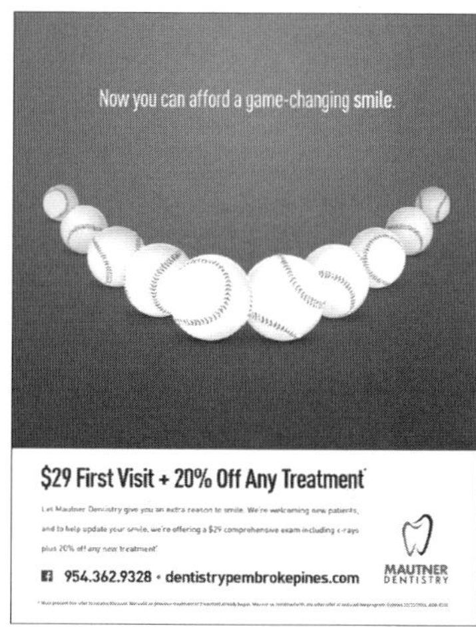

[그림 7-32] **스마일이라는 콘셉트 아래 통일성 있게 만든 회원사들의 광고**

앞의 광고들은 DCA를 위해 MDG가 기획한 광고들이다. MDG는 프렌차이즈, 멀티 로케이션, 헬스케어 업종에 특화된 마케팅 전략을 만들어 내는 회사로 유명한데, 이번에는 DCA 회원사들을 위해 '스마일(smile)'이라는 콘셉트 아래 다양한 오브제를 미소로 표현하고 있다. 카피는 직접적으로 치료비를 알아볼 수 있게 처리했다. 비주얼 형식은 동일하지만 각각의 회원사의 로고와 연락처들이 있다.

광고들은 각각의 치과병원의 개별 광고면서 DCA에 가입된 회원 병원들의 광고이기도 하다. '스마일'이라는 요소를 치과 진료의 새로운 목적으로 만들어 주는 역할을 함으로써 하나의 병원이 자신만의 광고를 집행하는 것보다 더 큰 시너지를 만들게 된다.

통합적이면서도 개별적인 광고가 필요할 땐 개별적으로

모든 광고가 동일한 스타일로만 집행될 수도 없고, 각각의 병원이 처해 있는 상황, 지역의 특성에 따라 특화된 광고가 필요한 경우도 있다. 때로는 온라인상에 보이는 영상광고일 수도 있고, 길거리에서 만나는 전단광고일 수도 있다.

프렌차이즈 병원은 동일한 광고만을 집행할 수밖에 없지만 이렇게 같은 종류의 병원들이 때로는 같은 콘셉트로 통합적인 마케팅을 하면서, 때로는 각 회원사의 요구에 맞는 마케팅을 따로 하게 된다.

Dentrite는 치아를 의인화해서 히치하이킹을 하는 모습을 통해 치과 할인 프로그램을 광고하고 있다.

[그림 7-33] Dentrite의 치과 할인 플랜 온라인 동영상 광고

프렌차이즈를 넘어서는 얼라이언스의 형태가 더 효과적

진료서비스에서 마케팅까지 모든 것이 통일성을 갖는 프렌차이즈 형태의 병원보다는 DCA와 같은 얼라이언스 형태의 병원들이 더 늘어날 것이다. 마케팅적인 측면에서는 통일성과 개성이 함께 공존할 수 있는 장점이 있고, 각 병원의 상황에 맞춘 특화된 서비스가 가능하기 때문이다.

고객의 생활에서 마케팅의 핵심을 찾아내자

어떻게 고객의 생활에서 마케팅의 핵심을 찾아낼 것인가를 설명하기 위해 소개할 광고는 아르헨티나의 수도 부에노스아이레스에 있는 알레만 병원(Hospital Alemán)의 광고로, '어린이 건강보험 플랜(Children's Health Insurance Plan)' 진료서비스 광고다.

우리 병원을 방문하는 고객은 어떤 사람일까

아르헨티나에는 두 종류의 의료서비스(공공 의료기관과 높은 수준의 의료서비스를 받을 수 있는 민간 의료기관)가 있다. 공공 의료기관의 의료서비스 수준도 높은 편이지만, 많은 사람이 이용하다 보니 기다리는 시간이 길어지는 것은 물론이고 의료서비스의 질이 민간 의료보험에 가입한 사람들만을 위한 민간 의료기관에 비해 떨어질 수밖에 없는 것이 현실이다. 알레만 병원은 민간 의료보험에 가입한 사람들을 위한 병원으로, 아무래도 별도의 높은 보험료를 내고 가입한 만큼 가입자들의 성향이나 진료를 받을 원인도 좀 다를 것이다. 공공병원에 오는 고객들은 일을 하다가 다치거나, 건강 관리를 제대로 하지 못해 병을 얻게 되는 경우가 더 많다.

알레만 병원은 고객들의 자녀를 위한 건강보험 플랜을 준비하고, 고객의 자녀와 부모의 성향을 함께 연구했다. 부모는 아이들의 안전과 건강에 민감한 편이어서 '해야 할 일'과 '하지 말아야 할 일'에 대해 매우 엄격한 것으로 나타났다. 반면, 아이들은 부모의 말보다는 자신의 욕구에 따라 행동하려는 경향이 높았다.

바로 이 지점에서 알레만 병원의 광고는 시작된다.

고객들의 공감을 얻는 것이 마케팅의 핵심

알레만 병원의 '부모의 말 대 아이들의 행동' 광고 시리즈는 고객의 공감을 광고로 발전시킨 대표적인 사례다. "높은 곳에 올라가지 마라" "장난치지 마라" "몸에 좋은 것을 먹으라"라고 부모는 말하지만 아이들은 자신의 욕구와 재미에 따라 행동한다. 그런 상황을 색깔의 대비(파란색은 부모의 잔소리, 녹색은 자녀의 행동)를 통해 보여 준 광고다. 부모가 계단으로 다니라고 말해도 아이들은 난간에서 미끄럼을 타고 싶어 하고, 그네를 타라고 하면 나무를 타고, 과자를 조금만 먹으라고 하면 많이 먹는… 그런 상황을 광고로 만든 것이다.

부모의 입장에서는 '맞아, 저러다가 꼭 다치지!' '지난번에도 저러다가 다쳤어!' 라고 공감을 하게 되면서도 아이들은 원래 놀면서, 다치면서 자란다는 것도 잘 알고 있다. 그래서 '어린이 건강보험 플랜'의 필요성에 대해 공감하게 되는 것이다.

[그림 7-34] **알레만 병원의 '부모의 말 대 아이들의 행동' 광고 시리즈**[9]

9) https://www.pinterest.co.kr/pin/93520129733657859/

아이들의 또 다른 행동에서 출발한 광고 시리즈도 있다. 아이들은 슈퍼히어로에 열광하고, 슈퍼히어로 복장을 하고 흉내를 내는 것을 즐긴다. 옷을 갖춰 입었다고 슈퍼히어로의 능력을 갖게 되는 것은 아니지만 아이들의 마음은 이미 슈퍼히어로다. 그래서 슈퍼히어로 놀이를 하다가 다치는 경우가 생각보다 많다고 한다. 이 광고를 보는 부모의 마음은 모두 비슷할 것이다. 아이들에게 하지 말라고 하는 것보다 '개구쟁이라도 좋으니 튼튼하게만 자라다오'라고 마음속으로 말할 것이다. 그리고 만약의 경우를 대비해서 아이들을 위한 건강보험을 준비할 것이다. 필요성을 알리기 위해서 고객들의 공감을 얻는 것이 얼마나 중요하고, 공감은 생활 속의 관찰에서 나온다는 것을 잘 보여 준 마케팅 사례다.

[그림 7-35] **알레만 병원의 슈퍼히어로 시리즈**[10]

10) https://www.adforum.com/talent/41696982-valeria-magrini/work/6697604

08

의료기관 경영과 병원장의 리더십, 그리고 병원 조직커뮤니케이션

유승철 교수
이화여자대학교 커뮤니케이션 · 미디어학부

QR코드를 스캔하시면 저자의 설명 영상을 시청하실 수 있습니다.

✚ ✚ ✚

현대 사회에서 가장 복잡하고 까다로운 조직이 바로 병원이다. 다양한 특성의 전문직 직군들이 24시간 쉴 새 없이 협업하며 가장 힘든 상태에 처한 고객들을 비선택적으로 만나는 곳이 바로 병원이다. 앞서 이야기한 영리와 비영리가 섞인 복합적인 조직 성격 때문에 영리 추구로 크게 기우는 순간에 거센 사회적 비난에 직면하고는 한다. 마케팅 활동도 역시 제약이 많다. 저예산-저위험-고효율(low cost-low risk-high performance)을 염두에 두고 마케팅을 해야 한다. 이렇게 까다로운 조직을 이끄는 병원 경영자는 말 그대로 '험난한 의사결정 과정'에 늘 직면하게 된다. 소위 '병원장이 병나기 가장 쉬운 조직'이다. 이 장에서는 새로운 경영 환경에서 병원장의 리더십의 역할을 고찰하고 병원의 성공을 위한 조직커뮤니케이션 방향을 알아보았다.

비영리 조직의 성장 마인드셋 그리고 의료기관 경영

병원으로 대표되는 의료기관은 비영리 조직(nonprofit organization)으로 분류된다. 병원은 많은 국가에서 사유재(private goods)라기보다는 '공공재(public goods)'로 여겨지며, 소비의 비경쟁성(non-rivalness)과 비배제성(non-excludability)이라는 특별한 의무를 강제 받고 있다. 결론적으로 의료비의 상승은 경제적 논리만을 따를 수는 없으며, 시민들에게 열린 의료를 제공해야 한다는 이상적인 원칙을 지켜야 한다. 하지만 병원은 영리 조직(for-profit organization)이다. 고도의 지식 노동자인 의료인을 고용하고 유지하기 위한 높은 인건비 그리고 신형 장비를 구매나 임대하기 위한 막대한 기반 시설비를 감당하려면 비영리 조직의 숭고함과 철학으로는 역부족이다. 각종 비용 절감을 위한 노력이 때로는 의료서비스의 품질 저하를 일으키기도 한다. 과다한 업무량의 배정 때문에 의료사고 발생 확률이 높아지기도 한다. 그래서 병원의 성장을 위해서 의료조직에게는 영리 조직으로서의 기민함과 성장 마인드셋(growth mindset)이 필요하다.

현대 사회에서 가장 복잡하고 까다로운 조직이 바로 병원이다. 다양한 특성의 전문 직군들이 24시간 쉴 새 없이 협업하며 가장 힘든 상태에 처한 고객들을 비선택적으로 만나는 곳이 바로 병원이다. 앞서 이야기한 영리와 비영리가 섞인 복합적인 조직의 성격 때문에 영리 추구로 크게 기우는 순간에 거센 사회적 비난에 직면하고는 한다. 마케팅 활동도 역시 제약이 많다. 저예산-저위험-고효율(low cost-low risk-high performance)을 염두에 두고 마케팅을 해야 한다. 이렇게 까다로운 조직을 이끄는 병원 경영자는 말 그대로 '험난한 의사결정 과정'에 늘 직면하게 된다. 소위 '병원장이 병나기 가장 쉬운 조직'이다.

병원장은 비영리/영리 하이브리드 조직의 수장이지만 성장 마인드셋을 갖춰야 한다. 리더의 인사이트와 열정적 리더십은 조직의 운명을 송두리째 바꿀 수 있다. 그 좋은 사례가 바로 MBA 스님으로도 불리는 소림사의 스융신(釋永信) 방장(주지스님)의 리더십이다. 40~60대의 독자들에게는 추억의 영화로 남아 있을 〈소림사 18동인(Return of the 18 Bronzemen)〉의 배경으로 유명한 사찰이 소림사다. 중국 허난성(河南省) 정저우(鄭州)의 숭산(嵩山)에 소재한

[그림 8-1] **스융신 방장의 저서(『Shaolin temple in my heart』, 2013)**

'소림사(少林寺, 샤오린쓰, Shàolinsi)'는 본래 구멍가게 수준의 은둔의 법당이었다. 1980년대에 겨우 10명 내외의 승려들이 근근이 운영하던 소규모 사찰을 중국 500대 기업의 하나로 만들어 낸 것은 주지 스님의 '성장 마인드셋' 때문이었다. 전 세계적으로 무술의 인기가 높아지고, 〈소림사 18 동인〉과 같은 유명 영화에 사찰을 전략적으로 노출하면서(현대적 개념의 PPL과 유사하다) 소림사는 중국의 사찰에서 '세계의 대표 사찰'로 글로벌 브랜드파워를 얻게 되었다.[1] 실제로 영화 개봉 전인 1970년대 말에는 소림사를 찾은 관광객이 연간 약 50,000명 규모였지만, 영화 흥행 이후 1984년에는 260만 명으로 관광객이 폭발적으로 급증하기도 했다.

소림사 산하에 '브랜드 관리 전문 계열사'를 설립하고 '무술 마케

1) Yongxin (Shi.). (2013). *Shaolin temple in my heart (Chinese Culture)(English Edition) 我心中的少林 (文化系列)(英文版)*. China Intercontinental Press.

팅' '제약' '관광' 등 다양한 사업 확장을 통해 매년 1,000억 원 이상을 벌어들이는 세계적 종교 브랜드로 소림사를 변화시켰다. 광둥성(廣東省) 선전 위성 TV와 함께 일종의 리얼리티쇼인 〈중국 쿵푸스타 세계 TV대회(中國工夫之星全球電視大賽)〉를 진행했고, 심지어 무술 영화 제작에도 참여하고 있다. 최근에는 유료 관광객 유치를 위한 순회공연단(Shaolin Kungfu Monk Corps)을 독립 법인으로 창업하기도 했다. 소림사의 실사구시(實事求是)적 종교관과 주지스님이 주도하는 마케팅이 놀라운 물리적 확장과 금전적 성과를 거둔 것이다. 스융신 방장은 그의 저서에서 "소림사의 목표는 상업화가 아니라 진정한 소림 문화의 보존과 확산"이라고 강조하면서 "목표 달성을 위해서는 승려들이 세속적인 세계에 참여해야 한다"고 주장한 바 있다. 하지만 소림사의 규모 중심의 확장과 금전을 통한 성장은 최근 여러 문제점에 봉착했다. 호주에 불교 체험관인 샤오린 마을(Shaolin Village) 건축을 위해 해당 도시 시장에게 3백만 달러 규모의 로비를 한 것이 발각되었고, 최근에는 성추행, 자금 횡령, 정부 인사 로비 등 부정적 제보가 속출하고 있다. 규모의 성장이 결국 부패로 이어진 셈이다.

미국 최대 규모 교회의 하나인 윌로우 크릭 교회(Willow Creek Community Church)의 주임 목사인 '빌 하이벨스(Bill Hybels)' 목사는 『공개: 당신은 어디 있습니까?(Reveal: Where Are You?)』이라는 도서를 통해 "우리는 수적으로 성공했지만 참된 제자를 만드는 데에는 실패했다"라고 솔직하게 고백한 바 있다.[2] 이제 영국과 아일랜드

2) Hybels, L., & Hybels, B. (1995). *Rediscovering church: The story and vision of willow creek community church*. Zondervan Publishing House.

까지 진출한 미국 최대이자 글로벌 프랜차이즈 교회의 담당 목사가 들려 준 진솔한 고백을 통해 성장을 도모하는 비영리 조직에게 좋은 시사점을 전한다. 병원 경영자들은 공격적 경영과 적극적 마케팅에 앞서 의료조직의 철학과 본질을 곱씹어 봐야 할 것이다. 단번에 뜨는 병원이 아니라 오래 건강하게 사랑받는 병원을 만들기 위한 병원장의 의지와 노력이 절실하게 필요하다. 병원은 비영리와 영리의 두 날개로 날아간다. 어느 한쪽에 지나치게 치우치면 급히 추락하고 만다. 소비자가 병원의 문제점에 침묵하는 시대는 이미 종언했다. 최근 급격히 늘어 가고 있는 소비자 집단 불매 운동 및 사이트 탈퇴 운동 등은 소셜미디어를 통해 목소리를 내고 집단 행동까지 만들어 내는 소비자의 힘을 잘 보여 주고 있다. 기업이 무심코 게재한 광고 한두 편이 엄청난 역풍을 일으키기도 했다. 병원장은 비영리와 영리의 두 날개를 조율하며 성장을 향해 날아가는 항해사가 되어야 한다.[3] 병원이라는 고도화된 조직의 경영자로서 더 깊이 배우고 또 성찰해야 할 것이다.

위대한 병원을 만드는 위대한 병원장의 리더십

〈파워 오브 원(The Power Of One)〉이라는 오래된 영화를 기억하시는 독자라면 아마도 40대 이상의 분일 듯하다. 물론 케이블 TV의 흘러간 영화의 재방송이나 온라인 동영상 서비스(Over The Top: OTT)에서 만난 옛 영화 목록에서 우연히 발견하고 관람한 젊은 독

3) Worth, M. J. (2020). *Nonprofit management: Principles and practice*. CQ Press.

자도 있을 듯하다. 혹 못 보신 분들(특히 병원 관계자분들)은 꼭 시청하시길 바란다. 〈파워 오브 원〉은 1992년에 개봉된 미국 영화다.[4] 남아프리카공화국(Republic of South Africa)이 독립하기 18년 전인 1930년, 교외 농장에 거주하던 부끄럼 많은 백인 소년 PK는 성장과 깨달음을 통해 흑인 인종 차별(아파르트헤이트, Apartheid)에 반대하고 흑인들을 위해 리더로 앞장서게 된다는 화합의 메시지를 전한다. 백인이 흑인을 선도한다는 미국적 발상으로 비평가들의 혹평을 받기도 했지만 〈록키(Rocky)〉를 연출한 경력으로도 유명한 존 에빌슨(John G. Avildsen) 감독의 감동적인 연출, 한스 짐머(Hans Zimmer)의 웅장한 배경음악, 배우들의 열연은 〈파워 오브 원〉을 시대를 초월한 명작 반열에 올렸다. 고교 시절에 본 이 영화가 중년인 필자에게 지금도 생생한 것은 영화가 주는 강렬한 메시지 때문이라고 생각한다.

〈파워 오브 원〉이라고 하면 '하나된 힘–단결된 힘'이라고 해석되기도 하고 '한 사람의 힘–리더십(leadership)'이라고 해석할 수도 있다. 문자 그대로 해석하자면 완전히 다른 의미지만–조금 멀리 떨어져서 행간을 보면 "한 사람의 힘이 하나된 힘을 만든다(The power of one person makes the power of one)"라고 이해할 수도 있겠다. 4차 산업혁명의 시대–바야흐로 인공지능이 수많은 의사결정을 자동으로 해 주고, 클라우드(cloud) 기반의 집단적 의사결정이 보편화된 시대다. 이런 시절에 '한 사람이 만드는 변화의 힘'이 무슨 소용이 있을까? "세상은 군중이 변화시키지만–그 군중을 움직이는 동인은 한 사람에게서 나온다"라고 이해할 수 있을 정도로 '위대한 지도자'의 힘은 막대하기 때문이다. 뛰어난 지도자 또는 무

4) https://www.imdb.com/title/tt0105159/

능한 지도자가 국가의 흥망을 좌지우지한 역사는 지금 이 순간에도 세계 곳곳에서 반복되고 있다.

복잡한 '협력적인 지능적 조직(collaborative intelligent organization)'이라고 불리는 병원은 가장 많은 전문인이 한 곳에서 공동의 목표를 두고 일하는 협력 조직이다. 한 직업 전문 사이트의 조사[5]에 따르면, 병원에는 '200개 이상의 직업 타이틀'이 있다고 한다. 또 병원에 일하는 근무자의 나이 분포도 넓다.[6] 20대 초반의 바로 대학을 졸업한 청년부터 70대를 바라보는 노인까지 여기에 남녀의 다양성까지 더한다면 말할 나위 없는 대단한 다양성을 보여 준다. 그래서 병원에서의 리더십은 그 어느 조직보다도 더 중요하다. 태생적으로 화합하기 힘든 조직이 바로 병원이기 때문이다. 이런 이유로 세계의 선도 병원은 병원장 선출을 위해 오랫동안 각고의 노력을 기울인다. 실제 세계 최고의 암병원으로 불리는 엠디앤더슨 암센터는 40대의 젊은 의사 가운데에서 리더십이 뛰어난 인재를 미리 낙점해 두고 10~15년이 넘는 기간 동안에 다양한 보직 경험을 시킨 후에야 병원장으로 선출한다고 할 정도다.

고대 그리스 아테네의 역사가인 투키디데스(Thucydides)는 지도자의 참 덕목으로 네 가지를 제시했다. 첫째, 무엇이 필요한지 볼 수 있는 식견이 있어야 하고, 둘째, 본 것을 설명할 수 있는 능력이 있어야 하며, 셋째, 조직(국가)을 사랑하는 마음을 가져야 하고, 넷째, 돈에 초연한 사람이어야 한다는 것이다. 병원의 지도자인 병원

5) Hospitality Careers: Options, Job Titles, and Descriptions, https://www.thebalancecareers.com

6) Healthcare and Medical Job Titles and Descriptions, https://www.thebalancecareers.com/healthcare-medical-job-titles-2061494

장의 역할도 다르지 않다. CEO로서 병원장의 역할은 막대하다. 병원장은 병원이 최상의 치료를 제공할 수 있는 방식으로 작동하는지를 확인하기 위한 병원 운영의 모든 측면을 책임진다고 해도 과언이 아니다.[7] 병원장은 병원의 재무 성과, 법률, 규정 및 내부 정책 준수, 임상 절차 및 전반적인 운영의 우수성을 모두 결정하는 총괄 책임자다. 병원장의 무게감을 독자도 이 글을 읽으며 또 실제 병원장의 역할을 보아 오면서 충분히 인지하고 있을 듯하다. 특히 앞서 이야기한 병원의 다양성을 '하나의 목소리'로 모아서 좋은 방향(good direction), 나아가 위대한 방향(great direction)으로 이끌기 위해 병원장의 뛰어난 리더십은 결정적이다.

이런 리더십이 가장 요구되는 순간은 바로 '혁신의 순간(the moment of innovation)'과 '위기의 순간(the moment of risk)'이다. 병원은 가장 보수적인 기관이지만 기술과 질병의 변화에 맞춰 혁신하지 않으면 나락으로 떨어지는 위태로운 조직이다. 그래서 혁신은 선택이 아니라 필수다. 한편으로 병원에 위기는 단골손님처럼 찾아온다. 의료조직의 위기 중 대부분은 '의료사고'에서 찾아온다. 의료사고를 의료진 개인의 문제로 치부하는 경향이 있지만, 실제로 그 심연에는 병원 시스템 안에 문제가 자리하고 있다. 미국의 한 보고서에 따르면,[8] "오류는 일반적으로 사람들이 실수를 하거나 예방하지 못하도록 하는 문제가 있는 시스템, 프로세스 및 조건의 결합으로 인해 발생한다"고 한다. 병원장은 위기가 오지 않도록 시

---

7) The Healthcare Executive's Role in Ensuring Quality and Patient Safety, https://www.ache.org/about-ache/our-story/our-commitments

8) To Err is Human: Building a Safer Health System, https://pubmed.ncbi.nlm.nih.gov/25077248/

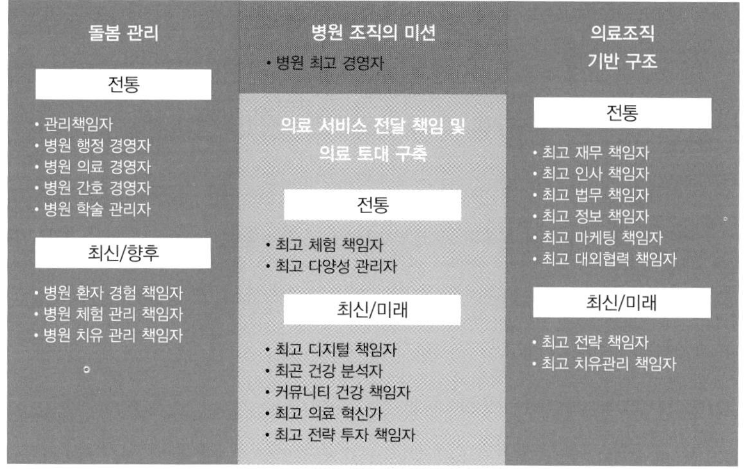

[그림 8-2] **병원 리더십에서 변화된 병원장의 역할**

출처: https://www.dhrinternational.com

스템을 고도화하고 찾아온 위기를 잘 관리해야 할 책임을 지닌다. 그래서 병원장은 '최고 혁신 책임자(chief innovation officer)'이자 '최고 위기 관리 책임자(chief risk management officer)'라야 한다.

병원장의 리더십이 실제로 구현되는 방법은 다름 아닌 소통이다. 전통적으로 병원이 환자와 상호작용하는 유일한 방법은 환자가 아플 때라고 한다. 마찬가지로 과거에는 병원장과 병원의 의료진과 병원 직원 그리고 환자와 소통하는 순간은 '문제가 두드러진 순간' 이었다. 이제 병원을 둘러싼 사회문화적 환경뿐 아니라 기술적 혁신이 동반되면서 '병원장의 리더십과 소통 방법'에 심각한 변화가 요구되고 있다. 병원장의 역할은 다양하고 또 막대해지고 있다. 긍정적으로 생각하면 병원장의 뛰어난 리더십과 적극적인 소통은 입지요건과 자원이 부족한 병원도 강력한 브랜드 병원으로 바꿀 수 있다고 돌려서 생각할 수 있다. 뛰어난 리더십을 넘어선 위대한 리더십을 발휘할 한국의 병원장이 늘어나길 바란다.

'불통은 고통이며 비용이다': 인공지능 시대 의료기관의 조직커뮤니케이션

병원은 의사와 간호사를 비롯한 최고의 의료 전문가들이 동일한 공간에서 환자 치유라는 공통의 목표를 위해서 고전분투하고 있는 조직이다. 그러다 보니 '직군 간의 갈등' 또 '사람 간 소통의 문제'는 늘 발생한다. 여기서 생각해 볼 문제는 바로 병원 조직이 다루는 사안이 매우 엄중하다는 것이다. 환자의 생명을 다루는 숭고한 과업에서 작은 소통의 실수는 되돌릴 수 없는 결과를 일으키곤 한다. 소비자 심리학에서는 이를 관여도(involvement)라고 이야기한다. 환자에게 의료서비스는 최고 수준의 관여도를 지닌 서비스다. 당연히 서비스 제공자에게 거는 기대와 관심은 막대할 수밖에 없다. 물론 의료 종사자 역시 일상이 긴장의 연속이다. 그래서 병원에서는 특히 소통이 안 되면 문제가 발생하고 또 고통이 찾아온다.

금전적으로 볼 때, 소통이 안 되어서 일어나는 불통(不通)은 병원에게 큰 비용이다. 실제로 미국의 한 조사회사(CRICO Strategies)가 진행한 연구[9]에 의하면, 병원 조직원의 소통 때문에 일어나는 비용손실이 매년 약 1.7억 달러에 육박한다고 한다. 또 소통 문제로 사망한 환자는 '2천 명'에 달한다. 이 조사는 미국 내 2만3천 건의 병원 소송의 주요 원인을 분석했는데, 그 소송 가운데 7천 건 이상이 소통 문제로 발생했다고 한다. 이 정도이면 소통이 병원 경영에서

9) Communication Failures - CRICO Strategies, https://www.rmf.harvard.edu/~/media/0A5FF3ED1C8B40CFAF178BB965488FA9.ashx

지니는 중요성을 실감할 수 있을 것이다.

동일 조사에 따르면, 병원 내 소통의 문제 가운데 '간호사와 의사와의 소통 문제'가 가장 크고, 다음으로 '환자와 의료진과의 소통 문제'가 빈번하다고 한다. 예컨대, 의사소통 실패는 교대 근무 중에 환자를 돌보는 일을 다른 간병인에게 넘길 때 가장 흔히 발생한다. 불완전하거나, 부정확하거나, 모호한 정보가 담당자 전환 시 제공되면 의료 실수가 발생할 가능성이 크게 높아진다. 소통이 원활하지 않으면 환자가 잘못된 치료를 받거나, 잘못된 약물을 투여받거나, 필수 검사 및 치료가 지연될 수 있으며, 이 모든 것이 환자 결과에 부정적인 영향을 미칠 수 있다. 다른 예로 환자는 종종 '병원 의료서비스 여정(hospital medical service journey)'의 여러 단계에서 빈번한 지연(delay)을 경험한다. 놀랍게도 지연의 대부분은 직원 간의 의사소통이 원활하지 않은 결과다. 이러한 소통의 문제는 환자 처리 속도를 늦추고, 입원 기간을 늘리며, 환자 만족도 점수를 낮추는 핵심 문제다. 또 종국에는 병원에 막대한 비용 손실을 초래한다. 이처럼 병원 구성원 간의 원활한 소통은 단순히 '화목한 조직'을 만드는 것을 떠나서 '의료 성과와 품질'을 결정하는 매우 중요한 사안이다. 경영 입장에서 효과적인 소통은 병원의 비용을 절약하는 왕도라고 해도 과언이 아니다.

'잘 돌아가는 병원'을 만드는 조직커뮤니케이션

인공지능이 업무에 보편화될 미래의 병원에서는 조직원 간의 갈등 소통의 문제가 줄어들까? 비관적으로 바라보자면 더욱 심각해

질 것이다. 서로 만나서 한 번에 해결할 수 있는 일들을 비대면으로 처리하다 보니 더 많은 소통 노력이 소요되고 잘못된 정보 전달이 충분히 일어날 수 있다. 한편으로 보면 문서와 문자로 소통하기 때문에 소통에 있어서 명료성이 높아질 것이라고 기대할 수 있겠지만, 언어 뒤에 숨겨진 행간의 의미를 전달하기에는 문서 그 자체로는 부족하다. 특히 문서는 사태의 긴급성을 전달하기에는 역부족이다. 그래서 커뮤니케이션학에서는 비대면 소통을 '린 커뮤니케이션(lean communication)'이라고 부른다. 정보의 양이 적기 때문이다. 반면, 대면 소통을 '리치 커뮤니케이션(rich communication)'이라고 한다. 정보가 풍성하기 때문이다. 업무에 따라서 대면과 비대면의 장점을 잘 살리는 것이 병원 업무에서 중요하다.

한 심리학 연구[미국 캘리포니아 대학의 앨버트 메라비언(Albert Mehrabian) 교수]에 의하면, 메시지 전달에서 말이 차지하는 비중이 7%, 목소리인 음조, 억양, 크기 등이 38%, 비언어적 태도가 55%에 달한다고 한다.[10] 의사소통에서 언어적 메시지가 차지하는 비중은 겨우 7%밖에 되지 않는다고 보면 비대면 소통의 불안정성을 쉽게 이해할 수 있다. 우리가 흔히 일상생활에서 또는 가족관계에서 그 사람의 얼굴이나 몸짓만 보아도 심중을 꿰뚫을 수 있는 것을 생각해 보면 당연한 결과다.[11] 병원에서 효과적인 소통을 진행하기란 정말 어렵다. 그렇지만 어렵다고 해서 냉소하고 포기하면 이 어려움을 더 가중시키게 된다. 포기는 답이 아니다. 역설적으로 우리

10) Rasters, G., Vissers, G., & Dankbaar, B. (2002). An inside look: Rich communication through lean media in a virtual research team. *Small group research, 33*(6), 718-754.

11) Rasters, G., Vissers, G., & Dankbaar, B. (2002). An inside look: Rich communication through lean media in a virtual research team. *Small group research, 33*(6), 718-754.

병원이 조직원 간의 소통이 원활한 병원이라면 다른 병원에 비해서 엄청난 잠재력을 지닌 우수 병원이 될 수 있는 기회 요인으로도 생각할 수 있다. 기회는 주체가 가지는 사고의 틀이 만드는 것이기 때문이다.

앞서 소통의 중요함을 이야기했다. 소통의 또 다른 중요한 이슈는 바로 '기계를 이용한 소통'이다. 이제는 채팅과 메신저 등 인공지능 기반 소통 도구를 업무에 활용하는 것이 매우 보편화되어 있다. 환자들도 병원 챗봇(chatbot)을 통해 예약을 진행하는 것에 익숙해지고 있다. 물론 현재 이런 인공지능에 기반을 둔 소통 도구들이 세련되게 준비되어 있지는 않다. 챗봇이나 자동응답기와의 상담 과정에서 경험한 답답함을 독자도 공감할 것이다. 그런데도 업무 효율을 이유로 이런 도구들이 향후 보다 보편화되고 적극적으로 활용될 것이 분명하다. 그러기 위해서는 우리 병원 업무에 이런 '문명의 이기'를 가장 효과적으로 활용할 수 있는 전략을 구사할 필요가 있다. 이런 소통의 도구들은 단순히 환자 또는 잠재 환자와 우리 병원의 조직이 소통하는 외부 접점 채널 역할을 넘어서 우리 조직원 간에 화합 또는 업무 소통을 도울 수 있는 강력한 무기로 사용할 수 있다. 사업적 측면에서나 병원의 경쟁력 강화라는 측면에서 무한한 잠재력을 지니고 있다.

병원 직원들의 생일이나 경조사를 챙기는 시스템이 있는 조직과 없는 조직에서 화합의 정도 차이는 상당하다. 물론 형식적이라고 비판할 수 있겠지만, 병원 경영진이 이를 수동으로 진행하는 것은 대단한 노고이며, 조직의 각종 개인사를 캘린더를 통해 자동화할 때 얻어지는 이익은 크다. 하지만 이렇게 많은 '알람' 들이 있다고 하더라도 그 조직이 자동적으로 탄탄해지는 것은 아니다. 여전히 조직 커뮤니케이션의 기본은 조직 소통의 진실성에 기반을 둬야 한다. 도구는 역시 도구의 역할만 하기 때문이다. 다음으로 조직원의 일상과 행복을 챙기는 것뿐 아니라 병원의 업무적 소통과 화합에 인공지능을 도구로 활용하는 것도 좋은 방법일 것이다. 우리 직원이 우리 병원에 대한 충성도가 적은데 환자들이 우리 병원을 좋아하고 찾아 줄 수 없다. 이처럼 조직 내 소통을 원활하게 하는 데 첨단 기술을 활용하는 것을 주저하면 안 된다.

병원에서 조직원 이탈은 상당히 빈번하다. 실제로 병원 조직원의 약 50~55%를 차지하고 있는 간호사 인력의 경우에는 신입 직원의 평균 체류 기간이 수년도 채 되지 않는다. 대한간호협회가 진행한 2019년 조사에 따르면, 면허를 취득한 지 1년이 안 된 신규 간

[그림 8-3] **2019년 간호사 대상 조사/ 대한간호협회 & 동아일보**

출처: https://www.donga.com/news/Society/article/all/20191015/97875675/1

호사 10명 중 7명은 근무가 힘들다는 이유로 일하고 있는 병원을 그만둘 생각을 하고 있다고 한다. 전국 신규 간호사 1,397명을 조사한 결과, "다니는 병원을 1년 이내 그만두는 것을 고민하고 있다"는 응답자가 67.4%로 나타났다. 실로 심각한 수준이다.

또 이 근무 기간이 점차 짧아지지는 않을까 우려가 된다. 최근에 전 산업에서 화두가 되고 있는 'MZ 세대 신입 사원의 교육과 충성도 제고'라는 화두는 병원에도 동일하게 적용된다. 병원 조직의 업무 강도가 높고, 또 워낙 중요한 안건(환자의 생명)을 다루다 보니 조직원의 긴장감도 상당히 높다. 이런 긴장감 속에서 소위 MZ 세대 직원들이 적응할 수 있도록 하기 위해서는 금전적인 보상을 뛰어넘는 '소통을 통한 심리적 보상'이 필요하다. 최근 IT 기업에서 자살자가 늘어나고, 조기 퇴사자가 늘고 있음은 병원 조직에도 많은 함의를 전한다. 혹자는 젊꼰(젊은 꼰대) 문화에 반발해서 이탈이 늘고 있다고 지적하기도 한다. "5060 꼰대보다 더 싫다 … 3040 젊꼰에 질려 이직한다"는 MZ 사원들의 호소에 유념해야 할 것이다.[12] 저연차 직장인일수록 임원, 부장급보다 팀장급 중간 관리자나 직속 선배의 '꼰대스러움'에 몸서리친다고 한다(매일경제, 2021.). 한편으로 젊은 세대들이 자기와 맞지 않으면 꼰대로 모는 태도에 대한 선배 세대의 비판도 크다. 어떤 세대가 옳고 그르다고 결론을 내는 것보다는 요즘 직장에서 세대 간 이해가 더욱 필요해진 사실에 대한 인식과 해결 노력이 중요하다는 점을 이해해야 할 것이다.

실제로 이러한 직무 이탈의 문제가 단지 우리 한국에서만 일어

12) "5060 꼰대보다 더 싫다 … 3040 젊꼰에 질려 이직한다", https://www.mk.co.kr/news/business/view/2021/08/800586/

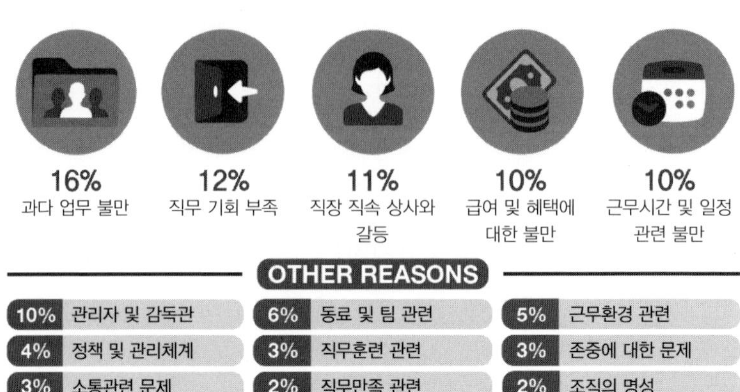

[그림 8-4] **미국 간호사 이탈 이유에 대한 조사**[13]

출처: https://peopleelement.com/administrators-guide-retaining-nurses/top-reasons-all-rns-leave-2-2

나는 것은 아니다. 미국에서도 병원 조직원의 이탈률(turnover rate, 퇴직 또는 이직)이 연 17.5%에 이른다. 특히 병원 직원 가운데 간호사는 늘 부족하다. 병원 조직원이 전문적인 직종에 종사하고 있고, 다른 직장보다 고수익임에도 불구하고 이탈이 빈번한 것은 그만한 업무상에 이유가 있을 것이다. 미국 사례를 보면, 간호사 퇴사의 원인은 업무 부담 병원 종사자 관계 등등 소통과 상당히 연관되어 있음을 확인할 수 있다. 의외로 금전적 이유는 10% 정도에 그치고 있다는 점이 흥미롭다. 다른 직업에서 퇴사의 이유가 보통 금전적인 것임을 생각해 보면 병원 인사 관리와 소통 관리의 특수성과 중요성을 이해할 수 있다. 결국 소통이 잘되어야 병원이 잘 돌아간다.

13) top-reasons-all-rns-leave, https://peopleelement.com/administrators-guide-retaining-nurses/top-reasons-all-rns-leave-2-2

환자 중심 경영이 중요하다면 '의료진의 쉼'을 먼저 설계하자

꼭 코로나 이슈가 아니더라도 병원에서 일하는 근로자의 업무 강도는 매우 높다. 업무의 강도가 높은 것보다 사실 더 힘든 것은 바로 '업무의 밀도'다. 크고 작은 여러 가지 일이 한꺼번에 복잡한 양식으로 일어난다는 것이 병원 업무의 대표적인 특징이다. 하지만 사소하게 지나칠 수 있는 작은 업무에서 발생한 실수가 만들어 내는 부정적 결과는 엄청나다. 인간의 생명을 다룬다는 업무의 무게감이 상당하기에 병원 근무자들은 항시 긴장된 상태로 일상의 업무를 이어갈 수밖에 없는 상황이다. 당연하겠지만 "공짜 점심은 없다(There is no free lunch)"—타 직종에 비해 높은 보수에는 다 이유가 있는 셈이다.

이런 이유로 병원 근무는 요즘 시대적 화두인 욜로(You Only Live Once: YOLO)라는 개념이나 소위 '워라벨'이라고 불리는 삶과 일의 균형(work and life balance)에 어울리지 않는 직장이다. 금전적 보상이 다른 직장보다 더 넉넉하다고 하더라도 업무 강도나 스트레스 정도에 비견한다면 그렇게 높지 않을지도 모르겠다. '병원 근무하다가 병원 신세를 지게 된다'는 이야기도 심심치 않게 들을 수 있다. MZ세대(1980년에서 1995년 사이에 태어난 사람)에게 병원이 기피 직장이 될 수도 있겠다. 실제 2021년 잡코리아에서 실시한 조사에 따르면, MZ 세대의 실제 조기 퇴사 이유를 보면 낮은 연봉 수준이 가장 큰 이유였다지만, 다른 이유는 대부분 조직과 인적 요인(human factor)에서 오는 것이었다.[14] 주로 직장 동료와의 갈등, 업무 적성과 불일치, 조직 비전 부족 등이다.

병원 조직에서 고려할 중요 사항은 바로 '소비자 중심(consumer centric)' 또는 '소비자 만족'이다. 병원 맥락에서는 '환자 중심 경영'이다. 원래 말의 취지와 맞지 않게 병원 현장에서 이 개념이 오용되는 경우가 많다. 사실 "환자가 뭘 원하는지 몰라서 다 준비했어!"라는 무대포적 서비스 살포가 이뤄지는 경우가 많다. 그래서 병원에 가면 소위 '투머치 서비스(too much service)'를 종종 경험하게 된다. 환자에게 필요 이상으로 과잉 친절하다 보니 환자의 입장에서 일면 대접받는 느낌이겠지만, 한편으로 불안하고 상당히 어색하게 느껴질 정도다. 실제로 필자가 몇 달 전에 종합건강검진 때문에 서울의 한 유명 대학병원을 찾았다. 그곳 건강검진센터 접수처에서 응대하는 간호사들이 지나칠 정도로 필자를 환대해 줘서 깜짝 놀란 적이 있다. 마치 5성급 호텔 서비스처럼 느껴질 정도였다. 이런 양질의 서비스를 제공하려면 병원 근로자는 얼마나 업무에 부담을 느낄까? 앞의 사례와 같은 투머치 서비스는 환자의 만족도를 높이는 데 이바지하지도 못할 뿐더러 서비스 응대 직원에게 지나치게 신체적 또는 심적 부담을 줄 수 있다. 우리가 진정 집중해야 할 '서비스의 핵심 소비자 기대 가치'는 고려하지 않고 무리한 고객 서비스 제공을 조직원에게 강요하는 사례가 많다. 마치 국내 카페에서 사물을 대상으로 문법에 맞지 않는 존칭을 쓰면서 "아이스 아메리카노님 나오셨습니다!"라고 외치는 것과 크게 다르지 않다. 2021년 글로벌 최고라고 자부하는 S 커피숍이 국내에서 특별 프로모션을 무리하게 집행하다가 체력이 소진된 직원들의 단체 저항을 마주하게 된

14) 극악 취업문 넘고도 … 왜 조기퇴사할까, https://m.nocutnews.co.kr/news/5611017

사례에서 여러 교훈을 배울 수 있다. 직원을 기계처럼 대했을 때 다양한 저항을 마주하게 된다. SNS 미디어를 통해 부정적 소통이 무한 바이럴되는 요즘에는 기업 가치 하락에도 결정적 영향을 줄 수 있음을 명심해야 한다.

투머치 서비스는 다양한 문제를 만들어 낸다

투머치 서비스는 앞의 사례를 포함한 조직 외부에 다양한 문제를 만들어 낸다. 이제 병원 근무자들에게 중심적인 업무 외에 기타 업무에 대해서는 긴장감을 조금 풀 수 있는 '긴장 완화 시스템'이 꼭 필요하다. 동일 총량의 업무를 나누려면 다양한 근무자 간에 업무 코디네이션(task coordination)이 필수적이겠다. 한편으로 이런 업무 안배를 위해 인공지능과 같은 첨단 기술의 도움을 받을 수도 있겠다. 이런 서비스 업무 재조정을 통해 직원들은 의료기관에서 환자에게 더 중요한 문제들을 다루고, 남는 시간에는 심적 여유를 가지고 환자를 응대할 수 있을 것이다.

2016년 일본의 한 생물학 연구(하세가와 교수 연구팀)에서는 '노는 개미'가 있어야 조직이 잘 운영된다고 발표했다. 물론 인간을 개미 조직에 비유하는 것이 환원주의적 논리의 비약이다. 하지만 이 연구는 여러 흥미로운 시사점을 전한다. 이 연구에서 개미 집단에는 항상 20~30%의 일하지 않는 개미가 존재하는 것으로 밝혀졌다.[15]

15) Hasegawa, E., Ishii, Y., Tada, K., Kobayashi, K., & Yoshimura, J. (2016). Lazy workers are necessary for long-term sustainability in insect societies. *Scientific reports*, *6*(1), 1-9.

[그림 8-5] **노는 개미 연구자-홋카이도대학의 하세가와 에이스케 교수**

일하는 개미들이 지쳐 일할 수 없게 됐을 때 놀던 개미들이 대신 일을 해서 집단의 존속을 가능케 한다는 설명이다. 나아가서 구성원 모두가 일제히 피로해지고 결국 움직일 수 없게 되면서 집단의 멸망이 빨라지는 데 비해 일하지 않는 개미가 있는 집단은 역설적으로 오래 존속한다고 한다. [홋카이도(北海道)대학 하세가와 에이스케(長谷川英祐) 교수(진화생물학) 연구팀 발표자료 참고].

하버드 대학교의 산업 심리학자이자 경영학자인 조지 마요(George E. Mayo, 1880~1949) 교수의 고전적 연구는 여전히 실무에 많은 함의를 준다. 마요 교수는 7년 반이 넘는 장기간의 현장 실험 끝에 '인간은 타인에 의한 감정적 관심에 따라 생산성이 변동한다'는 사실을 발견(1933년 발간)했다. 상식적으로 이해할 수 있지만, 실제 산업 현장에서 현장 실험을 통해 얻어 낸 결과라는 것에 그 의미가 크다. 이 연구는 경영학 교과서에 늘 소개되는 호손 연구(Hawthorne experiment)다.[16] 공장의 노동자가 실험 대상이 된다고 관심을 받는 순간에 상사와 동료 간에 인간관계를 좋게 만듦으

16) Mayo, E. (1933). The Hawthorne experiment. Western electric company (2016). *Classics of organization theory*, 134-141.

[그림 8-6] **호손 연구의 실험 장소로 쓰인 호손 전화기 생산 공장**

출처: https://news.harvard.edu/gazette/story/2011/12/rethinking-work-beyond-the-paycheck/

로써 생산성이 올랐다는 것이다. 아쉽게도 병원 현장은 여전히 마요 주의와 반대라고 볼 수 있는 프레드 테일러(Fred W. Taylor)의 기계적 성과 보상 기반의 인사 관리를 따르고 있다. '인간은 빵만으로 살 수 없음'을 우리도 상식적으로 충분히 알고 있지만, 병원 업무에서는 실천하지 못하고 있다.

실제로 병원에서 일어나는 많은 위기는 주로 '인적 요인'에서 발생한다. 단순히 환자와 연결된 의료적 사고뿐 아니라 근로자의 고의적 태만, 비리, 자살 등 병원 조직에서 발생할 수 있는 다양한 잠재적 인적 사고들이 늘 상존한다. 따라서 병원 경영자들은 이러한 인적 요인으로 발생한 사고를 줄이기 위해서라도 병원에서 '투머치 서비스'를 지양하고 중요 서비스에 집중하는 체계를 만들 필요가 있다.[17] 미국의 한 조사에 의하면, 병원 내 소진(burn out)을 조사

17) Greenglass, E. R., & Burke, R. J. (2002). Hospital restructuring and burnout. *Journal of health and human services administration*, 89-114.

한 결과 대학이 운영하는 종합병원에서 소진 정도가 더 컸다(2015 Today's Hospitalist Compensation & Career Survey). 기업이 운영하거나 지역의 소규모 의원의 경우에는 업무의 복잡성이나 업무의 밀도가 더 낮았던 것이라고 이해할 수 있겠다. 또는 근무자에 대한 밀착 돌봄이나 체계적인 대응을 통해 직원의 소진을 낮췄다고도 이해할 수 있다. 국내 병원의 상황은 관련 조사를 찾아보기 힘들어서 알기 힘들지만 비슷한 상황일 것으로 추정할 수 있다. 직장생활은 인생의 반이다. 개인이 투자하는 시간과 노력을 감안할 때, 직장생활의 중요함은 막대하다고 볼 수 있다. 의료 전문가로서 자신의 직무에 보람을 느끼며 사는 것이 금전적 이익만큼이나 중요하지 않을까?

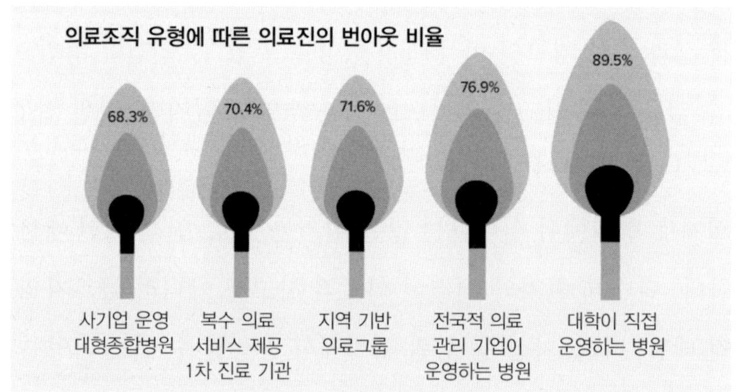

[그림 8-7] 2015 Today's Hospitalist Compensation & Career Survey

출처: https://www.todayshospitalist.com/respect-burnout-hospital

앞서 언급한 것처럼, 이러한 시스템 설계에 있어서 다양한 정보시스템을 활용하는 것도 좋은 방편이다. 예컨대, 인공지능 디지털 사이니지(digital signage)를 통해 병원 진료과의 위치 안내와 환자의 현재 진료 현황에 대한 안내를 편리하게 한다면 병원의 응대 담당자들이 감당해야 할 반복적 대면 업무의 부담을 줄일 수 있을 것이다. 투머치 서비스가 조직의 자랑이었던 시절은 이제 저물었다. 고도의 지식 노동은 적정 휴식과 정서적 안정성이 전제되지 않으면 예외 없이 문제가 발생한다. 마치 대학 교수에게 잠을 재우지 않고 연구를 강요하는 것과 다름없다. 병원에 근무하는 근로자 개개인이 병원 조직 생활에 만족하고 장기간 근무를 이어갈 수 있는 조직 문화와 조직 시스템 개발이 절실하다.

	Camera	Depth sensor	Thermal sensor	Radio sensor	Acoustic sensor
Sensory information	RGB, colour, video	Lidar	Infrared	Radar, Wi-Fi	Microphone
Function	Measures colour (visible light)	Measures distance to objects	Measures surface temperature	Estimates distance and velocity	Measures air pressure waves (sound)
Sampling rate	30 Hz (1,920 × 1,080)	30 Hz (1,280 × 720)	10 Hz (640 × 480)	800 Hz	44.1 kHz
Bit depth	24 bits	16 bits	16 bits	32 bits	16 bits
Uses	Object recognition, person detection	3D object detection, robotic navigation	Night vision, equipment safety	Motion detection, object detection	Speech recognition, event detection
Data visualization	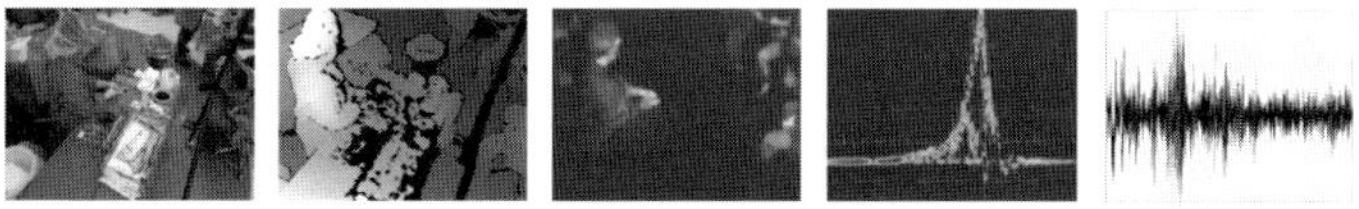				

[그림 8-8] **다양한 비접촉 센서를 통한 병원 내 업무 관리**[18]

출처: https://www.nature.com/articles/s41586-020-2669-y

해외 병원의 조직 시스템도 참고할 만하다. 미국의 다수 병원이 병원 근로자가 참여할 수 있는 다양한 직원 활동과 동아리 활동을 장려하고 있다. 그리고 병원 근로자들이 즐길 수 있는 스포츠 활동도 적극적으로 장려하고 있다. 이를 통해서 신체적 · 정서적 소진을 예방하고 있다. 소진을 막기 위해서는 병원 조직원이 병원에서 일한다는 것을 자랑으로 삼고, 또 신규 환자들을 모셔 올 수 있을 정도로까지 병원에 대한 충성도를 높여야 한다. 충성도 제고를 위

18) Haque, A., Milstein, A., & Fei-Fei, L. (2020). Illuminating the dark spaces of healthcare with ambient intelligence. *Nature, 585*(7824), 193-202.

해 조직에 인사 시스템뿐 아니라 소통에 대한 수월성도 함께 갖춰야 할 것이다.

국내 어느 병원 직원들이 소속 병원의 기념품을 사서 자랑할 수 있을까? 환자가 자랑스러워하고 또 조직원이 자랑스러워할 병원을 만들어야 한다. 필자의 책상에는 '엠디엔더슨 암센터(MD Anderson Cancer Center)'에서 직접 구매해서 가지고 온 병원 머그컵이 놓여 있다. 이렇게 병원 기념품을 구매하여 책상에 두면서 뿌듯하게 여길 수 있는 병원이 되어야 할 것이다. 미국에서는 직원뿐 아니라 환자들도 퇴원할 때면 병원 기념품을 사 가지고 퇴원하는 경우가 많다고 한다. 이처럼 국내에도 환자들과 직원들이 모두 자랑할 만한 그런 병원이 많았으면 좋겠다. K-컬처로 불리는 한류가 세계를 강타하고 있는 요즘 K-병원도 행복한 직원이 만드는 새로운 발상을 통해 세계의 의료서비스를 선도할 수 있길 기대한다.

[그림 8-9] **엠디엔더슨 암센터(MD Anderson Cancer Center)의 머그컵**

출처: https://childrensartproject.org/collections/md-anderson/products/mda-bistro-ceramic-mug-15oz

병원 조직의 핵심 인력인 간호사 그리고 널스 브랜딩

앞서 의료조직의 리더십과 병원장, 그리고 조직커뮤니케이션의 중요성에 대해 논의했다. 병원 조직원의 반을 차지하는 직군이 바로 간호사다. 독자들에게 '간호사 브랜딩(nurse branding)'이 이라는 용어가 매우 생소할지 모르겠다. 우리가 생활에서 흔히 쓰는 브랜드(brand)라는 용어는 표시와 상징에 대한 통괄 명칭을 의미한다. 한마디로 상업 자본주의 사회에서 우리가 마케팅하는 유형 또는 무형의 대상물 전체가 바로 브랜드라고 이야기할 수 있다. 브랜딩은 상징물인 기호를 사용하여 대상을 차별화한다. 심볼(symbol)은 브랜딩의 본체이며 브랜드의 가치를 전달하는 도구다. 간호에는 많은 식별 기호가 있다. 모자와 흰색 유니폼, 젊은 여성의 모습이 대표적이다. 그러나 이러한 상투적 기호는 변화하는 의료산업에서 간호사의 본질을 제대로 전달하는 데 실패했다. 간호사 브랜드 파워 부족이 해당 분야에 대한 오해들을 가져오고 있기도 한다.

일반인이 흔히 '간호사' 라는 단어를 떠올리면 '백의(白衣)의 천사' '숭고한 헌신과 노력', 그리고 '젊은 여성'의 이미지가 대부분일 것이다. 하지만 이런 고정적 이미지가 형성하고 있는 전체적 긍정성 뒤에는 오랜 시간 누적되어 온 성별 그리고 직업에 대한 고정관념'과 '직업에 대한 부정적인 인식'이 자리하고 있다. 간호사는 수많은 미디어 콘텐츠를 통해서 '의사의 보조적인 역할'을 하는 의료인으로서 한정된 업무 역할과 동시에 '젊고 아름다운 여성' 이라는 이미지로 표현되고 있다. 이런 부분은 이미 많은 논문과 관련 학술연구, 그리고 보건의료 보고서를 통해서 심각한 문제로 지적됐다.[19] 오랫동안 논란이 거듭되어 왔음에도 관련된 이미지는 현재도 크게 달라지지 않았다. 요즘도 우리가 종종 접하는 간호사 관련 논란들이 그 증거다. 예컨대, 2020년 한 유명 뮤직비디오에서는 간호사가 성적 대상화되어 심각한 논란을 일으킨 바 있다.

간호사에게 요구되는 상당한 분량의 교육과 전문적 직무 훈련 등 관련 교육과 투자를 고려할 때, 간호사가 현재까지도 전문직으로 인정받지 못하는 점은 상당히 아쉽다. 그렇다면 시민뿐 아니라 의료계에도 만연해 있는 이러한 부정적 인식의 흐름을 어떻게 변화시킬 수 있을까? 최근에는 많은 직종이 이미 브랜드화가 되고 있다. 특히 의료 부분은 더 그러하다. 의사뿐 아니라 한의사도 점차 병원이라는 틀을 넘어서 전문인으로서 '개인 브랜드(personal brand) 가치'를 높이려고 애쓰고 있다. 실례로, 약사의 경우는 흥미롭다. 과거에는 브랜드라고 느껴지지 않았던 직종이지만, 약사가 소셜미디어 상에서 '약 분야에 대한 전문성을 지닌 의견 선도자'로서 자리하면서 약을 추천하는 데 차별적 전문성을 획득하기 시작했다. 이미 여러 약사가 제약 기업의 후원을 받고 있기도 하다. 여전히 약국을 찾는 기준은 근접성과 규모라고 볼 수 있겠지만, 특정 약사를 찾아 추천을 받는 사례는 더 늘어갈 것이다.

이런 의료 직종의 브랜드화 흐름에도 불구하고 '간호사의 직업인으로서 브랜드'의 입지는 상당히 취약하다. 하지만 한편으로 간호사가 브랜드로 성장할 가능성은 상당히 높아지고 있다는 점에 주목해야 한다. 다수 간호사가 병원에서 일선 현장 환자 대면 간호 업

19) Trepanier, S., & Gooch, P. (2014). Personal branding and nurse leader professional image. *Nurse leader, 12*(3), 57.

〈표 8-1〉 **국내 병원의 간호사 직책 표기(2019년 기준)**

기관명	직책	기관명	직책	기관명	직책
삼성서울병원	간호부원장	원주세브란스 기독병원	간호국장	화순전남대병원	간호부장
서울아산병원	간호부원장	한양대병원	간호국장	양산부산대병원	간호부장
세브란스병원	간호부원장	영남대병원	간호운영실장	경북대병원	간호부장
서울성모병원	간호부원장	고대구로병원	간호부장	부산백병원	간호부장
인천성모병원	간호처장	고대안암병원	간호부장	순천향부천병원	간호부장
계명대동산병원	간호부원장	고대안산병원	간호부장	순천향천안병원	간호부장
서울대병원	간호본부장	단국대병원	간호부장	부산대병원	간호부장
분당서울대병원	간호본부장	충남대병원	간호부장	중앙대병원	간호부장
경희대병원	간호본부장	고신대복음 병원	간호부장	충북대병원	간호부장
강북삼성병원	간호본부장	동아대병원	간호부장	칠곡경북대병원	간호부장
아주대병원	간호본부장	원광대병원	간호부장	경상대병원	간호부장
인하대병원	간호본부장	전북대병원	간호부장	건국대병원	간호부장
대구가톨릭대병원	간호차장	전남대병원	간호부장	길병원	간호본부장
강남세브란스병원	간호국장	조선대병원	간호부장	한림대성심병원	간호부장

출처: 데일리메디(http://www.dailymedi.com/detail.php?number=849243).

무 외에도 경영 스텝으로서 전문성을 쌓아 가고 있다. 이화여자대학교 부속병원, 삼성서울병원, 서울아산병원, 세브란스병원, 서울성모병원 등 다수의 종합병원이 이미 간호부원장 제도를 도입했고, 다수의 간호사가 관리자 또는 경영자로서 역할을 담당하고 있다[20]. 또 해외에서도 교수나 공기관의 기관장 등 지도자적 역할을 담당하는 간호사가 늘고 있다. 실제로 국내 병원장에게 주어진 최우선 과제가 '간호부서와의 관계 정립'이라는 말이 나올 정도로 병

20) 직급 상승 · 역할 확대 간호사 '위상 제고' 어디까지-격세지감 느껴지는 간호부서 파워… 간호본부장 · 간호부원장 등 일반화, http://www.dailymedi.com/detail.php?number=849243

원에서 간호사의 존재감은 상당하다. 환자의 병원 경험에서 간호 만족도가 차지하는 비중도 막대하다. 다행히도 간호는 이미 가장 신뢰할 수 있는 직업이라는 평판을 가진다. 국내외를 막론하고 시민들은 의사, 조종사, 경찰관보다도 간호사를 더 신뢰한다. 이런 사실은 전문가로서 간호사 브랜딩을 하는 데 긍정적 요소로 활용할 수 있는 점을 잊지 말아야 한다.

여기서 주목해야 할 중요한 흐름은 환자가 병원을 고를 때 '병원의 규모' '의사의 지명도'에 따라서 병원을 고르는 것이 추세이지만, 환자와 접점에 늘 존재하는 '간호사 또는 간호 능력'에 따라서 병원을 고를 시점도 올 수 있다는 점이다. 실제로 이런 변화는 요양병원(nursing home)과 같이 환자와 의료진 간에 상호작용이 많은 그리고 지속적인 돌봄을 요구하는 의료기관을 중심으로 늘어 가고 있다. 이와 같은 흐름 가운데 간호사는 향후 파워 브랜드가 될 가능성이 크다고 예견할 수 있다. 한편으로 간호사의 브랜드화는 의료계의 발전에도 크게 이바지할 수 있다. 높은 전문성을 가지고 교육을 받은 간호대학교 졸업 학생 상당수가 신규 간호사가 된 후 수년이 안 되어 간호사 직종에서 이탈하고 있다. 이렇게 안타까운 현실의 기저에는 우리 의료계에 미래 인력에 대한 직업의식 교육 내용에 문제가 있다고도 볼 수 있다. 간호사가 본인의 직종을 자랑스럽게 여기고 전문인으로서 브랜드 가치를 가질 수 있도록 교육과정에 '희생적 직업 소명의식' 뿐 아니라 '전문인으로서 개인 브랜드'의 발전 방향이나 개인 브랜드를 성장시킬 수 있는 방향에 대한 비전을 줄 수 있는 전향적인 교육이 필요하다.

앞서 언급한 것처럼, 향후 '간호사와 간호서비스'를 기준으로 병원을 고르는 시대가 다가올 것으로 예상할 수 있다. 이런 부분들은

4차 산업혁명과 인공지능이라는 거대한 시대적 소용돌이 속에서 더 가속화될 것이다. 진료에 대한 의사결정 다수가 인공지능과 원격지의 의사를 통한 비대면 원격의료를 통해서 이루어진다면, 실제 의료 현장에서 가장 큰 실수요는 아픈 환자를 물리적으로 옆에서 지켜보고 간호할 수 있는 현장 인력이 될 것이기 때문이다. 또 앞으로 병원이 의료 시장에서 수월성 있는 경쟁력을 가지기 위해서는 '간호사가 특별한 병원'이라는 이미지로 위치를 잡아야 경쟁할 수 있겠다. 실제 영국의 한 병원(Weymouth Street Hospital)에서는 간호서비스를 차별화해 '최고의 간호서비스'를 중심으로 마케팅하고 있다.

이제 국내에서도 간호사의 이미지를 긍정적으로 변화시킬 필요가 있다. 브랜드 이미지(brand image)가 병원 기관 외부의 일반인이 인식하는 것이라면, 브랜드 독자성(brand identity)은 의료기관 내부인이 이야기하길 원하는 이상적인 인식이다. 우리가 주장하는 독자

[그림 8-10] **런던 베스트 프라이빗 병원**

출처: https://www.phoenixhospitalgroup.com/blog/londons-best-private-hospital/

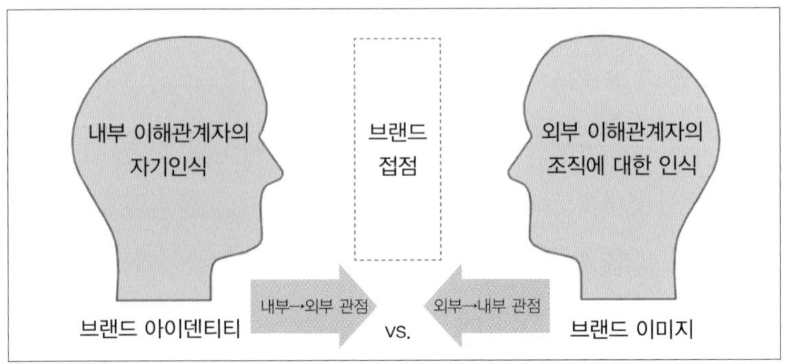

[그림 8-11] **브랜드 독자성과 브랜드 이미지**

출처: https://www.phoenixhospitalgroup.com/blog/londons-best-private-hospital/

성이 일반인의 마음속 이미지가 될 수 있도록 그 간극을 줄일 노력을 지속해야 한다. 그러기 위해서는 다양한 이해관계자 접점에서 일관되고 정교화된 메시지를 통해 소통할 필요가 있다.

이런 부분에서 커뮤니케이션 캠페인이 담당하는 역할과 비중이 상당하다. 그래서 과거에 간호사는 '젊은 여성 그리고 보조적인 역할을 하는 의료인'의 이미지에서 벗어나서 '중년의 여성 그리고 의사결정자의 모습의 전문인'으로 표상될 수 있도록 지속적으로 캠페인을 하는 것이 필요하다.[21] 예컨대, 간호사로서 성공한 인물에 대한 성공 스토리를 콘텐츠로 제작하고 미디어를 통해서 널리 알리는 것도 좋은 방법이 될 것이다. 이러한 간호사 브랜딩 훈련 과정을 통해 간호사가 보다 사랑받고 존경받는 직종이자 학생들이 선망하는 직종으로 인정받을 수 있도록 우리 의료인 스스로가 간호사 직종의 독자성을 만들어야 할 것이다. 2019년에 대학과의 협

21) Godsey, J. A., Houghton, D. M., & Hayes, T. (2020). Registered nurse perceptions of factors contributing to the inconsistent brand image of the nursing profession. *Nursing outlook, 68*(6), 808-821.

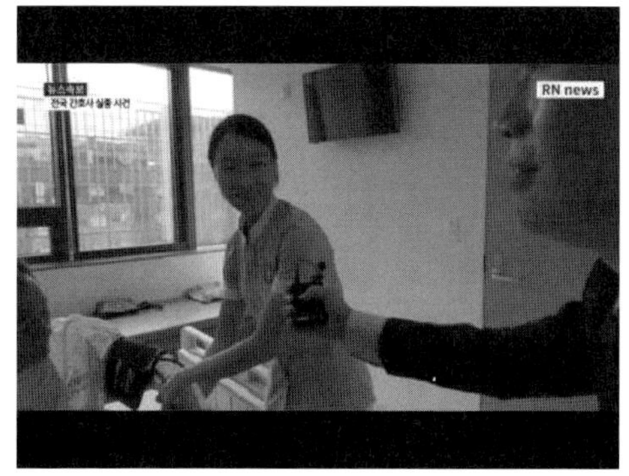

[간호사 인식 개선 캠페인] 전국 간호사 실종 사건 QR 코드

https://www.youtube.com/watch?v=PU7j2eGRMsk&t=18s

출처: 알앤잡(RN job), 이화여자대학교 커뮤니케이션 · 미디어학부 제작

업을 통해 집행된 대한간호협회 간호사 인식 개선 캠페인이 좋은 사례다.[22]

앞서 언급한 지속적인 소통 노력을 통해 단순히 간호사로 근무하는 사람들의 직무 만족도를 높이는 것을 넘어서 한국 의료의 질을 높이고, 또 병원의 품격을 높일 수 있는 선순환적 변화를 일으킬 수 있다고 본다. 간호사이자 간호 관리자인 플로렌스 나이팅게일(Florence Nightingale)은 다양한 통계학 지식과 지혜로운 의사결정, 그리고 설득력 있는 프레젠테이션 설득력을 통해 의료 현장을 바꿨다. 나이팅게일은 크림 전쟁(Crimean war, 1853~1856)에서의 경험을 바탕으로 영국군의 전사자와 부상자에 관한 방대한 데이터를 분석했고, 대다수의 사망자가 부상 자체가 아닌 치료나 병원의 위생 상태에 의해 사망했음을 알아냈다. 나이팅게일이 데이터 분석

22) 유승철, 강승미, 유주연(2021). 간호사 인식개선을 위한 간호학-미디어학 융합 PBL 수업의 중재효과 연구: 수업 참여 학생들 및 PBL 성과발표회 참석 학생들의 인식 변화를 중심으로. **한국간호교육학회지**, 27(1), 59-67.

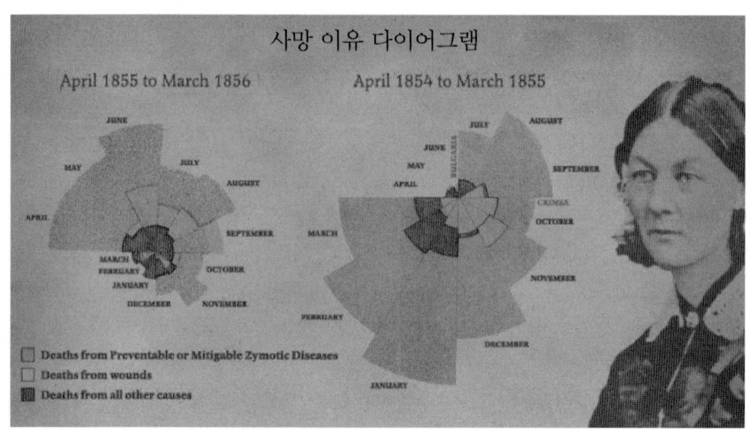

[그림 8-12] **나이팅게일이 고안한 로즈차트**

나이팅게일이 고안한 로즈차트는 데이터 시각화의 교과서적 사례로 활용되고 있다.
출처: https://www.healthmatrixcorp.com/site/blog?ID=83&type=post

을 통해 의료 혁신의 역사를 만든 것처럼, 뉴노멀 시대의 간호사 이미지 역시 이제 큰 변화를 이뤄야 할 것이다.

좋은 병원에서 위대한 병원으로: 환자와 직원이 모두 행복한 소통하는 병원

우리 속담에 "가지 많은 나무에 바람 잘 날이 없다"라는 말이 있다. 가지가 많고 잎이 무성한 나무는 살랑거리는 바람에도 잎이 흔들려서 잠시도 조용한 날이 없다는 의미다. 의역하면 '자식 많은 사람은 걱정이 떠날 때가 없다는 뜻'이다. 병원도 크게 다르지 않다. 5명 규모로도 잘 돌아가던 동네 의원이지만 성장을 거듭하여 규모를 키워 가면서 조직원 관련한 고민이 더 깊어지게 된다. 자연스럽게 관계도 형식적이고 관료적으로 변하기 쉽다.[23] 이 글을 읽고 있을 병원을 포함한 의료기관의 독자들은 "내가 어떻게 우리 병원 조직원에게 소통의 혜택을 제공할 수 있을지"를 진지하게 고민해 보길 바란다. 그리고 디지털 기술을 단순히 치유를 위한 도구로 활용하는 것을 넘어서 병원 내 효과적 소통에 활용할 수 있을 방안을 고민해 보길 바란다. 많은 기업 조직이 최고 커뮤니케이션 책임자(Chief Communications Officer: CCO)를 두고 있을 정도로 조직 내 커뮤니케이션이 중요해지고 있다. 소통을 통해 리드할 수 있는 병원 경영자는 좋은 병원을 넘어서 위대한 병원을 만들 수 있을 것이다.

23) Effects of Poor Communication in Healthcare, https://www.hipaajournal.com/effects-of-poor-communication-in-healthcare/

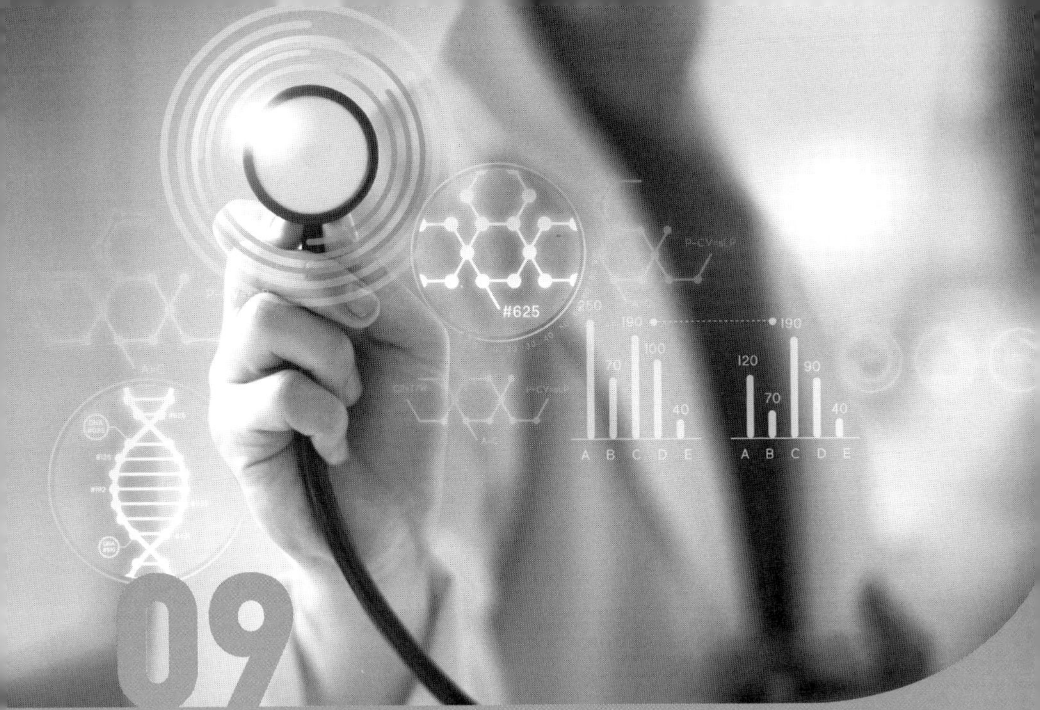

09

당신의 병원은 소통하고 있나요: 의료조직의 효과적 커뮤니케이션

이혜은 교수
이화여자대학교 커뮤니케이션 · 미디어학부

QR코드를 스캔하시면 저자의 설명 영상을 시청하실 수 있습니다.

✚ ✚ ✚

병원은 환자의 생명과 건강에 직결되기 때문에 다른 어떤 기관보다도 세밀한 커뮤니케이션이 요구된다. 또한 기술과 의술의 발달로 급격한 커뮤니케이션의 변화 또한 겪고 있다. 병원에서 환자와 의료진의 커뮤니케이션은 인간커뮤니케이션, 그중에서도 대인커뮤니케이션의 한 종류로 볼 수 있다. 병원이라는 특수한 조직의 특성이 커뮤니케이션 패턴과 한계를 결정하기 때문에 조직커뮤니케이션이기도 하다. 만약 환자와 의료진 간의 문화적 차이로 인한 소통의 문제가 발생할 가능성이 있다면 문화간커뮤니케이션이다. 주고받는 메시지가 건강 관련이기 때문에 헬스커뮤니케이션 영역까지 연결되는 분야이기도 하다. 이 장에서는 코로나 상황으로 의료진의 마스크 착용이 환자와의 소통과 신뢰에 어떤 영향을 주었는지, 또한 온라인 리뷰 사이트에서 병원 평가에 관한 연구를 소개하면서 병원에서의 소통의 중요성을 확인했다. 대인커뮤니케이션 연구자로 병원에서 흔히 적용할 수 있는 연구를 소개하고, 그 안에서 의료진이 쉽게 활용할 수 있는 효과적인 대화 전략을 제언하며 마무리한다.

우선 병원에서의 커뮤니케이션을 환자-의료진 간 대인커뮤니케이션, 문화간커뮤니케이션, 헬스커뮤니케이션, 조직커뮤니케이션 관점에서 알아보려고 한다.

병원에서의 대인커뮤니케이션

인간커뮤니케이션(human communication) 분야는 1950년 이전에 미국의 여러 전공 분야에서 연구되기 시작했다. 경영학에서 협상(negotiation), 가족학에서 부모와 자식 관계 및 부부간의 소통, 사회심리학에서 연애 발전 및 우정관계 등의 연구에서 소통의 역할이 관심을 받기 시작하였다. 이후 인간커뮤니케이션 전공은 1957년 미시간 주립대학교(Michigan State University)에서 저널리즘이나 매스미디어 전공이 아닌 커뮤니케이션학과(Department of Communication)라는 독립된 학과로 처음으로 신설되었고, 현재 미국 대학에서 가장 전공생이 많은 학과 중 하나로 발전하였다.[1]

언론이나 매스미디어 연구와 차별되는 인간커뮤니케이션은 세상을 이해하고, 그것을 다른 사람들과 이야기하는 과정으로 정의되고,[2] 정보와 메시지 교환의 영향으로 나타나는 인간의 행동을 연구하는 학문으로, 설득, 혁신의 확산, 메시지 효과, 비언어커뮤니케이션, 대인커뮤니케이션, 조직커뮤니케이션, 문화간커뮤니케이션, 헬스커뮤니케이션, 가족커뮤니케이션 등의 세부 전공으로 다양한 실증 연구와 학문적 성과를 이루어 왔다. 미시간 주립대학교를 시작으로 위스콘신 주립대학교, 텍사스 주립대학교, 오하이오 주립대학교 등 미국의 각 주요 주립대학을 중심으로 인간커뮤니케이션

---

1) Rogers, E. M. (2001). The department of Communication at Michigan State University as a seed institution for communication study. *Communication Studies, 52*(3), 234-248.

2) Knapp, M. L., & Vangelisti, A. L. (2009). *Interpersonal communication and human relationships* (6th edition). Pearson.

을 연구하고 후학을 양성하는 커뮤니케이션학 전공이 개설되어 있고, 매스커뮤니케이션 연구를 주도하는 Communications 학과와는 차별화된 30여 개의 인간커뮤니케이션 전공 과목을 개설하고 있다.

인간커뮤니케이션 주요 분야 중 하나인 대인커뮤니케이션(interpersonal communication)은 메시지가 불특정 다수에서 전달되는 매스컴과는 다르게 메시지의 교환과 피드백이 중심이 되는 사람 간의 소통이 연구 대상이다. 즉, 소통 상대방을 한 개인으로 이해하고 정보를 수집하여 상대방의 생각이나 행동에 대한 예측을 할 수 있는 상황을 대인커뮤니케이션으로 정의한다.[3] 특히 특정한 양자관계 커뮤니케이션(dyadic communication)이 활발히 연구되었는데, 부부, 친구관계, 연인 등의 개인적 관계부터 직장 상사와 부하 직원, 판매원과 고객, 선생님과 학생, 의사와 환자 등의 직장에서의 관계와 그 관계로 영향을 받는 특수한 소통이 연구되고 있다.

특히나 건강 관련 메시지의 전달과 이에 대한 효과 연구가 중요한 관심이 되면서 헬스커뮤니케이션(health communication) 분야가 1970년대부터 커뮤니케이션 분야 내에서 시작되었고, 주요 전문 학술지로 1989년에 『헬스커뮤니케이션(Health communication)』이라는 학술지가, 1996년에는 『헬스커뮤니케이션저널(Journal of health communication)』이 개간되었다. 커뮤니케이션 관점에서 보는 헬스커뮤니케이션은 개인, 기관, 공중에게 중요 건강 문제에 대해 알리고, 영향을 미치고, 동기를 부여하는 기술로 정의하고, 미국

3) Miller, G. R., & Steinberg, M. (1975). *Between people: A new analysis of interpersonal communication*. Science Research Associates.

질병통제예방센터(Center for Disease Control and Prevention: CDC)에서는 건강 증진을 위한 개인과 지역사회의 결정에 영향을 미치는 의사소통 전략의 이용과 연구로 정의한다.

헬스커뮤니케이션 연구는 크게 두 가지 분야로 나뉘는데, 건강관리체계(health care delivery) 분야에서는 커뮤니케이션이 의료서비스의 제공에 영향을 미치는 과정을 조사하고, 특히 환자-의료진 간의 상호작용, 환자 또는 일반인들의 삶의 질을 관리하며 유전자 조사, 진단 및 상담 과정을 연구한다. 다른 분야인 건강 증진(health promotion) 분야에서는 공중보건의 증진과 질병 예방을 위한 설득(persuasive) 커뮤니케이션 메시지와 미디어의 이용을 조사한다.

문화간커뮤니케이션(intercultural communication)은 배경, 교육 수준, 역사, 언어 등의 문화적 차이로 달라지는 의사소통 과정[4]으로, 환자와 의료진의 문화적 차이로 인해 소통이 원활하지 못할 때에 대한 연구가 다양하게 진행되고 있다. 환자와 의료진이 다른 문화적 특성이 있어서 소통의 문제가 생기는 경우가 있다. 노인 환자와 비교적 젊은 의료진의 세대 차이에서 오는 오해, 외국인 환자 또한 늘어나고 있는데 통역뿐만 아니라 문화적 차이에서 발생하는 당황스러운 상황들이 기사에서 종종 언급되고는 한다.

조직커뮤니케이션(organizational communication)은 다양한 기관에서 일원 간 또는 고객이나 일반 대중 등의 외부인과의 정보 공유와 소통을 조사하고, 조직의 업무 효율성 및 생산성과 직결되는 커뮤니케이션 전략과 평가를 연구하는 분야다.[5] 일반적인 대인커뮤

4) Samovar, L. A., Porter, R. E., McDaniel, E. R., & Roy, C. S. (2016). *Communication Between Cultures*. Cengage Learning.

니케이션에서는 소통이 만족스럽거나 불만족스러운 경우에 자발적으로 인간관계를 발전시키거나 단절시킬 수 있는데, 조직 내에서는 개인이 관계를 정하는 경우가 매우 제한적이어서 주어진 조직 내의 구성원 간에 특수한 커뮤니케이션이 요구된다. 대인커뮤니케이션에서는 개인의 목적과 감정이 주요 소통 동기라면, 조직에서는 업무 수행, 조직의 목표 달성이 소통의 동기이기 때문에 그 적용 이론과 모델이 대인커뮤니케이션과 상이하다. 병원은 환자의 생명과 건강에 직결되기 때문에 다른 어떤 조직보다도 정교한 조직커뮤니케이션이 요구된다. 또한 기술과 의술의 발달로 급격한 커뮤니케이션 변화 또한 겪고 있다.

병원 내에서의 커뮤니케이션은 [그림 9-1]에서 나타나는 것처럼, 환자-의료진 간의 대인커뮤니케이션, 환자와 의료진의 문화적 특성의 차이로 발생할 수 있는 문화간커뮤니케이션, 의료진 간의 조직커뮤니케이션 등 다양한 수준의 커뮤니케이션 현상을 발견할

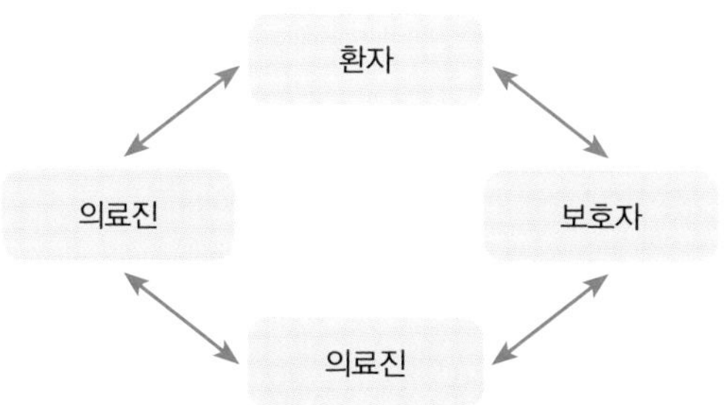

[그림 9-1] **병원에서의 대인커뮤니케이션**

환자-의료진 커뮤니케이션, 환자-보호자 커뮤니케이션, 의료진 간 커뮤니케이션, 의료진-보호자 커뮤니케이션

5) Putnam, L., Woo, D., & Banghart, S. (2017). *Organizational communication*. Oxford University Press. doi:10.1093/obo/9780199756841-0137

수 있다. 각각의 커뮤니케이션과 관련된 국내외 연구들을 소개하며 소통의 의미와 효과를 설명하고자 한다.

환자-의료진 대인커뮤니케이션

환자-의료진의 관계는 커뮤니케이션으로 공고해진다. 환자-의료진의 커뮤니케이션이 어떻게 환자와 의료 사회 다방면에 영향을 미치는지는 국내외에서 비교적 연구가 활발히 진행되어 오고 있다. 환자와 의료진의 대화가 환자의 심리 및 치료에 어떤 영향을 미치는지, 소통이 어떻게 환자와 의료진 간의 신뢰를 만드는지, 의료진은 어떻게 환자를 설득하는지에 대한 연구들이 발표되었다.

의료진이 치료 및 진료 제공 외에 환자의 감정과 사회적 욕구에 관한 대화를 나눔으로써 환자-의료진 관계의 질이 향상되고, 환자의 심리적 안녕감에도 지대한 영향을 미친다. 미국에서 진행된 암 환자 1,433명의 설문 조사[6]에서 환자의 감정과 사회적 욕구에 대한 의료진과의 대화가 우울증 증상을 55% 낮추고, 97%의 높은 수준의 이로운 경험(benefit finding experience)에 영향을 미치는 것으로 나타났다. 구체적으로 의료진과 개인적인 대화를 나눈 환자는 더 건강한 습관을 가지고, 인생에서 긍정적인 변화를 만들 동기가 부여되며 고난을 더 잘 이겨 나갈 수 있을 뿐만 아니라 더 강한 사람

---

6) Hong, Y. -R., Yadav, S., Suk, R., Khanijahani, A., Erim, D., & Turner, K. (2021). Patient-provider discussion about emotional and social needs, mental health outcomes, and benefit finding among U. S. adults living with cancer. *Cancer Medicine, 10*(11), 3622-3634. https://doi.org/10.1002/cam4.3918

으로 만들었다고 밝혔다. 이는 [그림 9-2]에서 보는 것처럼 유의미한 스트레스나 우울감 차이를 보여 준다. 이렇게 환자에게 중요한 혜택이 될 수 있음에도 응답자 중 33.6%만이 의료진과 구체적인 대화를 나눈 경험이 있다고 응답했다. 소통을 중요하게 여기는 미국에서조차도 환자-의료진의 대화는 일반적이지 않은 경험이다.

의사-환자 관계에서 환자가 의사를 신뢰하는 것은 소통의 질 향상에 긍정적인 영향을 미치며, 의료서비스 만족도 또한 향상시킨다. 서울·대구·경북 지역의 20대 이상 성인 중 6개월 이내에 진료경험이 있는 일반인 328명을 대상으로 한 설문 조사에서 환자가 신뢰하는 의사의 특징을 분석하였다.[7] 그 결과 환자가 신뢰하는 의사는 환자의 이야기를 경청하고, 관심을 표현하며, 대화 분위기를 형성하는 커뮤니케이션 행동을 보이며, 환자의 건강을 먼

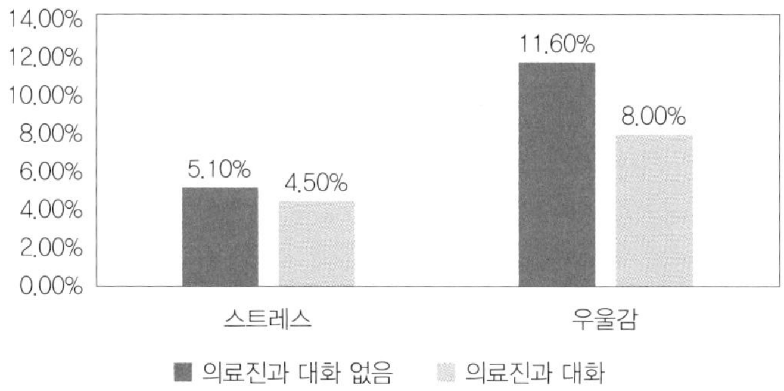

[그림 9-2] **의료진과의 대화 효과 결과**

출처: Hong, Y. -R., Yadav, S., Suk, R., Khanijahani, A., Erim, D., & Turner, K. (2021). Patient-provider discussion about emotional and social needs, mental health outcomes, and benefit finding among U. S. adults living with cancer. *Cancer Medicine*, *10*(11), 3622-3634. https://doi.org/10.1002/cam4.3918

---

7) 김민정(2017). 의사-환자 관계에서 '환자가 의사를 신뢰한다'의 의미 고찰. **한국콘텐츠학회 논문지**, 17(6), 415-423.

저 생각하고, 환자를 이해하려고 하며, 공감할 수 있도록 하는 충실성, 의료 기술적인 능력뿐만 아니라 치료와 검사의 절차에 있어서 솔직하고자 하는 전문성과 정직, 마지막으로 환자와 협력을 자아내고자 노력하는 파트너십이 환자가 신뢰하는 의사에 대한 인식에 미치는 영향 요인으로 나타났다. 〈표 9-1〉은 어떤 인식이 각 요인에 영향을 미치는지 측정 문항을 포함하였다. 환자가 의사를 신뢰하는 것은 진료 만족도, 병원 재방문 등과 같은 마케팅적인 측면에도 긍정적인 영향을 준다.

싱가포르에서 진행된 연구에서 38건의 환자의 신임 의사들에

〈표 9-1〉 **환자가 의사를 신뢰한다는 의미의 구성 요인**

구성 요인	측정 문항
커뮤니케이션	• 의사는 내가 편안하게 이야기할 수 있는 분위기를 만들어 준다. • 의사는 나에게 친절하게 대한다. • 의사는 나의 사소한 의견이나 증세에 대해서도 귀를 기울인다. • 의사는 질병에 대해 이해할 수 있는 말로 상세히 설명해 준다. • 의사는 건강 상태에 대해 충분한 정보를 제공한다.
충실성	• 의사는 환자 개인에게 관심을 가지고 의료서비스를 제공해 준다. • 의사는 환자에게 개별적인 관심을 가진다. • 의사는 환자의 건강과 회복을 진심으로 생각하고 있는 것 같다. • 의사는 환자의 요구사항을 이해하고 있다.
전문성과 솔직성	• 의사는 효과적 치료보다는 의료 수익을 내는 데 더 관심이 있는 것 같다. (역문항) • 의사는 잘 모르는 것도 가끔은 아는 체하는 것 같다. (역문항) • 나는 의사가 개인적인 정보를 누설할까 봐 걱정이 된다. (역문항) • 나는 때때로 의사의 말이 믿음이 가지 않아서 다른 방법을 찾기도 한다. (역문항)
파트너십	• 아무리 나쁜 결과라도 의사는 나에게 솔직히 말해 준다. • 나는 의사에게 어떤 것이라도 이야기할 수 있다.

출처: 김민정(2017). 의사-환자 관계에서 '환자가 의사를 신뢰한다'의 의미 고찰. 한국콘텐츠학회논문지, 17(6), 415-423.

대한 불만족 접수 내용을 분석하여 의사들이 갖추어야 할 커뮤니케이션 특성을 조사하였다.[8] 불만족 접수 내용은 의사의 눈맞춤이 없었거나, 표정이나 행동에 대한 비언어(nonverbal) 커뮤니케이션 실수가 11건, 적극적인 청취나 단어 선택에 대한 지적 등 언어(verbal) 커뮤니케이션 관련 9건, 전달받은 정보가 부족하거나 질적인 이슈 16건, 존중이나 공감(empathy) 부족 등의 태도 문제 26건으로 의사의 태도에 대한 불만이 가장 많았다.

미국에서도 비슷한 결과가 보고되었다. 2019년 140백만 건 이상의 리뷰가 있는 미국에서 가장 영향력 있는 리뷰 사이트인 'Yelp!'에서는 2005년부터 2017년까지의 8.4백만 건의 병원 리뷰를 분석한 결과,[9] 1스타를 받은 병원에서 가장 많이 나온 단어는 "말했잖아(told)!"이고, 5스타를 받은 병원에서 가장 많이 나온 단어는 "대단한(great)"과 "친근한(friendly)"이었다. [그림 9-3]의 과장되게 그린 그림처럼 의료진이 환자의 말을 잘 듣지 않는다는 평가가 병원 평가의 주요 요인이었다. 다른 빈도수 높은 단어들은 [그림 9-4]와 [그림 9-5]에 나타나 있다. 시설, 마케팅, 실력에 대한 평가보다는 의료진이 어떻게 듣고, 소통하는가가 평가에 가장 중요한 요소임을 보여 준다.

8) Kee, J. W., Khoo, H. S., Lim, I., & Koh, M. Y. (2018). Communication skills in patient-doctor interactions: Learning from patient complaints. *Health Professions Education, 4*(2), 97-106. https://doi.org/10.1200/JCO.2007.14.8114

9) Agarwal, A.K., Pelullo, A.P. & Merchant, R.M. (2019). "Told": the Word Most Correlated to Negative Online Hospital Reviews. *J GEN INTERN MED 34*, 1079-1080. https://doi.org/10.1007/s11606-019-04870-6

[그림 9-3] **의료진은 내 말을 듣지 않아요!**

출처: https://penntoday.upenn.edu/news/single-word-most-associated-negative-hospital-reviews

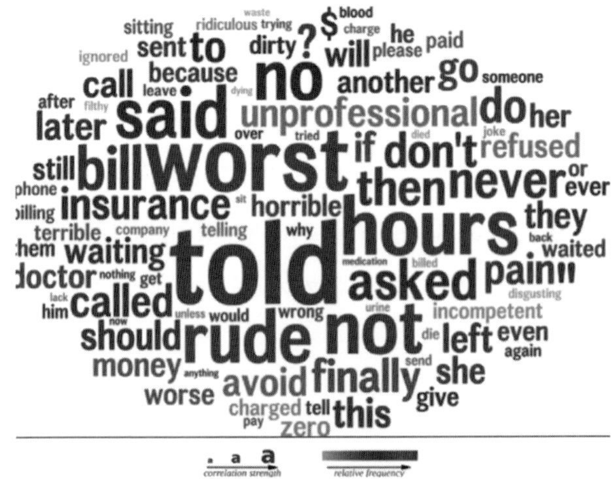

[그림 9-4] **병원 리뷰에서 최하점을 받은 병원들의 평가 관련 단어들**

출처: https://rd.springer.com/article/10.1007/s11606-019-04870-6#citeas

[그림 9-5] **병원 리뷰에서 최고점을 받은 병원들의 평가 관련 단어들**

출처: https://rd.springer.com/article/10.1007/s11606-019-04870-6#citeas

2021년 『헬스커뮤니케이션 저널』에 게재된 논문에서는 의사-환자 커뮤니케이션이 백신 접종에 있어서 어떤 역할을 하는지 미국 성인 인구를 대표하는 전국 표집 19,240명의 응답을 바탕으로 조사하였다.[10] 백신 접종이 다양한 질병을 예방하는 효과적인 방법임이 과학적으로 입증이 되었지만, 백신 접종률은 여전히 낮고, 백신에 대한 오해와 가짜 뉴스는 범람하고 있다. 구체적으로 긍정적인 의사-환자 커뮤니케이션이 의사의 백신 접종 권고에 대한 환자의 믿음(trust)을 증가시키고, 이는 백신 접종에 대한 긍정적 태도 및 실제 H1N1 백신 접종 행위에 영향을 미친다. 코로나19 시대에 전 세계적으로 코로나 백신 접종률과 관련해서 다양한 논란이 일어나고 있다. 이 연구의 결과는 코로나 백신 접종에서 의사의 직접적인 백신 권고가 아주 효과적인 전략이 될 수 있음을 시사한다.

10) Borah, P., & Hwang, J. (2021). Trust in doctors, positive attitudes, and vaccination behavior: The role of doctor-patient communication in H1N1 vaccination. *Health Communication, online first*.

미국에서는 의료 연구의 탄탄한 인프라로 다양한 연구가 진행 중이다. 의료진과 커뮤니케이션 전문가의 협동 연구에서 환자와 의사의 대화가 환자의 임상 실험 참여에 어떤 영향을 미치는지를 235명의 환자-의사 대화 비디오 영상 분석으로 알아보았다.[11] 이 연구는 암 관련 임상 실험 부족으로 종양학의 과학적 발전이 지연된다는 분석 결과를 바탕으로 환자들이 임상 실험 참여를 선택하지 않는 이유를 조사하는 데 그 목적이 있었다. 의사-환자/환자 가족 간의 커뮤니케이션을 녹화하여 그 과정과 메시지를 내용적 · 관계적 측면으로 분석했다. 놀랍게도 의사가 임상 실험을 직접적으로 제안하는 경우는 47명(20%)뿐이고, 임상 실험을 적극적으로 제안하지 않는 경우가 대부분이었다. 포스터와 팸플릿을 배치해 두었으나 의사가 직접적으로 임상 실험을 언급하지 않는 경우가 100명(43%)이었고, 의사가 임상 실험을 언급하였으나 직접적인 제안을 하지 않거나 의사가 환자 참여를 거절한 경우가 71명(27%)이었다.

임상 실험 제안을 받고, 연구의 후속 인터뷰까지 참여한 35명의 참가자 중 27명(77%)이 최종적으로 임상 실험에 등록하기로 하였다. 이후 환자의 후속 인터뷰를 통해 환자의 결정에 영향을 미친 요인을 조사하였는데, 의사와의 동반자 의식, 의사의 지지와 안심시키는 몸짓, 이해하기 쉬운 내용으로 전달하는 의학적 정보를 담은 메시지가 환자의 결정 과정과 그 결정에 대한 확신에 긍정적인 영

11) Albrecht, T. L., Eggly, S. S., Gleason, M. E., Harper, F. W., Foster, T. S., Peterson, A. M., Orom, H., Penner, L. A., & Ruckdeschel, J. C. (2008). Influence of clinical communication on patients' decision making on participation in clinical trials. *Journal of clinical oncology: Official journal of the American Society of Clinical Oncology, 26*(16), 2666-2673. https://doi.org/10.1200/JCO.2007.14.8114

향을 미쳤다. 또한 임상 실험에 등록하지 않은 환자에 비해 가족의 의견이나 비용적 부담 측면의 영향은 줄어들었다. 이 연구에서 의사가 실제로 임상 실험 제안 자체를 거의 하지 않는다는 것이 연구를 진행한 연구진에게 예상치 못한 결과였다. 그 이유는 불분명하지만 이에 관한 연구의 필요성을 제안하였고, 이 연구의 가장 큰 시사점은 일단 의사가 임상 실험 참여를 직접적으로 권하기만 해도 77%의 환자가 참여를 긍정적으로 받아들였기 때문에 의사의 권유가 의료 임상 실험 참여를 촉진시킬 수 있다는 것이다.

의료진의 마스크 사용과 병원 내 대인커뮤니케이션

코로나19가 몇 년 간 지속되면서 마스크 착용이 일상화되었다. 2020년 캐나다 요크 대학교 심리학과의 프로이트(Freud) 교수 연구팀은 496명의 성인을 대상으로 마스크를 착용했을 때와 착용하지 않은 얼굴의 인지에 대한 실험을 진행하였다.[12] 얼굴은 다른 사람을 인식하는 데 있어서 시각적으로 가장 중요한 정보를 전달해 준다. 다른 사람의 성별, 나이, 인종, 감정 등이 잠깐의 얼굴 노출에도 인지된다. 따라서 얼굴을 보면서 소통을 하는 경우에는 상대방의 메시지에서 의도하지 않은 감정이나 메시지의 진실성, 대화의 흐름에 대한 정보를 얼굴 표정으로 확인한다. 특히 얼굴에서도 사람의 눈과 입은 가장 많은 정보를 제공하는데, 마스크를 착용한 경우

12) Freud, E., Stajduhar, A., Rosenbaum, R. S., Avidan, G., & Ganel, T. (2020). The COVID-19 pandemic masks the way people perceive faces. *Scientific Reports, 10*, 22344. https://doi.org/10.1038/s41598-020-78986-9

에는 코와 입을 비롯한 얼굴 아랫 부분에 대한 정보가 사라진다. 프로이트 교수에 따르면, 일반적으로 사람의 얼굴을 인식하는 과정은 얼굴을 구성하는 눈, 코, 입의 관계를 탐지하고, 그 특징들을 하나의 통합된 의미로 인식한다. 마스크 착용은 이 과정을 방해한다. 프로이트 교수 연구팀은 실험군과 대조군의 얼굴 인지를 비교하여 마스크를 착용한 경우에는 그렇지 않은 경우보다 얼굴 인지 정도가 15% 정도 감소하는 것을 밝혔다.

실험 완료 후 설문 조사에서 마스크를 착용하였을 때 낯선 사람으로 착각한다거나 목소리가 안 들린다고 응답했으며, 마스크를 착용한 상태에서 다른 사람과 대화하는 경우에는 많은 사람이 의도적으로 목소리를 높이거나, 과장된 얼굴 표현, 특히 눈과 눈썹의 근육 등에 변화를 주는 경우가 보였다.

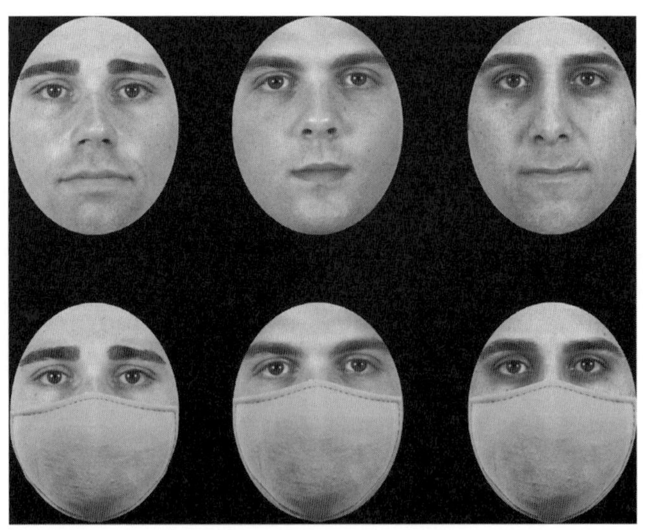

[그림 9-6] **마스크를 쓰지 않은 얼굴과 마스크를 쓴 얼굴의 인지 측정 비교 실험**

출처: https://www.nature.com/articles/s41598-020-78986-9

코로나19의 여파로 마스크를 언제까지 써야 하는지 알 수 없는 상황이다. 최근 발표된 연구[13]에 따르면, 일반 마스크보다 투명한 마스크를 쓴 의사가 환자에게 신뢰를 받는 것으로 나타났다. 미국의 의사들은 200명의 환자를 대상으로 재미있는 실험을 진행하였다. 15명의 의사를 섭외하여 무작위로 일반 마스크와 투명한 마스크를 쓰고 환자를 시술하였고, 이후 환자들은 의사들에 대한 설문지에 응답하였다. 그 결과는 [그림 9−7]에서 독자들이 느낄 수 있

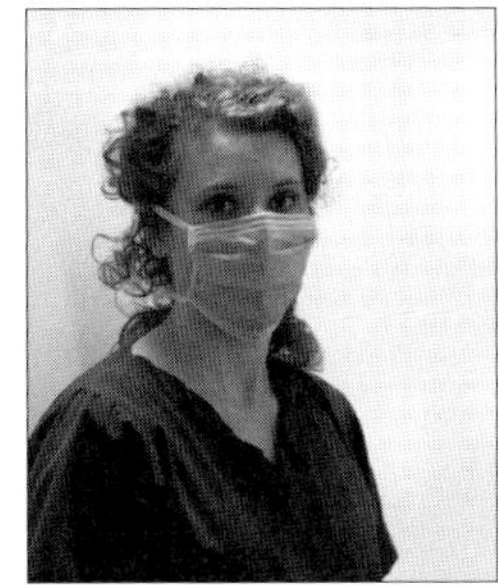
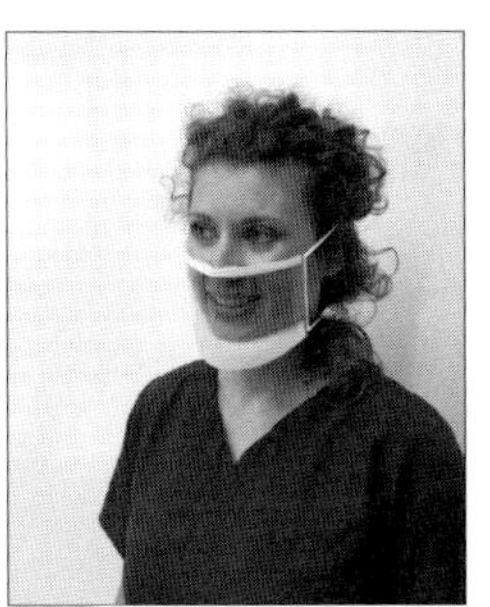
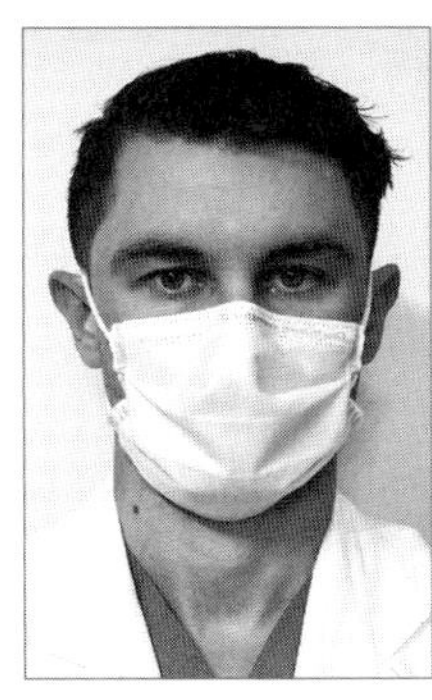
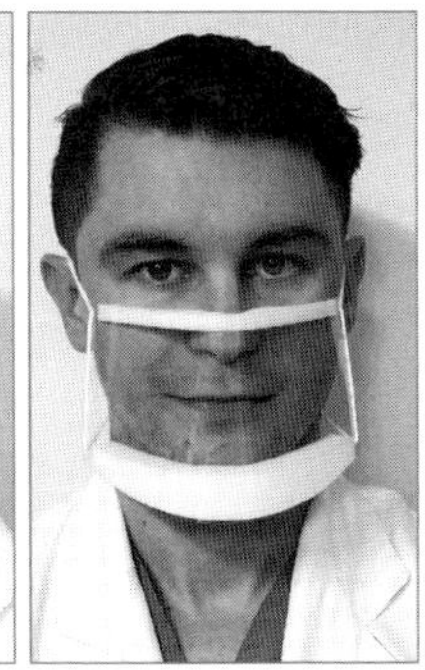

[그림 9–7] **일반 마스트와 투명 마스크. 누구를 더 신뢰할 수 있나요?**

출처: https://www.theclearmask.com/updates/patients-trust-their-doctors-more-when-wearing-clearmask-transparent-masks-compared-to-standard-masks

13) Kratzke, I. M., Rosenbaum, M. E., Cox, C., Ollila, D. W., & Kapadia, M. R. (2021). Effect of clear vs standard covered masks on communication with patients during surgical clinic encounters: A randomized clinical trial. *JAMA Surgery, 156*(4), 372-378. doi:10.1001/jamasurg.2021.0836

는 인식처럼 같은 의사가 일반 마스크보다 투명한 마스크를 착용했을 때 환자들의 긍정적인 반응과 의사의 말을 더 잘 이해할 수 있고, 얼굴을 다 볼 수 있어서 표정으로 소통이 원활할 뿐만 아니라 더 안전함을 느꼈다고 밝혔다. 이런 차이는 투명한 마스크를 착용한 의사가 더 감정이입을 잘하고, 의사의 결정을 더 신뢰하고, 의사 시술 시 더 편안함을 준다. 이 연구는 미국의사협회(American Medical Association) 의사들이 환자와의 커뮤니케이션을 연구한 흥미 있는 실험으로 투명한 마스크 제조업체에서 공격적으로 인용하고 있다.

환자-의료진의 문화간커뮤니케이션

고령화 사회로 진입하면서 노화 적응 및 건강 관리의 필요성이 어느 때보다 관심을 받고 있고, 이에 고령 환자 대상의 커뮤니케이션의 중요성이 강조되고 있다. 노화로 인해 겪게 되는 변화는 은퇴, 가족 구성의 변화, 친구의 죽음 등의 사회적 변화로 인한 스트레스가 사회적 유리(social disengagement)를 불러오는 우울증으로 이어질 위험성이 증가하고 있고, 신체적 · 경제적 · 사회적 변화로 인해 심리적 질병에 취약해진다. 교육은 인지적 기능을 유지하고 질병 관리에 대한 이해를 높이는 데 도움을 주는데, 고령 인구는 다른 청년, 중년 집단과 같은 젊은 세대에 비해 교육받을 기회가 낮아지므로 인지적 · 심리적 변화를 겪는다. 은퇴 이후 수입의 극적인 감소로 인한 건강 관리 비용의 부담과 특히 수입이 낮은 노인일수록 의료 관리의 양과 질이 저하되고, 예방은 어렵고 처방이 늦어지는 악

순환이 반복된다.

미국의 노화 관련 심리학자들은 고령 환자가 의료진과 관계를 맺게 될 때 치료적 효과가 있다는 것에 주목하였다.[14] 즉, '치료제' 로서의 의료진-환자 관계를 제시하였는데, 의료진이 환자 개개인에 맞는 적절한 양의 정보를 환자에게 전달하고, 정보 전달뿐만 아니라 심리사회적 대화와 동반자 의식 표현을 통한 환자 중심 커뮤니케이션(patient-centered communication)을 진행하였다. 또한 의학적 주제뿐만 아니라 심리사회적 주제 등 환자가 전하는 내용을 이해하고, 상대방의 입장에서 동정이 아닌 공감을 표시하는 경우에 의료진-환자 간에 치료적 관계가 수립되었다. 이때 환자는 경제적 · 물리적 장벽으로부터 비교적 자유롭다고 느낀다. 특히 수입이 낮은 환자일수록 질문을 적게 하고, 그에 따라 적은 정보 전달이 이루어진다. 공감적 커뮤니케이션(emphathetic communication)을 통해 환자 간의 정보 전달 양의 차이를 줄여 나가야 한다. 사회적으로 취약한 고령 환자일수록 심리사회적 주제를 적게 이야기하는 경향이 있기 때문에 의료진은 환자에 대하여 의학적인 수준을 넘어 환자가 자신의 이야기를 이끌어 낼 수 있도록 격려하는 등의 심리사회적 접근(psychosocial approach)이 필요하다. 다중의 만성 질환을 겪고 있는 노령 환자의 경우에는 정보 전달의 혼란과 시간 제한 등의 커뮤니케이션 장벽이 추가로 존재한다. 이런 경우에는 환자 본인보다는 가족 또는 보호자의 참여가 소통에 도움이 된다.

---

14) Williams, S. L., Haskard, K. B., & DiMatteo, M. R. (2007). The therapeutic effects of the physician-older patient relationship: Effective communication with vulnerable older patients. *Clinical interventions in aging, 2*(3), 453-467.

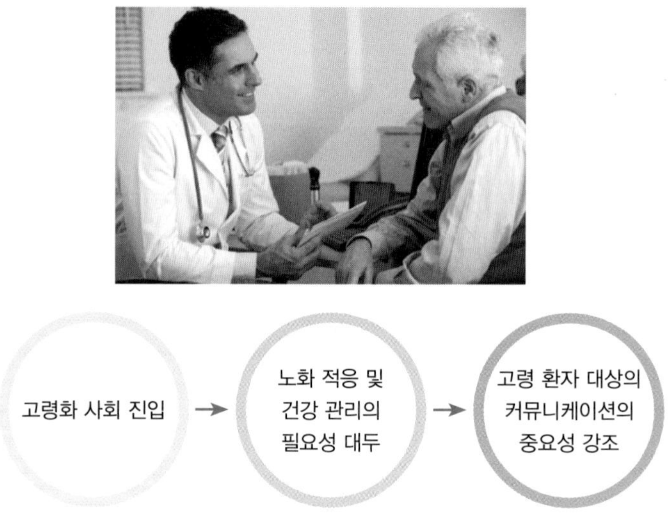

[그림 9-8] **고령 환자 대상의 커뮤니케이션의 중요성**

의료기관의 조직커뮤니케이션

의료진 간의 효율적인 의사소통은 의료서비스 제공과 환자의 안전에 있어서 매우 핵심적인 역할을 한다. 의료진 간의 소통에 관한 연구는 지금까지 많이 진행되지는 않았지만, 말레이시아에서 여섯 군데의 사립병원 24명의 간호사를 대상으로 실시된 인터뷰 조사[15]에 따르면 간호사가 인식하는 의사와의 커뮤니케이션에 있어서 장벽은 크게 세 가지로 간호사의 업무 준비성, 업무 환경, 그리고 의사의 특성이 그것이다. 간호사의 업무 준비와 관련해서는 의사의 질문에 답을 하지 못하거나, 익숙하지 않은 업무와 관련된 지시, 의

15) Amudha, P., Hamidah, H., Annamma, K., & Ananth, N. (2018). Effective communication between nurses and doctors: Barriers as perceived by nurses. *J Nurs Care*, 7(03), 1-6.

사와 다르게 환자 가족, 환자, 전화 응대 등의 다양한 업무, 실무 경험 부족에서 오는 스트레스 등과 관련되어 의사와의 커뮤니케이션이 원활하지 못하게 된다. 업무 환경과 관련해서는 보험 처리, 수납 관련 등 간호사의 업무 외의 작업이 지시되는 경우, 헌신과 과다한 업무에 대해 감사해 하지 않는다고 느낄 때, 인력 부족으로 힘든 경우에 의사와의 소통에 장벽이 생긴다고 밝혔다. 마지막으로 의사의 특성으로는 의사가 너무 권위적이거나, 목소리가 불필요하게 크고, 성격이 급하고, 또는 스트레스로 인해 감정 기복이 있는 경우에 의사와의 소통이 효율적이지 못하다고 기술하였다. 연구진은 의사들이 간호사들의 과중한 업무로 오는 스트레스를 이해하고, 권위적인 태도보다는 동반자 의식을 가지고 간호사와 소통하는 것이 효율성 증대에 도움이 될 것으로 제안했다.

2021년 헬스커뮤니케이션의 권위지인 『헬스커뮤니케이션(Health Communication)』에 실린 연구[16]에서는 미국에서 12명의 의료진과 3~4명의 의료진으로 구성된 포커스 그룹 여덟 팀을 대상으로 직장 내 커뮤니케이션 과부화(communication overload)와 효과적인 안전 또는 위험 관련 메시지 소통을 조직커뮤니케이션 채널과 관련하여 조사하였다. 병원은 다른 어떤 조직보다도 환자의 생명과 건강에 직결되는 업무를 보기 때문에 고위험 업무 환경으로 특정된다. 또한 기술과 의술의 발달로 급격한 변화 또한 시시때때로

16) Barrett, A. K., Ford, J., & Zhu, Y. (2021). Sending and receiving safety and risk messages in hospitals: An exploration into organizational communication channels and providers' communication overload. *Health Communication, 36*(13), 1697-1708, DOI: 10.1080/10410236.2020.1788498

겪고 있다. 커뮤니케이션 과부화는 개인이 처리할 수 있는 능력 이상의 정보가 제한된 시간에 제공되었을 때에 야기되는 상태로 정의되며, 커뮤니케이션 과부화는 결정과정에서의 실수와 혼란, 당황을 일으킨다.[17] 연구 결과, 매일 조직에서 안전 또는 위험 관련 메시지를 보내는 즉시 확인하게 되는 동시적(synchronous) 채널인 대면 전달은 정보가 풍부하고, 곧장 업데이트가 되고 빠른 피드백이 가능하므로 커뮤니케이션 과부화를 약화시킨다. 그러나 메시지 전달 이후 시간 차이를 두고 확인하게 되는 비동시적(asynchronous) 채널인 이메일과 보이스메일은 커뮤니케이션 과부화를 악화시킨다. 코로나19 여파로 비대면 커뮤니케이션이 뉴노멀이 되면서 동시적 채널 사용이 감소되고 있다. 이런 경우, 즉각적인 피드백을 받을 수 있는 동시적 채널이지만, 간략한 문자 소통이 커뮤니케이션 효율에 도움이 될 것이라고 이 연구를 진행한 미국 텍사스 베일러 대학교의 커뮤니케이션학과 애슐리 바렛(Ashley Barrett)교수는 제안했다.

소통하는 병원을 만들기 위한 효과적인 대화 전략

건강 관리 체계의 효율성을 높이기 위해서는 환자-의료진 간의 커뮤니케이션을 개선하여야 하고, 소통 기술은 의료진의 자가검증이 필요한 부분이다. 의료진은 환자에게 공감(empathy)을 보였는

17) Hunter, G. I. (2005). Information overload: Guidance for identifying when information becomes detrimental to sales performance. *Journal of Personal Selling and Sales Management, 24*(2), 91-100. https://doi.org/10.1080/08853134.2004.10749021

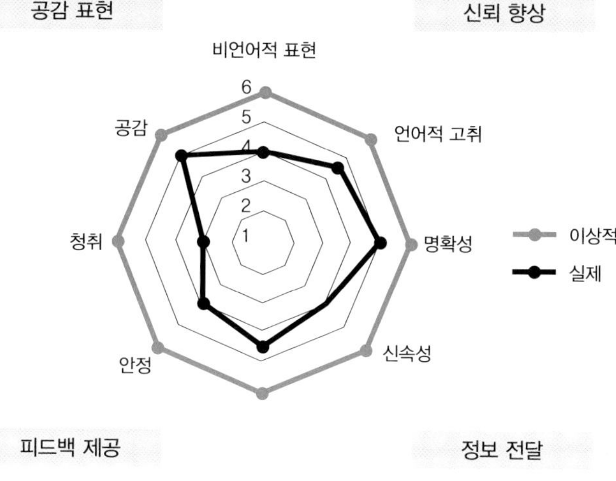

[그림 9-9] **의료진-환자 커뮤니케이션 평가 방법**

출처: Belasen, A., & Belasen, A. T. (2018). Doctor-patient communication: A review and a rationale for using an assessment framework. *Journal of Health Organization and Management, 32*(7), 891-907. https://doi.org/10.1108/JHOM-10-2017-0262

가, 신뢰감을 향상시켰는가, 적절한 피드백을 주었는가, 유용한 정보를 주었는지가 환자-의료진 커뮤니케이션 평가에 주요 측면이고, [그림 9-9]에서 보는 것처럼 이상적인 소통 수준과 환자가 느끼는 실제 소통의 평가 차이는 크게 존재한다.

병원에서 의사가 환자를 보는 시간은 짧게는 몇 분인데, 그 몇 분 동안에 어떻게 환자 중심의 커뮤니케이션을 하고, 공감적 커뮤니케이션을 하며, 신뢰를 쌓을 수 있을지에 대해 회의적인 시선도 있다. 대인커뮤니케이션에서 호감은 오랜 시간에 걸쳐 생기는 일도 있지만, 처음 만난 몇 초에서 몇 분 사이에 첫인상이 결정되고 그렇게 결정된 첫인상은 지속되는 경향이 있다. 짧은 대화에서도 공감과 신뢰감을 줄 수 있다면 그 기술을 습관처럼 익히는 것이 필요하다. 이를 위해 다음에 몇 가지 대화법을 제시한다.

의사소통 능력(communication competence)은 특정 상황에서 어떻게 행동해야 하는지를 알고, 그 행동을 효과적으로 수행할 수 있는 능력을 의미한다. 의사소통 능력의 세 가지 요소로는 상대방과 의사소통을 하고 싶어 하고, 그 의사소통이 가치 있다고 믿는 동기(motivation), 주어진 상황에서 어떤 행동이 적절한지에 대해 지식(knowledge)을 배워야 하고, 마지막으로 주어진 상황에서 적절한 행동을 수행할 수 있는 기술(skills)을 익혀야 한다.

언어를 배우는 것과 소통하는 것은 다른 기술이 필요한데, 보통 언어를 할 수 있으면 소통은 잘되는 것이 아닌가라는 가정을 하지만 이는 여러 연구에서 소통의 기술 습득이 필요함을 밝혔다. 예를 들어, 미안하다는 표현을 모르는 사람은 거의 없지만 언제 어떻게 누구에게 이 표현을 해야 하는지에 관한 판단은 소통의 기술이 있는 사람과 없는 사람에 따라 효과적인 사과를 하기도 하고 적절하지 못한 사과를 하는 경우가 생긴다.

소통을 잘하는 사람(good communicator)이 되기 위해 간단히 소개되는 기술은 대화 시 인정을 해 주는 반응(confirming response)[18]이다. 인정을 해 주는 반응으로는 판단에 대한 동의(agreement about judgment), 지지하는 반응(supportive response), 긍정적인 감정을 표현(expression of positive feeling), 칭찬(compliment), 그리고 직접적인 인정(direct acknowledgement)이 있다. 환자가 "선생님, 이 증상 때문에 너무 아파요" 하는 경우에 "네, 많이 아프실 거예요" 또는 "고생하셨겠어요"라고 환자의 고통을 인정해 주는 것이 환자

18) Adler, R. B., Rosenfeld, L. B., & Proctor II, R. F. (2017). *Interplay: The process of interpersonal communication* (14th ed.). Oxford University Press.

가 공감을 인지하고, 신뢰감을 만들 수 있는 응답이다. 이런 경우에 "그 정도는 고통도 아니에요. 엄살이 있으시군요"라든가, 못들은 척을 하는 것은 환자가 의료진과의 짧은 소통에서 의료서비스 평가까지 이어질 수 있는 적절하지 않은 소통 반응이다. 2020년 보건복지 통계연보[19]에 따르면, 2019년 전국 6,000가구 만 15세 이상의 가구원을 대상으로 한 면접 조사에서 "담당 의사는 예의를 갖춰 대했습니까?"라는 항목에 92.8%가 만족도를 보였으나, "담당 의사는 귀하의 건강 상태에 대해 불안해할 때 공감했습니까?"라는 문항에 79.5%가 만족도를 보였다. 공감은 환자와의 대화 시 의료진의 인정을 해 주는 반응에서 표현할 수 있다.

새로 병원을 개업할 때 시설 및 인테리어에 신경을 쓰고, 광고를 집행하면서는 병원 서비스에 대해 적극적인 마케팅을 한다. 이에 반면 의료진과 환자 간 소통에 대해서는 등한시하는 경향이 있다. 보통 천성적으로 소통을 잘하는 사람과 못하는 사람이 성향에 따라 나타날 수도 있지만, 커뮤니케이션 연구자들은 소통의 기술(communication skills)이 학습과 실천에 의해 가능하다고 보고 이에 대한 다양한 프로그램과 교과를 진행한다. 환자의 감정적 표현에 동의하는 반응을 보이기, 환자의 침묵에 반응을 보이는 질문하기 등 환자의 사소한 행동에 반응하는 양방향적(two-way) 커뮤니케이션은 의외로 쉽게 실천할 수 있고, 상대방에게 공감을 받았다는 느낌을 받게 한다. 다양한 연구에서 언급된 바 있는 환자의 진료만족도, 병원 재방문에 있어서 중요한 요인이 되는 '환자 중심 커뮤니케

19) http://www.mohw.go.kr/react/jb/sjb030301vw.jsp?PAR_MENU_ID=03&MENU_ID=032901&CONT_SEQ=361682

이션(patient-centered communication)'이 향후 의료기관의 경영에 적극적으로 활용되길 바란다.

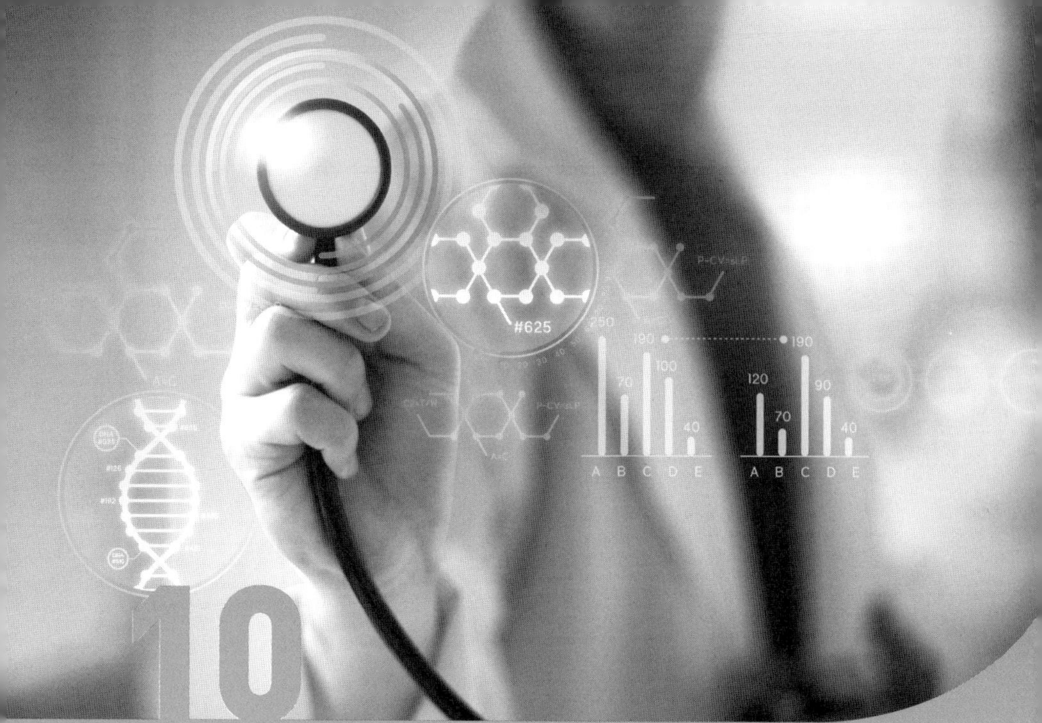

10

병원, 간호사, 그리고 커뮤니케이션

오지연 간호사
경희의료원 본관 13층 수간호사

QR코드를 스캔하시면 저자의 설명 영상을 시청하실 수 있습니다.

+ + +

간호사는 병원 직종 중 가장 많은 인원수를 차지하고 있다. 각종 병원 평가에서 직간접적으로 영향을 미치는 간호사들의 의사소통 및 인간관계론은 점차 중요시되고 있다. 그러나 아직도 시대착오적 백의의 천사임을 강조하면서 친절함을 교육하려고 한다. 이러한 무의미한 교육보다는 많은 수를 차지하는 공평을 체득한 MZ세대 간호사들에게 의사소통 교육적 방법론에 대한 병원 내 커뮤니케이션은 '나'를 사랑하는 간호사들이 '너'를 공감하며, '우리'를 위해 즐겁고 행복한 공간으로서의 병원을 만들어 가야 하는 것은 아닌지에 대한 소소하면서도 실질적인 언급이다. 결국 나와 너, 우리 모두가 행복한 일은 병원 경영에도 한줄기 빛이 되는 것은 아닐는지.

각종 병원 평가에 '영끌'하는 간호사

어쩌면 이 장은 독자에게 쉼터가 될 수 있기를 바라는 마음에서 학술적인 글보다는 실제 병원 현장에서 일어났던 일을 실무자 입장에서 집필했다. 정직이 최선의 방책(Honesty is the best policy)이란 말도 있지 않은가!

의료조직, 특히 병원은 여타 조직과 달리 공익성과 수익성을 동시에 추구해야 하는 특수한 조직이다. 공익성과 수익성이라는 목표는 언뜻 양립하기에 어려운 개념으로 인식되며, 병원이 추구해야 할 목표에 관한 논의의 쟁점이 되어 왔다. 공공성 추구와 수익성 추구라는 두 가지 목표의 대립이 놓여 있다고 할 것이다.[1)]

병원의 공익성에 대해서는 두말하면 잔소리라고 여기서는 언급하지 않겠다. 다만 수익성의 면에서는 다양하게 진행되는 병원 평가와 그에 따른 병원 수익의 현실적 반영에 대한 언급은 꼭 필요하다. 환자 경험 평가와 인증제도 등 병원 평가의 결과는 병원의 브랜드 평판(brand name)을 올리거나 낮춤으로써 간접적인 영향을 미치기도 하고, 심사 수가의 반영으로 수익의 직접적인 영향을 미치기도 한다. 이러한 상황에서 병원을 경영하는 경영자의 입장에서는 병원 내 인력 구성의 비율이 절대적으로 높은 간호사들의 협조(?)를 구하지 않을 수 없다. 일부 대학병원의 경우에는 간호사의 인력 비율이 전체 직원의 1/3을 차지할 정도다. 특히 노동조합의 구성원 중에도 간호사가 상당 비율을 차지하고 있어 경영자의 입장에서는 부담이 된다. 때문에 신임 병원장에게 주어진 최우선 과제가 '간호부서와의 관계 정립'이라는 말이 나올 정도로 간호사의 존재감은 상당하다.[2]

수적으로 우월한 간호사들의 역할과 협조가 병원 경영에서 빠지지 않고 거론될 수밖에 없는 상황이다. 특히 간호사들의 높은 이직률은 병원 경영과 관련해서 직접적인 영향을 미친다. 여타의 사람들은 간호사 면허증이 있으면 바로 실전에 투입해서 간호 업무를 진행할 수 있는 것이 아니냐고 물을 수 있다. 그러나 병원 현장에서는 간호학과를 졸업하여 간호사 면허증을 취득하고, 병원에 갓 입사한 사람을 간호사로 인정하는 사람은 (불행인지 다행인지 모르겠

1) 최재영, 김지현(2013), 병원의 수익성은 무엇으로 결정되는가?: 국내 연구의 동향 분석. 보건행정학회지, 23(4), 397-414. http://dx.doi.org/10.4332/KJHPA.2013.23.4.397

2) 직급 상승 · 역할 확대 간호사 '위상 제고' 어디까지-격세지감 느껴지는 간호부서 파워… 간호본부장 · 간호부원장 등 일반화, http://www.dailymedi.com/detail.php?number=849243

지만) 찾아볼 수 없다. 신규 입사한 간호사들은 병원 환경에서는 갓 태어난 신생아와 같다고 생각하는 편이 맞다. 때문에 이 장은 이러한 외부 환경에서 수적으로 우월한 간호사들의 협조와 이해를 어떻게 구하여 더욱 나은 병원 경영 환경으로 이어지도록 해야 하는지에 관한 그 해결점을 찾아가는 과정으로 서술해 보고자 한다.

환자 경험 평가와 간호사

2017년부터 건강보험심사평가원에서는 국민이 평가한 입원서비스 품질을 파악하고, 환자 중심의 의료문화를 열어 가기 위하여 '환자 경험 평가'를 진행했다. 2018년 세계보건기구(World Health Organization: WHO)의 정의를 통해 살펴보면, 환자 중심 의료문화는 환자의 요구, 필요, 선호가 반영된 의사결정과 진료에 의사결정 또는 참여할 때 필요한 교육과 지원을 보장하기 위해 의료진, 환자 사이의 파트너십이 확립된 보건의료라고 한다.

환자 경험 평가는 의료서비스에 '환자 중심 의료' 라는 새로운 패러다임이 도입되면서 시작되었다. 전통적으로 의료시스템은 전문적 지식을 독점한 의사가 주도하고, 환자는 수동적으로 수용하는 일방적 관계였다. 1980년대 이후에는 환자의 의견과 욕구를 중시하고, 의사와 환자의 소통이 중요하다는 '환자 중심 패러다임'이 등장하고 환자 중심 의료서비스의 품질 측정이 도입되었다.

그렇다면 환자 만족과 환자 경험은 무슨 차이가 있을까? 환자 만족은 의료 질평가 지표 중 과정지표보다는 '결과지표'의 성격이 더 강하다. 즉, 환자가 병원을 이용한 이후 그 결과에 대해서 얼마나 만족도가 높은지를 측정하는 것이기 때문에 진료 과정의 다른 요인과 개인의 특성에 영향을 받을 가능성이 높고, 주관적인 판단에 좌우되는 경향을 보이므로 이를 향상시키기 위한 구체적인 실행 전략을 수립하는 데 제한적인 효과를 갖는다. 또한 일반 대중과 환자들 역시 환자 만족의 향상이 병원을 선택하는 데 있어서 중요하다고 인식하지 않는 것으로 보이며, 의료 현장에서도 그 결과를 받아들이는 데 한계가 있다.

반면에 환자 경험 접근 방식은 환자에게 중요한 대인적 · 환경적 요소를 최소화하고 환자가 실제로 입원하여 겪었던 경험이라는 과정에 대해서 집중하는 방식이다. 따라서 환자 경험 평가 도구에서는 만족에 관련된 문항보다는 실제로 발생하는 의료적 성격이 강한 문항들이 대부분이다. 이에 따라 실제로 구체적인 문제 영역을 진단하고 해결을 모색하는 데 도움을 줄 수 있다. 결론적으로 환자 경험을 평가하는 것은 입원 진료 중 의료진의 경청, 환자에 대한 존중과 예의, 환자가 담당 의사와 이야기를 나눌 기회, 검사 및 치료에 대한 설명을 듣고 의사결정에 참여하는지의 여부, 환자의 불안감을 줄이기 위한 노력 등의 측면에서 환자들의 경험을 반영하고자 한다는 점에서 중요하고 의미 있는 일이다.[3]

환자 경험 평가는 의료서비스가 환자 중심으로 제공되었는지를 평가하는 것으로, 환자와 의료진과의 의사소통, 투약 및 치료 과정 중에 겪었던 경험 등을 전화 조사를 시행하여 그 결과를 누구나 손

3) 백재훈, 이주연(2019), 헬스케어 4.0, 의료서비스 품질은 어떻게 측정하나: 환자 중심 의료서비스 경험의 측정방법. 한국리서치웹리서치노트, 75권.
https://www.hrc.co.kr/InfoCenter/WebNote_View.aspx?boardkey=issue2308&listpageno=3&listsearchtext=&rnd=2

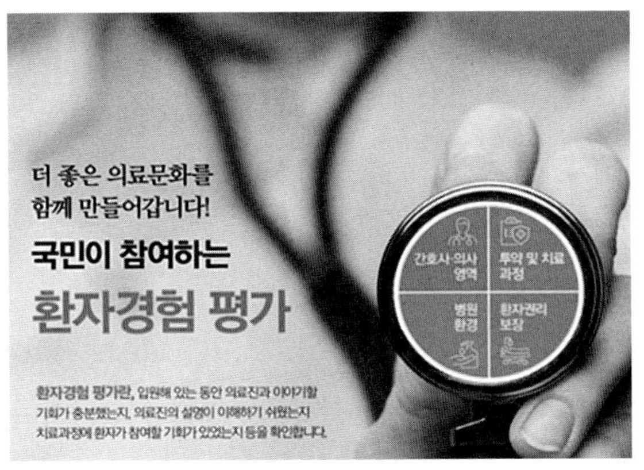

[그림 10-1] **환자 경험 평가 포스터**

출처: http://m.medigatenews.com/news/2403789268

쉽게 볼 수 있도록 심사평가원 누리집에 올려놓는다. 환자 경험 평가의 세부내용을 살펴보면 평가 영역은 간호사 영역, 의사 영역, 투약 및 치료과정, 병원 환경, 환자 권리 보장 및 전반적 평가 등 총 24개의 문항으로 실시된다.

각 문항의 예시를 보아도 알 수 있듯이, 간호사의 영역이 분명히 나와 있으며, 거의 대부분이 간호사와 연관이 되어 있다. 지난 2021년 12월 3일에 열린 '한국의료질향상학회 가을학술대회'에서 인천세종병원의 박진식 이사장은 '환자 경험 평가의 현 주소와 나아갈 방향'을 주제로 한 심포지엄에서 '환자 경험 평가는 간호사의 피와 살'이라고 이야기할 정도로 환자 경험 평가 과정에서 간호사들의 어려움을 직접적으로 언급하였다.[4]

영역 분야도 영역 분야이지만, 환자 경험 평가의 4개의 척도도 문제다.

---

4) 환자경험평가, '줄 세우기식 평가' NO…"절대평가 전환 필요", https://www.docdocdoc.co.kr/news/articleView.html?idxno=2017206

예를 들자면, 문제 12번 '귀하의 질환에 대하여 위로와 공감을 받았습니까?'의 질문에 대한 답안은 다음과 같다.

1. 전혀 그렇지 않았다 2. 그렇지 않았다 3. 그랬다 4. 항상 그랬다

답안의 점수는 4점 척도로 0점, 33점, 67점, 100점으로 부여받기 때문에 각 문제에 대한 대답이 '4번 항상 그랬다'로 나와야 100점이고, '그랬다'는 67점이 된다.

자, 우리가 어떤 서비스를 받았다고 치자.

그것이 늘, 항상 100% 만족이 되었는지 물어보는 질문을 받으면 참! 너무나! 솔직하게도!

"에이, 설마~그럴 리가 있겠느냐?"라고 반문하게 된다. 물론 100% 만족한 서비스를 받았을 수도 있겠지만, 거의 대부분은 '글쎄?' 라는 고민을 먼저 하지 않을까?

한국인은 평가 앞에서 참으로 정직하다. 특히 높은 교육열 덕분에 어려서부터 커닝하지 말아야 하며, 정직하게 평가를 받아야 함이 습관적으로 베어 있기 때문에 평가에 있어서는 가혹하리만큼 매우 정직한 결과를 보여 준다.

평가 영역		문항 내용	비고
입원 경험	간호사 서비스 (4문항)	• 존중/예의 • 경청 • 병원 생활 설명 • 도움 요구 관련 처리 노력	4점 척도
	의사 서비스 (4문항)	• 존중/예의 • 경청 • 의사와 만나 이야기할 기회 • 회진 시간 관련 정보 제공	
	투약 및 치료 과정 (5문항)	• 투약/검사/처치 관련 이유 설명 • 투약/검사/처치 관련 부작용 설명 • 통증 조절 노력 • 질환에 대한 위로와 공감 • 퇴원 후 주의 사항 및 치료 계획 정보 제공	
	병원 환경 (2문항)	• 깨끗한 환경 • 안전한 환경	
	환자 권리 보장 (4문항)	• 공평한 대우 • 불만 제기의 용이성 • 치료 결정 과정 참여 기회 • 신체 노출 등 수치감 관련 배려	
전반적 평가 (2문항)		• 입원 경험 종합 평가 • 타인 추천 여부	11점 척도
개인 특성 (3문항)		• 입원 경로(응급실 경유 여부) • 주관적 건강 수준 • 교육수준	보정 변수 검토

[그림 10-2] **환자 경험 평가 설문 문항의 영역과 내용**

출처: 보건복지부 보도자료(2018).

환자 경험 평가가 병원 의료서비스를 이용한 환자나 보호자들을 대상으로 유선(전화)으로 이뤄지기 때문에 병원 현장에서는 퇴원 환자들을 대상으로 고객 관계 관리(Customer Relationship Management: CRM)의 하나인 해피콜을 시행한다. 수간호사인 필자는 종합병원 간호사의 CRM 인식 정도에 대한 주제로 석사 학위를 취득했기에 CRM

에 관해 관심이 높은 편이다. 그래서 병원 경험 평가가 도입되기 전부터 병동에 입원했다가 퇴원한 환자와 보호자들을 대상으로 해피콜을 하고 있었다. 그리고 혹시나 하는 마음에 환자 경험 평가를 시행하기 전에 환자 경험 평가 문항을 읽어 주고 답을 구한 바가 있다.

'어떻게 항상 그랬겠느냐' '사람이 하는 일이니 그냥 그러려니 하고 넘기는 거지' '그래도 잘하는 사람들은 잘하고, 못하는 사람은 못하고 그렇지 뭘. 그래도 항상 그랬다'라고 해야 하느냐?' 오히려 먼저 전화한 나에게 갖가지 질문을 한다. 내 자식도 항상 내 뜻대로 잘하지를 않는데, 항상 잘했다는 대답을 들어야 하는지….

그럼 환자 경험 평가 문제 12번으로 다시 돌아가 보자.

Q: 귀하의 질환에 대하여 위로와 공감을 받았습니까?

여기서 '항상 그랬다'의 답을 받으려면 간호사들은 그야말로 영혼을 끌어모아서 환자에게 모든 힘을 쏟아부어야 한다.

사례 하나를 들어 보자. 70대 노인 환자가 배가 너무 아프고, 설사를 많이 하더니 혈중 나트륨 수치가 떨어져서 응급실을 통해 입원하게 되었다. 장염이라는 진단하에 광범위 항생제 주사 치료와 물 한 모금 먹지 못하는 금식을 며칠간 유지하여 설사를 멈추게 하였고, 다행히도 며칠 만에 호전되었다. 담당 의사는 오전 8시에 회진하면서 식사 진행 여부는 복부 CT 촬영을 하여 장의 상태를 확인하고 결정하자고 말하였다. 또한 복부 CT는 오후14시에 예약이 되어 있다고 설명을 하였다. 70대 노인 환자분은 며칠간은 배가 아파서 물을 못 먹는 것에 대한 불편함을 전혀 호소하지 않았다. 그러나 CT가 14시에 잡혀 있다고 설명을 들으니 너무 물이 마시고 싶어졌다. 보호자인 딸이 간호사에게 물었다.

보호자: 아버지께서 물이 너무 마시고 싶다 하세요. CT가 14시에 예약되어 있다지만 좀 빨리 검사할 수 있는 방법은 없을까요?

간호사: 네, 없습니다. CT 예약 시간은 14시입니다.

보호자는 '그래, CT는 14시라고 했잖아. 그래, 지금까지 잘 참아 왔는데 겨우 6시간을 못 참나. 조금만 더 참아보자고 아버지께 말해야겠다'며 환자에게 간다.

드디어 참고 참았던 14시가 되었다. 그런데 검사를 부르지 않는다.

보호자: 14시인데… 왜 아버지 복부 CT 검사를 안 하는 거죠?

간호사: CT 검사가 14시에 예약되어 있어도 CT 실내에서 응급 상황이 있으면 늦어질 수 있습니다.

이 상황에서 간호사는 표면상 잘못된 점은 분명히 없다.

Q12: 귀하의 질환에 대하여 위로와 공감을 받았습니까?

1. 전혀 그렇지 않았다 2. 그렇지 않았다 3. 그랬다 4. 항상 그랬다

간호사 영역 Q2: 담당 간호사는 귀하의 이야기를 주의 깊게 들어주었습니까?

1. 전혀 그렇지 않았다 2. 그렇지 않았다 3. 그랬다 4. 항상 그랬다

이러한 상황을 겪고 퇴원을 해서 환자 경험 평가를 한다면 환자와 보호자는 과연 어떻게 평가하겠는가?

이 사례가 흔히 일어나는 사건이 아니길 바라지만, 실제 이런 일은 비일비재하다. 환자가 검사를 위해 금식을 유지해야 하며, CT 검사는 14시 예약되어 있고, CT 검사실의 응급 상황 시 늦어질 수 있다는 것을 간호사가 설명한 것은 틀린 것이 아니다. 그러나 발신자의 기대와 어긋날 때 소통은 고통이 된다. 그러하기에 병원 경험 평가에서 간호사들이 영끌해서 대응해야 하는 이유가 되기도 한다.

사례의 뒷이야기를 마저 해 보자.

보호자: 그럼, 미리 알려 줬어야지. 앉아서 뭐하고 있는 거예요?

간호사: 다른 환자의 투약 업무를 보고 있습니다.

보호자: 그럼 다른 환자만 중요하고 우리 아버지 검사는 안 중요한 건가요?

간호사: 다 중요합니다.

보호자: 그럼, 우리 아버지 검사를 더 신경썼어야죠?

간호사: CT는 14시 예약이고, CT 검사실 사정은 제가 CT실에 있는 것도 아니니 알 수 없습니다

보호자: 그럼, CT실에 알아봐 줬어야죠?

간호사: 다른 환자의 업무 중이었습니다.

결국 반복되는 기계 같은 간호사의 대답에 보호자는 감정이 폭발하였으며, 간호사에게 사과를 하라고 했다. 그러나 간호사는 무엇을 잘못 했는지 알 수 없어서 미안하지 않다고 말하였다.

환자 경험 평가를 시행함으로써 우리나라 입원 환경이 환자가 치료 방법을 요구하거나 논의하기보다는 '치료를 받는' 입장을 개선하고, 질문과 대화를 원활히 하기 어려운 전통적인 의사 중심 패러다임에서 환자 입장의 패러다임으로 변화되고, 의료진과 환자와의 원활한 의사소통이 이뤄진 것은 분명 환자 경험 평가의 좋은 점이라고 평가되고 있다. 하지만 반면에 이를 제대로 평가하기 위해서는 설문지 문항의 개선이 필요하다는 의견이 지속적으로 언급되고 있다.[5]

환자들 중 노인 환자의 경우에는 설문지 문항의 내용이 어렵기 때문이다. 공감이나 배려의 단어조차 그런 게 어딨느냐고 물어보는 경우가 많았으며, 의료인조차도 공감이나 배려를 어떻게 표현해 내야 하는지가 사례의 경우에서처럼 불분명한 경우가 많기 때문이다. 이는 평가를 하는 환자와 보호자의 지극히 주관적인 취향을 잘 맞춰 줘야 하는 부담감이 고스란히 환자와 보호자와 가장 많이 근접해 있는 간호사들에게 돌아가게 된다. 간호사들은 너무 바빠서 화장실도, 밥도 제대로 못 먹고 환자들을 돌보는데, 공감과 배려하라는 (환자 경험 평가를 위한) 강요 아닌 강요를 받게 되니 '그만두겠다'고 선언하는 경우가 실제 일선 현장의 어려움이다.

5) 환자경험 평가 이대로 좋은가?, 의학신문, http://www.bosa.co.kr/news/articleView.html?idxno=2132816

의료기관 인증 평가와 간호사

의료기관 인증제는 2011년 1월에 개정된 「의료법」 시행되면서 도입되었다. 「의료법」 제58조에는 의료기관 인증에 대한 내용이 있다.

① 보건복지부장관은 의료의 질과 환자 안전의 수준을 높이기 위하여 병원급 의료기관 및 대통령령으로 정하는 의료기관에 대한 인증(이하 "의료기관 인증"이라 한다)을 할 수 있다.
② 보건복지부장관은 대통령령으로 정하는 바에 따라 의료기관 인증에 관한 업무를 제58조의11에 따른 의료기관평가인증원에 위탁할 수 있다.
③ 보건복지부장관은 다른 법률에 따라 의료기관을 대상으로 실시하는 평가를 통합하여 제58조의11에 따른 의료기관평가인증원으로 하여금 시행하도록 할 수 있다.[6]

국내의 '의료기관 인증제도'는 「의료법」 제58조에 따라 '의료의 질과 환자 안전의 수준을 높이기 위하여 병원급 의료기관에 대한 인증'을 하는 것으로, 급성기병원(상급 종합병원, 종합병원 및 병원)은 자율적으로 신청할 수 있으며, 요양병원과 정신병원은 의무적으로 인증을 신청하여야 한다. 자율인증과 의무인증 모두 4년 주기이며,

6) 「의료법」 〈개정 2020.3.4.〉. https://glaw.scourt.go.kr/wsjo/lawod/sjo192.do?lawodNm=%EC%9D%98%EB%A3%8C%EB%B2%95&jomunNo=58&jomunGajiNo=

매년 의료기관에서 자체적으로 중간 자체 조사를 시행하고, 인증 후 24개월에서 36개월 사이에 중간 현장 조사를 시행함으로써 의료기관의 지속적인 질 관리를 유도하고 있다.

'의료기관 인증제도'에 대한 평가는 긍정적이었다. 환자의 안전과 의료의 질 향상 활동에 실질적인 도움이 되어 의료진 중심의 의료문화에서 환자와 보호자 중심의 의료문화로 전환시켰다는 평가를 받은 것이다. '의료기관 인증제도'는 2012년 국제의료질관리학회(The International Society for Quality in Health Care: ISQua)의 인증을 받아 국제적인 수준을 갖추게 되었다. 세계적으로 인정받고 있는 병원 평가인 국제의료기관평가위원회인증(Joint Commission International: JCI)도 ISQua의 인증을 받은 것으로 알려지면서 '의료기관 인증제도'는 더욱 주목을 받았다.[7] 과거에는 '인력, 시설, 장비 등 구조 중심의 하드웨어(hardware)적 평가였다면, 인증은 '수행 과정에 중점을 둔 소프트웨어(software)적 조사'로서 '환자의 안전'을 중심으로 한 실질적 질 향상을 유도하는 방향으로 발전한 것이다.[8]

그러나 서열화된 평가 결과 공개로 인해 의료기관 간의 과잉 경쟁 발생, 강제 평가에 따른 의료기관의 일시적 · 수동적 대응과 자발적 질 향상 동기 부재, 기준 및 평가 과정의 타당성에 대한 논란, 전담 조직 및 인력 부재로 인한 전문성 및 객관성 미흡 등 의료기관 평가에 대한 많은 문제가 제기되었다. 인증제가 국민으로부터 신뢰를 받으려면 인증된 의료기관이 그렇지 않은 의료기관보다 더

7) 의료기관 인증제와 의료 질 평가, https://www.khanews.com/news/articleView.html?idxno=134715

8) 염호기, 황인선(2012). 국내 의료기관 인증제 전망. **한국의료질향상학회지**, 18(1), 1-14. http://www.kosqua.net/upload/ext/library2/1958_2950047292_b0e58fe4_C0C7B7E1C1FA+18-1+C0A5C4C3B7AF.pdf

안전하고 의료의 질이 좋다고 믿게 되어야 한다. 그러므로 의료기관이 과거처럼 평가받을 때에만 반짝 준비하고 수행하는 것을 지양하고 지속적인 관리가 이루어져야 한다.

인증을 받은 의료기관은 인증 후에도 지속적으로 관리되어 진정으로 의료 소비자의 안전과 의료의 질 향상을 위해 의료기관이 자발적이고 지속적으로 향상시켜 나가는 기전을 마련하도록 해야 한다. 의료의 질이 향상되지 않고는 환자의 안전이 보장될 수 없고, 환자의 안전이 담보되지 않는 의료의 질 향상이란 있을 수 없다. '환자 안전'이란 의료기관을 방문한 환자에게 해를 입혀서는 안 된다는 히포크라테스적 선언(do no harm)이다. 나아가 헌법에 기초한 기본 권리이자 생명을 다루는 인간의 존엄성에 관한 문제다.

그러므로 환자 안전에 대하여 감히 '아니다'라고 할 사람은 없다. 안전은 누구에게나 공평해야 한다. 환자 안전은 직원 안전과도 연결이 된다. 또한 환자가 안전할 때 의료진도 안전하다. 환자의 안전이 보장되면 환자 안전 문제로 인한 2차적인 의료진의 피해도 예방된다. 이러한 환자 안전 문화는 의료계와 관련된 다양한 주체간의 신뢰가 바탕이 되어 의료기관이 환자 안전과 의료의 질 향상을 유지하기 위하여 자발적인 참여와 노력을 지속적으로 시행해야 가능하다. 특히 환자 안전 사건이 발생하였을 때 관련된 개인이나 의료기관을 문책하거나 처벌하는 것으로 해결하려고 하지 않고, 재발 방지를 위한 예방 대책을 찾고, 문제 해결을 위해 협력해서 지속적으로 노력하고 수행할 때 가능한 것이라고 여러 매체를 통해 보고되고 있다.

이러한 환자 안전 문화를 조성하는 데에는 역시 환자와 보호자에게 밀착 접촉되어 있는 간호사들의 영향력이 가장 중요하다. 특히, 환자 안전에서 낙상 관련 환자 안전 사고는 지난 2016년 7월부터 2020년 5월까지 총 1만4,238건이 보고됐으며, 이 중 1만1,048건(77.6%)이 60세 이상의 노인 환자에게서 발생한 것으로 보고된 바 있다. 의료기관평가인증원은 노인 환자의 경우 특징적인 질병 유형과 더불어 노화 과정에 따른 생리적 변화로 인해 다른 연령층의 환자보다 낙상 위험이 높으며, 이로 인해 뇌출혈, 골절, 사망 등 심각한 위해가 발생할 우려가 있어 더욱 주의해 줄 것을 당부하였으며, 보건 의료기관에서 발생하는 노인 낙상을 주제로 환자 안전 주의 경보를 2020년 6월에 발령했다.

이를 위해 우선 낙상 고위험군 환자를 선별해서 체계적으로 관리할 수 있는 '낙상 위험 초기 평가'를 시행하고 주기적으로 재평가하도록 안내하고 있으며, 낙상 예방을 위해 병원 경영진 주도의 환자 안전 문화 향상 활동, 다학제 낙상 관리팀 구성, 직원 교육, 환자 및 보호자 교육, 환경 관리, 의학적 중재, 낙상 지표 관리 활동 등을 권고하고 있다.[9] 병원에서 실제로 낙상이 자주 발생할까 싶기도 하지만, 생각보다 많은 사례가 발생한다. 병원은 낙상이 흔히 발생할 수 있는 장소다. 병원 환경이 환자들에게 익숙하지 않고, 가정집에 비하여 편의시설이나 공간적 여유가 부족할 수밖에 없다. 환자들의 평균 연령이 갈수록 높아지고 있는데, 고령은 낙상의 가장 중요한 위험 요인이다. 다양한 질병에 동반되는 근력 · 균형 감각 저하, 진정제 투여로 인한 집중력 저하, 수액 투여로 인한 잦은 배뇨 등도 낙상과 관련된다. 독립적인 생활과 조기 재활을 통한 삶의 질을 중요

9) 보건의료기관서 발생하는 노인 낙상 '환자안전 주의경보' 발령, https://www.akomnews.com/bbs/board.php?bo_table=news&wr_id=40653

시하면서 신체보호대 적용을 줄인 점도 일부 낙상과 관련이 있다.[10] 때문에 병원 내에는 다양한 낙상 예방 활동이 이뤄지고 있다.

간호사들이 수행하는 낙상 예방 활동으로는 낙상 초기 평가와 재평가를 비롯하여 낙상 예방 교육과 낙상 지표 관리, 낙상 관련 질 향상 활동 등이 있다. 낙상 예방 교육에는 다음과 같은 것들이 있다.

- 낙상 고위험 환자는 노란색 팔찌를 착용하고, 침대에 낙상 고위험 표식을 부착합니다.
- 침대 사용 시 항상 침대 난간을 올리고, 침대에서 내려올 시에는 난간을 내린 후 내려옵니다. 필요한 물건은 침대 가까이에 둡니다.
- 침대 위에 서거나, 옷을 갈아입지 않습니다.
- 침대와 변기에 앉거나 일어날 때는 천천히 움직입니다.
- 신발은 미끄럽지 않고 발에 맞는 것을 착용합니다. 잠자기 전 화장실에 다녀오도록 합니다.
- 화장실/샤워실 이동 시 보호자와 동행합니다.
- 휠체어와 보행기는 이동 시를 제외하고 반드시 바퀴를 고정합니다.
- 필요시 호출벨을 이용하여 도움을 요청합니다.
- 환자 곁에 보호자가 항상 함께합니다.
- 어지럼증 유발 약물(수면제, 혈압약, 인슐린 등) 복용 후에는 침대에서 안정합니다.

---

10) 이준행, 김현아, 박승우(2015). 병원 낙상 예방. 대한의사협회지, 58(2), 123-130. https://www.jkma.kr/DOIx.php?id=10.5124/jkma.2015.58.2.123

- 보행 중 어지럼증, 보행 장애 발생 시 도움을 요청하고 의료진에게 알립니다.
- 병실 바닥의 물건이나 선에 걸려 넘어지지 않도록 주의합니다.
- 야간에 병실 조명을 어둡지 않게 합니다

읽어 보면 낙상 예방 교육 내용은 하나도 어려운 내용은 없다. 어쩌면 당연히 해야 하는 일들에 가깝다. 이 낙상 예방 교육의 교육 주체자는 환자와 보호자를 가장 많이 만나는 간호사들이 하게 된다.

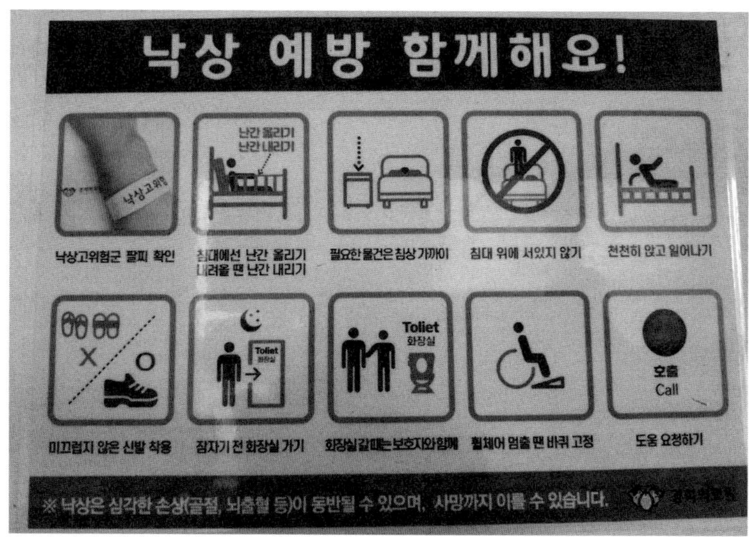

[그림 10-3] **낙상 예방 안내문**

출처: 경희의료원 낙상 예방 안내문.

어찌 보면 잔소리 같을 수도 있지만 부지불식간(不知不識間)에 일어나는 낙상에 대해서는 예방 교육이 최고일 수밖에 없다. 매일 아침 필자도 병실을 돌면서 환자와 보호자들에게 낙상 예방 안내문을 가지고 낙상교육을 한다.

어느 날.

마찬가지로 낙상 예방 안내문을 들고 환자 보호자들에게 인사하며 병실로 들어가니,

"저희 침대 난간을 올리고 있어요. 침대에서 내려올 때는 난간을 내리고 미끄럽지 않은 신발도 신고 다녀요." 환자와 보호자들이 필자를 보며 외치듯이 말하는데, 그만 '빵'하고 웃음이 터졌다. 그 병실에서 담당 간호사, 그 병실의 환자와 보호자들이 한동안 함께 웃었다.

그렇게 웃었던 날 밤.

환자는 깊은 방 화장실에 가고 싶어졌다. 보호자가 너무 곤히 잠들어 있어서 깨우기가 미안했다. 그래서 침대에서 살짝 내려와 수액을 수액 폴대(수액을 걸 수 있는 이동형 걸개)에 끼우다가 중심을 잃고 보호자 위로 넘어졌다. 다행히 보호자가 보호자 침대에 누워 있었고, 그 보호자 위로 넘어져서 큰 사고가 나지는 않았지만, 그렇게 낙상 예방 교육 내용을 읊었던 환자 분의 사건이다 보니 필자와 간호사들은 그야말로 낙상에 대한 현실적 고민을 하면서 허무함을 동시에 느꼈던 사건이었다. 그럼에도 불구하고, 낙상이라는 한순간의 사고를 예방하기 위해 지독하게도 계속적인 교육이 진행되어야 한다.

그렇다면 과연 인증 평가와 관련된 환자의 안전이 낙상 하나만

---

11) 보건복지부 홈페이지–의료기관 인증. https://www.mohw.go.kr/react/policy/index.jsp?PAR_MENU_ID=06&MENU_ID=06290303&PAGE=3&topTitle=

예방하면 되는 것일까? 인증 평가 항목은 급성기 병원의 경우에는 기본가치체계, 환자진료체계, 지원체계, 성과관리체계의 4개 영역이 있으며, 요양병원은 기본가치체계, 환자진료체계, 지원체계의 3개 영역과 정신병원은 기본가치체계, 환자진료체계, 지원체계, 성과관리체계의 4개 영역으로 이루어져 있다.[11]

크게 보면 네 가지의 영역이지만, 세부내용으로 들어가면 어타 전공 서적보다 더 두꺼운 내용들이 있다.

간호사의 영역은 모든 세부내용과 관련성이 가장 많다. 그 이유는 환자 경험 평가와 마찬가지로 환자와 가장 가깝게, 가장 자주 만나는 의료진이기 때문이다. 투약, 수혈, 감염 관리, 의료기구 사용 등 이 모든 것이 환자 안전과 연관이 있으며, 그 부분에서 반드시 해야하는 필수 항목들이 모두 간호사의 영역으로 들어오게 된다. 현실이 이렇다 보니 간호사들은 병원의 인증 평가 시기가 언제인가를 알게 되면 그 시기에 이직률이 급작스럽게 상승한다. 최근 4주기 상급 종합병원 인증 평가를 시행하는 시기가 돌아오자 필자가 속해 있는 부서의 경력 간호사들이 이직에 대한 면담을 신청하고 있다.

왜 이렇게 간호사들이 힘들어 하는 걸까? 평가 과정들이 모든 절차를 육안으로 평가하며, 육안으로 관찰이 어려운 경우에는 문답으로 이루어져 있기 때문이다. 평가자 측면에서는 실제로 환자 안전의 절차가 어떻게 이뤄지는지 당연히 관찰하고, 관찰이 어려운 경우에는 물을 수 있다. 하지만 피평가자인 간호사 입장에서는 정해져 있는 답을 몽땅 외워서 평가자에게 대답을 해야 한다는 강박이 생기게 된다. 그냥 하던 대로 설명하면 되는데 그것이 말처럼 쉽지 않다.

가령, 주사약을 하나 투약하는 과정에서 평가가 이뤄지는 것을 지켜보자.

간호사가 처방된 주사를 확인한다 → 환자의 인식표와 투약할 약의 봉투를 확인한다(인증 기준 1.1 환자 확인) → 약품 준비실에서 주사를 준비한다. 손 위생을 먼저 실시한다(인증 기준 1.5 손 위생 규정) → 약품을 준비한다 → 환자에게 간다 → 개방형 질문으로 '환자 분 성함이 어떻게 되십니까?'라고 물어 환자 확인에 환자를 참여시킨다(인증 기준 1.1 환자 확인) → 환자가 이름을 말하면 환자의 팔찌의 이름과 등록 번호를 대조하여 확인한다(인증 기준 1.1 환자 확인) → 투약 카드와 환자 팔찌를 대조한다(인증 기준 1.1 환자 확인) → 손 위생을 실시한다(인증 기준 1.5 손 위생 규정) → 투약을 시행한다(인증 기준 4.5 의약품 투여 규정) → 투약한 주사와 투약한 약을 정리한다 → 손 위생을 실시한다(인증 기준 1.5 손 위생 기준)

주사 하나를 투약하는 과정에서 환자 확인과 손 위생과 관련된 인증 기준을 통과했는지에 대한 것이 평가된다. 이런 세부항목이 73개나 있다. 물론 종이로 확인 가능한 것들도 있지만 대부분은 실제로 환자 안전이 이뤄지는지를 확인하는 과정이기에 평가자들은 환자 곁에 가장 가까이에 있는 간호사들을 평가하는 경우가 적지 않다.

이렇다 보니 의료 '질' 평가를 받다가 의료기관 문 닫을 수도 있다는 말도 나오고 있다. 이는 시설과 인력 등 의료기관의 구조적인 면을 중심으로 조사가 이뤄지다 보니 병원들이 인증 기간에만 인력을 늘리거나 시설을 개·보수하는 등 의료 질 향상과 환자 안전

제고 효과는 내지 못한 채 의료기관 종사자들의 업무 부담만 늘고 있다는 불만도 나오고 있다.[12] 업무 부담이 결국 간호사들의 이직을 재촉하고, 이는 또 경영에 부담이 되는 것이 어쩌면 뫼비우스의 띠처럼 돌고 도는 부담감이 될 수밖에 없다.

오죽했으면… 태움 당하는 병원 경영

'태움'이란 주로 대학병원의 간호사들 사이에서 쓰이는 용어로, '영혼이 재가 되도록 태운다'는 뜻에서 나온 말이다. '태움 문화'란 선배 간호사가 신임 간호사를 가르치는 과정에서 괴롭힘 등으로 길들이는 규율 문화다. 그러나 '영혼이 재가 되도록 태운다'는 뜻에서 알 수 있듯이 명목은 교육이지만, 실상은 과도한 인격 모독인 경우가 많아서 간호사 이직률의 주요 원인 중 하나로 보고 있다. 필자도 신규 간호사로 입사 후 태움을 당하지 않았다고 말할 수는 없다. 그때는 태움이 모든 신규 간호사가 업무를 제대로 못해서 겪어야 할 하나의 과정으로 볼 수 있다는 분위기도 분명 존재하고 있었다.

그렇다면 왜 간호사들이 군대보다 더 군기를 잡는 것일까? 그 이유는 작은 잘못 하나가 환자의 생명과 직결되는 상황이 많기 때문이다. 직업적 특성이 그러하니 잘못이 용납되기는커녕, 다른 잘못을 예방하기 위함을 목적으로 혹독한 수련의 과정을 겪게 된 것이

12) 의료 '질' 평가받다 의료기관 문 닫을 수도. https://m.healthcaren.com/news/news_article_yong.jsp?mn_idx=303370

다. 그러나 그 과정이 썩 매끄럽지 않은 것이 사실이다. 언어 폭력인 비방과 인격 모독이 아슬아슬 선을 넘는 과정이 없으려야 없을 수가 없기 때문이다.

결국 여러 명의 간호사가 어린 나이에 목숨을 잃고 나서야 사회적 이슈가 되었고, 2019년 7월 16일에는 국가적으로 '직장 내 괴롭힘 금지법'이 제정되었다. 「근로기준법」 제76조의2(직장 내 괴롭힘의 금지)에서는 "사용자 또는 근로자는 직장에서의 지위 또는 관계 등의 우위를 이용하여 업무상 적정 범위를 넘어 다른 근로자에게 신체적 · 정신적 고통을 주거나 근무환경을 악화시키는 행위(이하 "직장 내 괴롭힘"이라 한다)를 하여서는 아니 된다"라고 정의하고 있다. 앞서 언급된 병원 평가 두 가지의 경우 모두 병원 평가의 결과가 그대로 의료수가에 반영되어 병원의 수익에 직접적인 영향을 미치는 상황이다. 이러함에 간호사들의 역할은 중요하다.

그러나 직간접적으로 간호사들에게 신체적 · 정신적 고통을 주어서는 안 된다. 실제로 병원 인증 평가 준비 시 간호사들에게 병원 인증 평가자의 질문에 대답을 어떻게 해야 하는지에 대해 설명을 하려고 하면 "아, 환자 간호하는 것도 너무 힘든데 인증 준비는 너무 스트레스에요. 이거 괴롭힘 아니에요?" 라고 말하는 간호사들도 놀랍게도 존재한다. 병원 경영자들의 입장에서는 간호사 교육과 협조는 간호 조직에서 알아서 해야 하는 것 아니냐는 생각이 들겠지만, 간호 조직은 병원 경영과 떨어진 조직일까? 앞서도 말했지만, 간호사가 병원에서 가장 많은 인력이다. 그리고 모든 주요 병원 평가는 간호사의 손에 달려 있다고 말해도 과언은 아닌 상황이다. 이러한 간호사들에게 병원 평가에 있어 자발적인 움직임을 끌어내기 위해서 과연 우리는 무엇을 해야할 것인가?

이것이 바로 이 장의 핵심이다. 관리자 측면에서 다양한 연령대의 간호사를 관리하는 것은 좀처럼 쉽지 않다. 이 부분에 대해 경영자들도 간호관리자의 고충을 알고, 같이 문제를 해결하려고 해야 한다는 것이다. 간호사들의 처우가 점차 나아지고, 간호사의 취업률이 좋아지자 여러 대학의 간호학과 입학 점수가 제일 높다는 말을 종종 듣는다. 최근 MZ세대의 신규 간호사들의 입사도 새로운 어려움을 만들어 내고 있다.

MZ세대는 M세대(밀레니얼 세대)와 Z세대를 통합하여 일컫는 인구통계학적 집단이다. 연구원들과 대중 매체들은 1980년대 초를 출생 연도로, 1990년대 중반에서 2000년대 초를 출생 연도로 사용하고 있으며, 일반적으로 1981년부터 1996년까지 출생한 사람으로 정의한다.[13]

『90년대생이 온다』는 책에서는 MZ세대는 자신만의 가치관과 정의가 있고, 도전 정신이 있고, 새로운 디지털 미디어에 관심이 많으며, 공정성에 관심이 많다고 한다. 이런 MZ세대의 간호사들은 특히 공정성과 정의에 관심이 많다.

간호사가 수액을 가지고 물리치료실에 치료를 받으러 가는 환자에게 설명하는 상황이다.

간호사: 물리치료실에 가서 수액이 다 떨어지게 되면, 물리치료실에서 간호사실에 전화를 주세요. 아니면 너무 급하면 수액 조절기를 잠가 주세요. 그러면서 수액 조절기를 잠그는 방법을 환자에게 알려 주었다.

환자: 아. 저 수액조절기를 내려본 적 있어요. 제가 수액이 다 되면 수액 조절

13) 위키백과, 우리 모두의 백과사전.

기를 내려서 할 수 있어요. 대화 후 환자는 물리치료실로 갔다.

물론 수액 조절기를 잠그는 것은 간호사가 해야 할 일이다. 하지만 물리치료는 환자가 기다렸던 치료의 시간이고, 그 시간에 맞춰서 물리치료를 받으러 가야 하는것이 환자에게 더 중요한 일이었고, 상황에 따라 물리치료가 길어질 수도 있으리라 예상하여 급한 경우에는 환자의 협조가 되는 상황이면 수액을 잠그는 방법은 간단한 조작이니 충분히 설명하면서 간호사는 환자의 협조를 구할 수 있다고 판단한 것이다. 환자가 물리치료를 모두 다 받은 후, 엘리베이터를 타고 올라오다가 수액이 모두 들어가 피가 5cc 정도 역류되어 나왔다. 그 상황을 보호자가 보고 간호사에게 달려 왔다.

보호자: 아니. 피가 나왔는데 왜 주사를 안 빼 준 거예요?

간호사: 아, 제가 환자 분에게 물리치료실에서 주사 다 들어가면 전화 주시라고 했는데요?

보호자: 지금 피가 다 나왔어요. 가뜩이나 힘드신데 피가 저렇게 나오면 어떡하라는 말이에요?

간호사: 그래서 급하면 수액 조절기를 이렇게 내려도 된다고 설명 드렸었는데요?

보호자: 그런 일을 환자에게 시키면 간호사는 왜 하는 거예요?

간호사: 매번도 아니고, 이번 한 번만 그런 것인데, 왜 제가 간호사 일하는 것에 대해 뭐라 하시는 거죠?

이때 필자는 일단 환자의 수액을 제거하고, 보호자와 간호사를 분리 조치하였다. 필자는 먼저 보호자의 이야기를 듣고, 보호자 측면에서 충분히 화가 날 수도 있는 상황이었다고 인정했다. 그리고 보호자에게 화가 난 상황에 대한 사과를 드렸다.

보호자를 만난 뒤 담당 간호사와 만났다. "제가 몇 번이나 설명했고, 환자가 수액 조절기를 조작할 수 있다고 얘기했어요. 저는 최선을 다했습니다. 환자 보호자의 권리가 있듯이, 저도 간호사로서 조작에 대한 설명을 다했고, 환자도 본인이 하겠다고 말했으면 간호사로서 최선을 다했으니 공정한 것 아닌가요? 저는 왜 수선생님이 무엇을 잘못했다고 보호자에게 말하시는 것인지 잘 모르겠습니다."

의무와 권리가 일치할 때 공평하고 자유로운 사회 계약이 성립된다는 18세기의 장 자크 루소(Jean-Jacqyes Rousseau)가 무덤에서 다시 살아난 줄 알았다. 환자 보호자의 권리와 간호사의 권리를 운운하는 MZ세대의 간호사들에게서 환자 경험 평가와 인증 평가의 준비가 어떻게 하면 공정함으로 받아들일 수 있을까?

간호사들의 처우가 점차로 나아지고 있는 데에는 코로나19도 한몫을 했다. 코로나19를 통해 의료진의 어려움이 매스컴을 탔고, 간호사들의 어려움을 전 국민이 알았다. 서로 피하려고 하는 일들을 본인의 일인양 선의의 윤리 법칙을 지키겠다고 선뜻 나서는 간호사들의 행동하는 양심과 어려움을 TV를 통해 전 국민은 지켜보게 된 것이다. 이로 인해 간호사의 처우 개선이 적극적으로 언급되기 시작했으며, 국가적으로도 적극적인 지원으로 이어졌다.

병원에 입원한 환자와 보호자들은 간호사들이 단순히 의사의 처방에 따라서 주사나 놓아 주는 일만 하는 것이 아니라는 것을 알게 되었으며, 간호사 수가 확대됨으로써 많은 사람도 간호사들의 어려움에 대해 표면적으로는 알게 되었다. 코로나19가 장기화되고 위중중 환자가 급증하자, 보건복지부 중앙사고수습본부(이하 '중수본')는 부족한 간호 인력을 채우기 위해 대한간호협회를 통해 유휴간호사(간호사 업무를 하지 않고 쉬는 간호사)를 투입하였다. 유휴 간호사에는 병원을 관둔 이직 간호사까지 포함된다. 이직 간호사의 경우 (아직 정확한 데이터는 나오지 않았지만) 혹자는 중수본에 취업하기 위해 병원을 관둔다고 말하기도 한다.

왜 잘 다니던 병원을 이직하고 중수본에 재취업을 하는 걸까? 병원에서 코로나19 환자를 간호하는 간호사의 경우에는 병원의 월급을 받는다. 중수본의 경우에는 국가의 일당을 받는다. 병원의 월급과 중수본의 일당의 차이를 한 달로 계산 시 많게는 400~500만 원이 넘는다.[14] 이때 MZ세대의 공정함이 다시 화두가 된다. 신규 간호사들은 같은 업무 환경이라면 보수에 따라 움직이게 되는 것을 공정으로 내세운다. "이직하고 중수본에 들어가서 열심히 6개월 일하고, 모은 돈으로 여행 가려고요." 근속연수 25년이 넘는 나로서는 어이없다가도 한편으로는 자유로운 영혼같은 그들의 선택을 그저 멍하니 바라볼 수밖에 없다.

최근 코로나 인력으로 투입되는 간호사에 비해 일반 병동의 간호사들이 돌보는 환자의 중증도도 높아진 것도 사실이다. 중환자실을 폐쇄하고, 중환자실 간호 요력들이 코로나 전담 병동으로 파견을 나가서 코로나 중증 환자를 돌보는 상황이 되어 버린 것이다. 하

14) 어느 일선 병원 의사의 고백-병원에서 간호사들이 사라지는 이유?-이경석의 척추88 #124-파견간호사. https://www.youtube.com/watch?v=Xw8qSgm3wUU

여 중환자실이 적어지니 그만큼 중환자가 일반 병동에 입원해 있는 경우가 많아졌기 때문이다. 즉, 국가적 지원이 넘치는 코로나 전담병동의 간호사들보다 일반 병동 간호사들의 업무 부담감이 점차 증가되고 있다. 코로나 전담병동의 간호사들은 병원의 월급 이외에도 국가적인 위험수당을 따로 받는다. 그러나 일반 병동의 간호사들은 국가적인 지원은 없다.

이 또한 많은 일반병동 MZ세대 간호사들의 화두인 공정성에 불을 끼얹는 격이 되어 버렸다. 어느 정도 간호 업무에 잘 적응하고, 병동 내에서도 업무를 잘하는 연차들은 어김없이 병원을 이직하려고 한다. 병원에서 간호사로 3교대 업무를 하는 것보다 교대근무 없는 많은 다양한 일을 찾아 떠난다. 보험 심사, 공무원, 제약 업체, 임상시험 모니터 요원(Clinical Research Associate: CRA), 사업체 등등 간호사로서 진출할 곳은 많다. 이러다 병원에는 '50세 이상의 노인 간호사와 20대의 갓 졸업한 신규 간호사뿐이 남지 않을 것이다'라는 농담도 나오고 있다.

공정에 올인하는 MZ세대 간호사와 간호사 처우 개선으로 다양한 직업 선택권이 생긴 간호사들의 이직으로 병원 경영은 새로운 태움을 받고 있는 게 작금의 현실이다. 경영도 결국 사람을 위해서, 사람에 의해서 사람을 움직이게 하는 것이라고 배웠다. 결국 능력 있는 간호사들의 이탈을 예방하고, 간호의 질을 높여 병원의 모든 환경과 평가에 좋은 기여를 할 수 있는 간호사들을 키우며, 나아가 병원 수익 창출에 이바지할 수 있는 방안은 과연 무엇일까?

Sorry, seems to be 백의의 천사는 없다

간호사가 백의의 천사라고 누군가는 말했다. 구글을 아무리 검색해 봐도 간호사가 '백의의 천사'라는 단어의 유래를 찾을 수가 없다. 필자의 짧은 생각으로는 어느 위인 동화 작가가 플로렌스 나이팅게일(Florence Nightingale)이 간호사이고, 하얀 가운이 천사라고 생각하여 비유하여 말한 것으로 예상한다. 정확히 나이팅게일을 파악했던 위인 동화 작가였다면 '백의의 천사'라기보다는 '램프를 든 여인'이나 '통계의 여왕' 혹은 항생제를 쓰기 위해 군대의 느린 행정을 질책하며 직접 항생제 약품고를 턴 '망치를 든 여인'이라고 썼을 것이다.

어려서부터 우리는 '간호사는 백의의 천사'라는 위인전을 읽었으며, 누가 뭐라고 해도 그 말이 머릿속에 각인되어 버렸다. 천사는 인간계의 사람이 아니다. 천사는 천상계의 존재다. 그러함에 간호사=백의의 천사라는 허울을 씌워 간호사가 인간적인, 너무나도 인간적인 반응을 보이면 천사가 왜 사람에게 그러냐는 의미로 더 질타한다.

2018년 1월 21일, 서울대학교 보라매 병원에서 간호사의 손가락이 절단되는 사건이 있다. 간호사 A씨가 환자에게 물려 손가락이 절단되는 사고가 발생했다. A씨는 환자에게 L-튜브를 삽입하려고 했고, 환자가 이를 거부하면서 간호사의 중지를 물어 손가락이 잘렸다. L-튜브는 음식물을 삼키지 못하는 환자에게 약물이나 음식물을 투여하기 위해 코에 삽입하는 튜브로, 흔히 콧줄이라고 불린다. 들려온 바에 의하면, 환자는 콧줄을 계속 유지했던 환자였으나 그날 아침에 공교롭게도 콧줄이 빠져서 재삽입하는 과정에서 환자가 힘들어 손가락을 물었다고 했다.

다행히 간호사의 손가락 접합 수술은 성공적이었으나 그 간호사는 간호사의 업무를 계속 할 수 있을까? 더욱이 병원의 사건 파악 과정 중에 보호자는 "우리 아버지가 그럴 분이 아니신데…."라고 말했다고 한다. 비단 서울대 보라매 병원의 사건뿐만이 아니다.

뇌졸중과 치매로 입원한 80대 남성 환자가 계속 콧줄을 잡아 빼고, 주사를 잡아 빼고, 소변줄을 자꾸 빼려고 해서 보호자에게 잠시라도 여러 Line(줄)을 잡아 빼지 않도록 예방 차원에서 나도 신체보호대를 하자고 말하였다. 콧줄도 계속 빼고 넣으면 자극이 되고, 소변줄도 마찬가지이며, 주사도 여러 군데 혈관을 찔러야 하니 통증만 증가됨을 설명한 것은 두말하면 잔소리다. 신체보호대는 입원 환자가 생명 유지 장치를 스스로 제거하는 등 환자 안전에 위해가 발생할 수 있어서 그 환자의 움직임을 제한하거나 신체를 묶

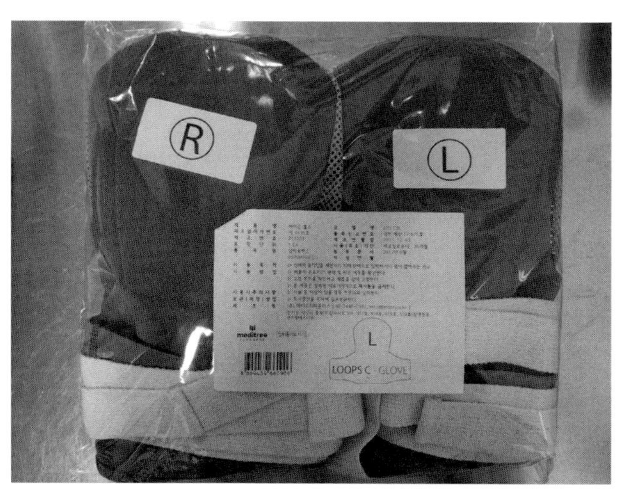

[그림 10-4] **장갑형 신체보호대**

출처: 경희의료원 장갑형 신체보호대.

을 필요가 있는 경우에 최소한의 시간 동안만 사용하는 일종의 억제대다.[15]

보호자는 앞서 설명에도 불구하고, 강력하게 자신이 아버지 손을 붙잡고 있을 테니 신체보호대를 하지 않겠다고 했다. 이에 의료진은 보호자의 의견을 충분히 반영하여 신체보호대를 적용하지 않았다. 하지만 보호자가 잠시라도 화장실을 간 사이, 보호자가 잠시 딴곳을 보는 사이에 콧줄과 소변줄을 빼고, 주사를 빼서 침대가 피로 범벅이 되었다. 그러자 보호자가 간호사실에 와서 "우리 아버지 피가 너무 많이 나와서 돌아가시면 너희가 책임질 것이냐?무슨 서비스가 이 따위야?" 라며 큰소리를 냈다. 그리고 '지금 당장 콧줄을 꽂으라고 하고, 지금 당장 주사를 놓으라고 했다. 혈관은 이미 수십번 빼고 찔러서 좋은 혈관도 없어진 상태였다.

심장 수술 환자가 갑작스런 심장발작으로 심폐소생술팀을 부르고, 여러 명의 심폐소생술팀과 같이 심장 환자의 응급 상황을 돕고 있던 상황에 어느 보호자가 간호사실에 나와서 침대가 젖어 있으니 당장 시트를 바꾸라고 소리를 지른 것은 그저 웃고 지날 일이다.

의료서비스에 대한 개념과 개선의 노력은 환자의 안전과 환자의 경험 평가를 통해 질적으로 높아지고 있다. 실제로 필자가 병원을 취업한 1990년대 후반보다는 권위적인 의료서비스에서 상호 존중의 의료서비스라는 개념으로 변화되고 있다는 것을 체감하는 바이다.

서비스라는 의미는 재화(財貨)를 생산하지는 않으나 그것을 운반, 배급하거나, 생산, 소비에 필요한 노무를 제공하는 일이나, 개

15)「의료법 시행규칙」(제39조의7) 의료기관의 신체보호대 사용 기준 관련. 〈개정 2020. 4. 24.〉

인적으로 남을 위하여 여러 가지로 봉사하는 것, 특히 장사에서 손님을 접대하고 편의를 제공하는 것으로, 순화어는 '봉사' '접대'[16]로 정의한다. 간호사가 장사를 하는 일인가? 손님인 환자와 보호자를 접대하고 편의를 제공하는 업무인가? 그러나 현실은 심각할 정도로 '서비스'를 운운하는 환자, 보호자로 인해 정신적인 스트레스를 호소하는 간호사들이 늘어나고 있다.

일반 병동보다 환자와 보호자를 덜 접하는 중환자실, 수술실, 마취회복실을 지원하는 간호사들이 늘어나고, 실제로 필자가 속해 있는 병동 간호사 중의 30%는 이직 이유를 환자, 보호자의 언어폭력이나 감정적인 어려움으로 꼽는다. 「산업안전보건법」의 보호 대상인 고객응대근로자는 주로 고객을 직접 대면하거나 「정보통신망 이용촉진 및 정보보호 등에 관한 법률」 제2조제1항제1호에 따른 정보통신망을 통하여 상대하면서 상품을 판매하거나 서비스를 제공하는 업무에 종사하는 근로자(이하 '고객응대근로자'라 함)를 말한다.(「산업안전보건법」 제41조제1항). 고객응대 업무는 항공사 객실 승무원, 콜센터 상담원, 호텔 및 음식점 종사자, 백화점 및 할인점 등의 판매 업무 종사자, 간호사, 운전기사, 보육교사 등 다양한 직업에서 발생한다.[17]

최근에는 요양보호사나 보육교사 등 돌봄 서비스를 수행하는 업무나 공공서비스, 민원 처리를 하는 업무까지 그 범위가 광범위하고 다양한 직업군에서 고객응대 업무를 수행하는 것으로 나타나고 있다. 결국 갑질하는 서비스를 받는 자들로부터 고객응대 업무를

16) 위키백과. https://ko.wikipedia.org/wiki/%EC%84%9C%EB%B9%84%EC%8A%A4

17) 고용노동부 · 안전보건공단(2019). 고객응대근로자 건강보호 가이드 라인. https://www.moel.go.kr/news/notice/noticeView.do?bbs_seq=20200101158

하는 을을 법적으로 보호하고자 2018년 10월 18일에 '감정노동자 보호법'이 발기되었다. '감정노동자 보호법'은 고객 응대 과정에서 일어날 수 있는 폭언이나 폭행 등으로부터 감정노동자를 보호하기 위한 목적으로 제정된 법안이며, 근로자의 건강에 대한 사업주의 예방 조치를 중심으로 한 「산업안전보건법」의 개정안이다.

재미있는 사실은 '서비스'를 운운하면서 말 끝에 천상계인 백의의 천사를 언급한다는 것이다.

"백의의 천사가 이런 식으로 하면 안 되지!"

신체보호대 사건으로 돌아가 보자.

보호자는 신체보호대를 거절하고, 환자는 주사를 너무 많이 빼서 혈관을 찾아 다시 놓을 곳도 없어 난감하던 차에 보호자가 "당신 아버지라면 보호대 하겠어? 어?"라고 말하자 입사한 지 막 1년이 지난 간호사가" 네, 저희 아버지이시면 저는 입원하는 날부터 붙잡아 매달라고 했을 거예요. 저희 아버지시라면 딸이 고생한다고 더 매어 달라고 하셨을 거예요" 라고 답했다. 우리 간호사들은 그날 입사한 지 1년차인 그 간호사를 말없이 같은 마음으로 쓰담쓰담 해 주었다. 왜 사람이 하는 일에 천상계를 운운하는가?

간호사는 보다 나은 치료를 위해 의사들과 같이 고민하고, 어떻게 하면 환자가 빠른 퇴원을 할 수 있을지 노력하는, 환자의 가장 가까이에서 환자를 지켜 내는 인간이다. 환자나 보호자가 막말을 해도, 본인의 감정을 무작정 토해 내도 그저 '네, 네… 그러시군요' 하면서 모두 받아 주어야 하는 천사가 아니라는 것이다.

간호사도 일이 벅차고 힘들어 약품 준비실에서 눈물을 흘리며, 나는 왜 이렇게 못하는지, 임상이 맞지 않는지 고민하고 가슴 아파하는 사람인 것이다. 『나는 간호사, 사람입니다』(쌤앤파커스 펴

[그림 10-5] **『나는 간호사, 사람입니다』(김현아 저)**

출처: https://content.v.kakao.com/v/5b38b8dc709b5300012d719f

냄)에서 '백의의 천사'라지만 현실에서는 100가지 일을 해야 하는 '백(百)일의 전사(戰士)'인 간호사라고 말한다. "메르스가 내 환자에게 다가오지 못하도록 저승사자를 물고 늘어지겠습니다." 2015년 메르스 사태 당시 김현아(45) 씨가 쓴 '간호사의 편지'의 한 구절이다. 수많은 사람이 언론을 통해 편지를 읽고 응원을 아끼지 않았다. 반드시 환자를 살리겠다는 의료진의 각오를 행간에서 읽었기 때문이다.

김 씨는 중환자실에서 20여 년을 일한 간호사였다. 1년 전 병원을 나와 자신의 경험을 글을 통해 세상에 전하고 있다. 책 『나는 간호사, 사람입니다』를 냈고, 드라마 대본도 쓴다. 배우 김사랑이 "간호사들의 헌신적인 마음, 존경한다"며 책을 추천하기도 했다. 김 씨는 '간호사는 슬프고도 아름다운 직업'이라고 했다.

"메르스와 싸우는 우리의 상황을 전하고 싶어 제안을 받아들였습니다. 제 자신에게 다짐하듯 글을 썼어요. 많은 분이 응원해 주셨습니다. 마음을 다잡았고, 간호사란 직업에 더욱 사명감이 생겼어요."[18] 메르스 이후 우리는 또 다른 변종 바이러스인 코로나19를 겪어 내고 있다.

필자도 일반 환자를 받았던 병동을 폐쇄하고 코로나 중증환자를 간호하기 위해 작년 12월부터 파견되어 코로나병동에 있다. 메르스 사태 때에도, 코로나19가 창궐한 무렵에도 격리병동에 배정되었다는 이유로 부모들이 감염을 걱정하여 간호사를 집으로 이끌려 돌아간 경우가 있었으며, 부모의 직업이 간호사이고 격리병동에서 일한다는 이유로 아이의 어린이집에서 등원을 유보해 달라고 연락이 오는 경우도 있었다. 어느 학교는 학부모가 병원 직원이라는 이유로 부모의 코로나 검사 결과지를 가져오라고 통보한 경우도 있다. 이런 상황에서 끝까지 환자를 위해 묵묵히 업무를 해내는 간호사들은 천사여서 해내는 것이 아니다. 천사의 천상계를 더 이상 언급하지 말았으면 한다. 간호사는 결국 인간계에서 선택한 직업이 타인을 돌보고, 돌봄의 과정에서 행복을 얻는 그 과정에 희열을 느끼는 인간군들인 것을 잊지 말아야 한다. 지극히 인간적인 그들. 그들을 어떻게 움직일 것인가?

18) "간호사를 '백의의 천사'라고 부르지 마세요". https://misaeng.chosun.com/site/data/html_dir/2018/07/03/2018070301205.html

결국 Back to the BASIC

간호사는 전문직이다. 전문직이라고 함은 특정 분야의 전문 지식과 경험을 바탕으로 개념과 이론을 이용하여 해당 분야에 대한 연구 개발, 자문, 지도(교수) 등 전문 서비스를 제공하는 자를 말한다. 주로 자료의 분석과 관련된 직종으로 물리, 생명과학 및 사회과학 분야에서 높은 수준의 전문적 지식과 경험을 기초로 과학적 개념과 이론을 응용하여 해당 분야를 연구하고 개발 및 개선하며 집행한다. 전문 지식을 이용하여 의료 진료 활동과 각급 학교 학생을 지도하고, 예술적인 창작 활동이나 스포츠 활동 등을 수행한다. 또한 전문가의 지휘 하에 조사, 연구 및 의료, 경영에 관련된 기술적인 업무를 수행한다.[19] 전문직을 정의하는 데에는 많은 조건이 있다. 여타의 직업과 전문직의 가장 큰 차이는 직업윤리의 유무가 가장 클 것이다.

간호학에는 생명의료윤리인 간호윤리가 있다. 간호윤리라고 함은 간호사란 직종의 사람들에게 적용되는 행동규범으로, 선함과 악함에 대한 도덕적 이상에 토대를 둔 간호사들의 행동규범이라고 할 수 있다. 간호윤리는 간호사로서 마땅히 지켜야 할 도리로, 법이나 어떤 규칙, 또는 형식, 도덕 등으로부터 자유로운 자발적 의지의 실천 행위다.[20] 간호윤리에 포함된 생명의료윤리 원칙에는 자율성

19) 한국표준직업분류 2017 해설서. http://kssc.kostat.go.kr/ksscNew_web/kssc/common/CommonBoardList.do?gubun=1&strCategoryNameCode=002&strBbsId=kscotnr&categoryMenu=011

20) 정면숙, 강윤숙, 고문희, 김덕희, 김세영(2012). 간호학개론. 현문사.

존중의 원칙(사전 동의), 무해성의 원칙(악행금지의 원칙), 선행의 원칙(선의의 간섭주의), 정의의 원칙(분배적 원칙)의 4원칙이 있다. 자율성의 원칙이라고 함은 의사나 간호사는 환자에게 치료 과정과 방법, 그리고 필요한 약품의 효능과 부작용 등을 거짓없이 상세히 설명하고, 환자는 자신의 자발적인 선택과 충분한 설명에 의거하여 치료에 동의하여야 한다는 것이다.

무해성의 원칙, 즉 악행금지의 원칙은 모든 의료인은 타인에게 의료적으로 해가 되는 행위를 해서는 안 된다는 것이다. 이것은 치료 과정에서 신체적 또는 정신적으로 상처를 주어서는 안 된다는 의미다. 선행의 원칙은 타인을 돕기 위해 적극적이고 긍정적인 태도로 미래의 해악을 예방하고, 현재의 해악을 제거할 의무가 있다. 정의의 원칙은 분배의 원리로, 주로 자원의 공정한 분배를 다루는 말이다. 균등하게 분배하고, 필요에 따라 분배하고, 노력과 성과에 따라 분배하며, 공적에 따른 공정한 분배를 따르라는 말이다. 앞서 사건들의 간호사들은 큰 잘못은 없다. 다만 그들이 윤리적으로 제대로 간호 업무를 해내었는지 다시 돌아가 생각해 보면 아쉽게도 잘못이 없다고 말할 수는 없다. 한때 우리는 의료도 서비스라고 하여 친절교육을 시행하였고, 지금도 소소히 시행하는 병원들이 많다는 것을 안다.

안타깝게도 친절교육은 시대착오적인 교육 방안이다. 친절을 강요하기보다는 이들에게 우선적으로 필요한 타인을 공감하는 마음이 왜 필요한지에 대한 교육이 우선되어야 한다. 친절은 방법론이기 때문에 그냥 듣고 흘려 버리면 끝이다. 정보의 접근성이 좋아지면서 각종 정보의 태풍 속에서 살아가는 지금의 사람들에게 많은 것을 알려 주는 것은 무척 어려운 일이다. 휴대전화로 자기들이 필요한 정보를 읽어 내는 것이 교육의 효과를 더 이끌어 낼 수도 있다. 오프라인으로 교육할 시 특히 피교육자들의 집중력은 15분을 넘지 않기 때문에 15분 이내의 짧은 에피소드 하나로 하나만 교육해야 교육의 효과성이 좋다는 것이다. 결국 교육의 효과성을 높이기 위해서는 근본적인 질문부터 해야 한다는 것이다. 친절은 왜 해야 하는지.

우리가 늘 놓치는 것 중 하나는 고객에는 내부 고객도 있다는 것이다. 내부 고객이 감동하면 외부 고객은 감동이 안 될까? 내부 고객인 직원과 간호사들의 감동은 어디서 오는 것일까? 그것에 대한 고민을 해야 한다는 것이다.

살아가는 데 있어 가장 감동적인 순간이 언제였는가? 우리는 사회라는 울타리 안에서 누군가와 함께 살아가는 인간들이기에 타인에게 무엇을 해 주었을 때와 그 행동으로 인해서 나를 인정해 줄 때가 가장 감동적인 순간으로 기억한다. 여기서 바로 간호윤리 선행의 원칙이 들어와야 한다. 사례를 통해 무엇이 감동이고, 무엇으로 내가 인정을 받았는지, 내가 어떻게 행동하는 것이 중요한 것인지에 대한 실제적 경험론과 설명론이 들어와야 인간계인 간호사들이 움직이게 된다. 간호사에게는 이런 실질적인 교육을 해야 한다. 앞서 설명한 각종 병원 평가에서 간호사들의 역할은 점차 두각된다. 그리고 그 평가의 필요성에 대해 간호사들은 충분히 인지하고 있으나 왜 공감하고 행동하지 못하는가?

간호학은 이과에 속하는 학문이다. 간호학을 공부하면서 여러 검사의 수치를 알고, 외우며, 검사 수치에 대비하여 정상치(normal range)와 비정상치(abnormal range)를 따져서 비정상일 시에 따르는 갖가지 질병에 대한 진단을 예상하고, 그에 맞는 간호를 준비한다.

그러므로 간호학은 매우 지극히 이과적인 학문이다. 허나 실제로는 진단에 맞는 간호를 예상하고 준비한다고 하더라도 대상자 자체가 인간이다. 진단을 내리는 것은 의사의 업무이기는 하지만 그 진단에 맞게 수시로 환자와 보호자를 준비시키고, 교육하고, 지지하고, 격려하는 것은 간호사의 몫이다. 즉, 간호학은 배움은 이과의 학문이나 실제적인 실천은 인문학적인 접근이 필요한 학습이다.

그러나 현실적으로 간호학생이나 간호사들이 병원에서 마주하는 일에 대한 인문학적인 풀이와 해석을 듣는 기회는 전무한 형편이다. 간호사가 되기 전부터 인문학적 소양을 쌓아야 한다고 강조하고 싶으나, 기본간호술기 및 기본 교육을 받기에도 절절한 그들에게 인문학 교육 시간은 소위 잠자는 시간을 더 주는 것뿐임을 나도 안다. 왜냐하면 절실하지 않기 때문이다. 따라서 병원에 취업한 시점에서부터 이직하는 순간까지 인문학적 지원을 아끼지 말아야 한다. 왜 경영하는 측면에서 학교에서 배워 와야 할 소양을 가르쳐야 하는가?

첫 번째, 간호사들의 인문학적 소양은 많은 병원 평가의 기본이 된다

공자는 기소불욕물시어인(己所不欲勿施於人)이라는 말을 했다. 자신이 하기 싫은 일은 다른 사람도 마땅히 하기 싫어할 것이기 때문에 내가 원하지 않는 일을 남에게 강요해서는 안 된다는 말이다. 내가 환자와 보호자라고 생각해 보자. 이 마음을 우리는 항상 바쁘다는 이유로 잊는다.

내가 CT 검사 때문에 금식하는 부모님의 자식이라고 생각해 보자. 부모님이 물 한 모금 마시고 싶어하는 것을 옆에서 지켜보는 보호자라면 과연 응대하는 간호사로서 어떤 말이 먼저 나오겠는가?

수액이 다 들어가면 수액 조절기를 내리는 것을 나의 부모님이 알았다고 한들, 피가 역류하여 나오는 걸 보면 보호자로서 어떤 마음이 먼저 들까? 장자 또한 '진정한 공감이란 자신의 존재 전체로 듣는 것이다'라고 말하였다. 내가 보호자, 환자의 존재로 들어가서 그들의 마음을 들어 보라는 것이다. 왜 그것이 어렵고 힘든가? 그것은 자신을 먼저 돌아보는 힘이 없기 때문이다. 자기 반성과 자기 성찰을 통해 나를 제대로 파악하고 나라면 어땠을지, 나라면 어떻게 할 것인지에 대해 돌아보는 시간을 갖도록 해 줘야 한다는 것이다.

필자가 속해 있는 조직인 경희의료원은 지난해 병원을 개원한 지 50주년을 맞이했다. 50주년 기념 행사로 교직원 에세이 모집을 진행한 바 있다. 경력 10년차, 인증 기간이 정해지자 인증 때문에 관둬야겠다며 이직을 면담한 간호사에게 나는 교직원 에세이를 한 번 써 보도록 권유했다. 이 간호사가 에세이를 쓰면서 10년간 몸담았던 조직 안에서 무엇을 경험했고, 무엇을 느꼈으며, 어떻게 살아가는 것이 즐거운 것인지에 대한 철저한 자기 성찰을 하는 경험을 하게 된 것이다. 에세이를 모두 작성한 뒤 필자에게 이직은 좀 있다가 하겠다고 말했다. 나는 아무것도 하지 않았다. 다만 이직을 고민할 시 자기를 돌아보게 하는 시간을 잠시 갖도록 한 것 뿐이다.

우리가 속해 있는 사회, 그 안의 조직, 그 조직 안에서 무엇을 해야 행복할 것인가? 로마 황제이자 스토아 철학자인 마르쿠스 아우렐리우스(Marcus Aurelius Antoninus)는 "나는 사회를 위해 뭔가를 했는가? 그렇다면 그것은 내 이익을 위해 한 것이다"라고 말했다.

내가 행복해지기 위해서 내가 속해 있는 사회에서 뭔가를 하는 것이다. 그것이 직업인것이고, 그 직업이 내가 선택한 간호사라는 의미다. 이것을 조직원이 모른다면 누군가는 알려 줘야 할 책임이 있는 것은 아닐지. 그 모름을 앎으로써 조직을 더 훙하게 한다면 이보다 기쁜 일은 무엇일지 고민해 보길 바란다.

두 번째, 조직을 바라보는 인식이 긍정적으로 변한다는 것이다

인부지이불온(人不知而不慍)이면 불역군자호(不亦君子乎)아라! 공자는 '남이 나를 알아 주지 않아도 노여워하지 않는다면 그는 군자가 아니겠는가!'라는 말을 했다.

남이 알아 주라고 간호 업무를 하는 것이 절대 아니다. 내가 무엇인가를 해서 환자와 보호자가 행복해 하고 즐거워하면 그것이 즐겁고 행복한 것이다.

간호전문직의 윤리를 다시금 깨닫게 함으로써 간호사이기에, 간호사의 윤리와 책임이 있기에 업무를 진행하는 것이다. 공정함을 앞세우는 MZ세대 간호사들에게도 마찬가지다. 공정함보다는 전문직인 간호사의 나이팅게일 선서가 우선함을 읊어 주어야 한다. 그들이 전문직인 간호사를 선택하고, 간호사로 투입됨에 따라 그들의 양심에 따른 행동이 가장 행복한 일인 것임을 알려 줘야 한다는 것이다.

『픽사 스토리텔링』[21]이란 책에 이런 말이 나온다. "멘토는 영웅에게 새로운 사고방식을 알려 주고, 목표 성취에 도움이 될 중요한 수단을 제공한다. 기업은 고객이 원하는 길을 가도록 통찰력과 수단을 제공하는 역할을 할 수 있다. 통찰력은 브랜드를 강화하거나 고객과 더 깊은 유대감을 쌓는 방법이 될 수도 있다. 좋은 서비스는

21) http://www.yes24.com/Product/Goods/106338025

삶의 질을 높이고, 용기를 북돋워 주고, 활기를 불어넣는다. 고객도 영웅처럼 시시때때로 도움이 필요하다. 하지만 고객을 얕보거나 가르치려는 태도는 금물이다. 고객과 보폭을 맞추며 나란히 걸어야 한다. 고객이 도움을 받고 최고가 되도록 해 주어야 한다. 기업은 고객과 관계를 맺고 유지하는 방법에 통달해야 한다. 좋은 기업은 단순히 물건을 파는 방법에만 골몰하지 않는다. 좋은 기업은 고객의 동료이자 친구가 된다."

여기서 멘토는 조직이다. 조직이 간호사들에게 새로운 사고방식을 알려 주고, 목표 성취에 도움이 될 중요한 수단을 제공하면 멘토로 인한 멘티인 간호사들은 조직과 더 깊은 유대감을 쌓게 된다는 것이다. 이것 또한 경영이며, 서비스인 것이다. 경영이 내부 고객을 외면한 채로 외부 고객에게만 올인한다면 그것은 한 눈만 뜬 장님이 되는 것이다.

내부 고객의 삶의 질을 높이고, 용기를 북돋워 주고, 활기를 불어넣어 주면 당연히 외부 고객에게도 그 행복감은 전달될 수밖에 없다는 것이다. 좋은 병원은 단순히 의료서비스와 평가에 올인하는 것이 아니고, 내외부 고객과 동료이자 좋은 친구가 되면 함께 상생할 수 있게 된다는 것이다. 관계를 맺고, 유지하는 방법에 통달해야 한다는 것이다. 같이 걷다 보면 때론 넘어지고 다칠 수 있다. 함께 하기에 같이 이겨내면 된다. 이런 사고방식을 심어 주는 것이 과연 어려운 일일까? 관계를 맺는 것과 유지하는 방법은 의외로 단순할 수 있다.

간호사들의 어려움과 즐거움의 경험을 공유하는 장을 만들어 주고, 간호사들이 각종 평가와 시기적 어려움에 어떻게 대비해야 하는지 스스로 깨닫게 해 주는 기회의 장을 널리 만들어 주었으면 한다. 결국 모든 일은 사람의 마음의 힘에서 나온다.

세 번째, 가장 큰 이유는 절실함이다

궁즉변 변즉통 통즉구(窮卽變 變卽通 通卽久)라. 궁하면 변하고, 변하면 통하고, 통하면 영원하리라. 이는 『주역』에 있는 말이다.

세상은 늘 변하고 있고, 백의 천사는 하늘에서 땅으로 내려온 지 한참 오래전이다. 간호사는 응당 친절해야 한다는 전제를 아주 버려야 한다. 간호사도 지극히 인간적인 사람이고, 그들을 보호하고 있는 명문화된 법이 도처에 깔려 있다. 또한 병원이 간호사들에게 더 이상은 매력적인 일터가 아니다. 간호사가 병원이 아닌 곳으로 진출할 곳은 슬프게도 너무나 많다.

병원 경영이 간호사들에게 태움을 당하는 것을 예방하기 위해서라도 병원은 간호사가 병원을 최고의 각종 인간관계를 습득하고, 그 안에서 인간존중과 인간애, 인간을 상대하는 능력을 키우며 더불어 같이 잘 살아가는 방법을 가르쳐 주는 최고의 장소가 되어야 한다.

환자의 보호자들, 병원 내 여러 직종과 가장 많이 부딪히고, 가장 많은 접점이 있는 간호사들에게 간호 업무만을 강조하기보다는 간호 업무 내에서 배우게 되는 인간관계의 힘을 공유하고, 서로에게 회복력을 줄 수 있도록 해야 한다. 인간에게 받은 상처는 충분히 다른 인간에게서 치유될 수 있다. 편견없는 마음으로 존중하며, 듣는 태도를 길러 낼 수 있도록 하자.

프로크루스테스의 침대(Procrustean bed)라는 신화를 아는가? 프로크루스테스는 그리스 신화에 나오는 포악한 거인으로, 아티카 지방에 집을 짓고 살면서 강도짓을 일삼았다. 나그네가 그 집 앞을 지나가면 불러들여서 자신의 침대에 눕힌 다음, 나그네의 키가 침대 길이보다 길면 몸을 잘라서 죽이고, 침대 길이보다 짧으면 몸을 늘려서 죽였다.[22]

마찬가지로 우리는 저마다의 프로크루스테스의 침대를 가져와서 그 사람을 평가하고 판단해 버리는 실수를 한다. 이러한 실수를 하지 않기 위해서라도 편견없는 마음으로 누구든지 받아들일 수 있는 여유, 마음의 힘은 그냥 길러지지 않는다. 지겹도록 잔소리하는 것도 아니고, 지겹도록 교육하는 것도 아니다. 본인들 스스로 깨우칠 수 있도록 시간을 줘야 한다는 것이다. 업무로 바쁜데 그럴 시간이 어디 있느냐? 만들어 주면 된다. 업무가 끝나고 5분이든, 10분이든 아주 잠시 짬을 만들어 주면 된다.

필자는 수녀님이 원장인 가톨릭 재단의 고등학교를 다녔다. 점심시간에는 삼종기도를 알리는 종소리가 들리는데, 그때는 모두 하던 일을 멈추고 일어나서 삼종기도를 했다. 물론 필자의 종교가 가톨릭이 아니라서 기도문도 몰랐으나, 그저 일어나 잠시 오늘을 돌아보고, 오후 수업 시간에 조느냐 마느냐를 고민하기도 하고, 야간자율학습을 땡땡이를 치느냐 마느냐를 고민하기도 했지만, 돌이켜 생각해 보면 그렇게 잠시 생각을 다듬는 시간이 나를 더 견고하게 해 준 것은 분명한 일이다.

심리적 안전감을 느끼고 나의 행복이 환자와 보호자의 행복에서 나온다는 것, 그리고 조직원들의 행복에서 나온다는 것을 깨닫게 된다면 조직 내의 생활 만족도가 높아지고, 자연스럽게 업무에 몰입하며, 조직에 헌신할 수 있는 환경을 마련하게 된다는 것이다.[23]

시대가 변화하고, 각종 병원 평가로 옝끌하는 간호사들이 병원 내에서의 커뮤니케이션의 역할은 바로 역지사지의 마음으로 업무

22) 이지연(2021). 리질리언스 코칭: 다시 일어서는 힘. 크레파스 북

23) 백종화(2021). 요즘 팀장은 이렇게 일합니다. 중앙북스.

를 하되, 모든 인간관계에 있어서 공감을 넘어선 자기 초월로 향한 성장, 바로 자기 행복이다. 사람은 행복해지기 위해서 살아간다. 그 와중에 재미도 추구한다. 직업이 윤리적인 간호사여서 마땅히 해야 한다는 의무는 없다. 모든 일은 본인이 재미를 찾아가며 하면 그게 바로 행복이다. 조직에 속해 있는 조직원이 재미를 못 찾는다면 경영이 이끌어 주어야 하는 것은 아닐까?

경영도 사람에 의해 이루어지는 것이며, 사람을 관리하는 학문이기 때문이리라. 소탐대실(小貪大失)하지 않는 경영이 되길 바란다. 사람에게 투자한 만큼 그 투자는 백 배, 천 배로 돌아오게 마련이다. 사람에게 투자하는 교육이 오죽했으면 백년지대계(百年之大計)라고 했겠는가. 간호사들의 이직을 방지하고, 간호사들의 성장을 촉진하게 하는 마력의 방법은 결국 기본으로 돌아가서 자신을 이해하고, 상대방을 이해하고, 나아가 함께 살아가는 세상을 보다 더 행복하게 서로 만들려고 노력하는, 그 과정을 즐길 수 있는 환경을 만들어 주는 게 아닐까? 물론 그러다 보면 병원 경영의 결과도 좋아지는 것은 당연지사일 것이다.

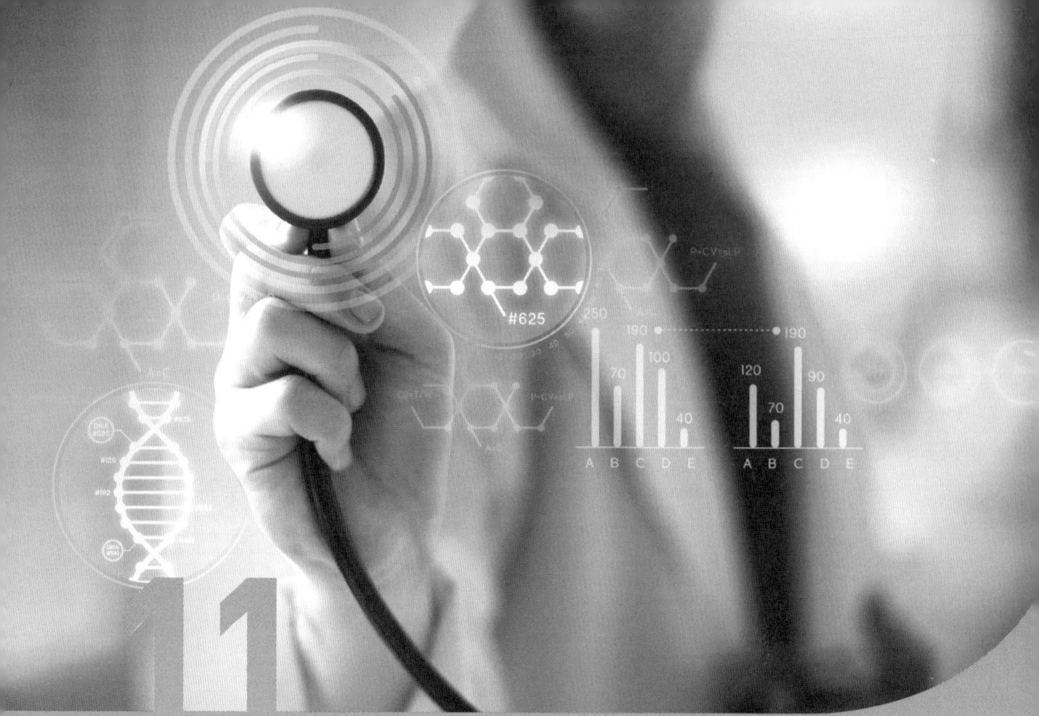

11

데이터 기반의 환자-의사 커뮤니케이션

김유정 선임 엔지니어
삼성 SDS CX팀

QR코드를 스캔하시면 저자의 설명 영상을 시청하실 수 있습니다.

✚ ✚ ✚

4차 산업혁명을 맞이하면서 한층 진보된 기술은 환자의 건강 지표뿐만 아니라 일상적인 건강까지도 포착하여 데이터화하고 있다. 이렇게 획득된 데이터는 환자 생성 건강 데이터(patient-generated health data)라고 불리며, 병원 진료실 안팎에서 환자와 의사 사이의 커뮤니케이션을 변화시키고 있다. 병원 진료실 안에서는 환자의 건강에 영향을 주는 요인들을 보다 객관적으로 파악할 수 있도록 하고, 병원 밖에서는 원격 진료 · 처방까지 가능케 하고 있다. 이 장에서는 데이터 기반 의료커뮤니케이션의 시작점이라고 할 수 있는 환자 생성 건강 데이터의 등장과 발전을 알아보고, 환자 생성 건강 데이터 도입의 의료적 · 문화적 이슈를 분석할 뿐만 아니라 이를 둘러싼 기술과 제도의 변화를 최신 연구 및 다양한 사례를 통하여 심층적으로 탐색함으로써 4차 산업혁명 시대의 의료커뮤니케이션과 마케팅의 새로운 길을 모색하고자 한다.

새로운 국면을 맞이한 의료커뮤니케이션

4차 산업혁명을 맞이하면서 지금의 시대 정신이 데이터에 있다고 해도 과언이 아닐 정도로 우리는 모든 영역에서 데이터를 활용하는 시대에 살고 있다. 유비쿼터스 기술 및 컴퓨팅 기술의 급격한 발전과 보급으로 우리는 데이터의 3V—속도(Velocity), 다양성(Variety), 규모(Volume)—를 획득하게 되었다.[1] 이는 우리가 '데이터 기반(data-driven)'이라는 수사(修辭)를 분야를 막론하고 어느 곳에서든 목격하도록 만들었다. 비단 의료뿐만 아니라 마케팅, 교육, 경영, 스포츠, 보안, 저널리즘, 금융 등 우리 삶의 거의 전 영역에서 '데이터 기반 접근'이라는 수식어를 찾아보기가 어렵지 않다.

'데이터 기반 접근'이 여타의 방식보다 어떤 장점이 있기에 여러 분야에서 앞다투어 이러한 접근을 시도하고자 할까? 데이터 기반 접근은 서로 다른 이해관계자들의 커뮤니케이션 과정을 보다 정확하고, 효율적으로 이뤄질 수 있도록 돕는다. 이는 전문가의 의견이나 제한된 시간과 비용을 들인 조사에서 얻은 지식이나 개인의 경험에 의존하는 전통적인 방식보다는 데이터 기반 접근이 훨씬 효율적이고 정확할 수 있다. 근거를 가진 숫자를 보여 주는 것이 논리적인 언변보다 효과적인 설득 전략이라는 주장에는 아마 대부분이 동의할 것이다.

그렇다면 과연 데이터 기반 접근은 의료 분야에서의 커뮤니케이션에 어떤 영향을 미치게 될까? 의료서비스 영역에서의 활동들은 그 본질이 데이터와 커뮤니케이션에 있다. 간단히 생각해 보면 의료서비스는 데이터 수집에서 시작된다. 의료 전문가는 환자의 현재 상태를 파악하기 위해 다양한 종류의 데이터를 수집한다. 데이터는 숫자로 대표되는 신체 계측 정보나 특정 측정 지표가 될 수도 있고, 증상이나 감정적 반응이 될 수도 있다.[2] 필요에 따라서 더욱 세분화된 데이터가 필요할 수도 있지만, 결국 목표는 이러한 다양한 데이터를 통해 이해관계자들이 건강에 대한 결정(진단, 치료 계

1) Big Data: The 3 Vs explained, https://bigdataldn.com/intelligence/big-data-the-3-vs-explained/

2) Demiris, G., Iribarren, S. J., Sward, K., Lee, S., & Yang, R. (2019). Patient generated health data use in clinical practice: A systematic review. *Nursing outlook*, *67*(4), 311-330.

획, 처방)을 내리는 것이다.[3] 이 과정은 언뜻 매우 간단해 보이지만 보통 환자, 보호자, 의사, 간호사, 실무자 등 커뮤니케이션 주체들이 서로 얽히고설켜 있을 뿐만 아니라 각자 필요로 하거나 이해할 수 있는 정보의 종류와 양이 다르므로 무척 복잡한 문제들을 발생시킨다.

의료 영역에서 데이터 기반 커뮤니케이션의 중요한 문제 중 하나는 데이터의 저장 및 사용이다.[4] 1초마다 엄청난 양의 건강 데이터가 생성되고 축적된다. 문제는 데이터의 양이 너무 많아서 안전한 방법으로 효과적으로 관리할 수 없다는 것이다. 동시에 의료서비스는 이러한 데이터를 활용하여 다양한 이해관계자 간의 정확하고 효과적인 커뮤니케이션을 필요로 한다. 지난 30년 동안 이를 해결하기 위한 수많은 연구와 산업적 시도가 있었었다.[5] 결국 1990년 중반에 종이 차트를 대체하는 전자의무기록(electronic health record)의 도입으로 일부 문제가 해결되었다. 분실될 수 있고, 추적할 수 없는 종이 차트와 달리 전자의무기록은 보안 문제에서 많은 이점이 있다. 검색과 저장이 자유로워 언제 어디서든 쉽고 빠르게 데이터에 접근할 수 있다는 점 역시 전자의무기록의 또다른 주요 이점이 되었다.

하지만 전자의무기록의 도입 이후에도 모든 데이터가 시스템으로 통합된 것은 아니었다. 환자의 증상, 예후에 영향을 미칠 수 있

3) Korsch, B. M., Gozzi, E. K., & Francis, V. (1968). Gaps in doctor-patient communication: I. Doctor-patient interaction and patient satisfaction. *Pediatrics, 42*(5), 855-871.
4) Keshavjee, K., Bosomworth, J., Copen, J., Lai, J., Küçükyazici, B., Lilani, R., & Holbrook, A. M. (2006, January). Best practices in EMR implementation: A systematic review. In AMIA.
5) Gillum, R. F. (2013). From papyrus to the electronic tablet: A brief history of the clinical medical record with lessons for the digital age. *The American journal of medicine, 126*(10), 853-857.

는 일상적인 행동, 가정에서의 복약과 같이 여전히 쉽게 포착할 수 없는 데이터 유형은 의료커뮤니케이션의 중심으로 포섭되지 못했다.[6] 이 같은 데이터는 쉽게 포착할 수 없기 때문에 대부분의 전자의무기록 시스템에서 자연스럽게 배제되었다.[7] 이러한 종류의 데이터를 수집하고 고려하는 것은 많은 장점에도 불구하고 부담스러우며 부정확하다고 여겨졌기 때문에 해당 데이터가 필수적인 것으로 간주되는 재활이나 당뇨병 같이 몇 가지 제한적인 상황에서만 사용된 것이다. 심지어 앞서 언급한 특수한 상황에서도 데이터는 디지털 기술을 통해 수집되기보다는 주로 일기, 설문지 등 전통적인 방식으로 수집됨으로써 적극적으로 활용되는 데에는 한계가 있었다.[8]

하지만 4차 산업혁명과 함께 모바일 헬스케어 기술이 발전하고 널리 보급되면서 데이터 기반의 의료커뮤니케이션도 새로운 국면을 맞이하고 있다. 이미 무르익은 모바일 헬스케어 기술과 함께 새롭게 발전하고 있는 메타버스, 인공지능 기술은 환자의 건강 지표뿐만 아니라 일상생활까지도 수량화하여 추적할 수 있도록 하고 있다. 이렇게 획득된 데이터는 이제 병원 진료실 안에서 환자의 건강에 영향을 주는 요인들을 파악할 수 있도록 할 뿐만 아니라 병원 밖에서의 진료 및 처방을 가능하게 한다는 점에서 데이터에 의료

---

6) Chen, Y., Ngo, V., Harrison, S., & Duong, V. (2011, May). Unpacking exam-room computing: Negotiating computer-use in patient-physician interactions. In Proceedings of the SIGCHI Conference on Human Factors in Computing Systems (pp. 3343-3352).

7) West, P., Giordano, R., Van Kleek, M., & Shadbolt, N. (2016, May). The quantified patient in the doctor's office: Challenges & opportunities. In Proceedings of the 2016 CHI conference on human factors in computing systems (pp. 3066-3078).

8) Barrett-Connor, E. (1991). Nutrition epidemiology: How do we know what they ate? *The American journal of clinical nutrition, 54*(1), 182S-187S.

커뮤니케이션의 미래가 달려 있다고 해도 과언이 아니다. 실제로 전세계 유수의 의료기관과 헬스케어 산업계 모두에서 새로운 종류의 건강 데이터에 막대한 비용을 쏟으며 연구를 진행하고 있다.

그렇다면 과연 이렇게 각광받는 새로운 유형의 건강 데이터는 언제부터 어떻게 나타난 것일까? 이 데이터의 의료적 가치와 활용 가능성은 어떠할까? 실제 의료 현장에서 이 같은 데이터를 어떻게 수집할 수 있을까? 획득한 데이터를 어떻게 가공하여 의료진에게 전달할 수 있을까? 데이터 기반의 환자-의사 커뮤니케이션이 세계적인 현상이 되고 있는 지금, 앞서 제시한 물음에 답하며 4차 산업혁명 시대의 의료커뮤니케이션의 새로운 길을 모색해 보고자 한다.

수량화된 자아: 데이터로 추적하는 일상과 건강

아이폰이 출시되고 핏빗(Fitbit)과 같은 손목형 웨어러블 기기 등과 같은 소비자 기술의 급속한 성장으로 변화는 서서히 찾아 왔다. 2007년, 자기 자신의 삶과 건강을 추적할 수 있는 기술과 도구를 찾아 적극적으로 활용하는 활동들이 유행하기 시작했다. 예를 들면, 복잡한 기계 장치의 도움 없이도 손목형 웨어러블을 통해 걸음 수와 수면 시간 및 수면의 질, 심박수까지도 측정할 수 있다. 간단히 모바일 메모나 엑셀 시트를 통해 카페인은 얼마나 섭취했는지, 담배는 몇 번 피우는지도 꾸준히 기록하여 변화를 추적할 수 있다. 기록을 통해 데이터를 생성하고, 이러한 데이터를 그래프 등과 같은 시각적 요소로 변환하여 보다 쉽게 자기 자신에 대한 지식(self-knowledge)를 얻을 수 있다는 것이 이러한 활동의 모토다.

『와이어드(Wired)』의 편집자 개리 울프(Gary Wolf)와 케빈 켈리(Kevin Kelly)는 이러한 활동을 수량화된 자아 운동(quantified-self movement)이라고 명명했다.[9] 많은 사람이 일상 속에서 건강, 지출, 기분, 증상 등 다양한 삶의 영역을 양적으로 추적하고 있으며, 측정으로 얻어진 '숫자(데이터)'가 삶을 가시화하고 관리 가능한 영역으로 만들고 있다는 것이다.[10]

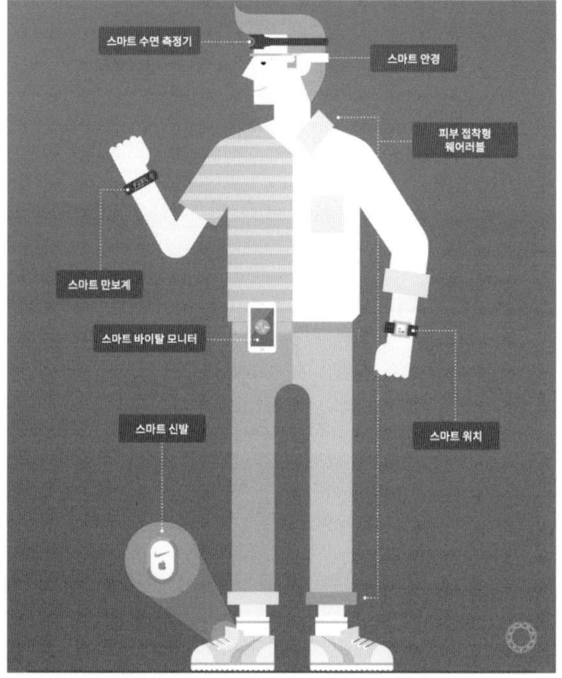

[그림 11-1] **수량화된 자아를 단적으로 표현한 사례**

자신의 행동과 신체 활동을 모두 측정할 수 있도록 머리부터 발끝까지 센서를 착용하고 있다.
출처: https://technori.com/2018/08/4281-the-beginners-guide-to-quantified-self-plus-a-list-of-the-best-personal-data-tools-out-there/markmoschel/

9) What is Quantified Self?, https://quantifiedself.com/about/what-is-quantified-self/
10) Wolf, G., Carmichael, A., & Kelly, K. (2010). The quantified self, http://www.ted.com/talks/ gary_wolf_the_quantified_self.html

이후 모바일 기술의 발전과 보급, 건강에 관한 관심이 커지면서 수량화된 자아 현상이 더욱 널리 퍼져 나가게 되었다. 실제로 2012년『퓨 리서치 센터(Pew Research Center)』에 따르면, 미국인의 70%, 특히 만성질환을 앓고 있는 사람들이 가족 구성원의 건강 관련 행동 중 하나 이상을 기록한다.[11] 실제로 이후에 새롭게 발표된 통계자료는 수량화된 자아 활동의 핵심 원동력이 기술 발전이라는 부인할 수 없는 사실을 보여 준다. 2016년 통계에 따르면, 미국 소비자의 46%가 디지털 건강 도구를 사용하여 디지털 건강을 적극적으로 활용하기 시작했다.[12] 또한 해당 시기에 미국인의 25%가 핏빗과 같은 웨어러블 장치를 소유했으며, 이는 직전 해인 2015년 12%의 두 배에 이르는 수치다.[13]

환자 생성 건강 데이터의 등장과 쏟아지는 관심

수량화된 자아 활동의 유행과 성장은 일상생활과 건강을 데이터로 추적하여 관리한다는 발상이 개인적인 수준에서의 건강 관리에 유용하다는 점을 보여 준다. 이 같은 이유 때문에 현재 출시되는 스마트폰에는 모두 활동을 추적할 수 있는 가속도계와 건강 데이터

11) Fox, S., & Duggan, M. (2013). Tracking for health. Pew Research Center's Internet & American Life Project. Retrieved from https://www.pewresearch.org/internet/2013/01/28/tracking-for-health/

12) Healtchare Innovation (2016). Survey: 46 Percent of Consumers Now Active Digital Health Adopters, https://www.hcinnovationgroup.com/clinical-it/news/13027888/survey-46-percent-of-consumers-now-active-digital-health-adopters

13) Rock Health (2016). 50 things we now know about digital health consumers, https://rockhealth.com/reports/digital-health-consumer-adoption-2016/

를 관리할 수 있는 애플리케이션이 탑재되어 있다. 하지만 이처럼 일반적인 소비자 기술로 측정되고 기록된 건강 데이터를 전문적인 의료 현장에서 활용할 수 있을지 생각해 본다면 이야기는 달라진다. 환자가 만들어 낸 데이터를 개인적인 수준에서 보고 생활 습관을 고치는 정도라면 몰라도 그런 데이터를 엄밀성과 정확성이 중요한 의료 현장에서 활용하는 것이 정말 가능한 것인가?

일단 머릿속에 갖가지 의문점이 바로 떠오를 것이다. 의사나 간호사와 같은 임상 전문가들이 이처럼 낯선 데이터를 어떻게 받아들일까? 이 같은 데이터를 활용하는 게 실제로 의료적 결정을 내리는 데 유용할까? 엄밀성이 떨어지는 데이터를 활용했을 때 발생할 위험성은 어떻게 관리해야 할까? 데이터는 어떻게 수집, 저장, 분석, 관리할 것인가? 수많은 물음을 머릿속에 떠올리다가 보면 이 같은 데이터를 의사들이 활용하는 것은 머나먼 이야기처럼 보일지도 모른다.

하지만 놀랍게도 선진국에서는 실제로 환자가 생성한 데이터를 의료 현장에서 활발하게 사용하고 있다. 실제 임상 환경에서 이러한 데이터 사용에 대한 활발한 보고가 나타나면서 용어의 혼란을 막고, 데이터 수집 및 활용의 가능성을 높이기 위해서 2018년 미국 보건복지부(United States Department of Health and Human Services) 산하 국립보건정보기술조정국(The Office of the National Coordinator for Health Information Technology)에서는 "건강 문제를 해결하는 데 도움이 되도록 환자, 가족 구성원 또는 기타 간병인이 생성, 기록 또는 수집한 건강 관련 데이터"를 **환자 생성 건강 데이터(Patient-Generated Health Data)**[14]라고 명명하고 그 특징과 활용 지침, 관련 정책, 지원 프로그램 등을 제공하기 시작했다.

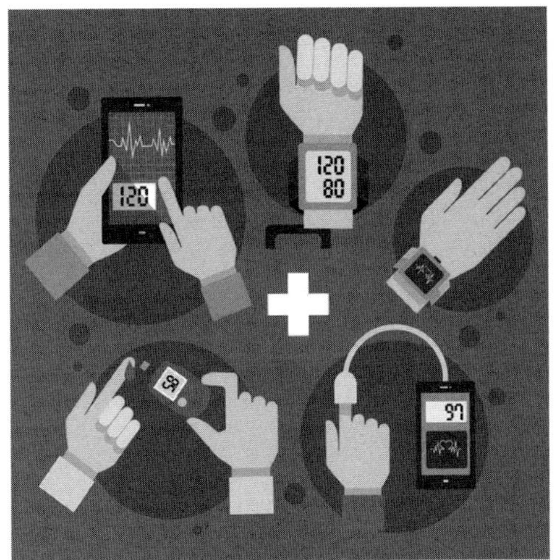

[그림 11-2] **환자 생성 건강 데이터**

건강과 관련된 정보를 환자나 가족 구성원, 간병인 등이 직접 생성, 기록한 데이터를 뜻한다. 가정에서 스마트 기기로 측정한 심박수, 걸음 수, 혈당 수치 등이 대표적이다.

출처: https://www.acc.org/latest-in-cardiology/articles/2018/02/13/14/42/conversations-with-kohli-patient-generated-health-data-a-physicians-friend-or-foe)

미국 국립보건정보기술조정국에 따르면, 환자 생성 건강 데이터는 의료 환경에서 의사나 간호사 같은 임상 전문가와의 만남을 통해 생성된 데이터와 두 가지 방식으로 구별할 수 있다. 첫째, 자료를 수집하거나 기록하는 행위의 주체가 의료진이 아니라 환자라는 점이다. 예를 들어, 병원에서 간호사에 의해 정해진 기기로 정해진 장소에서 혈압을 측정한 경우와 달리 가정에서 직접 구매한 장비를 통해 혈압을 재고 기록한 경우에 그 혈압 기록은 환자 생성 데이터가 된다. 둘째, 환자가 직접 이러한 데이터를 의료 전문가나 다른 사람에게 공유하거나 배포하는 방법을 결정할 수 있다는 점이

14) The Office of the National Coordinator for Health Information Technology (2019). Patient-genereated health data, https://www.healthit.gov/topic/scientific-initiatives/patient-generated-health-data

다. 개인이 스마트폰 앱을 통해 식단을 기록하고 칼로리를 계산하여 추적하고 있는 경우, 해당 데이터를 의사나 영양사와 공유할지에 대한 판단뿐만 아니라 공유할 데이터의 양과 방법에 관해서도 결정할 권한이 있다.

미국 국립보건정보기술조정국은 의료진이 환자 생성 건강 데이터를 통해 기존의 임상 데이터만으로 파악할 수 없던 환자의 생활 습관, 일상에서의 증상 및 건강 상태 등에 대한 추가적인 정보를 획득함으로써 정보의 격차를 채우고 환자 건강에 대한 보다 포괄적인 그림을 완성할 수 있다고 강조한다. 쉽게 말해, 병원에 방문한 이후 다음 방문까지 환자가 어떻게 지냈는지에 대한 정보를 질병 예방 및 만성 치료 관리에 대한 의사결정에 활용할 수 있다는 것이다. 그리하여 환자 생성 건강 데이터를 사용하면 궁극적으로는 잠재적인 질병 관리 비용에 대한 절감 및 의료 품질 개선, 환자 안전에 대한 개선까지도 이룰 수 있다는 것이 미국 국립보건정보기술조정국의 설명의 핵심이다.

환자 생성 건강 데이터에 대한 기대가 단순히 미국 국립보건정보기술조정국만의 주장만은 아니라는 점이 실제 의료 현장에서의 보고에서도 드러나고 있다. 2015년 워싱턴 대학교의 연구진이 대학병원 소속 21명의 과민성 대장 증후군과 관련된 임상 전문가를 대상으로 수행한 조사에 따르면, 의료진들은 병원 방문 전부터 환자가 개인적으로 기록해 오던 건강 데이터를 가져와서 진단 및 처방을 위해 검토해 달라는 요청을 자주 받는다고 밝혔으며, 심지어 환자들에게 직접 식사 및 증상 데이터를 기록해 오도록 요구했던 경험이 있는 것으로 나타났다.[15] 소비자인 환자들의 요구와 기술의 유용성에 대한 인식이 늘어남에 따라 의료진 역시 환자 생성 건

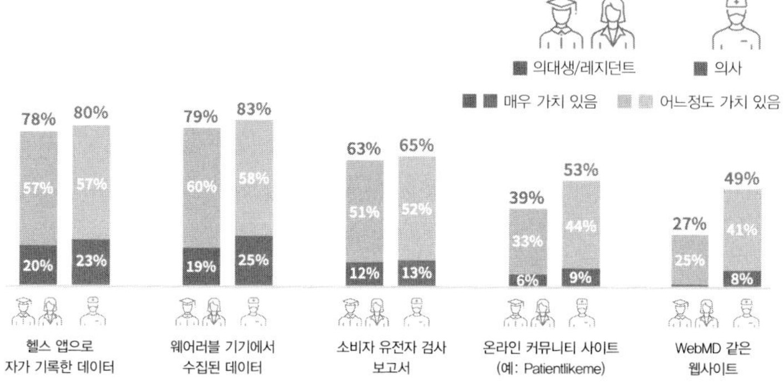

[그림 11-3] **스탠퍼드 의대에서 의사, 레지던트, 의대생 733명을 대상으로 수행한 설문 조사 결과**

응답자의 약 80%가량이 웨어러블이나 헬스 앱을 통해 수집된 환자 생성 건강 데이터의 임상적 가치에 대해 긍정적으로 평가했다.

출처: https://med.stanford.edu/news/all-news/2020/01/health-trends-report-spotlights-rise-of-data-driven-physician.html p.13

강 데이터에 대한 의료 현장 도입에 더욱 적극적인 자세를 보이게 된 것이다. 실제로 2016년 미국 소비자 조사에 따르면, 모바일 건강 애플리케이션을 다운로드한 사람의 1/3가량이 의사가 해당 애플리케이션을 추천했기 때문이라고 밝혔다.[16]

4차 산업혁명으로 인해 새로운 기술 및 데이터의 중요성이 강조됨에 따라, 새로운 기술과 디지털 데이터 채택에 대한 의료 전문가들의 의지는 더욱 강해지고 있다. 2020년 스탠퍼드 의대(Stanford University School of Medicine)에서 의사 523명과 레지던트 및 의대

15) Chung, C. F., Cook, J., Bales, E., Zia, J., & Munson, S. A. (2015). More than telemonitoring: Health provider use and nonuse of life-log data in irritable bowel syndrome and weight management. *Journal of medical Internet research, 17*(8), e4364.

16) Rock Health (2016). 50 things we now know about digital health consumers, https://rockhealth.com/reports/digital-health-consumer-adoption-2016/

생 210명을 대상으로 수행한 설문 조사 결과는 이러한 트렌드를 단적으로 보여 준다. 두 집단 모두에서 약 80%가량이 웨어러블 장치에서 수집된 데이터가 임상적으로 유용할 것이라고 대답했으며, 헬스 애플리케이션을 통해 자기 보고로 기록한 데이터에 대해서조차도 평균적으로 79%가 임상적인 가치가 있을 것이라고 답했다. 의사들뿐만 아니라 레지던트, 의대생 모두 환자 치료에 디지털 애플리케이션 및 웨어러블 기기를 비롯한 다양한 소스에서 귀중한 데이터를 얻을 수 있다는 점을 받아들이고 있다.

흥미로운 점은 의료진 자신도 모바일 헬스케어 애플리케이션 및 웨어러블 기기의 사용자로서 해당 기술로 얻을 수 있는 데이터의 유용성을 더욱 강하게 인식하게 되었다는 점이다. 스탠퍼드 의대의 설문 조사 결과에서 응답자의 거의 절반이 웨어러블 기기를 사용하고 있으며, 그들 중 대다수가 자신의 건강 관리에 대한 의사결정을 내리기 위해 해당 데이터를 활용하고 있었다.[17] 놀라운 점은 이러한 디지털 및 모바일 기술에 대한 스스로의 경험이 의료 현장에서 환자 생성 건강 데이터를 통합하는 것에 긍정적인 영향을 주고 있다는 것이다. 웨어러블을 사용하는 의료 전문가는 환자 생성 건강 데이터에 대해 더 높은 수준의 신뢰를 가지고 있는 것으로 나타났다.[18] 웨어러블 기기의 보급이 계속해서 늘어나고 있는 점을 감안하면 이 같은 새로운 형태의 건강 데이터 소스에 대한 신뢰 및 요구가 점차적으로 커질 것임을 쉽사리 짐작할 수 있다.

17) Standford Medicine 2020 Health Trend Report (2020). The Rise of the Data-Driven Physician, https://med.stanford.edu/news/all-news/2020/01/health-trends-report-spotlights-rise-of-data-driven-physician.html

18) 앞의 글.

다양한 종류의 환자 생성 건강 데이터와 측정 정확도의 증가

환자 생성 건강 데이터에 대한 많은 관심과 다양한 사례가 보고되면서 실제로 임상 환경에서 어떤 데이터가 활용되고 있는지에 대한 실질적인 궁금증도 점차 증가하게 되었다. 이에 따라 2018년경에 실제로 활용되고 있는 환자 생성 건강 데이터의 종류를 밝히는 연구가 진행되었는데, 〈표 11-1〉에 나타난 것처럼 매우 다양한 종류의 데이터가 활용되고 있는 것으로 나타났다.[19]

〈표 11-1〉 **실제 활용이 보고된 환자 생성 건강 데이터를 종류별로 구분한 표**

데이터 종류	데이터 요소 예시	데이터 수집/ 획득 경로 예시
개인 프로필	목표, 가치	온라인/환자 포털
레퍼런스	알림, 위임자	
건강 데이터 리뷰	건강 기록(알러지)	
가족력	개인의 건강 사항, 가족력	
처방 정보	일반의약품 처방, 처방 순응도	
생체(biometric) 정보	혈압, 체중, 체온, 산소포화도, 혈당, 호흡수, 심박수	혈압계, 체중계, 체온계 등
행동(behavioral) 정보	활동량, 칼로리 소비량, 수면의 질, 일상 위생 순서	스마트워치, 침대 센서 등
환경(environmental) 정보	실내 온도, 조도, 소음, 습도	온도계, 음향 센서, 조도계 등

19) Demiris, G., Iribarren, S. J., Sward, K., Lee, S., & Yang, R. (2019). Patient generated health data use in clinical practice: A systematic review. *Nursing outlook, 67*(4), 311-330.

사회적 교류 정보	방문객 수, 외출 시간, 온라인 활동 시간, 통화 수/시간	출입문 센서, 스마트폰 사용 추적 앱 등
유전 정보	예측 및 전 증상 검사	소비자 유전자 분석 키트
정신 건강 평가	우울감 선별 과정, 불안 평가	온라인/환자 포털, 스마트폰 앱 등
증상 추적	증상 빈도, 강도, 부작용	온라인/환자 포털
자가 보고 정보	삶의 질	
멀티미디어 관찰	비디오/사진 기록	원격 의료 비디오 카메라
치료 목표	전암 의료진의 목표에 대한 환자 검토	개인 건강 기록
환자 경험	환자 만족도	온라인/환자 포털
법적 서류	사전 지시	종이 기반/온라인
사후 요청	건강 데이터 개정에 대한 요청	온라인/환자 포털
행정 데이터	연락처, 간병인	

출처: Demiris, G., Iribarren, S. J., Sward, K., Lee, S., & Yang, R. (2019). Patient generated health data use in clinical practice: A systematic review. *Nursing outlook, 67*(4), 311-330.에서 재인용

이러한 데이터 중 의료 현장에서 가장 쉽게 활용할 수 있는 종류는 바로 생체(biometric) 및 행동(behavioral) 데이터라고 할 수 있다. 이러한 종류의 데이터는 대체로 웨어러블이나 전용 측정 기기 등으로 자동 혹은 반자동으로 측정되는 경우가 많으며, 매우 세분화된 수준의 데이터까지 획득할 수 있기 때문이다. 예를 들어, 대표적인 행동 데이터의 경우에 걸음 수는 1분 이하의 단위로까지 운동량을 데이터화할 수 있으며, 생체 데이터인 심박수는 1초 단위로 데이터를 획득할 수도 있다.[20] 이처럼 세분화된 데이터를 얻게 된다면 다양한 분석을 시도해 볼 수 있고, 이는 곧 임상 데이터와 결합

20) Kim, Y., Lee, B., & Choe, E. K. (2019). Investigating data accessibility of personal health apps. *Journal of the American Medical Informatics Association, 26*(5), 412-419.

할 수 있는 강력한 보조 수단이 될 수 있다. 예를 들어, 대사증후군 환자의 저밀도 지단백 콜레스테롤(LDL-Cholesterol) 수치가 높아지고 걸음 수가 그전과 비교하여 유의미한 수준으로 낮아졌다면 환자의 상태가 악화된 원인을 쉽게 파악할 수 있게 된다.

이처럼 실제 현장에서는 의료 전문가들의 개별적 관심과 의지, 기술이 제공하는 기회에 따라 다양한 종류의 환자 생성 건강 데이터가 사용되고 있지만 여전히 중대하고 실질적인 장애물이 남아 있다. 임상 환경에서 환자 생성 건강 데이터를 사용하려면 최소한의 정확성과 안전성이 보장되어야 하기 때문이다. 이 때문에 2017년 미국 식품의약국(Food and Drug Administration)은 디지털 헬스케어 분야의 의료 기기에 대한 규제를 제조사 기준으로 시행하겠다고 밝히며 사전 인증(Pre-Cert) 제도를 발표했다.[21] 이 제도는 사전 인증을 받은 제조사가 자율적으로 의료기기 인허가 과정을 생략하거나 간소화된 과정을 거쳐서 시장에 출시할 수 있게 하는 것이다. 부작용과 위험성을 감안하여 현재까지는 애플, 핏빗, 삼성 등 9개 회사를 파일럿 프로그램에 등록하여 해당 제도를 시범 적용하고 있다.

실제로 지난 6년간 사용자가 약 700만 명에서 3,000만 명으로 4배 이상 증가하는 등 가장 널리 사용되고 있는 웨어러블 기기인 핏빗[22]은 다양한 임상 시험 및 의료 연구에서 대표적으로 활용되고 있다. 실제로 출시 이후 2018년까지 핏빗의 걸음 수 측정 기술에 대

21) FDA, Digital Health Software Precertification (Pre-Cert) Program, https://www.fda.gov/medical-devices/digital-health-center-excellence/digital-health-software-precertification-pre-cert-program

22) Statistica, Number of active users of Fitbit from 2012 to 2020, https://www.statista.com/statistics/472600/fitbit-active-users/

한 정확성을 검증하는 연구는 최소 67건 이상 이뤄졌으며, 해당 연구들을 총망라하여 분석한 결과 핏빗이 걸음 수에 대한 정확성이 수용 가능한(acceptable) 수준이라는 결과가 발표되기도 했다[23].

또한 최근 들어 대규모로 웨어러블 센서와 데이터의 정확성을 높이는 연구 결과가 발표되고 있다. 2019년 스탠퍼드 의대에서는 애플(Apple)과의 협력을 통해 애플워치(Apple Watch)에 심방세동을 예측할 수 있는 센서 및 알고리즘을 탑재하여 총 40만 명 이상을 대상으로 데이터를 수집하고 분석했다. 참가자들은 애플워치를 통해 불규칙한 심박수에 대한 정확한 알림을 받고 이를 토대로 원격

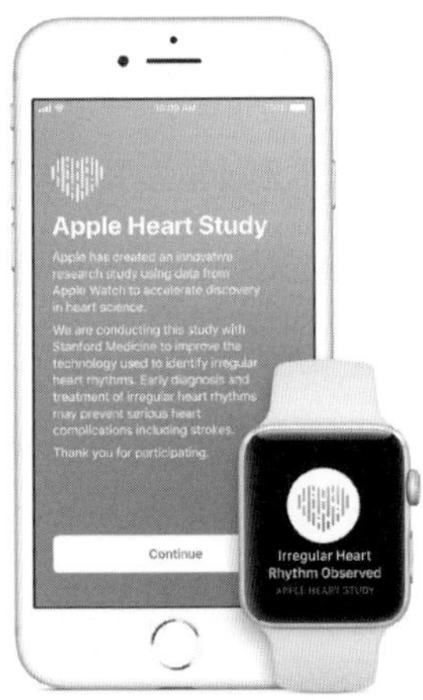

[그림 11-4] 스탠퍼드 의대와 애플이 협력하여 진행한 하트스터디

40만 명 이상의 사용자의 심장 박동 데이터를 수집하고 분석하여 이상 박동을 탐지하고 알림을 제공하는 알고리즘을 개발하였다.

출처: https://www.apple.com/newsroom/2019/03/stanford-medicine-announces-results-of-unprecedented-apple-heart-study/

23) Feehan, L. M., Geldman, J., Sayre, E. C., Park, C., Ezzat, A. M., Yoo, J. Y., ... & Li, L. C. (2018). Accuracy of Fitbit devices: Systematic review and narrative syntheses of quantitative data. *JMIR mHealth and uHealth, 6*(8), e10527.

상담까지 받을 수 있었다.[24] 이어 2021년에는 애플워치의 데이터를 통해 병원에서 진료받는 것과 거의 동일한 수준의 심장 건강 상태를 판단할 수 있다고 발표했다. 연구진은 110명의 심혈관계 질환 환자를 대상으로 아이폰과 애플워치를 통해 심장 건강을 모니터링한 결과, 집에서 측정한 데이터가 병원에서 실시한 검사만큼이나 정확했다고 주장했다.[25]

그렇다면 이러한 사례들이 우리에게 던지는 메시지는 무엇일까? 병원은 환자 생성 건강 데이터에 어떤 입장과 행동을 취해야 할까? 미래를 위해 할 수 있는 일이 무엇일까? 현재까지의 논의를 바탕으로 우리가 고민해 볼 수 있는 방향 중 하나는 환자 생성 건강 데이터에 대한 적극적인 수집이다. 의미 있는 수준의 데이터 분석을 위해서는 충분한 양의 데이터를 확보해야 한다. 하지만 현재로서는 환자 생성 건강 데이터를 보유하고 있는 회사는 웨어러블 기기 제조사나 개별 애플리케이션 개발사이므로 병원으로서는 해당 데이터에 접근할 수 없다.

하지만 병원에서의 진료 과정에 환자 생성 건강 데이터를 활용하도록 독려한다면 환자를 통해 데이터에 접근할 수 있다. 의료진이 환자 생성 건강 데이터를 통해 임상적으로 정확하고 의미 있는 인사이트를 제공할 수 있다면 환자는 기꺼이 데이터를 수집하고,

24) Stanford Medicine (2019). Through Apple Health Study, Stanford Medicine researchers show wearable technology can help detect atrial fibrillation, https://med.stanford.edu/news/all-news/2019/11/through-apple-heart-study--stanford-medicine-researchers-show-we.html

25) MyHealthyApple.com (2021). Apple Watch and iPhone can be used for remote monitoring according to new Stanford Study results, https://www.myhealthyapple.com/apple-watch-and-iphone-can-be-used-for-remote-monitoring-according-to-new-stanford-study-results/

공유하고자 할 것이기 때문이다. 분석 모델을 확보하기 위한 대규모의 데이터가 중요해지면서 데이터 셋을 확보하여 판매하는 마켓이 형성되고 성장하고 있는 현 상황을 고려한다면 환자 생성 건강 데이터를 빠르게 확보하는 것이 가장 중요한 첫걸음이라고 할 수 있다. 그렇다면 현재 상황에서 과연 어떻게 환자 생성 건강 데이터를 확보할 수 있을까?

환자가 건강 데이터를 수집하는 방법

환자가 건강 데이터를 생성하는 방법은 [그림 11-5]에 나타나 있듯이, 자동 추적(automated tracking)과 수동 추적(manual tracking) 사이에 있다.[26]

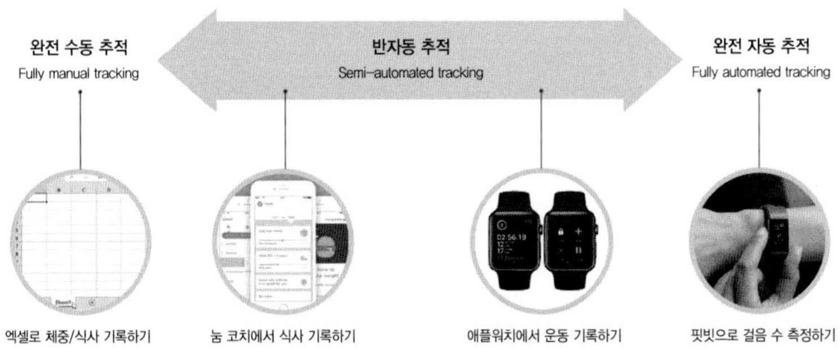

[그림 11-5] **환자 생성 건강 데이터 생성의 스펙트럼**

엑셀 시트에 자유롭게 적는 완전 수동 방식부터 웨어러블을 착용하고만 있으면 측정되는 완전 자동 추적까지 스펙트럼이 다양하다. 반자동의 경우에는 수동 추적과 자동 추적을 적절히 통합하여 기술의 한계를 극복하고 데이터를 기록하는 사용자의 인식을 높일 수 있다는 장점이 있다.

26) Choe, E. K., Abdullah, S., Rabbi, M., Thomaz, E., Epstein, D. A., Cordeiro, F., Kay, M., Abowd, G. D., Choudhury, T., Fogarty, J., Lee, B., Matthews, M. & Kientz, J. A. (2017). Semi-automated tracking: A balanced approach for self-monitoring applications. *IEEE Pervasive Computing, 16*(1), 74-84.

완전히 자동화된 데이터 생성 방식은 시스템이 개인의 건강 데이터를 완전히 수집하면 환자가 수집된 데이터를 검토하기만 하는 방식이다. 자동 추적 방식의 대표적인 예로는 스마트 워치를 착용하기만 하면 기록되는 걸음 수가 있다. 이러한 방식은 데이터 생성에 추가적인 노력이 필요하지 않으므로 장기적인 데이터 수집에 매우 유용하지만, 아이러니하게도 수집 기간이 길어질수록 환자의 기억이나 인식에서 멀어져서 참여도가 낮아질 수 있다는 단점이 있다.[27] 예를 들어, 환자가 웨어러블을 일단 착용하기만 하면 자연스럽게 걸음 수 데이터를 수집할 수 있지만 시간이 흘러 웨어러블 착용에 불편함을 느끼거나 싫증을 느끼는 경우에 착용을 포기할 수도 있다. 실제로 한 조사에 따르면, 웨어러블 기기를 소유한 사람 중 1/3이 6개월 이내에 사용을 중단한 것으로 알려졌다.[28]

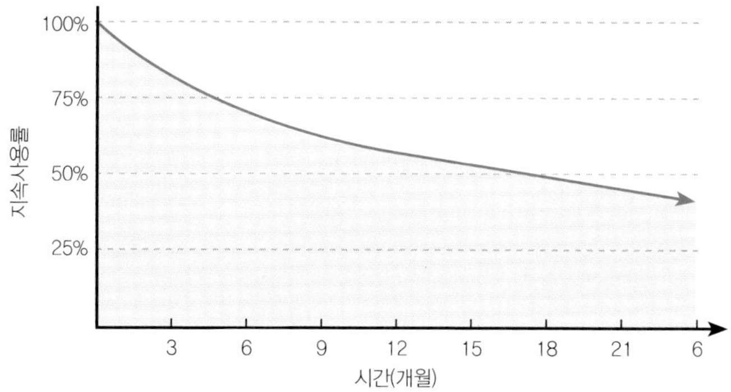

[그림 11-6] **시간에 따른 활동 트래커 지속 사용률 감소**

6개월 내에 전체의 1/3이 사용을 포기하고 이탈하며, 1년이 지나는 시점에서는 거의 절반이 사용을 포기한다.

출처: https://georgevanantwerp.com/tag/mhealth/

27) 앞의 글.

28) mobihealthnews (2014). Survey: One third of wearable device owners stopped using them within six months, https://www.mobihealthnews.com/31697/survey-one-third-of-wearable-device-owners-stopped-using-them-within-six-months

이외에도 자동 추적 방식의 근본적인 한계 중 하나는 추적하고 싶은 모든 활동이 현재의 기술 수준에서 항상 자동으로 추적될 수는 없다는 점이다. 대표적으로 식사 기록은 환자 생성 건강 데이터 중 가장 가치가 높은 것으로 평가되지만, 여전히 자동 추적이 해결하지 못한 부분이다. 일부 연구에서 음식 씹는 소리를 사용하는 자동 추적 방식을 제안하기도 했지만, 제한된 환경에서 가능한 정도이며, 식사의 구체적인 내용을 파악할 수도 없다. 연구를 넘어 식사 기록을 자동화하기 위해서 상용화된 제품 중 러시아 힐비(HEALBE)사의 고비3(GoBe3)이라는 제품도 있다. 힐비에서는 고비3를 손목에 착용하기만 하면 임피던스(impedance) 센서를 통해 세포 레벨의 액체 출입과 혈당 변화를 추적하여 섭취 칼로리, 수분 레벨 등을 89%의 정확도로 분석할 수 있다고 주장한다.[29]

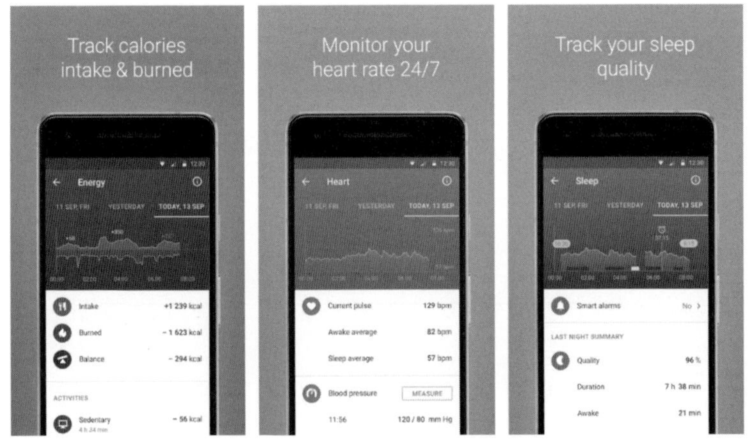

[그림 11-7] **고비3와 연동되는 힐비 애플리케이션**

고비3 웨어러블을 착용하면 섭취 칼로리, 심박수, 수면, 수분 섭취 수준 등을 추적할 수 있다.
출처: https://play.google.com/store/apps/details?id=com.healbe.healbegobe&hl=en_US&gl=US

29) HEALBE, https://healbe.com/validation/

하지만 여전히 이 제품은 40명가량의 소규모 검증을 거쳤을 뿐이므로 얼마나 다양한 대상에 대해서도 일관적으로 정확한 결과를 낼 수 있는지는 알기가 어렵다. 또한 고비3가 측정할 수 있는 것은 흡수된 칼로리뿐이므로 실제 식사 내용과 섭취 칼로리에 대한 데이터는 획득할 수 없으므로 완전 자동화된 식사 기록이라고 할 수 없다. 이처럼 완전 자동 추적은 현재까지 개발된 데이터 추적 기술 수준에 철저히 의존하고 있으므로 데이터 생성이 불가능한 영역이 있다는 것이 주요한 단점이라고 할 수 있다.

반면, 완전 자동 방식과 달리 완전 수동 추적 방식은 환자가 직접 데이터를 기록하는 방식을 뜻하므로 환자가 원한다면 어떠한 건강 데이터도 추적할 수 있다. 즉, 데이터를 수동으로 일일이 입력하는 것이기 때문에 환자가 데이터에 대한 온전한 인식과 조절 권한을 갖고 있다. 식사 기록을 예로 들면, 환자는 식사 시간, 식사 메뉴, 칼로리, 식사량 등 관련한 모든 정보를 일일이 찾아서 입력할 수 있다. 만약 자신이 원한다면 더 자세하게 기록하거나 더 축약해서 기록하는 것도 얼마든지 가능하다는 장점이 있다. 또한 이러한 수동 기록 과정에서 환자는 '내가 이렇게 많이 먹고 있었구나' '나는 채소 섭취량이 적고 고기 섭취량이 높았구나' 등과 같이 자기 자신에 대한 인식을 높일 수 있게 된다. 하지만 이러한 긍정적인 효과에도 불구하고 수동 기록은 환자에게 너무 많은 부담을 주기 때문에 일반적으로 장기적인 관점에서 유용한 방법이라고 할 수는 없다. 특히, 종이에 쓰는 식사 일기는 피로를 유발하는 고된 작업으로 연속적으로 오랫동안 기록하는 것은 거의 불가능에 가깝다.

이처럼 극단적인 두 방식은 장단점이 모두 분명하기 때문에 많은 상용 애플리케이션과 기기는 두 가지 방식을 결합해서 장점을 극대화하는 반자동(semi-automated tracking) 방식을 적용했다.[30] 반자동 방식은 완전 자동·수동 방식보다 더 나은 정확도를 제공할 수 있다. 실제로 핏빗, 애플워치 등에서 '운동'을 정확히 기록하기 위해 이미 이러한 반자동 방식을 채택하고 있다. 사용자가 특정 운동을 시작하는 시점에 달리기, 웨이트 트레이닝, 등산 등 어떤 운동을 할 것인지를 선택하여 기록을 시작하고 운동을 끝내는 시점도 함께 기록하는 것이다. 이러한 방식은 사용자에게는 자신의 활동에 대한 인식을 높여 준다는 장점도 있지만 동시에 제조사에게도 매우 큰 이점이 있다.

많은 경우 데이터를 머신러닝 등의 빅데이터 분석에 이용하기 위해서는 각 데이터가 어떤 데이터인지 이름을 붙이는 '레이블링(labeling)' 작업이 필요한데, 이 레이블링 작업은 매우 어렵고 비용이 많이 소요되는 과정이다.[31] 특히 환자 생성 건강 데이터의 경우에는 종류가 많고 식별이 어려워서 정확한 레이블링을 위해서는 많은 노력이 요구된다. 하지만 반자동 방식을 통해 사용자가 스스로 자신의 데이터를 레이블링할 수 있다면 많은 비용을 절감할 수 있다. 즉, 이러한 반자동 데이터 추적은 데이터의 정확성뿐만 아니라 분석의 용이성을 함께 확보할 수 있는 방식이라고 할 수 있다.

하지만 반자동 방식을 활용한다고 하더라도 환자가 장기적으로 데이터를 생성하도록 하기 위한 전략은 필요하다. 마이피트니스팔(MyFitnessPal), 눔코치(Noom Coach), 팻시크릿(FatSecret) 등 식사 기

---

30) Choe, E. K., Abdullah, S., Rabbi, M., Thomaz, E., Epstein, D. A., Cordeiro, F., Kay, M., Abowd, G. D., Choudhury, T., Fogarty, J., Lee, B., Matthews, M. & Kientz, J. A. (2017). 앞의 글.

31) 삼성SDS(2021). 데이터 레이블링, https://www.samsungsds.com/kr/insights/TechToolkit_2021_Auto_Labeling.html

[그림 11-8] **식단 기록 앱인 눔코치에서 식사 메뉴를 입력하는 화면**

직접 타이핑한 후 적절한 메뉴를 선택하고, 미리 지정된 단위(1국그릇)를 기준으로 식사량을 입력할 수 있다.

록을 돕는 많은 스마트폰 애플리케이션은 메뉴와 양을 입력하는 과정을 모듈화하여 환자의 입력 부담을 줄이는 것을 목표로 하고 있다. 메뉴 검색을 하면 유사한 메뉴가 나타나고, 해당 메뉴의 섭취량을 개수, 무게, 1회 제공량 등으로 제시하여 손쉽게 선택할 수 있게 한다. 이처럼 반자동 방식은 수동 방식과 비교하면 환자의 부담을 줄여 주지만, 여전히 환자들이 지속적으로 데이터를 생성해야 하는 이유에 관해서는 설명해 주지 못하고 있다. 환자들은 언제든지 데이터 생성에 대해 불성실해지거나 아예 관둘 수도 있다.

이를 해결하는 효과적인 전략 중 하나는 '의사가 당신의 데이터를 검토할 것이다'는 사실을 지속적으로 환자에게 노출하는 것이다. 실제로 진료실에서 의사가 직접 환자에게 모바일 애플리케이션을 통해 반자동 방식으로 식사를 기록하게 하고, 진료실에서 해당 기록을 함께 검토할 것이라고 설명하자 환자들이 6주간 81%라

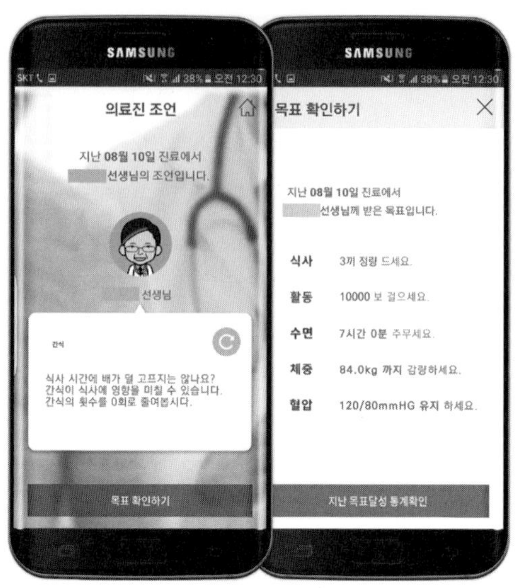

[그림 11-9] **환자 생성 건강 데이터 수집을 위한 애플리케이션에 의료진의 조언과 목표를 노출한 사례**

이 화면만으로 환자들은 의사의 존재를 되새기고 지속적으로 데이터를 수집할 수 있다.
출처: 서울대학교(2017).

는 높은 데이터 기록률을 보인 사례가 있다.[32] 의사가 데이터를 검토할 것이라는 환자의 기대가 식사 기록을 일종의 의무로 만들어 장기적인 동기 부여가 가능했던 것이다. 이러한 전략은 환자가 상시 접근할 수 있는 모바일 애플리케이션에서 특히 효과적일 수 있다. [그림 11-9]처럼 데이터 수집을 돕는 모바일 애플리케이션에 의사의 존재감(presence)를 강조하는 장치를 추가하여 환자가 데이터 생성에 대한 동기를 잃는 것을 방지할 수 있다.

실제로 [그림 11-9]처럼 환자 생성 건강 데이터 수집 애플리케이

32) Kim, Y., Ji, S., Lee, H., Kim, J. W., Yoo, S., & Lee, J. (2016, May). "My doctor is keeping an eye on me!": Exploring the clinical applicability of a mobile food logger. Proceedings of the 2016 CHI Conference on Human Factors in Computing Systems (pp. 5620-5631).

션에 담당 의사의 조언과 목표를 함께 노출하는 것이 데이터 수집률에 영향을 미쳤다는 사례가 발표된 바 있다.[33] 해당 사례에 따르면, 의료진 조언 화면에 자주 방문하는 환자의 경우에 데이터 수집률도 함께 높아졌다. 이 같은 사례는 장기적인 데이터 수집 시에 의료진의 개입이 환자의 동기 부여 요소로 작동할 수 있음을 단적으로 보여 준다고 할 수 있다.

환자 생성 건강 데이터를 의료진에게 보여 주기

환자 생성 건강 데이터는 일정 이상의 양(volume)을 확보했을 때 더욱 가치 있게 활용될 수 있다. 예를 들면, 환자 백 명보다는 천 명, 만 명 그 이상의 환자의 데이터를 확보했을 때 더 유의미한 분석 모델을 확보할 수 있다. 또한 기간이나 종류도 마찬가지로 한 달보다는 반 년, 1년 혹은 그 이상이 되었을 때 더욱 강력해진다. 일단 유의미한 분석이 가능한 임계점에 도달한 이후부터는 손쉽게 환자에게 중대한 인사이트를 제공할 수 있지만, 문제는 그 임계점에 도달하기 전까지다. 많은 환자가 지속적으로 자신의 건강 데이터를 생성하여 공유하도록 하기 위해서는 의료진의 개별적인 해석을 통한 인사이트 제공이 필수다.

환자 생성 건강 데이터의 수집과 활용은 아직 많은 연구기관과 의료기관에서도 여전히 초기 단계로, 범용적인 분석 모델이 개발되지 않았기에 의료진의 경험과 지식에 의존할 수밖에 없는 상황

33) 서울대학교(2017). 라이프스타일 개선을 돕는 '건강스스로지킴이' : UX 기반의 건강상태 정보수집 기술개발과 행동 변화 디자인 및 실증 연구. 보건복지부.

이다.[34] 하지만 이 같은 한계에도 불구하고 주요 병원과 의료진은 환자 생성 건강 데이터를 진료에 활용하고자 시도하고 있다.[35] 특히 대사증후군과 같은 만성질환 환자들의 경우에 일상생활에서의 습관이 환자의 예후에 중요한 영향을 미치므로 이에 대한 정보를 빠르게 얻을 필요가 있다. 과거에는 환자가 대부분 기억에 의존해서 생활 습관에 대해 구두로 표현했기 때문에 해당 내용에 대한 신뢰성이 낮을 뿐만 아니라 필요한 내용을 얻을 때까지 의사가 계속해서 질의를 해야 했으므로 시간이 소요되는 경우가 많았다. 하지만 환자 생성 건강 데이터를 활용할 경우에는 의료진이 비교적 짧은 시간 내에 환자의 행동과 감정, 증상을 더욱 잘 이해할 수 있다.[36]

이러한 효과를 얻기 위해 의료진이 의료 현장에서 최대한 쉽고 빠르게 환자 생성 건강 데이터를 검토하고 해석하여 환자에게 데이터의 가치를 전달할 수 있도록 지원할 필요가 있다. 이는 데이터를 그래프 등으로 시각화하는 간단한 논의가 아니다. 오히려 임상 환경이라는 특수한 상황에서의 제약을 고려하여 효율적인 데이터 시각화 방법을 깊이 고민해야 한다는 이야기에 더 가깝다.

그렇다면 임상 환경은 어떤 점에서 보통의 데이터 검토 상황과는 다른 고민이 필요한 걸까? 첫째로 생각해 볼 수 있는 점은 바로 시간 부족이다.[37] 의료진은 이미 시간의 압박을 받고 있는 촉박한

34) Bentley, F., Tollmar, K., Stephenson, P., Levy, L., Jones, B., Robertson, S., Price, E., Catrambone, R. & Wilson, J. (2013). Health Mashups: Presenting statistical patterns between wellbeing data and context in natural language to promote behavior change. *ACM Transactions on Computer-Human Interaction* (TOCHI), 20(5), 1-27.

35) Appelboom, G., LoPresti, M., Reginster, J. Y., Sander Connolly, E., & Dumont, E. P. (2014). The quantified patient: A patient participatory culture. *Current medical research and opinion, 30*(12), 2585-2587.

36) Chung, C. F., Cook, J., Bales, E., Zia, J., & Munson, S. A. (2015). 앞의 글.

상황에서 의료적 판단 및 처치를 진행해야 한다. OECD 11개국의 평균 진료 시간은 17.5분이며, 국내의 경우에는 4.2분에 불과하다.[38] 의료진들은 환자 생성 건강 데이터의 가치는 인정하지만 실질적으로 이러한 긴박한 상황 속에서 얼마나 효과적으로 데이터를 활용할 수 있을지에 대해서는 회의적인 모습을 보였다. 심지어 이러한 시간 부족에 대한 보고가 최소 10분 이상의 진료 시간을 지닌 다양한 해외 사례에서 보고되었다는 점을 감안하면 국내 환경에서는 더욱 효율적인 데이터 검토 방식이 필요하다는 점을 알 수 있다.

두 번째는 의료진은 진료 시 인지 과부하(cognitive overload)를 심하게 느낄 수밖에 없다는 점이다.[39] 과마다 다르지만, 의사가 처리해야 하는 정보는 현재 바이탈, 각종 테스트 결과, 이전 방문 시 이력, 전자의무기록 노트, 과거 처방전 등 이미 너무나도 많다. 이처럼 정보가 너무 많은 상황에 지속적으로 노출되는 경우에는 책임감이나 생산성, 동기 부여 수준이 저하되고 스트레스가 증가하여 의사결정이나 판단에 지연이나 오류가 증가하는 부작용이 생기게 된다. 이 같은 상황에서는 단순한 정보라도 해석하는 데 많은 시간이 소요되며, 다른 데이터와의 연관성을 쉽게 찾기가 어려워진다. 이를 해결하기 위해서는 의료진에게 매우 익숙한 시각화 방법이 활용될 필요가 있다.

37) West, P., Van Kleek, M., Giordano, R., Weal, M. J., & Shadbolt, N. (2018, April). Common barriers to the use of patient-generated data across clinical settings. proceedings of the 2018 CHI Conference on Human Factors in Computing Systems (pp. 1-13).

38) 조선일보(2020). 정부 "진료시간 4분… 의사 더 늘려야", https://www.chosun.com/site/data/html_dir/2020/08/14/2020081400079.html

39) West, P., Van Kleek, M., Giordano, R., Weal, M. J., & Shadbolt, N. (2018, April). 앞의 글.

[그림 11-10] **현재의 외래 진료 업무 흐름을 간략히 도식화한 것**
정해진 순서와 체계에 따라 진단 및 처방이 이뤄진다.

마지막으로, 의료진이 기존에 수행하던 업무 흐름(workflow)이 이미 체계화되어 있다는 것이다. 예를 들어, 외래 진료에서의 업무 흐름은 병원이나 질병에 따라 약간의 차이가 있을 수 있지만 정해진 단계와 절차로 구성되어 있다. 먼저 환자의 신체 상태에 대한 계측을 진행하고, 전자의무기록 시스템에서 환자의 상태를 빠르게 검토한 후, 환자에게 증상 등에 대해 후속 질문을 던진 후, 다시 전자의무기록 시스템에 의견과 처방을 입력하고, 구두로 환자에게 약물 처방 등에 대해 설명하는 일련의 과정이 이미 빈틈없이 구성되어 있다.[40] 앞서 언급한 대로 짧은 시간 내에 환자에 대한 이해와 처치를 수행하기 위해 업무 흐름은 이미 최적화되어 있으므로 여기에 환자 생성 건강 데이터를 검토하는 과정이 자연스럽게 통합되는 것은 쉽지 않아 보인다.

하지만 환자 생성 건강 데이터를 쉽고 빠르게 검토할 수 있는 시스템이 도입된다면 앞서 언급된 문제의 대부분을 해결할 수 있다. 표준화된 화면에 친숙한 방식으로 시각화된 데이터를 볼 수 있다면 시간이나 인지 과부하의 제약 속에서도 효율적으로 데이터를

40) Kim, Y., Heo, E., Lee, H., Ji, S., Choi, J., Kim, J. W., Lee, J. & Yoo, S. (2017, May). Prescribing 10,000 steps like aspirin: Designing a novel interface for data-driven medical consultations. Proceedings of the 2017 CHI Conference on Human Factors in Computing Systems (pp. 5787-5799).

검토할 수 있으며, 기존의 전자의무기록 시스템에 통합되면 전자의무기록을 활용하는 단계에서 자연스럽게 함께 활용할 수 있기 때문이다.

2017년 연구에서 발표된 데이터엠디(DataMD)의 사례는 환자 생성 건강 데이터를 전자의무기록에 성공적으로 통합하여 제시할 수 있음을 보여 준다.[41] 데이터엠디는 실제 시스템을 사용하게 될 의료진들의 요구사항을 사전에 조사한 후에 반영하여 설계되었는데, 흥미로운 점은 의료진들이 환자 생성 건강 데이터를 검토할 화면을 기존의 전자의무기록 데이터와는 별도의 창(window)으로 구성해 줄 것을 요청했다는 점이다. 의료진은 전통적으로 전자의무기록에서 확인하는 데이터와 환자 생성 건강 데이터가 신뢰성, 타당성, 의학적 가치 측면에서 완전히 다르다고 인식하고 있었다.[42]

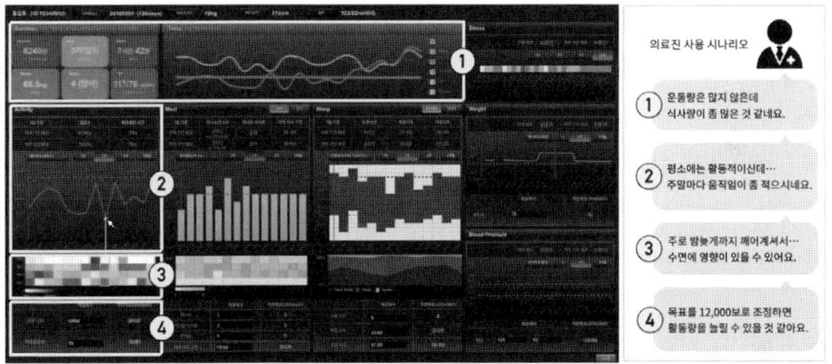

[그림 11-11] **진료에 활용할 수 있도록 환자 생성 건강 데이터를 의료진이 원하는 방식으로 요약하여 보여 주는 데이터엠디 사례**

의사들이 익숙하게 활용할 수 있도록 요약 정보 중심으로 선/바 그래프로 구성되었다.

41) Kim, Y., Heo, E., Lee, H., Ji, S., Choi, J., Kim, J. W., Lee, J. & Yoo, S. (2017, May). 앞의 글.

42) Majmudar, M. D., Colucci, L. A., & Landman, A. B. (2015, September). The quantified patient of the future: Opportunities and challenges. *Healthcare, 3*(3), 153-156. Amsterdam: Elsevier.

즉, 환자 생성 건강 데이터는 아직까지 어떤 질병과도 임상적 상관관계가 명확히 입증되지 않았기 때문에 기존의 임상 데이터와 섞여서 제공되는 것이 적절하지 않다는 것이다.

데이터엠디의 사례를 통해 환자 생성 건강 데이터를 검토하는 시스템을 효과적으로 구축하기 위한 몇 가지 실마리를 찾을 수 있다. 데이터엠디에는 '익숙함'에서 기인한 의료진의 세 가지 요구사항이 반영되었다. 첫 번째는 한 페이지에 모든 정보를 제공하는 것이다. 여러 종류의 환자 생성 건강 데이터를 한 페이지에 한꺼번에 제공하는 것은 일반적인 기준에서는 인지 과부하를 일으킬 것으로 예상될 수 있다. 하지만 의료진은 많은 정보를 한 번에 훑어보고, 그중에서 원하는 정보를 선택하여 깊이 들여다보는 것에 익숙하다. 오히려 정보를 분절하여 제공하게 되면 하나씩 탐색해야 하기 때문에 비효율적이라는 것이다. 이에 더해 한 페이지에 모든 정보를 제공하는 경우에 의료진이 습관적으로 수행하는 데이터 상호참조(cross-reference)가 더 용이해진다는 장점도 있다.

두 번째는 데이터 요약의 수준을 다양하게 제공하는 것이다. 의료진은 모든 종류의 데이터에 대한 요약, 개별 데이터 요약, 상세한 맥락 데이터를 포함하는 세 단계의 데이터 요약을 제시해 달라고 요청했다. 예를 들어, 모든 종류의 데이터에 대한 전체 요약을 보고 의사는 "이 환자는 운동량은 적은데 많이 먹고 있고, 수면이 불규칙하다"는 거시적인 판단을 내릴 수 있다. 이 경우, 의사는 운동량이나 수면 등에 대한 개별 데이터 요약이나 상세한 맥락에 대해 선택적으로 추가적인 탐색을 할 수 있다.

마지막으로, 의료진에게 익숙한 표현 방식을 활용하는 것이 중요하다. 다양한 데이터 시각화 방식이 있지만 의료진이 가장 편안함을 느끼는 숫자 요약, 선 그래프, 바 그래프, 히트 맵 등이 가장 적절한 방식이 될 것이다. 환자 생성 건강 데이터는 이미 그 자체로 의료진에게 충분히 낯선 데이터이므로 시각화 방식을 친숙하게 할 때 비로소 더욱 빠르게 인사이트를 찾아낼 수 있다.

주의할 점은 데이터 해석의 관점에서 단지 친숙한 시각화로만 해결할 수 없는 문제들이 발생한다는 것이다. 오히려 낯선 데이터에 대한 학습과 지원이라는 내용적 측면에서 해결해야 하는 부분도 있다. 실제로 데이터엠디 활용 사례를 살펴보면 의료진이 중첩된 선 그래프를 익숙하게 느끼고 있었기 때문에 여섯 가지 종류의 환자 생성 건강 데이터를 해당 방식으로 제공하였다. 하지만 실제 진료 현장에서 해당 시각화는 가장 적게 활용되었다. 과연 그 원인은 무엇이었을까? 그 답은 데이터 자체가 낯설어서 패턴을 읽어 내기가 어려웠기 때문이다. 애초에 의료진은 현재의 전자의무기록에서 활력 징후가 같은 방식으로 시각화되기 때문에 환자 생성 건강 데이터도 유사한 방식으로 제공되면 유용할 것으로 추측했던 것이다. 하지만 환자 생성 건강 데이터는 활력 징후와는 달리 의료진에게 그 자체로 낯선 데이터였다. 의료진은 의대나 병원에서 활력 징후에 대해 충분히 학습했기 때문에 별다른 노력 없이 패턴을 읽고 비정상적인 점을 발견할 수 있다. 또한 활력 징후는 개인마다 크게 변동하지 않아서 식별하기가 쉽다. 하지만 현재의 의료진은 환자 생성 건강 데이터에 나타나는 패턴에 대한 지식이 충분하지 않고, 활력 징후와 달리 환자 생성 건강 데이터는 역동적으로 변하기 때문에 해석의 혼란이 가중되었던 것이다.[43]

---

43) Kim, Y., Heo, E., Lee, H., Ji, S., Choi, J., Kim, J. W., Lee, J. & Yoo, S. (2017, May). 앞의 글.

그렇다면 우리는 이 같은 낯선 데이터에 대한 문제를 어떻게 해결해야 할까? 안타깝게도 현재까지 환자 생성 건강 데이터를 해석할 수 있는 범용적 지침이나 분석 모델은 존재하지 않는다. 각종 질병과 연관된 개별 환자 생성 건강 데이터 간에 어떤 관계가 있는지, 해당 관계가 임상적으로 충분히 유의미한지 등이 확인될 만큼 경험과 사례가 충분히 축적되지 않았기 때문이다.[44] 이는 해외 연구 사례에서도 이미 확인된 바 있다. 해당 사례에서는 미국인 60명을 대상으로 90일간 일곱 가지 종류의 환자 생성 건강 데이터를 기록하게 한 후, 수집된 데이터를 분석했다. 이 연구는 기간이나 규모가 상당했기 때문에 환자 생성 건강 데이터 해석을 위한 유의미한 분석 모델을 얻을 수 있을 것으로 기대됐다. 예를 들어, 활동량이 많아지면 식사량이 올라간다든지, 수면 시간이 줄어들면 통증 수준이 높아진다든지 하는 등의 결과를 예상했던 것이다.

하지만 분석 결과는 오히려 정반대였다. 21개의 데이터 쌍(pair)에서 일관적인 관계가 보여 준 것은 식사량과 기분 데이터뿐이었다. 모든 참가자가 기분이 좋으면 식사량이 늘어나는 일관된 패턴을 보여 주었다. 하지만 다른 모든 데이터에 있어서는 모두 상반된 결과가 함께 존재했다. 예를 들어, 전체 참가자 중 30명은 활동량이 늘어나면 식사량도 늘어났지만, 다른 30명은 활동량이 늘어나도 식사량이 그대로였고, 또 다른 30명은 활동량이 늘어났지만 식사량이 줄어드는 패턴이 나타났다.

왜 이러한 결과가 나타난 것일까? 사실 앞의 사례는 개별 연구 사례로는 규모나 기간 면에서 상당하다고 볼 수 있지만, 환자 생성

---

44) Bentley, F., Tollmar, K., Stephenson, P., Levy, L., Jones, B., Robertson, S., Price, E., Catrambone, R. & Wilson, J. (2013). 앞의 글.

건강 데이터의 다양성을 상쇄하기에는 너무 소규모 수준이기 때문이다. 데이터 내에서 개인의 특성에 영향을 받지 않을 만큼의 충분한 상관관계를 찾기 위해서는 더 많은 양의 데이터가 필요하다. 한 가지 더 생각해 보자면 환자 생성 건강 데이터는 통제되지 않은 조건에서 수집한 자료이기 때문에 통계적으로 분석하는 것이 가능한지, 그러한 분석을 통해 유의미한 것으로 나타난 결과를 신뢰할 수 있을지조차 아직 불분명한 부분이 있다.[45] 결국 이 사례는 환자 생성 건강 데이터를 해석하는 틀이 인구집단건강(population health) 수준에서 수립되지 못했다는 것을 시사한다.

현재 데이터 해석을 위해 이처럼 개별적인 연구들이 쌓이고 발전해 나가고 있는 과도기적 상황이다. 실제로 환자 생성 건강 데이터에 대한 활용을 권장하는 미국 국립보건정보기술조정국조차도 실제 진료 현장에서 환자 생성 건강 데이터가 어떻게 활용될 수 있을지는 미래 시나리오 정도로 제공하는 데 그치고 있다.[46] 이 시나리오의 주인공인 크리스티(Christie)의 환자 생성 건강 데이터가 활용되는 방법은 다음과 같다.

- 시스템이 크리스티가 이틀간 약을 복용하지 않았다는 사실을 감지

45) Choe, E. K., Lee, N. B., Lee, B., Pratt, W., & Kientz, J. A. (2014, April). Understanding quantified-selfers' practices in collecting and exploring personal data. Proceedings of the SIGCHI conference on human factors in computing systems (pp. 1143-1152).

46) The Office of the National Coordinator for Health Information Technology (2018). Conceptualizing a Data Infrastructure for theCapture, Use, and Sharing of Patient-GeneratedHealth Data in Care Delivery and Researchthrough 2024, https://www.healthit.gov/topic/health-it-health-care-settings/how-onc-currently-supporting-use-pghd

- 시스템이 크리스티의 혈압 수치가 상승하고 기분과 수면에 변화가 있음을 감지
- 원격진료에 크리스티의 환자 생성 건강 데이터를 활용
- 기록된 환자 생성 건강 데이터를 기반으로 인공지능이 참여할 수 있는 연구나 임상 시험을 식별

물론 이 시나리오의 목적은 전체적인 환자 생성 건강 데이터의 시스템 통합 및 활용 과정을 거시적인 관점에서 모의실험 하는 것이므로 해당 부분에 대한 내용은 간략하게 언급되어 있는 수준일 수밖에 없다. 또한 많은 병원에서 환자 생성 건강 데이터 활용을 위한 시스템 통합이 적극적으로 이뤄지지 않은 상황이므로 데이터를 어떻게 활용할 수 있을지에 대한 구체적인 지침이 제공되지 못하는 것 역시 어찌 보면 당연한 일이다. 이는 사실 닭이 먼저냐, 달걀이 먼저냐 하는 문제이기도 하기 때문이다. 시스템 통합을 하기 전에는 양질의 환자 생성 건강 데이터를 충분히 확보할 수 없다. 환자 생성 건강 데이터를 확보하기 위해서는 환자들이 지속해서 데이터를 생성할 수 있도록 데이터 기반 인사이트를 제공해야 한다. 인사이트를 제공하기 위해서는 환자 생성 건강 데이터를 효과적으로 해석할 수 있어야 한다. 효과적인 해석을 위해서는 다시 또 충분한 데이터가 필요하다. 결국 이렇게 다시 처음의 데이터 확보 문제로 돌아오게 된다.

전자의무기록과의 통합을 위해 계속되는 시도

지금까지 환자 생성 건강 데이터가 어떤 가치가 있는지, 실제로 진료 현장에 도입되었을 때 어떤 장단점이 있는지를 알아보았다. 마지막 남은 문제는 '환자 생성 건강 데이터를 어떻게 병원의 전자의무기록에 통합할 것인가?'다. 모바일 헬스케어 기술의 발전으로 환자 생성 건강 데이터가 관심을 받기 시작한 것이 10년 전이다. 지금쯤이면 해외에서 성공적으로 환자 생성 건강 데이터를 시스템에 통합한 사례들이 많이 축적되지 않았을까?

하지만 전망과 실제 현실 사이에 아직 격차가 있다. 미국 국립보건정보기술조정국이 액센츄어(Accenture)를 통해 도출한 환자 생성 건강 데이터 도입 예측 모형(adoption curve)을 보면, 초기 도입

[그림 11-12] **미국 국립보건정보기술조정국 백서에 제시된 환자 생성 건강 데이터 도입 예측 모형**

해당 모형에 따르면 현재 시기는 '성장' 시기로, 환자 생성 건강 데이터의 수집, 활용, 공유가 자유로워지고 있는 상태다.

출처: https://www.healthit.gov/sites/default/files/onc_pghd_final_white_paper.pdf p.13
https://www.accenture.com/us-en/case-studies/us-federal-government/patient-generated-health-data

단계인 2016~2017년을 지나 현재 시점인 2018~2023년에는 성장세를 이루고 있다. 이 단계의 설명을 보면 다음과 같다.[47]

- 더 많은 수의 환자들이 환자 생성 건강 데이터를 의료진과 연구자에게 공유하고 싶어 함
- 환자 생성 건강 데이터 요약 분석이 오류 발생률이 높은 일들을 방지하여 환자 안전을 향상
- 환자 생성 건강 데이터를 쉽게 수집, 사용, 공유할 수 있는 호환성 표준
- 최소한의 법적 책임으로도 규모가 큰 환자 생성 데이터를 저장, 관리, 분석할 수 있음

이러한 전망을 보면 2024년에는 환자 생성 건강 데이터 도입의 완전한 성숙기로 접어들게 된다. 하지만 실제 시스템 통합은 여전히 아직도 초기 도입 단계에 머무르고 있다. 2020년에 발표된 환자 생성 건강 데이터 통합 현황을 조사한 연구를 살펴보자.[48] 연구를 살펴보면, 환자 생성 건강 데이터를 전자의무기록에 통합하는 방법에 대해 자세한 정보를 제공한 경우가 거의 없었다. 심지어 연구의 거의 절반이 예비시험 단계에 있었고, 실제 통합 이후 효과를 검

---

47) The Office of the National Coordinator for Health Information Technology (2018). Conceptualizing a Data Infrastructure for theCapture, Use, and Sharing of Patient-GeneratedHealth Data in Care Delivery and Researchthrough 2024, https://www.healthit.gov/topic/health-it-health-care-settings/how-onc-currently-supporting-use-pghd

48) Tiase, V. L., Hull, W., McFarland, M. M., Sward, K. A., Del Fiol, G., Staes, C., Weir, C. & Cummins, M. R. (2020). Patient-generated health data and electronic health record integration: A scoping review. *JAMIA open, 3*(4), 619-627.

증한 연구도 없었다. 그 이유는 바로 환자 생성 건강 데이터 통합이 초기 단계에 머무르고 있어서 개발이나 검증이 아직 예비시험 단계에 머무르고 있기 때문이다. 연구에서도 환자 생성 건강 데이터를 병원 시스템에 통합하는 방법에 관련한 모범 사례는 현재 찾아볼 수 없다는 의견을 밝히기까지 했다.

전망과 현실 사이의 격차에도 불구하고 분명한 사실은 많은 병원에서 이미 환자 생성 건강 데이터를 전자의무기록과 통합하기 위해 고군분투하고 있다는 것이다. 특히 코로나19 이후 대면 진료가 급격하게 감소하고 원격의료(telehealth)가 급부상하면서 환자 생성 건강 데이터의 시스템 통합은 급물살을 타고 있다. 코로나19 이전인 2019년 미국 내 원격의료서비스 활용률은 코로나19 이전보다 38배 증가했다.[49] 우리나라 역시 코로나19 이후 한시적으로 비대면 진료를 허용하게 되면서 향후 환자 생성 건강 데이터에 대한 관심이 높아질 것으로 예상된다.[50]

이미 미국의 병원과 연구 기관에서는 환자 생성 건강 데이터를 전자의무기록에 통합하기 위한 실질적인 지침을 수립해 나가고 있다. 미국 보건복지부 산하 의료관리품질조사국(Agency for Healthcare Research and Quality)에서 지원하여 2021년에 완료된 환자 생성 건강 데이터 통합과 관련된 프로젝트를 살펴보자.[51] 이 프

49) 매일경제(2022). 코로나 2년에 비대면 진료 350만건… '원격 진료' 물꼬 텄다, https://www.mk.co.kr/news/economy/view/2022/02/181079/

50) 한국보건산업진흥원(2021). 원격의료, 견조한 성장세 유지. 글로벌 보건산업동향 404.

51) Agency for Healthcare Research and Quality, Integrating Patient-Generated Digital Health Data into Electronic Health Records in Ambulatory Care Settings, https://digital.ahrq.gov/ahrq-funded-projects/integrating-patient-generated-digital-health-data-electronic-health-records

로젝트는 외래 진료를 위해 환자가 생성한 건강 데이터를 전자의무기록에 통합하기 위한 안내를 실제 사례를 기반으로 매우 구체적으로 작성하였다.[52] 〈표 11-2〉를 통해 환자 생성 건강 데이터를 통합하기 위한 열세 가지 지침을 확인할 수 있다.

〈표 11-2〉 **환자 생성 건강 데이터를 통합하기 위해 병원이 준비해야 할 단계**

지침	상세
1. 전략과 청사진을 개발하라	• 단계별 접근(탐색, 준비, 구현) 계획 • 이해관계자 분석 및 요구사항 평가 실시 • 목표 정의 및 생성 • 경영 사례 및 전자의무기록 공급업체 평가
2. 얼리 어답터와 서포터를 찾아라	• 의사, 간호사 등에서 임상 서포터 모집 • 모든 이해관계자를 팀으로 구성 • 시범 적용을 위한 임상 상황 식별
3. 치료 모델에 환자 생성 건강 데이터를 연결하라	• 임상 초점과 연계 후 모니터링 체계 구축하기 • 환자 생성 건강 데이터 선택 후 수집 도구 선택 • 법적 요구사항에 대한 이해
4. 업무 흐름을 디자인하라	• 치료팀 준비 및 환자와의 협력 • 환자 생성 건강 데이터 활용에 대한 기관 전반의 일관적인 프로세스 개발 • 치료팀의 부담을 높이지 않는 프로세스 개발
5. 건강 형평성 관점에서 환자 중심의 접근을 활용하라	• 건강 문해력 및 기술 문해력에 대한 고려 • 도구를 활용하는 능력, 광대역 및 인터넷 액세스, 스마트폰 운영 체제에 대한 평가 • 동기 부여 및 인센티브 전략 마련
6. 탄탄한 기술 기반을 활용하라	• 호환성 표준(FHIR) 사용 • 임상 전문가와 환자를 위한 데이터 뷰 통합 • 환자 데이터에 대한 보호

52) Agency for Healthcare Research and Quality, Integrating Patient-Generated Digital Health Data into Electronic Health Records in Ambulatory Care Settings, Environmental Scan Report, https://digital.ahrq.gov/sites/default/files/docs/citation/pghd-environmental-scan.pdf

7. 데이터 거버넌스를 생성하라	• 임상 초점 및 환자 모집단에 맞게 조정된 수집 및 해석 • 환자의 자가 치료와 임상적 의사결정을 위한 프로토콜 • 여러 데이터 소스에 걸친 데이터 합성 • 시간의 경과에 따른 데이터 분석 방법 결정 • 데이터 누락 등 데이터 밀도 문제 해결 • 대시보드에 데이터 시각화
8. 장치 거버넌스를 생성하라	• 장치 관리자 결정(병원 혹은 공급업체) • 전자의무기록 및 장치 공급업체와 계약 검토 • FDA 규제 요건 검토 • 다양한 장치 도입 시 증가하는 복잡성 고려
9. 이해관계자에게 안내와 교육을 제공하라	• 직원 교육 • 환자 및 직원에게 접근성 높은 교육 자료 제공 • 병원 내외부에서 환자 생성 건강 데이터의 장점 홍보 • 환자에게 장치 사용법 및 환자 생성 건강 데이터 관리 방법 교육
10. 반복을 통해 구현하고 조정하라	• 반복을 통해 이해관계자로부터 피드백 획득 및 프로세스 개선 • 새로운 환자 생성 건강 데이터와 도구에 대해 평가 • 새로운 실무 안내, 책임, 개인정보 보호 및 보안 표준에 대한 검토
11. 지표와 목표에 대해 평가하라	• 환자 수, 노쇼 감소, 임상 지표, 만족도 등과 같은 지표에 대한 평가 • 목표 달성률 측정 • 지속 가능한 경영 모델을 위한 실행 가능성 탐색
12. 유지와 확장을 계획하라	• 조직 전체의 성공 촉진 • 새로운 임상 서포터 확보 • 성장을 위한 예산 확보
13. 기술적 지원을 제공하라	• 직원, 환자 및 가족을 위한 전담 기술 지원 제공 • 진료소/건강 시스템, 제조업체 또는 아웃소싱을 통한 지원

출처: https://digital.ahrq.gov/sites/default/files/docs/citation/pghd-environmental-scan.pdf, pp. 31-33 재인용

이 프로젝트에서는 〈표 11-2〉와 같은 지침을 실제로 적용하기 위한 실무 안내도 함께 제공하고 있다. 안내에는 각 단계별로 어떤

활동이 필요한지와 그 활동을 진행하기 위한 템플릿도 함께 제공된다.[53] 이 같은 지침과 안내는 환자 생성 건강 데이터를 통합하기 위한 한 가지 방향일 뿐이지만 현 시점에 우리에게 중요한 시사점을 남긴다. 바로 환자 생성 건강 데이터의 통합이 계속해서 중요한 화두로 떠오르고 있으며 미래를 준비하는 병원에게 필수적인 생존 전략이라는 점이다.

헬스케어 기술의 발전과 다가오는 미래, 그리고 기회

환자 생성 건강 데이터가 관심을 받기 시작한 지 어느덧 10년이 지났다. 당시와 비교하면 데이터 감지 기술은 수년에 걸쳐 계속 발전했고, 데이터가 계속 축적되고 분석되면서 알고리즘은 더욱 정교해졌다. 실제로 딥러닝을 포함한 AI 기술의 성장으로 인해 측정할 수 없었던 데이터를 수집할 수 있게 되었다. 초기에는 걸음 수와 분당 심박수 측정만이 가능했다면 이제는 낙상이나 부정맥까지도 측정 가능한 기술이 등장했다.[54] 이에 한걸음 더 나아가 이제는 웨어러블 기기 없이 환자 생성 건강 데이터를 측정하려는 시도가 점

53) Agency for Healthcare Research and Quality, Integrating Patient-Generated Digital Health Data into Electronic Health Records in Ambulatory Care Settings, Integrating Patient-Generated Health Data into Electronic Health Records in Ambulatory Care Settings: A Practical Guide, https://digital.ahrq.gov/sites/default/files/docs/citation/pghd-practical-guide.pdf

54) Forbes (2018). Apple watch 4 is now an fda class 2 medical device: Detects falls, irregular heart rhythm, https://www.forbes.com/sites/jeanbaptiste/2018/09/14/apple- watch-4-is-now-an-fda-class-2-medical-device-detects-falls-irregular- heart-rhythm/#278dee542071

차 딥러닝을 통해 시도되고 있다. 메사추세츠 공과대학교에서 개발한 바이탈-라디오(Vital-Radio) 기술은 무선으로 심박수와 호흡수를 측정할 수 있다.[55] 들숨과 날숨으로 인한 가슴의 미세한 움직임을 포착하고 심장 박동으로 인한 피부 진동의 변화를 측정하는데, 99%의 높은 정확도로 여러 사람의 생체 신호를 동시에 모니터링할 수 있는 기술이다. 이외에도 집 안에 저전력 무선 신호를 전송하고 신호의 반사를 감지하여 집 안에 있는 사람이 어떤 행동을 하고 있는지를 감지할 수 있는 기술도 개발되고 있다.[56] 이 같은 기술은 아직 연구 개발 단계이지만 빠른 속도로 상용화되고 있어서 점차 저렴한 가격으로 사용이 가능해지고 있다.

데이터 감지 기술 외에도 데이터 수집이 환자 관점에서도 접근하기 쉬워지고 있다. 영상 인식(image recognition) 기술과 음성 처리의 발전으로 이전에는 분석할 수 없었던 비정형 데이터를 분석할 수 있게 되었다. 예를 들어, 사진을 촬영한다면 환자 입장에서 식사 기록을 더 쉽게 할 수 있지만 데이터 처리 및 분석의 어려움으로 인해 그동안 실제로 활용되지 않아 왔다. 그러나 영상 인식 기술의 급속한 발전으로 이제 사진에서 메뉴 및 영양 정보와 같은 데이터를 추출할 수 있게 되면서 사진 기반 식사 데이터 수집의 새로운 길이 열리고 있다. 칼로리 마마 AI는 사진을 촬영하면 자동으로 사진을 분석해서 메뉴 정보를 추출하여 칼로리를 계산해 준다.[57]

55) Adib, F., Mao, H., Kabelac, Z., Katabi, D., & Miller, R. C. (2015, April). Smart homes that monitor breathing and heart rate. Proceedings of the 33rd annual ACM conference on human factors in computing systems (pp. 837-846).

56) Hsu, C. Y., Hristov, R., Lee, G. H., Zhao, M., & Katabi, D. (2019, May). Enabling identification and behavioral sensing in homes using radio reflections. Proceedings of the 2019 CHI Conference on Human Factors in Computing Systems (pp. 1-13).

57) Calorie Mama Food AI, https://www.caloriemama.ai/#CalorieMama

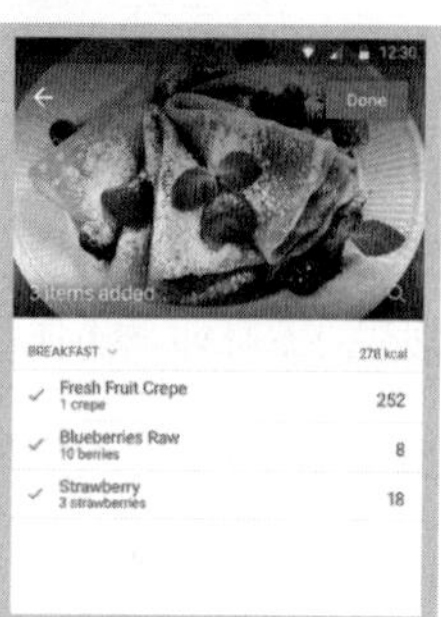

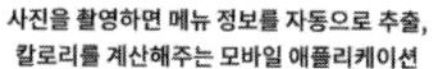
사진을 촬영하면 메뉴 정보를 자동으로 추출, 칼로리를 계산해주는 모바일 애플리케이션

아마존의 스마트 스피커인 에코를 활용해 대화로 손쉽게 기록하는 뉴트리션엑스

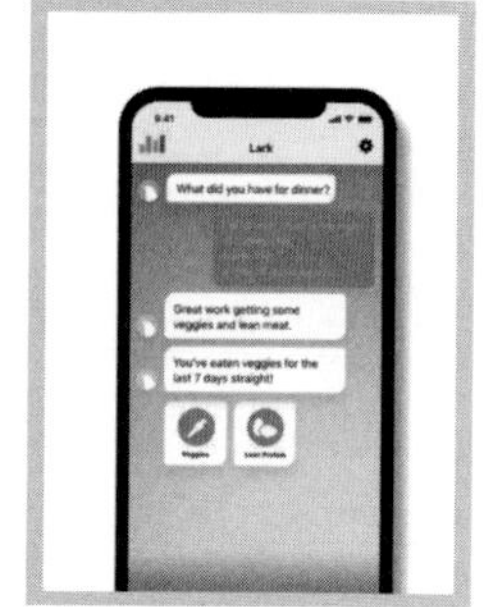

챗봇을 통해 편안하게 대화로 건강 데이터를 관리하도록 돕는 라크

[그림 11-13] **인공지능 응용 기술을 활용한 모바일 애플리케이션 사례**
영상 인식과 음성 인식 등의 기술을 통해 사용자 친화적이고 편리하게 환자 생성 건강 데이터를 수집하고 관리할 수 있게 되었다.

또한 스마트 스피커, 챗봇과 같은 인공지능 기술의 보급으로 자연어를 통해 개인 건강 데이터를 생성할 수 있게 되었다. 예를 들어, 뉴트리션엑스(Nutritionix) 애플리케이션은 아마존(Amazon)의 음성 인식 기술인 알렉사(Alexa)를 활용하여 사용자가 음성 대화를 통해 자연스럽게 식사를 추적하도록 돕는다.[58] 챗봇 서비스인 라크(Lark) 역시 개인 피트니스 코치처럼 사용자에게 말을 걸고 영양 · 활동 · 수면 데이터를 추적할 수 있도록 돕는다.[59]

우리는 이처럼 기술의 눈부신 발전을 실시간으로 목도하고 있다. 이제 우리는 병원 밖에서도 환자가 무엇을 먹고, 어떻게 활동하고, 어디가 아픈지에 대한 정보를 데이터화하여 들여다볼 수 있는 기회를 얻게 되었다. 수많은 병원, 기관, 정부에서 수행한 연구들

58) Nutritionx, https://www.nutritionix.com/app
59) Lark, https://www.lark.com/

은 입을 모아 환자 생성 건강 데이터를 도입했을 때 의료진이 환자에 대해 더 잘 이해할 수 있게 되어 질 높은 치료가 가능하며, 환자 역시도 치료를 수용하게 되고 치료 순응도가 높아지게 된다고 주장한다.

하지만 환자 생성 건강 데이터를 병원에 도입하기 위해 해결해야 할 산적한 문제들을 생각한다면 '더 좋은 치료'라는 추상적인 장점만으로는 부족한 듯하다. 그렇다면 대체 왜 해외의 수많은 병원과 기관에서 환자 생성 건강 데이터에 관심을 기울이고 비용을 들여서 이를 시스템에 도입하고자 하는 걸까? 그 이유는 바로 4차 산업혁명 시대에 데이터 기반의 진료는 피할 수 없는 숙명이며, 이는 결국 병원의 미래가 달린 생존 문제와 관련되어 있기 때문이다. 10년 전과 비교해 보면 이제 스마트폰이나 워치로 생체 신호를 측정하는 것이 너무나도 당연해졌다. 앞서 언급된 바이탈-라디오 같은 더욱 비침습적인(unobtrusive) 기술들이 우리 일상 속에 스며들어서 우리가 인식하기도 전에 우리의 건강 데이터를 측정하는 날이 머지않았다. 또한 앞서 살펴봤듯이 차세대 의료 전문가는 그 스스로가 건강 데이터를 기반으로 의사결정을 내리는 데 친숙하며, 데이터와 기술 기반의 의료에 큰 기대를 걸고 있다. 이에 더해 애플 등 거대 제조사와 에픽과 같은 거대 전자의무기록 공급업체들이 환자 생성 건강 데이터를 지속적으로 수집하고 있으며 이를 병원에 도입하려는 움직임을 보인다. 그뿐만 아니라 코로나19로 촉발된 원격진료에 대한 요구는 날이 갈수록 증가하고 있다. 이것이 전 세계의 많은 병원과 기관, 산업계에서 환자 생성 건강 데이터에 관심과 열정을 쏟고 있는 이유다.

그럼에도 불구하고 환자 생성 건강 데이터의 병원 시스템 통합의 확실한 성공 사례는 발견되지 않았다. 이는 우리에게 두 가지 가능성을 시사한다. 하나는 환자 생성 건강 데이터의 시스템 통합이 너무나도 어려운 과제로 사실상 달성하기 불가능하다는 가능성이다. 따라서 선진 병원에서 모범 사례를 제시하기 전까지는 그 누구도 달성할 수 없을 것이라는 추측이다. 다른 하나의 가능성은 여전히 많은 병원에서 환자 생성 건강 데이터의 시스템 통합을 이제 막 시작했거나 계속해서 시도 중이라는 것이다. 지금도 이 경쟁에 뛰어들기에 늦지 않았다. 그 시도에 뛰어들어 여러분의 병원이 모범 사례가 될 수도 있을 것이다. 현재 두 가지 가능성 중 어떤 방향으로 해석할지는 전적으로 독자 여러분의 판단에 달려 있다.

12 디지털 환자 커뮤니티와 사회적 지지 커뮤니케이션

유우현 교수
인천대학교 신문방송학과

QR코드를 스캔하시면 저자의 설명 영상을 시청하실 수 있습니다.

✚ ✚ ✚

최근 급성질환에서 만성질환으로 주요 질병 유형이 변화하면서 의료 패러다임 역시 치료 중심에서 예방과 건강 관리 중심으로 바뀌어야 한다는 목소리가 높다. 하지만 외래 진료 및 입원 치료에 집중된 국내 보건의료 체계는 이러한 패러다임 전환에 대처하기에 구조적으로 한계가 있다. 디지털 환자 커뮤니티는 이러한 한계를 극복하고 미래 헬스케어 패러다임을 선도할 가능성을 가지고 있다. 특히 만성질환자 사이에 디지털 커뮤니케이션을 통해 사회적 지지를 교환함으로써 만성질환을 관리하고 고통을 줄일 수 있는 대안으로 주목받고 있다. 따라서 이 장에서는 '디지털 환자 커뮤니티와 사회적 지지 커뮤니케이션'을 주제로 디지털 환자 커뮤니티를 통한 사회적 지지 커뮤니케이션이 만성질환자에게 어떤 영향을 미치는지 살펴보고, 이와 관련하여 우리나라 보건의료 현장에 중요한 함의를 제공하고자 한다.

인간은 사회적 동물이다. 이는 고대 그리스 철학자 아리스토텔레스(Aristoteles)의 저서 『정치학(Politics)』에서 최초로 등장한 표현이지만, 일반 대중들에게 익숙한 대명제이기도 하다. 무리 생활을 했던 원시시대부터 인간다운 문명 생활이 본격화된 산업화 시대에 이르기까지 인간의 삶과 관련된 모든 것은 사회와 불가분의 관계를 갖는다. 특히 개인이 맺는 사회적 유대 관계를 뜻하는 사회적 관계는 인간의 건강과 안녕을 유지하는 데 있어 매우 중요한 역할을 해 왔다. 일례로, 미국 하버드대학교 보건대학원 리사 버만(Lisa F. Berkman) 교수 연구팀이 1979년에 발표한 논문에 따르면 미국 캘리포니아 앨러미다 카운티에 거주하는 성인 6,928명을 7년 동안 추적 관찰한 결과 사회적 연결(social connection) 정도에 따라 남성에서는 최대 2.3배, 여성에서는 최대 2.8배의 사망률 차이가 있는 것으로 나타났다([그림 12-1] 참조).[1] 2009년에 출판된 니콜라스 크리스타키스(Nicholas Christakis) 교수와 제임스 파울러(James Fowler) 교수의 연구에서도 심리적 건강에 사회적 연결망이 상당한 영향을 미치는 것으로 확인되었다.[2] [그림 12-2]처럼 같이 평소 내 삶이 행복하다고 생각하는 사람(노란색과 초록색)과 불행하다고 생각하는 사람(파란색)은 서로 유사한 행복감을 느끼는 사람들과 강하게 연결되어 있고, 불행한 감정을 느끼는 사람들은 전체 사회적 연결

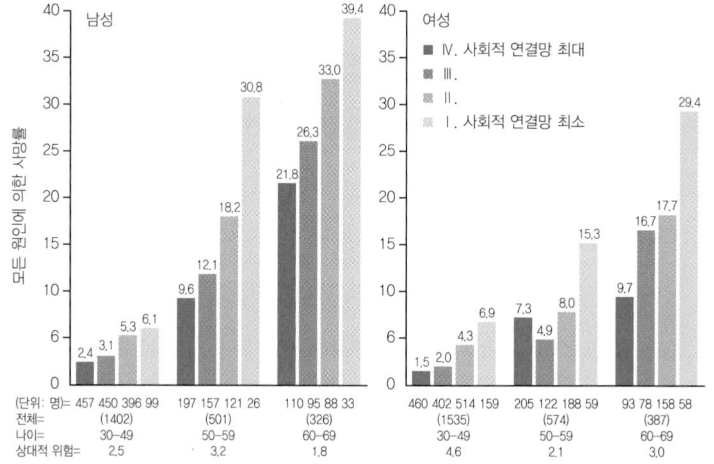

[그림 12-1] **사회적 관계망 수준에 따른 연령별, 성별 사망률(1965~1974)**

출처: Berkman, L. F., & Syme, S. L. (1979). Social networks, host resistance, and mortality: A nine-year follow-up study of Alameda County residents. *American Journal of Epidemiology, 109*(2), 186-204.

1) Berkman, L. F., & Syme, S. L. (1979). Social networks, host resistance, and mortality: A nine-year follow-up study of Alameda County residents. *American Journal of Epidemiology, 109*(2), 186-204.

2) Christakis, N. A., & Fowler, J. H. (2009). Social network visualization in epidemiology. *Norsk Epidemiologi, 19*(1), 5-16.

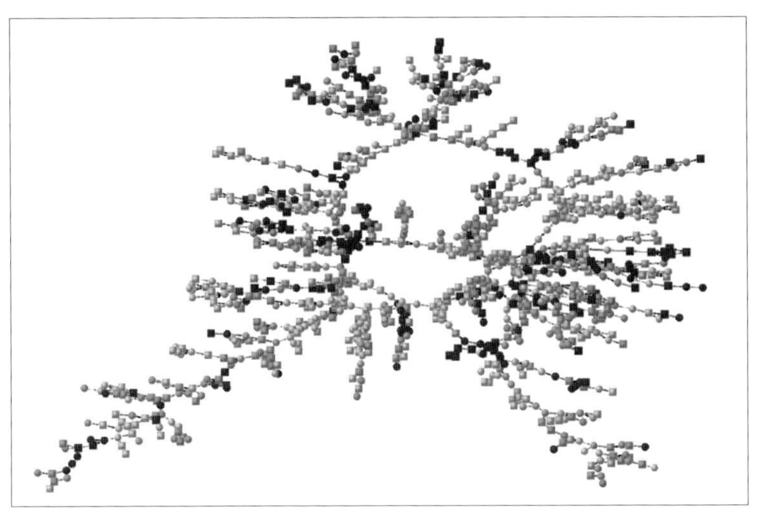

[그림 12-2] **미국 매사추세츠 프레이밍햄 지역 거주자의 행복 군집화**

출처: https://dash.harvard.edu/bitstream/handle/1/4276348/christakis_socialnetwkvisual.pdf?sequence=2

망에서 주변부에 위치한다.

이처럼 가족, 친구, 직장 동료, 기타 공동체 구성원과의 관계와 교류가 개인의 신체적 · 정신적 건강에 매우 중요하다는 연구 결과가 줄을 이으면서 해당 사회적 연결 고리를 통해 주고받는 사회적 지지(social support)에 관한 관심 역시 높아지기 시작하였다. 사회학적 관점에서 사회적 지지는 우리가 사회적 네트워크로부터 받을 수 있는 이익, 즉 사회적 자본(social capital)의 잠재적 결과물로 간주한다.[3] 따라서 이와 관련된 연구들은 사회적 지지를 제공하는 네트워크의 크기와 구조를 분석하는 작업에 주로 집중해 왔다. 예를 들어, 가족 구성원이나 친구와 같은 강한 연결(strong ties)과 약간의 친분이 있는 지인이나 과거 직장 동료처럼 약한 연결(weak

3) Adler, P. S., & Kwon, S. W. (2002). Social capital: Prospects for a new concept. *Academy of Management Review, 27*(1), 17-40.

ties) 중 더 많은 사회적 지지를 제공하는 연결 형태는 어디인지를 밝혀 내는 것이 주요 연구 목적이었다.

사회적 지지와 건강

사회적 지지란 노인, 아동 및 청소년, 장애인 집단의 신체적 · 정서적 건강에 영향을 미치는 주요 요인으로, 심리학, 약학, 보건학, 사회복지학 등의 분야에서 다학제적으로 연구되어 왔다. 수십 년간 다양한 학문 분야에서 사용한 개념이지만 사회적 지지가 무엇인지 그 정의에 대해서는 연구자 사이에 여전히 뚜렷하게 합의된 바가 없다. 타인으로부터 제공되는 모든 자원으로 보는 포괄적 개념[4] 부터 심리적 · 물리적 · 경제적 자원이 필요할 때에 도움을 줄 수 있는 가족, 친구, 이웃과 같은 구조적 시각,[5] 자신이 타인으로부터 사랑과 돌봄을 받고 있다고 믿는 인식론적 정의[6]까지 그야말로 다학적인 개념이다. 하지만 사회적 지지에 대한 모든 정의는 대체로 타인으로부터 실제로 받은 사회적 지지(provided social support)와 내가 얼마나 주위로부터 사회적 지지를 받고 있는지 인식하는 인지된 사회적 지지(perceived social support) 사이의 차이를 인정한다. 전자는 정보제공, 기부금, 고민 상담과 같은 구체적인 행동을

4) Cohen, S., & Hoberman, H. M. (1983). Positive events and social supports as buffers of life change stress. *Journal of Applied Social Psychology, 13*(2), 99-125.

5) Barrera, M. (1986). Distinctions between social support concepts, measures, and models. *American Journal of Community Psychology, 14*(4), 413-445.

6) Cobb, S. (1976). Social support as a moderator of life stress. *Psychosomatic Medicine, 38*(5), 300-314.

통해 받은 사회적 지지를 의미하고, 후자는 개인이 사회적 지지를 평소에 얼마나 이용할 수 있는지에 대한 신념 또는 이용 가능성에 대한 만족도를 뜻한다.

한편 기능주의적 시각에서 사회적 지지는 주로 감정적 지지(emotional support), 도구적 지지(instrumental support), 정보적 지지(informational support)로 분류된다. 감정적 지지는 배려, 보살핌, 공감, 사랑 등과 같은 정서적 지지를 뜻한다. 도구적 지지는 상품과 서비스 등을 제공하는 유형의 지지 형태로, 요리를 해 주거나 돈을 주는 구체적 행위가 대표적인 사례라고 볼 수 있다. 정보적 지지는 문제를 해결하는 데 도움이 되는 정보를 제공하는 것을 의미한다. 보통 감정적 지지를 가장 중요한 사회적 지지 형태로 바라보지만, 상황에 따라 사회적 지지 형태가 달라질 필요가 있다는 시각도 존재한다. 예를 들어, 경제적으로 어려움에 빠진 사람에게는 도구적 지지와 같은 물질적 도움이 가장 필요한 반면에 사랑하는 사람을 갑작스럽게 떠나보낸 사람에게는 감정적 지지가 무엇보다 중요하기 때문이다.

이처럼 개인의 상황을 고려해서 가장 필요한 사회적 지지가 제공되어야 사회적 지지 효과가 가장 극대화된다는 주장은 사회적 지지의 최적 일치 이론(optimal matching theory)[7]에 의해 이론적으로 뒷받침된다. 해당 이론에 따르면, 사회적 지지는 크게 행동 촉진형 지지(action-facilitating support)와 양육형 지지(nurturant suppot)로 분류된다. 보통 행동 촉진형 지지는 정보적 지지나 도구적 지지

7) Cutrona, C. E. (1990). Stress and social support: In search of optimal matching. *Journal of Social and Clinical Psychology*, *9*(1), 3-14.

와 같이 사람들이 특정 문제를 해결하는 데 직접적인 도움을 제공하고, 양육형 지지는 정서적 유대감이나 자아존중감을 높여 감정적 스트레스를 줄이고 정서적 안정감을 유지하는 데 효과적이다. 따라서 사회적 지지를 제공하기에 앞서 상대방이 어떤 종류의 사회적 지지가 필요한지를 확인하는 것 역시 중요하다고 볼 수 있다.

사회적 지지에 대한 개념적 논의보다 많은 연구자의 관심을 불러일으킨 것은 사실 사회적 지지가 인간의 건강에 미치는 영향이었다. 1980년대 초반부터 사회적 지지 효과를 예측 및 설명할 수 있는 이론적 모형이 소개되었고, 이를 실증적으로 증명하고자 하는 연구가 본격화되었다. 그 결과 사회적 지지와 삶의 질, 유병률, 사망률 등 건강 결과 사이의 정적 관계는 어느 정도 입증되었다.[8] 사회적 지지가 건강 결과에 미치는 효과에 대해서는 주효과(main effect)와 스트레스 완화(stress-buffering)라는 두 가지 기능적 가설이 존재한다. 주효과 가설은 사회적 지지는 사회적 지지를 필요로 하는 사람의 상태에 상관없이 언제나 건강에 이로운 기능을 한다는 것이다. 반면에 스트레스 완화 가설은 사회적 지지가 각종 스트레스로부터 개인의 건강을 보호하는 완충제 역할을 한다고 가정한다.

사회적 지지와 만성질환 관리

미국의 사회학자 페기 토이츠(Peggy A. Thoits)는 사회적 지지의 효과는 어떤 상황에서 사회적 지지가 필요하고 제공되는지 그 맥

8) Cohen, S., & Wills, T. A. (1985). Stress, social support, and the buffering hypothesis. *Psychological Bulletin, 98*(2), 310-357.

락이 중요하다고 주장했다.[9] 평소 일반적인 상황에서 사회적 지지는 대부분 잘 보이지 않지만 상호 교환적이다. 반대로 스트레스가 심한 상황에서는 더 자주 관찰되지만, 오히려 일방적으로 전달되는 경향이 있다. 특히 사회적 지지의 스트레스 완화 효과는 삶의 스트레스 지수가 높은 사람들에게서 주로 확인된다.

개인의 삶에 영향을 미치는 스트레스 요인은 다양하지만, 건강상의 문제는 그중 가장 심각한 요인으로 손꼽힌다. 무엇보다 전혀 예상하지 못한 상태에서 장기간 치료와 관리가 필요한 만성질환 진단을 받은 환자들은 상당한 스트레스를 경험하기가 쉽다. 만성질환이란 보통 6개월 혹은 1년 이상의 장기간에 걸쳐 계속되는 비감염성 질환을 총칭하며, 심혈관질환, 암, 만성 호흡기질환, 당뇨병 등이 대표적이다. 만성질환은 의학적 치료 이외에 환자 스스로 해당 질환을 효과적으로 관리하는 이른바 자기관리(self-managment)가 매우 중요하다는 측면에서 사회적 지지의 역할에 주목하지 않을 수 없다. 만성질환 자기관리는 질병이 신체적 건강 상태와 기능에 미치는 영향을 최소화하고 질병의 심리적 후유증에 대처하기 위해 개인이 수행하는 약제 복용, 식단 조절, 운동, 휴식 등의 모든 일상적인 활동을 포함한다.[10] 사회적 지지는 다양한 방법으로 이러한 만성질환 관리에 도움을 줄 수 있다. 가령, 정보적 지지는 당뇨병 환자에게 인슐린 자가 주사 방법이나 경구 약제 복용법 등 혈당 관리 업무를 직접 도와줄 수 있다. 또 정서적 격려나 심리적 안

9) Thoits, P. A. (2011). Mechanisms linking social ties and support to physical and mental health. *Journal of Health and Social Behavior, 52*(2), 145-161.

10) Clark, N. M., Becker, M. H., Janz, N. K., Lorig, K., Rakowski, W., & Anderson, L. (1991). Self-management of chronic disease by older adults: A review and questions for research. *Journal of Aging and Health, 3*(1), 3-27.

정을 위한 조언처럼 감정적 지지를 제공함으로써 만성질환자의 자기관리에 도움을 줄 수 있다. 한편 사회적 지지는 만성질환 관리에 직접 영향을 주기도 하지만 동기 부여나 자기관리 효능감과 같은 심리적 기제를 통해 간접적으로 영향을 미치기도 한다.[11]

국내에서는 2017년 삼성서울병원 신동욱 교수와 충북대병원 박종혁 교수 연구팀이 암환자 1,818명과 일반인 2,000명을 대상으로 사회적 지지와 우울감 사이의 관계를 분석한 바 있다.[12] 기본적으로 암환자는 일반인과 비교해서 상대적으로 우울감 수준이 높은 것으로 나타났다. 또 암환자 집단과 일반인 집단 모두 본인이 평소 주위에서 사회적 지지를 많이 받고 있다고 인지할수록 우울감이

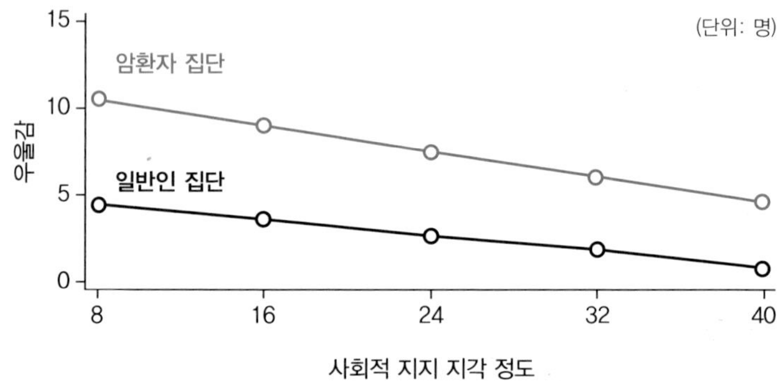

[그림 12-3] **한국 암환자 집단과 일반인 집단 간의 사회적 지지와 우울감 상관관계 비교**

출처: http://www.mdon.co.kr/news/article.html?no=14477

11) Gallant, M. P. (2003). The influence of social support on chronic illness self-management: A review and directions for research. *Health Education & Behavior, 30*(2), 170-195.

12) Yoo, H., Shin, D. W., Jeong, A., Kim, S. Y., Yang, H. K., Kim, J. S., Lee, J. E., Oh, J. H., Park, E. C., Park, K. & Park, J. H. (2017). Perceived social support and its impact on depression and health-related quality of life: A comparison between cancer patients and general population. *Japanese Journal of Clinical Oncology, 47*(8), 728-734.

감소하였으며, 그러한 효과는 [그림 12-3]과 같이 일반인보다 암환자에게서 더 강하게 나타났다. 이외에도 신체 건강, 정신 건강, 사회적 기능, 인지 기능 등 삶의 질적 측면에서도 암환자들은 사회적 지지에 큰 영향을 받는 것으로 확인되었다.

사회적 지지 커뮤니케이션과 디지털 미디어

전통적 커뮤니케이션 관점에서 사회적 지지는 지지를 제공하는 사람과 지지를 받는 사람 사이에 언어적 또는 비언어적 커뮤니케이션 행위를 통해 이루어진다. 따라서 사회적 지지 커뮤니케이션에 관한 초기 연구들은 주로 기호학과 수사학적 시각에서 효과적인 사회적 지지 메시지의 특성을 밝히는 데 집중하였다. 예를 들어, "네가 왜 화가 났는지 이해할 수 있을 것 같아"와 "화가 난다고 모든 것이 해결되지 않아"란 두 가지 메시지를 떠올려 보자. 지금 당장 화가 난 사람을 진정시키는 데 있어서 전자가 후자보다 더 효과적인 메시지라는 사실은 비단 커뮤니케이션 전문가가 아니더라도 누구나 쉽게 판단할 수 있다. '아 다르고 어 다르다'라는 속담처럼 같은 사회적 지지 의도를 가진 말이라도 어떻게 표현하느냐에 따라서 상대방은 다르게 받아들일 가능성이 있다. 이런 이유에서 사회적 지지 커뮤니케이션에서는 사회적 지지를 받는 사람의 감정을 이해하고 그에 맞춰 메시지를 구성하는 이른바 사람 중심(person-centeredness) 메시지가 매우 중요한 요소 중 하나로 손꼽힌다. 실제로 2012년 펜실베니아 대학교 연구진이 23편의 사회적 지지 커뮤니케이션 연구를 메타 분석한 결과, 사회적 지지 관련 대화에서 사람 중심 메시지가 많을수록 사회적 지지 효과가 더 컸다.[13] 이외에도 사회적 지지 커뮤니케이션에서 행동 변화를 유도하기 위해 조언을 할 때는 상대방을 존중하는 자세와 조언한 행위의 실행 가능성, 효능, 제한점 등을 충분하게 제공하는 것이 무엇보다 중요한 것으로 알려져 있다.[14]

커뮤니케이션 기술(communication technology)의 발달로 수많은 뉴미디어가 출현하는 가운데 디지털 미디어의 등장은 전통적으로 면대면(face-to-face) 환경에서 이루어졌던 사회적 지지 커뮤니케이션을 온라인 공간으로 확장하는 변화를 불러오게 된다. 이처럼 온라인에서 사회적 지지 커뮤니케이션 활성화를 촉진하는 디지털 미디어의 특징은 미국의 심리학자 제임스 깁슨(James J. Gibson)이 주창한 행동유도성(affordance) 개념으로 설명할 수 있다.

첫째, 디지털 미디어의 익명성(anonymity)은 사회적 지지를 요청하거나 제공하는 메시지 작성을 활발하게 한다. 자신의 법적 신분 또는 신체적 외모와 관련된 정보가 노출되지 않기 때문에 도움을 주고자 하는 사람이 편안하게 사회적 지지 메시지를 전달할 수 있다. 또한 익명성은 사회적 지지가 필요한 사람들이 온라인 커뮤니티를 선택하는 가장 큰 이유이기도 하다.[15] 이들은 익명성이 보장된 온라인 공간에서 당혹감이나 비난에 대한 걱정 없이 필요한 도

---

13) High, A. C., & Dillard, J. P. (2012). A review and meta-analysis of person-centered messages and social support outcomes. *Communication Studies, 63*(1), 99-118.

14) MacGeorge, E. L., Feng, B., Butler, G. L., & Budarz, S. K. (2004). Understanding advice in supportive interactions: Beyond the facework and message evaluation paradigm. *Human Communication Research, 30*(1), 42-70.

15) Walther, J. B. & Boyd, S. (2002). Attraction to computer-mediated social support. In C. Lin & D. Atkin (Eds.), *Communication technology and society: Audience adoption and uses* (pp. 153-188). Hampton Press

움을 요청하거나 논의하기 어려운 민감한 정보를 공유할 수 있다. 실제로 정신 건강 관련 온라인 커뮤니티에서 계정별 메시지 특성을 분석해 본 결과, 일반 계정보다 일회용 계정으로부터 작성된 사회적 지지 요청 메시지가 더 많은 피드백과 감정적 지지를 얻은 것으로 나타났다.[16] 즉, 임시 계정의 익명성이 정신 건강과 관련해서 도움이 필요한 사람들로 하여금 더욱 솔직한 메시지를 작성하게 하였고 해당 메시지를 본 커뮤니티 구성원들의 많은 반응과 감정적 지지를 끌어낸 것으로 볼 수 있다. 물론 온라인 커뮤니티의 익명성이 사회적 혼란을 일으키는 잘못된 정보를 확산시키고 일부 혐오나 증오와 같은 부정적 반응을 유발하는 요소가 될 수 있다. 그럼에도 불구하고 디지털 미디어의 익명성이 사회적 지지가 필요하거나 그것을 제공하려고 하는 사람 모두에게 관련 커뮤니케이션에 적극적으로 참여할 수 있게 하는 중요 요인이라는 점은 자명한 사실이다.

둘째, 디지털 미디어의 메시지 통제성(control)은 메시지 작성자가 내용을 구성하고 공유하는 등 관련 커뮤니케이션을 스스로 조절할 수 있게 한다. 온라인 채팅과 같은 동시성(synchronous) 커뮤니케이션은 신속하게 필요한 정보를 교환할 수 있는 장점이 있는 반면에 숙고의 기회가 차단된다. 따라서 한 번 뱉은 말은 주워 담을 수 없다는 속담처럼 수정이 불가능하다. 하지만 온라인 게시판과 같은 비동시성(asynchronous) 커뮤니케이션은 메시지를 작성하기

16) De Choudhury, M., & De, S. (2014, June 1-4). Mental health discourse on Reddit: Self-disclosure, social support, and anonymity. Proceedings of the Eight International AAAI Conference on Weblogs and Social Media. Retrieved from http://www.aaai.org/ocs/index.php/ICWSM/ICWSM14/paper/download/8075/8107

전과 작성하는 과정에서 해당 메시지를 상대방에게 잘 전달하기 위해 어떻게 내용을 구성할지 시간적 여유를 두고 고민할 수 있으며, 메시지를 작성한 이후에도 필요에 따라 수정과 삭제가 가능하다. 이러한 높은 메시지 통제성 때문에 사회적 지지를 찾는 사람들은 온라인 커뮤니티를 더욱 선호하게 된다.[17] 한편 디지털 미디어의 통제성은 사회적 지지를 제공하는 사람으로서도 매력적인 요소이다. 누군가를 돕는 행위는 자칫 도움을 받는 사람의 자존감이나 자율성을 위협할 수 있다. 특히 전문적인 상담 교육을 받지 않은 일반인이 도움을 필요로 하는 사람의 입장이나 감정을 최대한 이해하면서 면대면 대화를 이끌어 나가는 것은 생각보다 쉽지 않다. 그러나 온라인 공간에서는 메시지 작성 과정 전후로 상대방의 반응을 관찰하면서 적절한 사회적 지지를 담은 메시지를 전달할 수 있기 때문에 이러한 문제점을 최소화할 수 있다.

셋째, 디지털 미디어의 가시성(visibility)은 내가 다른 사람의 커뮤니케이션 행위를 관찰하거나 타인이 나의 커뮤니케이션 행동을 살펴보는 것을 쉽게 한다. SNS나 온라인 커뮤니티에서 이루어지는 커뮤니케이션은 면대면 커뮤니케이션과 비교해서 이러한 가시성이 높은 편이다. 사회적 지지 커뮤니케이션에서 다른 사람이 도움을 제공하는 행위를 목격하는 것은 미래에 유사한 도움 제공자를 더 많이 양성할 수 있다는 점에서 매우 중요하다. 현대 교육심리학 분야의 석학으로 불리는 앨버트 밴듀라(Albert Bandura) 교수의 사회학습이론(social learning theory)[18]에 따르면, 다른 사람이 사회적

17) Tanis, M. (2008). Health-related on-line forums: What's the big attraction? *Journal of Health Communication, 13*(7), 698-714.

18) Bandura, A. (1977). *Social learning theory*. General Learning Press.

지지를 제공하는 모습은 내가 사회적 지지를 제공하는 데 있어서 어떤 방법이 효과적인지 반대로 비효과적인지 모델 역할을 하게 된다. 이런 모델 효과 덕분에 온라인 건강 커뮤니티에서 일부의 우려와는 달리 부적절한 메시지나 소통이 많이 발견되지는 않는다. 예를 들어, 독일에서 유방암, 섬유 근육통, 관절염 환자들이 모인 온라인 커뮤니티에 올라온 메시지 내용을 분석해 본 결과 1,500여 개 이상이 사회적 지지 메시지였고 단 8개 메시지만이 커뮤니티 내에서 다른 구성원을 비판하는 내용인 것으로 나타났다.[19] 또 불임과 산후우울증 관련 온라인 카페에서도 잘못된 의학 정보, 비하, 폄훼, 선동적인 발언은 거의 발견되지 않았다.[20],[21] 이처럼 디지털 미디어의 높은 가시성은 사회적 지지를 위한 온라인 공간에서 모범적인 사회적 지지 커뮤니케이션을 서로가 보고 배울 기회를 제공한다.

마지막으로 디지털 미디어의 이용성(availability)은 사회적 지지 커뮤니케이션이 활발하게 이루어질 수 있는 환경을 조성한다. 일반적으로 사회적 지지가 필요한 사람은 자신의 고민을 토로하고 도움을 요청할 대화 시간에 부족함을 느끼기 마련이다. 사회적 지지를 제공하고자 하는 사람 역시 시공간의 제약이 따르는 면대면 대화에서는 상대방과 긴밀하고 친숙한 관계를 형성하기가 어렵다.

---

19) van Uden-Kraan, C. F., Drossaert, C. H., Taal, E., Lebrun, C. E. I., Drossaers-Bakker, K. W., Smit, W. M., Seydel, E. R. & van de Laar, M. A. (2008). Coping with somatic illnesses in online support groups: Do the feared disadvantages actually occur? *Computers in Human Behavior, 24*(2), 309-324.

20) Malik, S. H., & Coulson, N. S. (2008). Computer-mediated infertility support groups: An exploratory study of online experiences. *Patient Education and Counseling, 73*(1), 105-113.

21) Evans, M., Donelle, L., & Hume-Loveland, L. (2012). Social support and online postpartum depression discussion groups: A content analysis. *Patient Education and Counseling, 87*(3), 405-410.

하지만 이메일이나 온라인 카페와 같은 비동시성 커뮤니케이션 매체 사용이 일반화되면서 동일한 시간과 장소에서 존재해야만 하는 면대면 대화의 필요성은 점차 사라져 가고 있다. 또한 비동시성 커뮤니케이션 수단은 사회적 지지 커뮤니케이션 참여자 사이에 굳건하고 지속적인 관계를 유지 및 형성하는 데에도 도움이 된다. 의료진들을 대상으로 진행한 한 설문 조사에 따르면, 환자와 이메일을 통한 소통은 환자와 친밀한 관계를 발달시키고 열린 대화를 유도하는 데 효과적인 것으로 나타났다.[22] 결국 디지털 미디어의 높은 이용성은 사회적 지지 제공자와 요청자가 서로에 대해 더 많이 배우고 관계를 확장할 수 있는 소통의 기회를 제공함으로써 효율적인 사회적 지지 커뮤니케이션에 기여할 수 있다.

건강 관련 온라인 지지 그룹의 현황과 특성

커뮤니케이션 기술의 발전과 함께 사회적 지지를 위한 온라인 커뮤니티, 인터넷 카페 참여는 일상이 된 지 오래다. 1990년대 후반에 수천 개였던 온라인 지지 그룹(online support group)은 최근 수십만 개에 이를 정도로 양적으로 매우 크게 성장하였다. 비록 이들 그룹이 제공하는 사회적 지지의 형태나 내용은 각기 다르다고 할지라도 다이어트, 통증 관리, 우울감과 같은 비교적 공통적인 건강 문제부터 에이즈나 암처럼 조금 더 특수한 주제까지 사람들이 건강과 관

22) Patt, M. R., Houston, T. K., Jenckes, M. W., Sands, D. Z., & Ford, D. E. (2003). Doctors who are using e-mail with their patients: A qualitative exploration. *Journal of Medical Internet Research*, *5*(2), e883.

련된 사회적 지지를 찾기 위해 온라인 지지 그룹을 이용하고 있다는 것은 여러 연구를 통해 충분히 입증된 바 있다. 2010년 미국 여론조사기관 퓨 리서치 센터(Pew Research Center)의 조사에 따르면, 만성 질환을 앓고 있는 인터넷 이용자 가운데 8%가 같은 건강 문제를 가진 사람들로 구성된 온라인 지지 그룹에 참여한 것으로 나타났다.[23] 또한 미국 건강 정보 전국 경향 조사(Health Information National Trends Survey)에 따르면, 건강 관련 온라인 지지 그룹의 참여는 꾸준히 증가하는 추세를 보이고 있으며 2007년 대비 2019년에 그 비율이 약 2배가량 증가한 것으로 확인되었다([그림 12-4] 참조).[24]

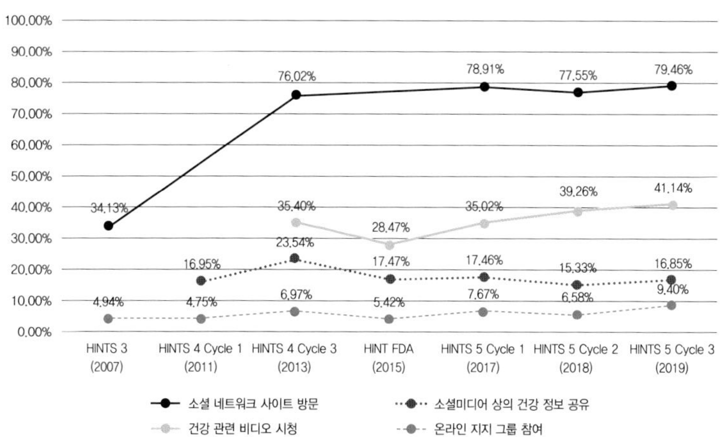

[그림 12-4] **2007~2019 건강 관련 소셜미디어 및 온라인 지지 그룹 이용 변화**

출처: Chou, W. Y. S., Gaysynsky, A., Trivedi, N., & Vanderpool, R. C. (2021). Using social media for health: National data from HINTS 2019. *Journal of Health Communication, 26*(3), 184-193.

---

23) Fox, S., & Purcell, K. (2010). Chronic disease and the internet. Pew Internet & American Life Project. Retrieved from http://pewinternet.org/Reports/2010/Chronic-Disease.aspx

24) Chou, W. Y. S., Gaysynsky, A., Trivedi, N., & Vanderpool, R. C. (2021). Using social media for health: National data from HINTS 2019. *Journal of Health Communication, 26*(3), 184-193.

국내에서도 2019년에 성인 남녀 1,187명을 대상으로 설문 조사를 실시한 결과, 〈표 12-1〉에 나타난 바와 같이 응답자의 30% 이상이 비슷한 건강 문제 또는 질환이 있는 사람들로 구성된 온라인 지지 그룹에 참여 경험이 있는 것으로 나타났다.[25]

〈표 12-1〉 **소셜미디어를 통한 건강 정보 이용(단위: 명, % / N = 1,187)**

설문 문항	전혀 하지 않았다	거의 하지 않았다	때때로 하였다	항상은 아니지만 자주 하였다	항상 하였다
건강 정보 공유	258 (21.7%)	364 (30.7%)	396 (33.4%)	143 (12.0%)	26 (2.2%)
비슷한 건강 문제 또는 질환이 있는 사람 간의 온라인(커뮤니티, 카페 등) 모임 참여	441 (37.2%)	386 (32.5%)	248 (20.9%)	98 (8.3%)	14 (1.2%)
건강 관련 비디오 시청	292 (24.6%)	329 (27.7%)	417 (35.1%)	134 (11.3%)	15 (1.3%)

출처: 유우현, 송민호(2019). 대국민 암정보활용행태 조사도구 개발 연구. 국립암센터.

온라인 지지 그룹은 사람들이 필요한 정보나 사회적 지지를 교환하고 서로 보고 배울 수 있는 어떠한 가상 공간도 포함할 수 있다. 온라인에서 사회적 지지를 찾고 제공하는 것은 많은 이점이 있다. 물리적으로 같은 시공간에 존재해야만 하는 면대면 커뮤니케이션과 달리 온라인에서는 컴퓨터 매개 커뮤니케이션(computer-mediated communication)을 통해 물리적 거리에 상관없이 내가 원하는 시간에 대화에 참여할 수 있다. 특히 비동시적 문자 커뮤니케이션 기반의 온라인 지지 그룹은 면대면 대화에서 상대방과의 즉

25) 유우현, 송민호(2019). 대국민 암정보활용행태 조사도구 개발 연구. 국립암센터.

각적인 상호작용이나 피드백을 신경쓰지 않고 편안하게 내 의견이나 생각을 개진할 수 있다.

특정 건강 문제로 고민하는 사람들로 구성된 온라인 지지 그룹은 익명성이 가장 큰 장점이다. 질병과 관련된 사회적 낙인(social stigma)은 환자 본인에게 가장 큰 부담이며, 사회적 네트워크 약화, 스트레스 증가, 건강 상태 악화로 이어질 가능성이 크다. 따라서 면대면 환경에서는 남에게 쉽게 털어놓을 수 없는 민감한 문제를 익명성이 보장되는 온라인 지지 그룹에서는 더 쉽게 이야기할 수 있고, 필요한 사회적 지지 역시 적극적으로 요청할 수 있다. 또한 건강 관련 온라인 지지 그룹은 전문가 수준의 관련 지식을 갖춘 많은 사람뿐만 아니라 같은 건강 문제로 유사한 경험을 했던 동료 환자들에게 쉽게 접근할 수 있는 장점이 있다. 만약 누군가 건강 문제로 정보나 도움을 요청하는 글을 온라인 지지 그룹 게시판에 올리면 비슷한 경험을 가진 수많은 잠재적 지지 제공자들이 해당 글을 보고 적절한 도움을 제공한다. 거동이 불편하거나 질환으로 이동에 제한이 따르는 사람들에게도 온라인 지지 그룹은 인터넷이 가능한 컴퓨터나 휴대폰만 있다면 언제든지 사회적 도움을 요청하고 제공받을 수 있는 효율적 창구다. 이외에도 사회적 단서(social cue)가 부족한 온라인 커뮤니케이션 환경은 사회적 지지를 주고받는 이른바 목적이 뚜렷한 커뮤니케이션을 잘 진행되게 돕는 효과를 기대할 수 있다. 평소에 면대면 환경에서 대화하다 보면 상대방의 메시지뿐만 아니라 표정, 몸짓, 억양 등과 같은 비언어적 단서(nonverbal cue) 때문에 종종 대화가 겉도는 경우가 있다. 그러나 사회적 지지를 위한 온라인 커뮤니케이션에서는 이러한 비언어적 단서의 영향이 제한되기 때문에 얻고자 하는 사회적 지지가 무엇인지, 어떤 사회적 지지가 도움이 되는지 오롯이 대화의 주제에만 집중하게 된다.

만성질환 관리와 온라인 지지 그룹의 사례: 미국 위스콘신대학교 종합건강증진 지지 시스템

미국 위스콘신 대학교 매디슨 캠퍼스의(University of Wisconsin-Madison) 종합건강증진 지지 시스템(Comprehensive Health Enhancement Support System: CHESS)은 지난 수십 년 동안 정보통신기술을 활용해서 건강 관리 및 증진을 위해 노력해 왔다. 1981년 산업공학과의 데이비드 구스타프슨(David Gustafson) 교수와 예방의학, 보건학, 사회복지, 심리학, 교육학, 커뮤니케이션 분야 전문가들이 모여서 설립한 체스(CHESS)는 초기에는 주로 컴퓨터 기반 건강 증진 및 행동 변화 시스템을 발전시키는 데 집중하였다([그림 12-5] 참조).

그러다가 인터넷과 개인용 컴퓨터의 보급이 본격화되면서 건

[그림 12-5] **체스(CHESS) 설립자 및 초기 형태**

출처: https://center.chess.wisc.edu/pages/about-history

강 증진을 위한 정보와 소통의 창구뿐만 아니라 건강 행동과 관련된 의사결정에 도움을 주는 맞춤형 웹페이지나 컴퓨터 게임 등 이용자에게 다양한 서비스를 제공하는 건강 증진 지지 시스템으로 발전하게 되었다. 이처럼 이용자에게 종합적인 건강 정보를 제공하던 시스템에서 상호작용적 시스템으로 한 단계 더 나아가는 계기는 체스(CHESS)가 미국 국립암연구소(National Cancer Institute: NCI)의 암커뮤니케이션 연구소(Centers of Excellence in Cancer Communication Research) 사업에 참여하게 되면서부터다. 해당 사업은 암 환자의 건강과 삶의 질에 직접적으로 영향을 미치는 암커뮤니케이션 분야에 다학제적 연구를 증진하기 위한 목적으로 2003년에 시작되었으며, 2014년까지 약 9천만 달러 이상의 연구비가 투입되었다. 연구 사업에 참여한 5개 기관 중 체스(CHESS)는 암 예방, 치료, 회복에 있어서 정보통신기술을 이용한 커뮤니케이션 효과를 증진시키기 위해 연구비와 인력을 집중하였다.

2003년부터 2008년까지 진행된 1차 사업을 통해서는 유방암과 폐암 환자들을 대상으로 상호작용적 암커뮤니케이션 시스템(interactive cancer communication systems)을 개발하였는데, 크게 정보, 쌍방향 코칭, 커뮤니케이션 등 세 가지 서비스를 제공하였다([그림 12-6] 참조). 정보 서비스는 치료 · 약물 · 건강 시스템 탐색 및 광범위한 생활 문제를 포괄하는 암 관련 정보를 전반적으로 제공하는 기능이며, 쌍방향 코칭 서비스는 각 환자에게 맞춤형 조언, 지침 및 정보를 제공하는 일종의 협업 도구다. 한편 커뮤니케이션 서비스는 의료진과 소통할 수 있는 전문가 상담(ask an expert), NCI의 암 정보 전문가와 실시간 채팅이 가능한 실시간 온라인 상담(live help), 동료 암 환자들과 비동시성 커뮤니케이션이 가능한

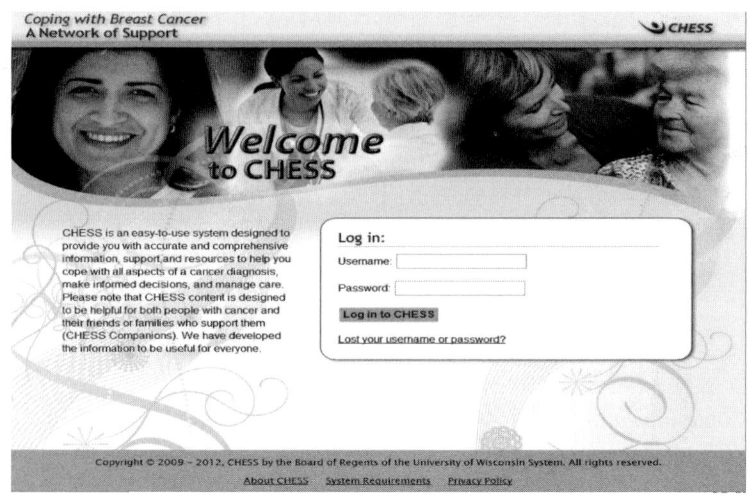

[그림 12-6] **유방암 환자 대상 체스(CHESS) 웹사이트**

출처: https://chess.wisc.edu/bc/Login/Login.aspx

온라인 게시판 형태의 토론 그룹(discussion group) 기능을 제공한다. 〈표 12-2〉는 각 서비스별 세부 기능을 보여 준다.

〈표 12-2〉 **유방암 환자 대상 체스(CHESS) 세부 기능**[26]

정보	쌍방향 코칭	커뮤니케이션
암 주제(cancer topic): 유방암, 증상, 치료, 자기 관리, 의료기관 탐색 등에 대한 기초 정보	고통 완화(easing distress): 인지적 행동, 심리적 돌봄, 피드백, 운동 등을 통해 환자의 정서적 어려움 관리	전문가에게 묻기(ask an expert): 의료 전문가 상담
자주 묻는 질문(FAQ): 유방암과 관련된 공통 질문에 대한 답변	건강한 관계(healthy relating): 상호작용 평가, 기술 훈련 및 연습을 통해 환자가 가까운 사람들과 효과적으로 관계를 맺는 방법 제공	실시간 상담(live help): NCI 전문가와 실시간 온라인 상담
도서관 논문(library article): 과학적 학술 논문 및 자료 연결	행동 계획(action plan): 환자 스스로 삶의 방향성 변화를 모색할 수 있는 시간과 피드백 제공	토론 그룹(discussion group): 구성원이 정보를 공유하고 서로를 지원하는 익명 게시판 제공

웹링크(web link): 암과 일반 건강 관련 인터넷 웹사이트 연결	내 프로필(my profile): 환자 인구통계학적 특성, 치료 및 현재 우려 사항	
자료 안내(resource guide): 정보 및 의료서비스 이용 지원		
개인사(personal stories & video gallery): 유방암 생존자의 암 극복 및 관리 후기		
약물 관리자(medication manager): 약물 복용 이행 관리		
달력(calendar): 주요 일정		

출처: Baker, T. B., Hawkins, R., Pingree, S., Roberts, L. J., McDowell, H. E., Shaw, B. R., Serlin, R., Dillenburg, L., Swoboda, C. M., Han, J. Y., Stewart, J. A., Carmack-Taylor, C. L., Salner, A., Schlam, T. R., McTavish, F., & Gustafson, D. H. (2011). Optimizing eHealth breast cancer interventions: Which types of eHealth services are effective? *Translational Behavioral Medicine, 1*(1), 134-145.

2009년부터 2014년까지 진행된 2차 사업에서는 암 환자뿐만 아니라 환자 보호자와 의료진에게도 효과적인 지원을 제공할 수 있는 시스템을 마련하고, [그림 12-7]과 같이 스마트폰을 이용한 건강 관리 시스템을 구축하는 등 모바일 헬스(mHealth) 영역으로까지 사업 영역을 확장했다. 이러한 모바일 형태의 체스(CHESS)는 소아 및 청소년의 천식, 알코올 의존 등 즉각적인 관리와 실시간 도움이 필요한 만성질환 관리에 효과적으로 사용되었다([그림 12-8] 참조).

26) Baker, T. B., Hawkins, R., Pingree, S., Roberts, L. J., McDowell, H. E., Shaw, B. R., Serlin, R., Dillenburg, L., Swoboda, C. M., Han, J. Y., Stewart, J. A., Carmack-Taylor, C. L., Salner, A., Schlam, T. R., McTavish, F., & Gustafson, D. H. (2011). Optimizing eHealth breast cancer interventions: Which types of eHealth services are effective? *Translational Behavioral Medicine, 1*(1), 134-145.

[그림 12-7] **대장암 환자 대상 체스(CHESS) 모바일 시스템**[27]

출처: Mayer, D. K., Landucci, G., Awoyinka, L., Atwood, A. K., Carmack, C. L., Demark-Wahnefried, W., McTavish, F., & Gustafson, D. H. (2018). SurvivorCHESS to increase physical activity in colon cancer survivors: Can we get them moving? *Journal of Cancer Survivorship, 12*(1), 82-94.

[그림 12-8] **알코올 의존자 대상 체스(CHESS) 모바일 시스템**

출처: https://www.leaders4health.org/wp-content/uploads/2020/02/CHESS_Slides.pdf

27) Mayer, D. K., Landucci, G., Awoyinka, L., Atwood, A. K., Carmack, C. L., Demark-Wahnefried, W., McTavish, F., & Gustafson, D. H. (2018). SurvivorCHESS to increase physical activity in colon cancer survivors: Can we get them moving? *Journal of Cancer Survivorship, 12*(1), 82-94.

체스(CHESS) 시스템 개발에 참여한 헬스커뮤니케이션 연구자들은 환우들로 구성된 온라인 게시판 형태의 토론 그룹에서 이루어지는 사회적 지지 커뮤니케이션에 주로 관심을 가지고 관련 연구를 진행하였다. [그림 12-9]에서 보는 바와 같이, 해당 그룹은 같은 건강 문제를 가진 환우들끼리 온라인 게시판을 통해 경험과 정보를 공유할 수 있는 장을 통해 자연스럽게 사회적 지지 커뮤니케이션이 활성화되도록 유도하였다. 물론 부정확하거나 해로운 정보가 유통되는 것을 예방하기 위해서 시스템 관리자와 의료 전문가가 주기적으로 메시지를 관찰하지만, 최대한 동료 대 동료(peer-to-peer) 커뮤니케이션에 개입하지 않는 선에서 대화 환경이 유지된다.

[그림 12-9] **체스(CHESS) 온라인 지지 그룹**

출처: https://chess.wisc.edu/bc/Login/Login.aspx

온라인 사회적 지지 커뮤니케이션의 효과

온라인 지지 그룹에서 이루어지는 사회적 지지 커뮤니케이션에 관한 연구 동향을 살펴보면 매우 광범위하고 심도 있게 연구가 진행된 것을 확인할 수 있다. 가령, 참가자들이 어떤 유형의 사회적 지지 대화를 주고받는지, 사회적 지지 제공자와 수여자에게 어떤 효과가 발생하는지, 누가 더 이러한 사회적 지지 커뮤니케이션에 적극적으로 참여하려고 하는지, 사회적 지지 커뮤니케이션은 어떠한 과정을 통해 참가자 각자에게 영향을 미치고 개인 특성에 따라 이러한 참여 효과가 달라지는지 등 다양한 주제에 관한 많은 연구가 이루어졌다.

우선 만성질환자들로 구성된 온라인 지지 그룹에서 소통되는 사회적 지지 유형을 살펴본 상당수의 내용 분석 연구들에 따르면, 정서적 지지와 정보적 지지가 대부분을 차지하는 반면에 우정이나 동료애 유형의 도움과 관련된 메시지는 거의 보이지 않는 것으로 나타났다.[28), 29), 30)] 또 사회적 지지 커뮤니케이션은 지지를 받은 사람들뿐만 아니라 지지를 제공한 사람들에게도 긍정적인 영향을 미쳤다. 온라인 커뮤니케이션이란 쌍방향 행위이기 때문에 메시지를 작성하는 사람에게는 표현의 효과가, 메시지를 받는 사람에게

28) Coulson, N. S., Buchanan, H., & Aubeeluck, A. (2007). Social support in cyberspace: A content analysis of communication within a Huntington's disease online support group. *Patient Education and Counseling, 68*(2), 173-178.

29) Coursaris, C. K., & Liu, M. (2009). An analysis of social support exchanges in online HIV/AIDS self-help groups. *Computers in Human Behavior, 25*(4), 911-918.

30) Rains, S. A., Peterson, E. B., & Wright, K. B. (2015). Communicating social support in computer-mediated contexts: A meta-analytic review of content analyses examining

는 수용의 효과가 발생한다. 메시지 표현(message expression) 효과 패러다임에 따르면, 사회적 지지를 제공하는 사람은 이타주의(altruism)와 도우미 이론(helper principle)[31]에 따라서 자기 효능감 및 객관적 판단력이 높아진다. 메시지 수용(message reception) 효과 측면에서 사회적 지지 메시지를 받은 환자는 스트레스 완화, 사회적 고립감 해소, 유대감 및 소속감 강화 등 정서적 안정과 다양한 정보 습득을 통해 질병 치료와 관리에 있어서 도움을 받을 수 있다. 실제로 유방암 환자 온라인 지지 그룹에서 타인에게 사회적 지지 메시지를 많이 제공할수록 긍정적으로 사고하는 태도가 높아졌고, 사회적 지지 메시지를 많이 받을수록 유방암에 대한 걱정이 줄어든 것으로 나타났다.[32), 33)] 또 감정적 지지 표현과 수용은 사회적 스트레스가 심리적 건강에 미치는 부정적 효과를 완화하는 것으로 나타났다.[34)] 즉, 온라인 지지 그룹에서 감정적 지지 메시지를 많이 생산하는 환자는 스트레스가 있어도 가능하면 모든 일을 긍정적으로 해석하려는 태도를 유지하였고, 이러한 감정적 지지 메시지를 많이 접한 환자는 웃음과 유머를 더 많이 보였다.

온라인 지지 그룹을 통해 사회적 지지 커뮤니케이션에 참여한

---

support messages shared online among individuals coping with illness. *Communication Monographs, 82*(4), 403-430.

31) Riessman, F. (1965). The "helper" therapy principle. *Social Work, 10*(2), 27-32.

32) Han, J. Y., Shah, D. V., Kim, E., Namkoong, K., Lee, S. Y., Moon, T. J., Cleland, R., Bu, Q. L., McTavish, F. & Gustafson, D. H. (2011). Empathic exchanges in online cancer support groups: Distinguishing message expression and reception effects. *Health Communication, 26*(2), 185-197.

33) Kim, E., Han, J. Y., Moon, T. J., Shaw, B., Shah, D. V., McTavish, F. M., & Gustafson, D. H. (2012). The process and effect of supportive message expression and reception in online breast cancer support groups. *Psycho-Oncology, 21*(5), 531-540.

34) 유우현(2014). The social stress-buffering role of the exchanging emotional support in an online breast cancer support group. **헬스커뮤니케이션연구**, 11, 119-157.

만성질환자들에게 여러 가지 긍정적 결과가 나타나는 과정에 있어서 그룹 유대감은 중요한 중재자(mediator), 이른바 연결 고리 역할을 하는 것으로 보인다. 특히 사회적 지지를 제공하는 커뮤니케이션 행위는 그룹 내 환우 간의 유대감 형성을 촉진하고, 결과적으로 그들의 만성질환 관리에 긍정적 영향을 미치는 것으로 확인되었다. 예를 들어, 온라인 지지 그룹에서 감정적 지지 또는 종교적 지지와 관련된 메시지를 많이 쓸수록 해당 지지 제공자의 그룹 유대

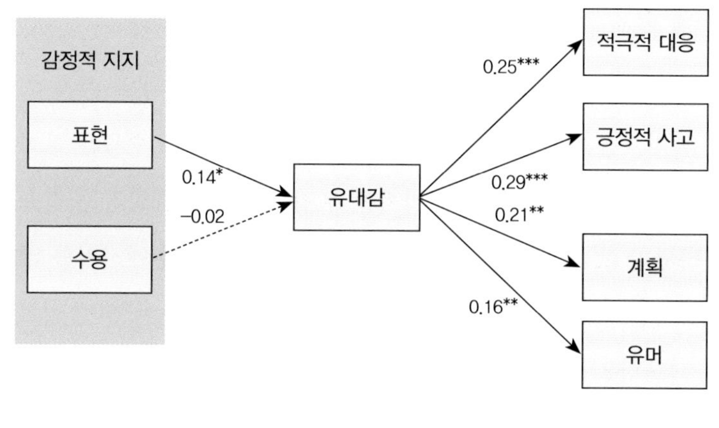

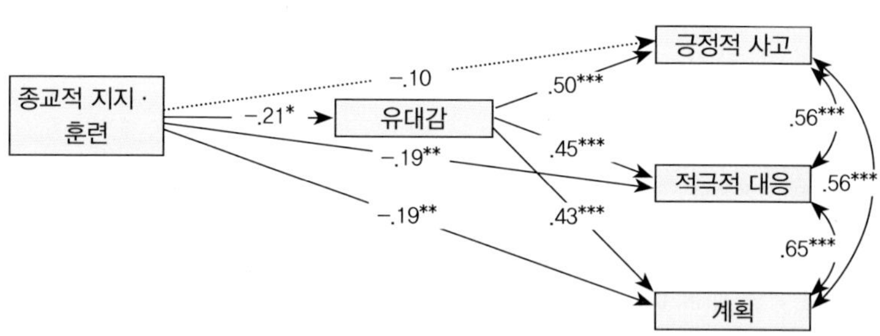

[그림 12-10] **사회적 지지 커뮤니케이션이 유대감 증진을 통해 만성질환 관리에 미치는 영향**

출처: Namkoong, K., McLaughlin, B., Yoo, W., Hull, S. J., Shah, D. V., Kim, S. C., Moon, T. J., Johnson, C. N., Haw Kins, R. P., McTavish, F. & Gustafson, D. H. (2013). The effects of expression: How providing emotional support online improves cancer patients' coping strategies. *Journal of the National Cancer Institute Monographs, 47*, 169-174.

Mclaughlin, B., Yang, J., Yoo, W., Shaw, B., Kim, S. Y., Shah, D., & Gustafson, D. (2016). The effects of expressing religious support online for breast cancer patients. *Health Communication, 31*(6), 762-771.

감이 높아지고 여러 가지 질환 대처 능력이 향상되었다([그림 12-10] 참조).[35), 36)]

하지만 사회적 지지 커뮤니케이션이 누구에게나 이로운 것은 아니라는 연구 결과도 존재한다. 애초에 온라인 지지 그룹은 기존의 의료서비스를 충분히 이용할 수 없는 사회경제적 약자나 소외 계층의 건강 문제를 해결할 수 있는 대안으로 등장하였다. 그런데 기대와 달리 상당수의 연구에서 온라인 지지 그룹에서 이루어지는 사회적 지지 커뮤니케이션이 건강 불평등을 해소하기보다는 오히려 심

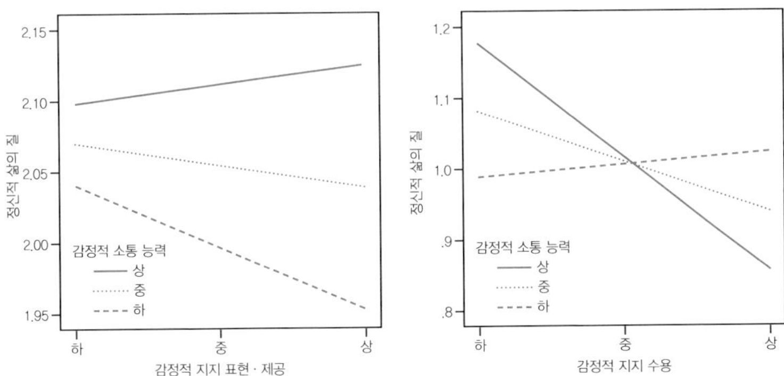

[그림 12-11] **감정 소통 능력에 따른 사회적 지지 커뮤니케이션의 심리적 안정 효과 차이**

출처: Yoo, W., Namkoong, K., Choi, M., Shah, D. V., Tsang, S., Hong, Y., Aguilar, M. & Gustafson, D. H. (2014). Giving and receiving emotional support online: Communication competence as a moderator of psychosocial benefits for women with breast cancer. *Computers in Human Behavior, 30*, 13-22.

---

35) Namkoong, K., McLaughlin, B., Yoo, W., Hull, S. J., Shah, D. V., Kim, S. C., Moon, T. J., Johnson, C. N., Haw Kins, R. P., McTavish, F. & Gustafson, D. H. (2013). The effects of expression: How providing emotional support online improves cancer patients' coping strategies. *Journal of the National Cancer Institute Monographs, 47*, 169-174.

36) Mclaughlin, B., Yang, J., Yoo, W., Shaw, B., Kim, S. Y., Shah, D., & Gustafson, D. (2016). The effects of expressing religious support online for breast cancer patients. *Health Communication, 31*(6), 762-771.

화시키는 것으로 나타났다. 즉, 사회경제적으로 약자는 더 약해지고 강자는 더 강해지는 현상이 발생한 것이다.[37), 38)] [그림 12-11]처럼 온라인 지지 그룹에서 감정적 소통 능력이 좋은 사람은 감정적 지지 커뮤니케이션에 적극적으로 참여할수록 건강 결과가 좋아지지만, 감정적 소통 능력이 부족한 사람은 오히려 감정적 지지 커뮤니케이션에 참여할수록 건강에 부정적 결과가 나타나는 것을 볼 수 있다.

온라인상의 사회적 지지 커뮤니케이션 효과에 영향을 미치는 제3의 요인으로는 커뮤니케이션 참가자들의 개인적 특성뿐만 아니라 누가 사회적 지지를 제공하는지 지지원(source of support) 역시 중요하다. 예를 들면, 유방암 환자들로 구성된 한 온라인 지지 그룹에서는 새로운 환자보다는 이미 암을 완치한 사람이 감정적 지지원으로 효과가 더 큰 것으로 나타났다.[39)] 알코올 의존자를 위한 온라인 지지 그룹에서 사회적 지지 커뮤니케이션 효과를 검증한 또 다른 연구에서는 동료 환자와 의료인 가운데 지지원으로 누가 더 효과적인지 살펴보았는데, 기존의 연구와 다르게 의료인만 감정적 지지원으로 음주 예방 효과가 있었다.[40)]

---

37) Namkoong, K., Shah, D. V., Han, J. Y., Kim, S. C., Yoo, W., Fan, D., McTavish, F. & Gustafson, D. H. (2010). Expression and reception of treatment information in breast cancer support groups: How health self-efficacy moderates effects on emotional well-being. *Patient Education and Counseling, 81*, S41-S47.

38) Yoo, W., Namkoong, K., Choi, M., Shah, D. V., Tsang, S., Hong, Y., Aguilar, M. & Gustafson, D. H. (2014). Giving and receiving emotional support online: Communication competence as a moderator of psychosocial benefits for women with breast cancer. *Computers in Human Behavior, 30*, 13-22.

39) Moon, T. J., Chih, M. Y., Shah, D. V., Yoo, W., & Gustafson, D. H. (2017). Breast cancer survivors' contribution to psychosocial adjustment of newly diagnosed breast cancer patients in a computer-mediated social support group. *Journalism & Mass Communication Quarterly, 94*(2), 486-514.

디지털 환자 커뮤니티 도입 및 활성화를 위한 전략과 과제

2019년 유엔(United Nations: UN) 세계행복보고서에 따르면, 우리나라 국민의 사회적 지지감 순위는 150여 개국 가운데 91위로 매우 낮은 편에 속하였다.[41] 이와 유사하게 경제협력개발기구(OECD) 자료에서도 내가 곤경에 처하거나 어려울 때 도움을 청할 가족이나 친구가 있다고 응답한 한국인의 비율은 38개 회원국 가운데 최하위를 기록했다.[42] 무엇보다 [그림 12-12]에 나타난 바와 같이 연령이 높고, 최종 학력 수준이 낮을수록 사회적 지지감이 다른 나라에 비해 현저하게 떨어지는 등 사회적 약자의 사회적 지지 네트워크가 매우 취약한 것으로 나타났다. 이런 상황에서 더욱 심각한 것은 한국의 기대 수명이 매년 최고 수준을 기록하고 있다는 사실이다. 2020년 통계청 기준 우리나라의 기대 수명은 83.5세로 OECD 국가 평균인 80.5년보다 3년이 더 긴 것으로 나타났다. 심지어 OECD 국가 중 사회적 지지 수준이 가장 높은 아이슬란드보다도 기대 수명은 더 긴 수준이다. 다시 말해 우리나라 국민은 인생에서 가장 긴 노년기를 사회적 지지가 매우 부족한 상황에서 불행하게 보낼 가능성이 크다는 것이다.

---

40) Yoo, W., Shah, D. V., Chih, M. Y., & Gustafson, D. H. (2020). A smartphone-based support group for alcoholism: Effects of giving and receiving emotional support on coping self-efficacy and risky drinking. *Health Informatics Journal, 26*(3), 1764-1776.

41) Helliwell, J., Layard, R., & Sachs, J. (2019). *World Happiness Report 2019*. Sustainable Development Solutions Network.

42) OECD (2022). Lack of social support. Retrieved from https://data.oecd.org/healthrisk/lack-of-social-support.htm

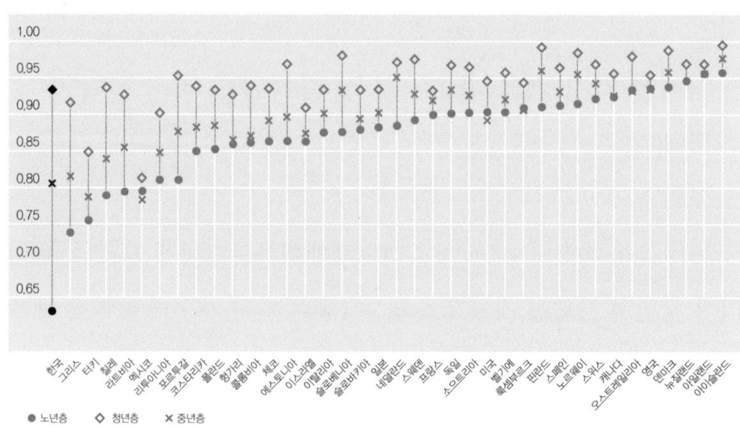

[그림 12-12] **OECD 국가의 연령별 사회적 지지감 수준**

출처: OECD (2022). Lack of social support. Retrieved from https://data.oecd.org/healthrisk/lack-of-social-support.htm

이처럼 기대 수명은 높아지는 데 반해 사회적 지지는 줄어든다면 자연스럽게 암, 뇌혈관질환, 심장질환, 당뇨병, 폐렴 등 만성질환을 홀로 관리하면서 살아가야 하는 노인 인구의 비율은 증가할 수밖에 없다. 실제로 2016~2018년 국민건강영양조사 자료에 따르면, 국내에 홀로 사는 노인 3명 중 1명 이상이 세 가지 이상의 만성질환을 보유한 복합 만성질환자이고, 이 비율은 동거인과 함께 사는 노인보다도 높은 것으로 알려졌다.[43] 따라서 이들에 대한 만성질환 자기관리 지원(self-managment support)을 어떻게 할 것인지가 국내 보건의료 체계의 중요 현안 중 하나다. 다행히 그동안 국가적으로 만성질환 예방관리사업을 적극적으로 펼쳐온 결과 주요 만성질환으로 인한 표준화 사망률은 계속 감소하고 있는 추세다. 그럼에도 불구하고 만성질환으로 인한 사망은 국내 전체 사망의 약

---

43) 허연, 이준형, 전예림(2020). 노인에서의 독거 여부와 복합 만성질환의 연관성. **대한임상건강증진학회지**, 20(3), 102-107.

80%를 차지하고 있으며, 2010년부터 2030년까지 만성질환으로 인한 경제적 비용이 전체 1조 달러로 추정될 정도로 사회경제적 부담은 여전히 큰 상황이다.[44]

디지털 기술의 발전으로 등장한 온라인 지지 그룹이 만성질환 관리에 어느 정도 효과가 있다는 것은 이제 학술적으로 충분히 증명이 되었다고 보는 것이 바람직하다. 헬스커뮤니케이션 관점에서 환자 사이에 이루어지는 사회적 지지 커뮤니케이션이 만성질환 관리와 건강에 긍정적 영향을 미친다는 것은 국내 보건의료 현장에 다음과 같은 시사점을 제시한다.

첫째, 디지털 시대에 헬스케어 패러다임은 의료서비스 공급자 위주의 질병 치료에서 의료서비스 이용자 중심의 예방 및 관리로 빠르게 전환하고 있다. 특히 코로나19 팬데믹을 거치면서 수면 아래에 머물던 원격 진료에 대한 사회적 관심과 목소리가 다시금 높아질 전망이다. 디지털 기술은 질병 치료와 진료의 영역을 넘어서 의료커뮤니케이션 분야에도 주목할 만한 변화를 가져오고 있다. 디지털 매체의 장점인 시공간을 벗어난 쌍방향 커뮤니케이션은 기존의 수직적이고 일방향적이던 의사와 환자 사이의 커뮤니케이션을 수평적으로 바꾸어 나가는 데 도움이 된다. 더 나아가 의료기관은 의료의 주체를 환자와 고객 중심으로 설정하고 이들이 주도적으로 의료 및 건강 관리에 참여할 수 있는 다양한 헬스커뮤니케이션 플랫폼 개발에 관심을 기울여야 한다. 이런 상황에서 만성질환 관리를 위한 온라인 사회적 지지 그룹 도입 및 활성화는 국내 의료기관이 적극적으로 검토할 만하다. 비슷한 입장과 어려움을 가진 동료 환자와 사회적 지지를 교환하면서 만성질환 관리에서 중요한

44) 질병관리청(2021). 2021 만성질환 현황과 이슈.

자기 효능감, 심리적 안정, 질병 관리 의지 등에 긍정적 결과를 기대할 수 있기 때문이다. 물론 현재도 만성질환자들이 사회적 지지를 나눌 수 있는 온라인 커뮤니티나 인터넷 카페는 다수가 존재한다. 그러나 누구나 간단한 회원 가입 절차를 거치기만 하면 자유롭게 활동이 가능한 개방형 SNS 형태의 온라인 커뮤니티는 사회적 낙인에 대한 두려움이 있고, 다양한 정보에 민감한 만성질환자에게 오히려 거부감이 크고 부작용이 뒤따를 수 있다. 따라서 전문성과 신뢰성을 갖춘 의료기관이 참여자 선별과 오정보 감시를 수행하는 온라인 지지 그룹이 사회적 지지 커뮤니케이션을 원하는 만성질환자에게 더 필요하고 경쟁력이 있을 수밖에 없다.

둘째, 우리나라의 온라인 커뮤니티 문화는 만성질환 관리를 위한 온라인 사회적 지지 그룹 활성화에 안정적 토대가 될 수 있다. 국내 온라인 커뮤니티는 1985년 PC통신 동호회에서 출발해서 1998년까지 형성기, 2007년까지 활성기, 그리고 현재는 성숙기에 접어든 상태다. 30여 년 동안 발전을 거듭하면서 커뮤니티별로 독특한 규범이 생성되었고, 때로는 사회적 의제를 주도하기도 하고, 때로는 공동체 사이의 갈등을 증폭시키면서 다양한 온라인 소통 문화를 이끌어 오고 있다. 그 과정에서 대중들은 익명성이 보장된 온라인 커뮤니티와 인터넷 카페에서 타인과 소통하는 방법을 관찰하며 온라인 소통에 자연스럽게 익숙해진 측면이 있다. 의료보건 현장에서 환자 중심의 온라인 사회적 지지 그룹을 도입하기 위해서는 우선 온라인 소통에 대한 참가자들의 거부감이나 문화적 낯섦을 최소화해야 한다. 이미 온라인 커뮤니티 이용이 보편화된 국내 인터넷 문화와 전 세계에서 인터넷 사용 및 스마트폰 보급률이 가장 높은 국가 중 하나로 손꼽히는 인프라적 환경은 국내 병원들이 온라인 지지 그룹을 만성질환 관리에 적극적으로 활용해야 하는 이유를 잘 보여 준다.

셋째, 만성질환 관리를 위해 온라인 지지 그룹을 운영하는 것을 고려하는 일선 병원에서는 환자들의 디지털 리터러시(digital literacy) 능력 함양을 위한 교육에도 많은 관심을 가져야 한다. 코로나19 팬데믹을 겪으면서 앞당겨진 디지털 대전환은 온라인 수업, 화상 회의 등 일상의 많은 부분에 비대면화를 가져왔다. 사람 사이의 소통 역시 디지털 매체를 통해 비대면으로 이루어지는 경우가 많아졌다. 그러나 삶의 많은 부분에서 디지털 전환이 가속화되면서 고령층, 저소득층, 장애인 등 사회적 취약 계층을 중심으로 정보화 수준과 디지털 역량 등에서 차이를 뜻하는 디지털 격차(digital divide)가 나타나고 있다. 취약 계층의 디지털 격차는 단순히 디지털 기술을 활용하지 못해서 오는 불편함을 넘어서 디지털 헬스케어 측면에서 건강 불평등을 심화시킬 가능성이 크다. 같은 맥락에서 온라인 지지 그룹을 통한 사회적 지지 커뮤니케이션의 다양한 효과 역시 디지털 격차 문제를 해소하지 못한다면 오히려 건강 불평등과 사회적 양극화라는 부작용을 만들 수 있다.

끝으로 디지털 환자 커뮤니티와 사회적 지지 커뮤니케이션 영역은 산학협력을 기반으로 한 다학제적 융합이 매우 중요하다. 여러 이론과 실험을 통해 만성질환 등 건강 관리 측면에서 그 효과가 충분히 검증은 되었으나 실제 국내 보건의료 현장에서는 얼마나 실효성이 있을지는 여전히 미지수다. 결국 학문과 학문 사이는 물론이고, 일선에서 진료와 관리를 직접 담당하는 병원과 연구진 사이에 장기적으로 협력하면서 상생할 수 있는 기반이 필요하고 이에 대한 국가적 지원과 제도도 뒷받침되어야 할 것이다.

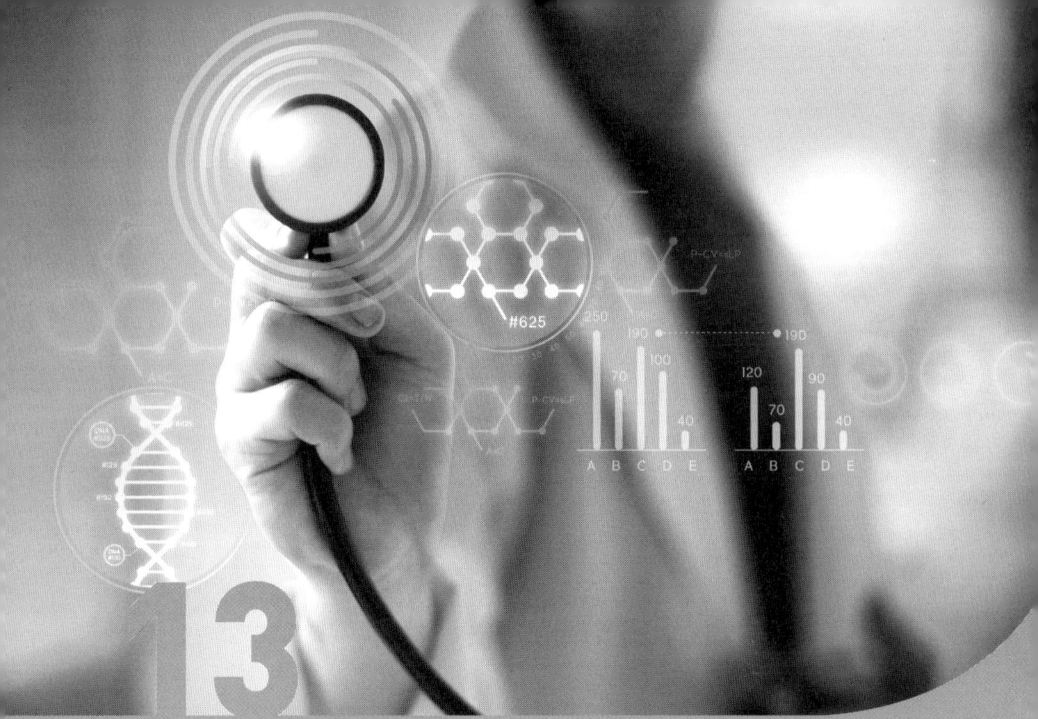

13

'Beyond food' 변화와 가치를 담은 미래 병원

오지은 교수
이화여자대학교 신산업융합대학

QR코드를 스캔하시면 저자의 설명 영상을 시청하실 수 있습니다.

음식은 단순히 배고픔을 달래려고 먹는 것을 넘어서 문화적 요소이자 사람들에게 소소한 행복을 주는 대표적인 소확행의 콘텐츠로서 레저, 리조트, 미디어 등의 주된 테마로 자리 잡고 있다. 실제 국내외 의료기관에서도 음식 콘텐츠를 통한 소소한 차별화가 시도되고 있으나 관련 전문 인력의 부족으로 어려움을 겪고 있다. 고령인구의 증가와 식품에 대한 안전, 안심을 중시하는 소비 환경에 맞춰 미래 병원에서는 집과 같은 편안함을 제공하기 위한 유무형 상품 개발 및 적용이 필요하다. 이를 위해서 병원에서는 노하우를 기반한 전문가 및 유관 기업과의 협업을 준비해야 한다. 이에 이 장에서는 국내외 병원들의 음식 콘텐츠 활용의 예와 병원에서 활용 가능한 고령친화식품, 메디케어 식품에 대해 소개하고자 한다.

경쟁력 강화!

많은 의료기관에서는 특화된 프로그램 운영을 통해 차별화를 시도하고, 자체 경쟁력을 제고하는 데 주의를 기울이고 있다. 많은 사람에게 음식은 소소한 행복을 주는 대표적인 소확행의 콘텐츠로서 레저, 리조트, 미디어 등의 주된 테마로 자리 잡고 있으며, 국내외 의료기관에서도 음식 콘텐츠를 통한 차별화가 시도되고 있다. 실제로 스위스의 제네바 대학병원의 입원 환자 1/3은 병원식에 만족하지 못할 뿐만 아니라 입원 중 영양 섭취가 부족한 상태로 퇴원한다고 한다. 이들이 병원식을 섭취하지 못한 이유는 맛없는 음식, 식사 선택의 다양성 부족, 배선부터 회수까지의 짧의 배선 시간, 낮은 온도, 기분 저하 등에 있다. 많은 의료기관에서는 이를 개선하기 위해서 선택식 메뉴 제공, 주기적인 이벤트 도입, 시각적 요소인 외형 보강에 주력하고 있다.

국내에서도 차병원 계열의 차움에서는 통합의학의 실전 치료법으로 푸드테라피[음식(food)과 치유(therapy)의 합성어]를 실시하고 있다. 푸드테라피는 만성질환을 호소하는 현대인들이 체내에 축적된 만성염증을 줄이기 위해 식품과 영양소를 활용하는 것을 의미하고, 1:1 맞춤형 개인 식습관 코칭 및 서비스로 매년 병원 매출이 신장하고 있다. 특히 러시아, 중국, 미국, 중앙아시아 등 외국인 환자의 비율이 크게 증가되는 것을 주목할 수 있겠다. 차움 이외의 국내 요양병원, 암 전문병원 등 소수의 의료기관에서는 푸드테라피, 쿠킹테라피 등의 체험 프로그램, 맞춤형 메뉴 제공을 통해 차별화를 꾀하고 있다.

차움 푸드테라피 프로그램

한 접시 건강법(이경미 교수)

[그림 13-1] **국내 음식 관련 병원 프로그램**

출처: http://www.chaum.net/antiaging/food.aspx?menuCode=C_A09&dsCode=87

국내 가톨릭대학교 중앙의료원에서는 암 환자들을 위한 회복식 도시락인 '닥터의 도시락'을 개발하여 퇴원 후 자택에서 요양하는 환우와 간병하는 보호자들이 간편하게 건강식을 섭취할 수 있도록 지원하고 있다. 가톨릭대학교 서울성모병원 의료진, 임상영양사, 조리 전문가들의 다년간 축적된 노하우를 기반으로 환자와 보호자에게 필요한 식품과 영양소를 안정적으로 공급한 좋은 사례라고 할 수 있다.

[그림 13-2] ㈜메셀 푸드의 '닥터의 도시락'

출처: http://www.doctordosirak.kr/?NaPm=ct%3Dl0gcws2u%7Cci%3Dcheckout%7Ctr%3Dds%7Ctrx%3D%7Chk%3D560abf802c5ac5b0dbadf05e5d04f601599e7777

일본의 경우, 특히 산부인과에서는 호화로운 식사부터 간소한 메뉴까지 산모를 위한 다양한 음식 서비스를 제공하고 있다. 호화로운 식사는 SNS의 인기 키워드로 자리 잡고 있을 정도로 산모들에게 인기가 많다. 산모들은 전속 요리사들에 의해 지산지소(地産地消, 지역에서 생산한 농산물을 지역에서 소비)하는 신선한 계절 식재료를 활용하여 영양 균형이 맞는 양식, 일식의 다양한 메뉴를 5~7일간의 입원 기간 동안에 제공받음으로써 빠른 회복뿐만 아니라 입원 생활 전반을 만족한다고 한다.

이외에 의료법인 하라다병원을 비롯한 다수의 병원에서는 환자들에게 먹는 즐거움을 제공하기 위하여 주 1회 향토음식의 날을 제정하여 환자들이 궁금해 하는 일본 전역의 향토 음식을 제공하고 있다. 특히 도쿄 도립 보쿠토 병원(http://bokutoh-hp.metro.tokyo.jp/hp_info/)에서는 일본 전국의 향토 음식뿐만 아니라 세계 요리도 함께 제공하면서 환자들의 지친 심신을 위로하고 있다. 의료법인 사카 비뇨기과(https://saka-uro.or.jp/section/nutrition/)에서는 식사가 입원 중의 즐거움이 될 수 있도록 식사에 주력하고 있다. 특히 품질 높은 쌀을 이용하고 한 달에 2회 환자들의 입과 눈이 즐거운(お楽しみ弁当) 도시락을 제공하고 있다. 나라 히가시 오미야 메디컬 센터(https://www.shmc.jp/hospital/)에서는 음식의 색뿐만 아니라 식기의 색까지 신경쓰는 것으로 유명하다.

이처럼 병원의 다양한 노력에도 불구하고 일본의 병원 역시 국내와 마찬가지로 원자재와 인건비 상승으로 위탁 비용 인상을 요구받고 있다. 인상이 어려운 병원들의 경우에는 낮은 급식의 질로 환자들에게 낮은 만족도를 받고 있으며, 병원 간 급식 서비스의 격차가 심해지면서 반 조리된 식재료나 완전 조리 식품을 단순 열처리하여 제공하는 의료시설의 수가 늘고 있다. 초고령화가 급격히 진행 중인 일본의 경우에는 재택 노인뿐 아니라 전문 요양 시설, 보호시설 등에서도 특수영양보조식품이나 연하식(음식물을 씹거나 삼키는 데 어려움을 겪는 환자나 고령자들을 위해 특수하게 개발된 식품) 등의 수요가 증가할 것으로 전망되고 있다.

도쿄 도립 보쿠토 병원의 특별식: 세계(한식)–향토(아키타)–산모식–생일식 순

사카 비뇨기과의 즐거운 도시락

[그림 13-3] **일본 병원의 이색 메뉴**

출처: http://bokutoh-hp.metro.tokyo.jp/hp_info/; https://saka-uro.or.jp/section/nutrition/

메디푸드 시장의 확대

메디푸드는 특수의료용도식품으로 '정상적으로 섭취, 소화, 흡수 또는 대사할 수 있는 능력이 제한되거나 손상된 환자 또는 질병이나 임상적 상태로 인해 일반인과 생리적으로 특별히 다른 영양요구량을 가진 사람의 식사의 일부 또는 전부를 대신할 목적으로 이들에게 경구 또는 경관급식을 통해 공급할 수 있도록 제조 및 가공된 식품'을 의미한다.[1] 일부 특수의료용도식품은 함유된 지역 특용작물로 인해 건강 유용성, 효능이 있는 것으로 오인되고 있으나 특수의료용도식품은 일반 식품으로 질병 예방, 치료 목적의 제품과는 차이가 있다. 식품의약품안전처에서는 특수의료용도제품을 표준형/맞춤형 영양조제식품, 식단형 식사관리식품 등 3개의 중분류와 11개의 식품 유형으로 세분화하고 있다.

미국에서 메디컬푸드(Medical Food)는 과학적 근거를 기반으로 영양소 요구량에 따라 특정 질병이나 상태에서 식이 조절을 목적으로 의사의 감독하에 섭취 혹은 장관을 통해 투여하는 가공 식품을 의미한다. 유럽의 경우에는 유아를 포함해서 환자의 식이 관리를 위해 특별하게 가공하거나 제조한 특수영양식품의 한 종류로 간주하고 있으며, 의사 및 의료기관의 감독하에 사용되는 식품으로 규정하고 있다. 일본의 경우에는 영유아, 노인을 비롯한 환자 등에서 정상적인 식사가 곤란한 사람들을 위한 특별한 용도로 만든 식품을 의미한다.

---

1) 김종훈(2021). 메디푸드 및 고령친화식품 동향 보고서. 농림식품기술기획평가원.

식품의약품안전처의 식품 및 식품첨가물 생산 실적에 따르면, 2019년 특수의료용도 등 식품의 국내 시장 규모는 약 3,900억 원 수준으로 집계되며 전체 식품 시장의 0.66%에 불과하다. 고령친화식품은 2018년 이후 상세 항목으로 통합되어 세부 내용이 집계되지 않으면서 정확한 판매량과 시장 규모를 파악하는 데 어려움이 있다. 그러나 우리나라를 비롯하여 전 세계의 초고령화 사회 진입과 남녀노소 모두의 건강에 관한 관심 증가로 메디푸드 산업의 성장은 시간 문제라고 할 수 있다.

〈표 13-1〉 **2019년 특수의료용도 등 식품 국내 판매액(단위: 백만 원)**

연도	2015년	2016년	2017년	2018년	2019년
매출(백만)	316,369	341,329	370,659	370,369	392,424
증가율(%)	9.95	7.89	8.89	−0.08	5.95

출처: 식품의약품안전처(2019). 2019년 식품 및 식품첨가물 생산 실적.

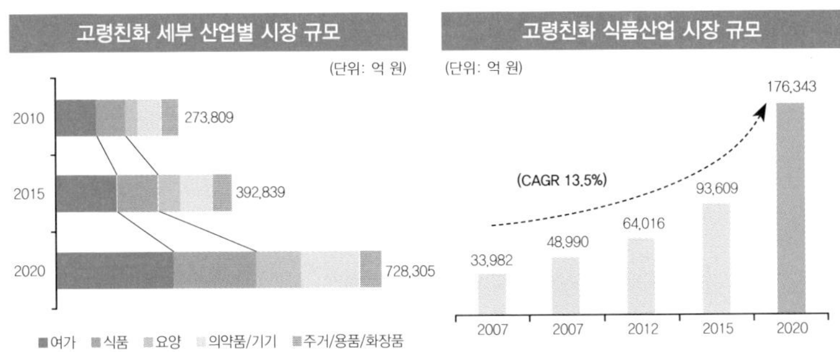

[그림 13-4] **국내 고령친화식품 시장 현황**

출처: 한국보건산업진흥원 고령친화산업지원센터(2015). https://www.khidi.or.kr/esenior

영양 불균형 노인 인구의 증가

전 세계적으로 고령화가 가속화되면서 개인, 의료보건산업, 더 나아가 국가 차원에서 노인들의 건강한 삶의 영위에 많은 관심을 갖고 있다. 특히 다양한 질환의 노인에게 식생활은 삶의 질을 판단하는 가장 중요한 요소가 되고 있다. 국내의 65세 이상 고령 인구는 2020년에는 전체 인구의 15.7%, 2025년에는 20.3%, 2060년에는 43.9%가 될 것으로 예상되며, 저작 기능과 연하 기능, 그리고 소화기능, 흡수 기능 등이 저하된 노인들이 최근 급속하게 증가되고 있다. 고령화의 가속화와 더불어 국내 노인들의 기대여명은 20.8년(여자 22.8년, 남자 18.7년)으로 OECD 평균에 비해 높은 편에 속하며([그림 13-5] 참조) 고령자의 진료비 및 본인 부담 의료비도 2018

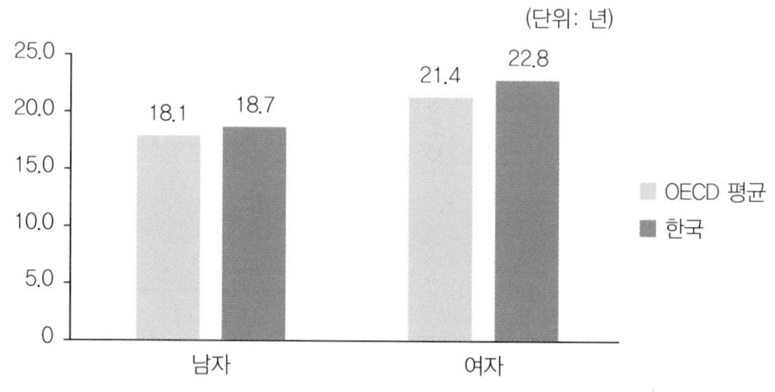

[그림 13-5] **한국 노인의 기대여명**[2]

출처: OECD (2020.8.13. 기준). Health Status.
통계청(2020). 고령자 통계

2) 통계청(2020). 고령자 통계. http://kostat.go.kr/portal/korea/kor_nw/1/1/index.board?bmode=read&aSeq=385322

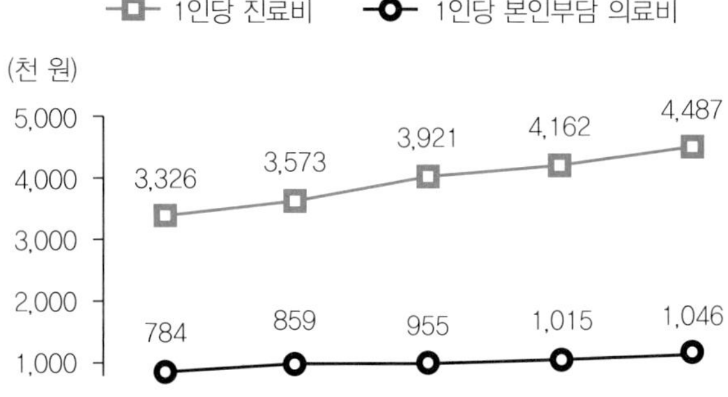

[그림 13-6] **고령자의 진료비 및 본인 부담 의료비 추이**

출처: 국민건강보험공단 건강보험심사평가원(2018). 건강보험통계.

년 448만 7천 원과 104만 6천 원으로 꾸준히 증가되고 있다([그림 13-6] 참조).

현재 우리나라 65세 이상 노인들의 영양 상태를 살펴보면, 노인 6명 중 1명은 하루 권장 열량 섭취량의 75% 미만으로 섭취하고 있고, 영양소 대부분에서 부족하게 섭취하고 있다고 한다.[3] 실제 2018년 국민건강통계 자료에 따르면, 에너지 섭취량이 필요 추정량의 75% 미만이면서 칼슘, 철, 비타민 A, 리보플라빈의 섭취량이 모두 평균 필요량 미만으로 영양 섭취 부족자 분율이 70세 이상의 연령대에서 16.5%로 가장 높게 나타났다. 일반적으로 노인의 영양 문제는 만성질환의 이환율, 입원율 및 사망률 증가와 밀접하게 연관되어 있고, 특히 불충분한 영양 섭취는 근육 감소로 이어질 수 있다. 또한 노인들은 복합적 만성질환으로 인한 다약제 복용, 신체 활동 감소, 미각 기능 저하 등으로 식욕 부진이 유발되어 식품 섭취에 어려움을 겪는다고 한다.[4]

3) 김범근, 박동준, 오세종(2019). 고령자를 위한 영양강화 유제품 개발: I. 고령자 영양실태 및 고령자용 식품 현황. **한국낙농식품응용생물학회**, 37(1), 69-80

의약품 및 치료 기술의 발달로 인간의 평균 수명은 꾸준히 증가해왔으나, 근감소증을 포함하는 노화로 인한 치료 기간 역시 증가하고 있다. 즉, 평균적으로 인간 생애의 1/8은 '질병/장애로 정상 활동을 못하는 기간'으로, 불행하고 가장 고통스러운 노후를 겪지 않기 위해서는 적절한 영양 공급 전략 수립이 필수하다. 특히 노화로 인한 근감소증인 사코페니아(sarcopenia)는 노쇠의 원인이 될 수 있고, 이는 궁극적으로 단백질 섭취 부족에 기인한 것이므로 단백질 식품 섭취를 통한 근감소증 예방과 관리가 필수적이다. 신체적 어려움 뿐만 아니라 노년의 영양 불량은 우울증 발생에도 영향을 미치므로 노인의 건강 상태, 심리 상태, 기호도, 생활 환경 등을 고려한 영양 관리가 중요하다.[5]

연하곤란과 고령친화식품

연하곤란(삼킴장애)은 노화로 인해 연하 관련 근육의 근력 저하로 유발되며, 치아 소실로 인한 저작력 및 타액 분비 저하로 증세가 악화된다.[6] 이외에도 연령이 증가할수록 유병 위험이 증가하는 치매, 뇌졸중 등의 중추신경계 질환은 연하곤란의 위험을 증가시키며,[7] 중추신경계 질환이 없는 노인에게도 연하곤란 유병률은

4) 최스미, 최명애, 김금순, 이명선, 서은영, 서민희(2012). 연소 · 고령 노인의 성별에 따른 건강 및 영양상태 비교 조사 연구. **기초간호자연과학회지**, 14(3), 183-192.

5) Torres, S. J., McCabe, M., Nowson, C. A. (2010). Depression, nutritional risk and eating behaviour in older caregivers. *The Journal of Nutrition Health and Aging, 14*(6), 442-448.

6) 박지은, 안희정, 정성욱, 이윤나, 김초일, 장영애. (2013) . 한국 노인의 저작능력에 따른 식품 및 음식섭취 특성. *Journal of Nutrition and Health, 46*(3), 285-295.

33.7%로 노인들에게서 흔히 발생되는 질병이다.[8] 실제 노인성 연하곤란은 신경학적 질환이 있는 환자의 연하곤란에 비해 압도적으로 유병률이 높고, 유병 후에도 평균 5~10년 동안 지역사회나 요양기관에서 생활하는 경우가 많다. 연하곤란 노인들의 경우에는 영양실조 및 탈수, 흡인성 폐렴 등의 합병증 위험성이 높고, 발생되는 문제로 인한 병원 재입원이 높다. 이로 인해 노년기 삶의 질 저하가 불가피하며, 의학적 문제 이외에 먹는 즐거움 감소, 식사 시간에 대한 걱정, 혼식으로 인한 사회적 고립을 경험하게 된다. 그러므로 연하곤란 환자를 위한 단계별로 적합한 메디푸드 개발과 보급이 필수적이다.

노령 인구의 증가와 이들의 영양 상태, 더 나아가 건강 상태를 유지하고 삶의 질을 향상시키기 위하여 국내외의 대형 식품업체들이 고령친화식품 개발 및 생산에 적극적인 투자를 수행하고 있으나, 근본적인 노인의 기호도와 연하곤란 상태에 맞는 물성의 특성을 반영한 상품 개발은 부족한 실정이다. 실제 고령친화산업 실태 조사 및 산업 분석 결과에 따르면, 고령자들에게 가장 필요한 고령친화 제품이나 서비스로 식품을 1순위로 응답한 비율(34.8%)이 가장 높았다[9]([그림 13-7] 참조). 또한 해당 연구에서 특히 건강 고위험군과 장기 요양 등급자는 '씹고 넘기기 좋은 부드러운 식품(17.3%, 18%)'을 선호하는 것으로 나타났으며, 75세 이상의 고령자의 경우

7) 이성국, 김정선(2015). 섭식 · 연하장애 고령자를 위한 국내외 식품가이드. **한국식품과학회**, 48(3), 2-12.

8) 양은주, 김미현, 임재영, 백남종(2013). Oropharyngeal dysphagia in a community-based elderly cohort: The korean longitudinal study on health and aging. **대한의학회**, 28(10), 1534-1539.

9) Korea Health Industry Development Institute. (2014). Survey and industrial analysis of aged-friendly industries. Consumer Policy Trends, 50.

고령자를 위해 필요한 제품

N=1200

1위 식품 34.8%
복수응답 70.2%

2위 의약품 24.1%
복수응답 53.3%

3위 가정용 의료기기 10.0%
복수응답 35.8%

고령친화식품에 필요한 요건

N=1200

- 환자식≠고령자식 65.1%
- 고령자 전용 식품 분류 필요 68.2%
- 노인 질환 관련 식품 개발 필요 81%
- 가공식품보다 식단 개발 필요 73.5%
- 식품구입비 지원 필요 69.2%
- 별도 인증 필요 71.7%

즐겨 먹는 고령친화식품

건강기능식품, 특수용도식품, 인삼/홍삼제품
청국장, 두부, 죽, 건강즙
죽, 젤리, 점도증진제, 분말, 무스식

60세 이후 식습관의 변화

❶ 과일, 견과류와 같은 건강 간식을 챙겨 먹는다. 31.0%
❷ 영양보다 소화가 잘되는 식품 소비가 늘었다. 22.2%
❸ 영양과 건강에 좋은 식품을 먹는 비중이 늘었다. 21.1%
❹ 가공식품을 덜 먹고 재료를 구입하여 요리해 먹는다. 18.3%

[그림 13-7] **고령자들의 요구와 필수 요건**

출처: 보건산업진흥원(2015). https://www.khidi.or.kr/esenior

에는 치아의 상실로 저작 능력이 저하되어 섭취할 수 있는 음식에 제한이 생기고 식사의 양과 질 역시 저하된다고 보고했다.[10] 그러므로 건강 고위험군에서 저작, 연하와 관련된 식품의 물성이 특히 중요한 것으로 판단되며, 물성과 함께 영양, 편의성, 기호도까지 고려한 고령자용 식품이 개발되어야 한다.[11]

국내의 「산업표준화법」에서 고령친화식품(KS H 4897)을 총 3단계(치아 섭취-잇몸 섭취-혀로 섭취)로 나누어 성상, 경도, 점도, 영양성분 기준을 규정하고 있다(〈표 13-2〉 참조). 식약처의 '환자의 약품안전용 식사관리식품 유형 신설 등 식품의 기준 및 규격 개정안'(식약의약품안전처, 2020)에서 고령친화식품 중 액상식품에 대해서는 무리 없이 삼킬 수 있도록 적절한 점도 규격(1,500 mpa · s 이

10) Park, J. E., An, H., Jung, S. U., Lee, Y., Kim, C., &, Jung, Y. A. (2013). Characteristics of the dietary intake of Korean elderly by chewing ability using data from the Korea national health and nutrition examination survey 2007-2010. *Journal of Nutrition and Health, 46*(3), 285-295.

11) Korea Consumer Agency. (2013). The improvement of information service for aging-friendly food. Consumer Policy Trends, 47.

상)을 제시하고 있다.[12] 식약의약품안전처에서는 이외에 식단형 식사관리 식품' 제조 기준을 고시, 특수의료용도식품에 대한 재분류와 세분화를 통해 질환별로 맞춤형 제품 관리가 용이하도록 국가적 기준을 제시하고 있다.

〈표 13-2〉 **고령친화식품의 품질 기준**

구분		기준		
		1단계 (치아 섭취)	2단계 (잇몸 섭취)	3단계 (혀로 섭취)
성상		고유의 색택과 향미를 가지고 이미, 이취 및 이물이 없어야 한다.		
경도[a](N/m^2)		500 000 ~55 000	50 000 ~22 000	20 000 이하
점도[b,c](mPa · s)		–	–	1500 이상
영양 성분[d,f]	단백질	6g/100g 이상		
	비타민A	75μg RAE/100g 이상		
	비타민C	10mg/100g 이상		
	비타민D	1.5μg/100g 이상		
	리보플라빈	0.15mg/100g 이상		
	나이아신	1.6mg NE/100g 이상		
	칼슘	80mg/100g 이상		
	칼륨	0.35g/100g 이상		
	식이섬유	2.5/100g 이상		

[a] 단일 원재료가 아닌 경우, 경도가 가장 높은 원재료를 기준으로 하여 적용한다. 단, 씹지 않고 그대로 삼켜 섭취하는 정제, 캡슐, 환, 과립, 액산, 분말 형태의 제품은 해당 기준을 적용하지 아니한다.
[b] 점도 측정이 불가한 제품(예: 젤리, 두부), 경관급식 제품 및 국, 찌개 등의 국물의 경우, 해당 기준을 적용하지 아니하며, LV형 점도계로 측정 가능한 상한값을 벗어나는 제품은 기준에 적합한 것으로 한다.
[c] 각주 a의 단서 중 정제, 캡슐, 환, 과립 및 분말 형태의 제품의 경우에는 이와 혼합 또는 함께 섭취하는 용도의 유동성 식품에 대하여 해당 기준을 적용하여야 한다. 이 경우 점도조절제, 유동성 식품 등을 제품에 혼합하거나 별도로 동봉하여야 하고, 제품에 혼합된 경우에는 최종 섭취 시의 형태에 해당 기준을 적용한다.
[d] 영양 성분 중 1개 이상의 항목을 충족하여야 한다. 단, 1회 500kcal 이상인 제품(단, 특수용도식품 및 즉석 섭취, 편의식품류에 한함) 및 각주 a에서 경도 기준을 적용하지 않는 제품은 3개 이상의 항목을 충족하여야 한다.
[e] 건강기능식품은 해당 기준을 적용하지 아니할 수 있다.

12) 식약의약품안전처(2020). '환자용 식사관리식품 유형 신설 등 식품의 기준 및 규격 개정안.'

현재 국내의 고령친화식품 시장은 초기 도입 단계로 시장성 평가 제품(Test Marketing)의 형태로 상품을 출시하고 있으나, 기존 제품의 대부분은 환자용 식품(치료식)으로 한정되어 있다. 형태별로도 유동식과 분말식, 점도증진제, 젤리식, 영양죽, 연하도움식 등으로 1,500점 이상으로세분화된 일본에 비해 제품이 제한적이다.[13)]국내의 대표적인 기업과 제품은 [그림 13-8]과 같다. CJ, 대상(뉴케어), 푸드머스(소프트메이트), 동원F&B 등의 대기업과 정식품(그린비아), 매일유업(메디웰), 일동후디스, 남양유업 등의 중견기업으로 구분된다.

[그림 13-8] **국내 고령친화식품**

이에 반해 고령친화식품 산업이 발달한 일본에서는 포화 증기나 효소를 활용한 연화 제품과 물성을 조절한 연하식 등이 다양하게 개발되어 광범위하게 유통되고 있으며, 가정식간편식(HMR)은 물론 도시락 형태로도 판매되고 있다. 연하식 및 저작곤란자식은 병

13) 김상효, 이용선, 허성윤(2017). 고령친화식품시장 현황 및 활성화 방안. 한국농촌경제연구원 기본연구보고서, 3-8.

원 및 고령자 보호시설 등에서 일반 가정으로 그 서비스 대상이 확대되고 있으며, 재택 고령자를 타깃으로 한 가정배달식 서비스는 시장의 신규 사업 모델로 확장되고 있다. 실제 일본의 고령친화식품 협의회에서는 2002년에 장애 유무에 상관없이 편리하게 이용할 수 있는 제품이나 환경을 뜻하는 '유니버설 디자인'을 식품에 적용하였고, 고령친화식품에 대한 국가적 차원에서 보험관련 제도를 도입하여 보조금 등을 지원함으로써 관련 사업이 지속적으로 성장 중이다([그림 13-8] 참조).

区　分		UD 容易にかめる	UD 歯ぐきでつぶせる	UD 舌でつぶせる	UD かまなくてよい
かむ力の目安		かたいものや大きいものはやや食べづらい	かたいものや大きいものは食べづらい	細かくてやわらかければ食べられる	固形物は小さくても食べづらい
飲み込む力の目安		普通に飲み込める	ものによっては飲み込みづらいことがある	水やお茶が飲み込みづらいことがある	水やお茶が飲み込みづらい
かたさの目安	ごはん	ごはん～やわらかごはん	やわらかごはん～全がゆ	全がゆ	ペーストがゆ
	調理例(ごはん)				
	たまご	厚焼き卵	だし巻き卵	スクランブルエッグ	やわらかい茶わん蒸し(具なし)
	調理例(たまご)				
	肉じゃが	やわらか肉じゃが	具材小さめやわらか肉じゃが	具材小さめさらにやわらか肉じゃが	ペースト肉じゃが
	調理例(肉じゃが)				
物性規格	かたさ上限値 N/m²	5×10^5	5×10^4	ゾル:1×10^4 ゲル:2×10^4	ゾル:3×10^3 ゲル:5×10^3
	粘度下限値 mPa·s			ゾル:1500	ゾル:1500

[그림 13-9] 일본의 유니버설 디자인 푸드 규격

출처: www.udf.jp

또한 삼킴곤란이 있는 사람을 위한 가공식품인 연하식, 치아가 좋지 않은 사람을 위한 저작곤란자식, 천연 재료를 유동체 형태로 제조한 농후유동식, 영양보충식 등으로 제품을 세분화하여 공급하고 있다. 일본의 대표적인 고령친화식품은 큐피의 '야시시콘다테' 시리즈가 점유율 1위이고, 그 외에 메이지의 '야와라카쇼쿠' 시리

큐피 메이지 큐피 하우스

[그림 13-10] **일본의 대표적인 고령친화식품**

출처: 야노경제연구소, 일본 총무성 통계국, 일본 국립사회보장 · 인구문제연구소.

즈, 아사히 그룹 식품 등이 대표적인 상품으로 손꼽히고 있다. 일본의 고령친화식품을 비롯한 메디케어 시장 동향을 직접 경험해 보고 싶다면 careTex오사카(2022.11.30.~12.2., http://caretex.one/carefood-osaka/), 메디케어 부스전(2023.02.8.~10., https://www.care-show.com/)에 참여해 보는 것도 도움이 될 것이다.

미국의 경우에는 별도의 규정이 없고, 따로 명확히 분류되는 식품이 없으나 대체적으로 의료용 식품이 고령친화식품에 근접하다고 할 수 있다. 의료용 식품 외에 특히 노인들을 위한 식품은 'food for elder' 정도로 명시되고, 고령자를 위한 저작용이, 연하용이, 영양보충 식품 등이 시판되어 있으며, 실버산업 전문 업체들이 고령친화식품 산업군의 대기업으로 성장하고 있다. 이외에도 고령자를 위한 가정배달 서비스를 제공하는 주요 기업으로는 DineWise, Martha's Senior Gourmet, Community Action Agency of Butte Country,Inc 및 Bartlett Center,Inc 등이 있고, 고령친화식품을 제조 및 판매하는 미국의 주요 기업으로는 Hormel이 있다.

과거 고령친화식품에 대한 소비자 수요 조사 결과 고령자용 식품에 대한 심리적 거부감이 높았고, 특히 건강 상태가 좋고, 소득이 높고, 도시에 거주할수록 거부감이 높았다. 그러나 액티브 시니어의 증가와 건강에 관한 관심이 증가되면서 믿을 수 있는 전문성 있는 기업이나 의료기관을 통해 개발된 제품에 대한 수용도는 상승하고 있다. 아쉽게도 기존의 국내 고령친화식품은 대부분 개인 단위로 일부 판매되고 있었다. 선행 연구 결과, 요양병원 등의 영양사 56.7% 는 고령친화 인증, 표시된 완제품이 있다면 구입할 의향이 있다고 응답함에 따라 의료시설용 고령친화식품의 개발이 필요하다.[14] 실제 고령친화식품에 대한 수요는 연령이 높거나 요양원에 거주할수록 수요도가 높고, 영양 균형, 소화가 잘되는 식품, 씹기 쉬운 식품, 삼키기 좋은 식품, 노화 예방 식품, 영양 보충 식품, 질병 예방 기능식, 간편성, 간식, 구입의 편의성 등을 중요 속성으로 간주하고 있다.

실제 국내 고령친화식품 시장의 활성화로 노인 관련 질병 비용 감소와 소비자 효용 증대 효과에 대한 분석 결과, 8대 질병에 대해 연간 5,240억 원의 질병 비용이 감소하고, 고령 소비자 효용 증가분은 연간 6,623억 원으로 증대될 것으로 분석되었다.[15] 이러한 결과를 토대로 국내 의료기관들에서는 다양한 고령친화식품을 비롯한 메디푸드의 도입으로 환자 개개인의 맞춤형 돌봄이 가능해질 것이며, 이는 환자의 질환 개선, 삶의 질 향상에 기여할 것으로 생각된다. 더 나아가 의료기관의 인지도 향상, 경쟁력 강화에 기여할 것으로 생각된다.

---

14) 김상효, 이용선, 허성윤(2017). 고령친화식품시장 현황 및 활성화 방안. 한국농촌경제연구원 기본연구보고서.

15) 김상효, 이용선, 허성윤(2017). 고령친화식품시장 현황 및 활성화 방안. 한국농촌경제연구원 기본연구보고서.

병원 Aging In Place가 되다

인구 고령화와 함께 노쇠나 기능장애가 있더라도 원래 거주하던 곳에서 일상생활을 유지하는 aging in place에 대한 관심이 증가되면서 노인 인구에 대한 지역사회에서의 영양 관리에 대한 중요성이 부각되고 있다.[16] 실제 고령자의 경우에는 낯선 장소나 환경에의 적응이 느리고, 기존의 공간 또는 사람들에게 애착이 커서 요양시설이나 병원에서 장기간 생활하는 데 어려움을 호소하는 경우가 많다. 이들이 익숙한 자신의 공간에서 이웃과 돕고 필요한 전문 돌봄을 받으며 자립적으로 생활을 하는 것은 노인뿐만 아니라 고령자 관련 정책입안자 입장에서도 재정적 부담이 경감되는 장점이 있다. 하지만 고령자들이 스스로 자립할 수 있으려면 주거 공간뿐만 아니라 사회적 관심과 지원 시스템 구축이 선행되어야 한다. 최근 서울주택도시공사(SH공사)에서는 공공임대주택에 거주하는 독거노인 중 고령자를 대상으로 안전 손잡이, 수전 등의 시설 보수 서비스를 계획하고 있다. 이와 같이 고령자들이 독립적으로 안전하게 생활할 수 있는 고령자 맞춤형 주택 공급에 대한 수요가 있음에도 불구하고 고가의 주택을 확보, 공급하는 데 어려움을 겪고 있다. 실제 국내 고령자 주택 공급은 저소득층에게 한정적으로 지원되므로 고령 노인들을 위한 안정적 맞춤형 주택 공급을 위해서는 현행 「장애인·고령자 등 주거약자 지원에 관한 법률」의 개정이 불가피하다.

16) 김유진, 박순비, 박소정(2019). 고령자의 에이징 인 플레이스(Aging in Place)를 위한 서비스 지원 주거 모델 개발 연구. **보건사회연구**, 39(2), 65-102.

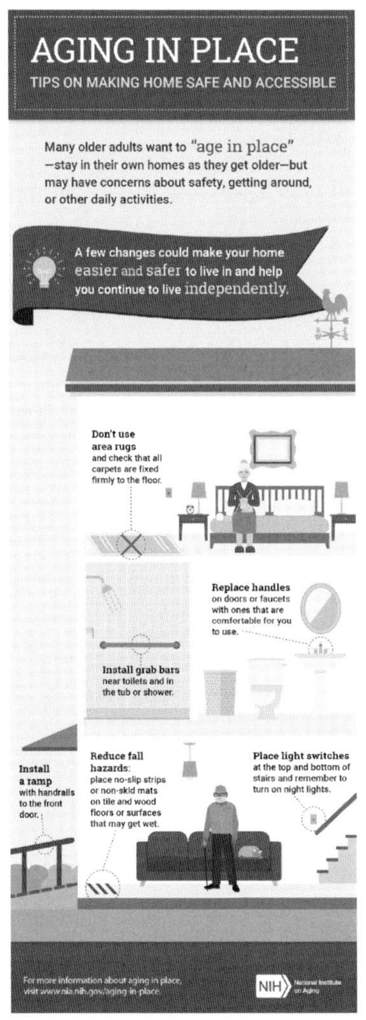

[그림 13-11] NIH Aging in Place: Tips on Making Home Safe and Accessible

출처: https://www.nia.nih.gov/health/infographics/aging-place-tips-making-home-safe-and-accessible

생각의 전환을 통해 노인 주거 삶의 질 개선 문제를 생각해 본다면 가정 내 요양, 돌봄이 어려운 노인들을 요양병원에서 보살피는 것과 같이 Aging In Place을 희망하는 노인들을 위해 병원의 인프라와 노하우가 접목할 수 있겠다. 이미 국내 유수의 대형병원과 프리미엄 요양병원에서는 Aging In Place와 같이 주거용 시설을 공급하고 있으나, 보다 많은 노인에게 필요한 것은 합리적 가격대의 종합적인 서비스 공간이다.

향후 미래의 병원들은 고령층을 위한 집과 같은 사람 중심의 공간 제공과 다양한 프로그램 개발을 해야 한다. 특히 자립성 여부를 신체 활동 가능 여부만으로 한정하지 않고 사회적 교류에 대한 열망, 신체적 활동을 결합한 종합 돌봄 서비스 제공이 필수적이다. 식사 역시 영양 공급의 목적이 아닌 노인들이 사회 속에서 자아효능감을 느낄 수 있도록 다양한 선택지를 제공해야 하겠다. 이를 위해서는 전통적 중앙 공급형 급식만이 아닌 고령친화식품을 활용한 식사 제안, 특별한 날을 맞이하여 이벤트 식사 제공 등 다양한 시도가 필요하다. 기존과 같이 환자의 영양 상태, 활동 정도, 소화 능력만을 고려하는 식사는 환자들의 질환 개선, 삶의 질을 향상시키는데 한계가 있으므로 진심으로 마음을 담은 식사를 준비하고 제공되어야 하겠다. 또한 병원의 전문성과 노하우를 기반하여 전문 업체와의 다양한 식품 개발, 부가 서비스를 통해 퇴원 후에도 병원과 같은 전문적인 돌봄 서비스를 노인들이 받을 수 있도록 해야겠다.

14

세계의 병원과 웰다잉

조은희 박사
한양대학교

QR코드를 스캔하시면 저자의 설명 영상을 시청하실 수 있습니다.

✚ ✚ ✚

본래의 '병원'의 어원에 대하여 소개하고, 세계의 다양한 병원 사례를 소개하며, 치유를 위한 다양한 공간과 서비스를 제공하는 병원을 통해 미래의 병원에 대한 인식을 돕고자 하였다. 동시에 삶과 죽음이 교차하는 병원에서 삶의 여정의 마지막 순간을 맞이할 때에 나의 소중한 삶과 죽음에 있어서 행복한 권리이자 선택사항인 '연명의료결정제도'에 대하여 함께 소개하고자 한다. 존엄하고 편안한 죽음을 위한 제도의 접점을 제공함으로써 삶의 마지막 순간에 자기결정권을 보장하는 행복한 선택을 할 수 있도록 대국민 인식에 변화를 주고자 한다. 삶의 마지막 순간을 마무리하는 제도에 대한 바람직한 기준과 절차를 합의해 가는 과정에 사회가 함께 생각하고 이해하며 바람직한 임종문화를 정착시켜 가는 과정이 필요하다.

"병원에서 머물고 치유 받다가 죽음을 맞이하더라도
행복한 죽음을 선택할 수 있어야 한다."

–세계의 병원, 생로병사의 과정에서 경험하는 세계의 의료기관

–웰다잉(well dying) 존엄한 삶의 마지막 선택, 연명의료결정법

이 장에서는 인간, 사람을 위한 병원의 사례들을 찾아보고, 병원을 통해 삶을 회복하고 또 행복한 죽음을 선택할 수 있는 법적 제도를 소개하고자 한다. 전반부 생로병사를 경험하는 '세계의 병원'에서는 병원의 어원을 찾아보고 병원 Hospital의 어원에서 유래된 바와 같이 머물고, 치유 받고, 그리고 행복하게 삶의 경계를 넘는 순간의 의미를 찾아보고자 한다. 세계의 최상급 병원들만을 찾아보는 것이 아니다. 근래에 주목받고 있는 병원의 사례를 살펴봄과 동시에 지역과 시민, 인간과 호흡하는 병원들을 찾아봄과 함께 미래 대안과 시사점을 제공하는 병원의 사례를 살펴보려고 한다. 생로병사의 과정에서 삶 자체를 여정으로 볼 수 있다. 어떠한 측면에서 이 삶의 여정은 죽음으로 가는 여정으로 볼 수 있다. 살아가는 동안에 아프고 지친 영혼에게 '힐링'을 제공하는 해외 병원의 사례를 소개한다. 후반부에서는 일생의 마지막 순간을 맞이하게 되었을 때 존엄하고 행복하게 자신의 마지막 순간을 선택하도록 하는 법적 제도인 「연명의료결정법」에 대해 소개하려고 한다.

생로병사를 경험하는 세계의 병원

디지털 혁명에서 뿐 아니라 인문학적으로, 건강학적으로, 정책 접근의 측면에서 병원의 새로운 패러다임을 보여 주는 해외 병원 사례를 소개한다. 치유와 회복을 경험하는 동시에 이러한 생로병사(生老病死)의 여정을 함께 만들어 주는 곳이 병원이라고 할 수 있다. 가지 않으면 좋은 곳이지만 출생과 죽음의 과정을 경험하면서 병원은 우리의 삶과 뗄 수 없는 불가피한 곳이다. 차갑고 고통스러움을 연상하게 하는 병원에서 벗어나 인간 삶의 여정을 함께할 수 있는 병원까지 병원의 다양한 모습을 살펴본다.

'병원'의 어원

라틴어인 Hospitale에서 유래한 Hospitality는 웹스터 사전에 'a place of shelter and rest travelers'라는 의미로 여행객의 숙소와 휴식의 장소로 '쉼'을 설명한다.[1] 이 Hospitale에서 후에 병원을 의미하는 Hospital이나 여행객의 숙소를 의미하는 Hostel과 Hotel 등으로 파생되었다. 현재 호텔(Hotel)의 어원은 라틴어의 'Hospitale'에서 기원했는데, 이 뜻은 '심신을 회복한다'는 의미를 갖고 있다. 이 말의 의미에는 쉼의 장소를 내어 주는 것뿐 아니라 이를 이용하는 여행자와 제공하는 주인 사이에 오가는 따듯한 마음까지를 내포한다.[2] 동시에 이 말에는 이러한 재화와 서비스를 제공하는 주인의 손님을 향한 배려와 어떠한 능동적 입장을 담는다. 최근 산업사회의 자본주의 경쟁에서 디지털화된 고도사회에서도 서비스 경험은 중요한 경쟁 요소가 되고 있다.[3] 그런데 이 보건의료서비스를 제공하는 병원은 의료서비스재의 특성상[4] 이러한 서비스 경험에 대한 부분은 다른 일반 분야에서 제공하는 서비스재에 비해 더욱 중요한 요소라고 할 수 있다. 병원 방문자에게 병원에 대한 신뢰도를 형성하는 주요인이 되기 때문이다. 다음에서는 '쉼'을 제공하고 '쉼'을 경험하는 병원들의 사례들을 살펴보고, 미래의 병원에 대한 인식의 변화를 돕고자 한다.

---

1) Webster Dictionary.

2) MBC프로덕션(1997). 친절없는 의술없다. 동경대병원.

3) 김철원(2018). 호스피탈리티의 본질, '쉼'을 경영하라. 식품외식경제.

4) 조은희(2021). 의사, '공공재'의 의미가 함축하는 고귀한 가치. 대한의료커뮤니케이션, 16(2), 111-114.

세계의 병원

친환경 병원에서 호텔과 같은 병원, 사람들의 삶을 질병 가운데 유지하도록 해 주는 병원에서 소망까지도 배려해서 실현하고 포괄적 케어 서비스를 구현하는 병원까지 해외 병원들의 사례를 소개하여 관계자와 의료 실무자들에게 행복한 병원 경영 또는 서비스 제공에 있어서 영감을 주고자 한다. 이미 국내에도 유사한 사례를 보유한 병원들이 있지만, 여기서는 해외 병원의 사례만을 살펴보려고 한다.

※ 시공간의 제약과 함께 의료기관에 대한 정보의 특성상 일관성 있는 동일한 형식으로 병원을 소개하지 못했음을 독자에게 밝힌다. 어떤 병원은 좀 더 상세히 소개하기도 하고, 어떤 병원은 병원의 특성이나 대표성을 보여주는 내용으로 간략히 소개하기도 했다.

사람을 살리는 시스템, 달리는 병원 SAMU[5]

“편안히 가시게….” SAMU가 달려간 노상의 부랑인에 대해 응급처치 후 숨을 거두자 SAMU의 의사가 보도블록에 쭈그리고 앉아 생의 마지막 순간에 사망자의 눈을 조용히 감겨 주며 망자에게 조용히 전하던 말이다.

SAMU는 Les Services d’Aide Medicale Urgente의 약어로 ‘긴급 의료 지원 서비스’라는 뜻이다. SAMU는 세계 최고의 프랑스 응급

5) MBC프로덕션(1997). ‘달리는 병원, 프랑스 SAMU’ 영상 옮김

구조대다. 어떤 사고가 발생하든 15분 내에 도착하는 것이 SAMU의 원칙이다. 또한 단순 응급처치가 아닌 환자의 외상이나 상태를 꼼꼼히 살핀 후에 제대로 된 치료를 펼친다. 구조대원이 아닌 의사가 출동한다. 환자의 생명 유지와 후유증 감소의 최소화를 위해 처음부터 의사가 개입되어 현장에 출동해서 초기 치료나 환자를 수송하여 용태에 적절한 병원으로 보낸다. 도로 위, 뒷골목 어디에서든 수술실, 병실이 되는 SAMU의 구급차는 어떤 중환자라도 처치가 가능한 최첨단 장비와 약품을 구비하고 있다. 의사가 출동하여 그곳이 길이나 건물 안, 어떤 장소라도 빠르고 침착하게 접근하여 그 현장에서 병원에 도착하기 전까지 환자에 대한 최선의 전문 진료를 한다.

그곳이 거리나 건물이거나 관계없이 필요한 곳에 야전병원이 바로 세워진다. 그리고 환자 이송 시에는 환자 곁에서 끝까지 동행하여 최종 도달하는 병원에서 모든 상황과 환자에 대한 정보를 최종에 만나는 병원의 의료진과 소통하여 전달하며 다시 의견을 나눈다. 환자의 상태를 안전히 확보한 후에야 환자에게서 떨어지고 그 환자에 대한 임무를 마친다. 응급처치술을 완벽하게 시술하고 이송 중에도 연계 치료를 완벽하게 보장하는 것이다. 파리 시내 한복판에서의 교통사고 상황이라면 도로 위에 임시로 야전병원이 세워진다. 3세 남자아이의 추락사에도 바로 출동하여 위급한 상황에서 현장 수술을 감행한다. 또 다른 사고로 이웃과의 칼부림으로 건물 내에 사상자가 발생하면 그가 가해자이든, 피해자이든 일단 의료 행위는 인도적 차원에서 이뤄지고 병원으로 이동시킨다. 자살미수 현장에도 15분만에 도달하여 SAMU의 사령탑인 상황실에 연결하면 최고 실력의 응급의사와 의료조정 전문위원들을 통해서 구조가 이뤄진다. 필요하고 적절한 조치를 하는 SAMU는 오직 환자 치료만을 담당한다. 소방구조대와 경찰의 공조가 필요한 응급 사고 시 소방구조대는 환자 수송과 시설을 복구하고, 경찰은 법적 문제를 처리한다. 구급 현장에서 모든 것이 의사 책임하에 실행되기 때문에 경찰과 소방관은 의사의 지휘하에서 행동하도록 되어있다. 자동차 추돌사고 시에는 구급차가 현장에 도착하도록 SAMU의 상황실은 교통정보센터가 된다.

환자의 생명을 구하기 위한 제1조건을 위해 현장과의 긴밀한 유대로 현장에 도착하기까지는 구조 방안에 대한 적절한 정보를 제공하고 환자가 엉뚱한 병원으로 후송되어 발생할 수 있는 시간 낭비를 예방한다. 도착을 했으나 환자가 뇌사 상태일 경우에는 장기이식이 바로 주선된다. 이번에는 일반 병원에서 1Kg 미만의 미숙아가 출생하자 신생아 중환자실이 있는 종합병원으로 옮기기 위해 SAMU가 출동했다. 병원과 병원 간의 수송도 SAMU가 맡는다. 아기가 놀라지 않도록 사이렌을 끄고 천천히 달리지 않으며 세심한 배려 속에 이송한다. 산악 구조에서도 놀라운 구조를 공조 속에 이뤄 낸다. SAMU 팀은 대원 간의 협조가 중요하다. 응급 상황 시 1초는 매우 중요한 시간이다. 각 지역에 배정된 SAMU는 극심한 부상에도 빠르게 수술실로 환자를 이송한다. 독일인 5세 아이의 교통사고 시에도 병원에서 서너 시간 거리인 사고 지점에서 병원 후송까지 걸린 시간은 헬기로 10분이다. SAMU 의사는 아이의 상태를 꼼꼼히 챙기고 타국에서 만난 사고로 황망한 독일인 엄마에게는 입원 수속과 임시 숙박까지 안내해 준다. 환자 보호자를 배려하여 당황한 환자 가족을 위한 숙소로 지역사회가 모금으로 운영하는 곳도 마련되어 있다. 식사 비용도 저렴하게 배려한다. 타국의 여행길에서 맞은 불의의 사고에서도 SAMU의 속 깊은 배려는 당황스러운 사고로 말을 잃은 독일인 엄마에게 안도의 웃음을 돌려 준다. 다시 호출이 들어오자 SAMU의 의사는 바로 그 자리를 떠난다. 다른 출동이 발생한 것이다. 망토넥스 대장(SAMU38)은 의사가 환자를 잘 돌보고 치료한 후 느끼는 만족감은 결코 돈으로 환산할 수 없는 것이라고 말한다. 큰 사고를 당해 외상을 입은 환자를 효율적으로 치료한다는 사실은 SAMU 의사들의 큰 보람이라고 말한다. 독일인 5세 아이를 병원으로 이송한 SAMU의 의사 볼테스는 4세 아들을 둔 엄마다. 산악 구조는 남성에게도 매우 험한 훈련이 필요한 일이지만 그녀는 생명의 소중함을 알고 시간과 경주를 벌이는 이 일을 한다. 오직 소명감으로 자신의 고통보다는 타인의 기쁨을 먼저 생각하면서 부름이 있는 곳이면 어디든 찾아가며, 안주하기보다는 도전하는 삶을 산다.

파리의 드골 대통령은 지인들이 불의의 사고로 연이어 생명을 잃게 되자 국가적 응급의료 체계의 필요성을 절감하게 되었고, 그로 인해 초기 SAMU의 조직이 결성되었다. 1960년대의 프랑스 운수성은 도로 교통의 안전을 높인다는 취지에서 집중 이동 치료실(Mobil Intensive Care Unit: MICU)이라는 시스템을 도입했다. 이후 1968년에 SMUR의 활동을 조정하기 위한 전국 통합 조직인 SAMU가 탄생하였고, 의사가 직접 현장에 나선다는 것은 매우 혁신적인 일이었다. SAMU의 철학은 '환자 제일주의'다. 출동 비용은 국가 부담이지만 서비스는 언제나 최상이다. SMAU에 대한 프랑스 국민들의 신뢰는 절대적이고, 최근에는 건강 상담이나 의료 정보 상담도 주요 임무다. 교육의 업무도 한다. 일반 응급구조요원을 양성하고 전문 의료인에 대한 응급처치 재교육도 담당한다. SAMU의 대원들도 매해 재교육 대상이다.

SAMU의 의사 한 사람, 한 사람이 모두 달리는 병원이다. SAMU의 의사를 뽑는 시험은 매우 엄격하다. 비정기적으로 1대 1 시험이 치뤄지는데, 모두 낙방하기도 한다. 합격하더라도 2차 필기시험을 통과해야 하고, 최종적으로 8명의 SAMU위원회로부터 만장일치로 합격을 인정받아야 한다. 그룹으로 일할 수 있어야 하고, 상호 간 또는 부서 간에 잘 알고 팀 간의 소통이 필요한 일이라고 말한다. SAMU를 지휘하는 일은 언제 어디서 수요를 예측할 수 없는 의료서비스의 특성이 바로 SAMU 운영의 어려운 점이라고 한다. 뒷골목에 거리의 부랑자가 심장병으로 쓰러졌다. SAMU의 구조대는 빈부를 구분하거나 거부하지 않고 언제든지 달려간다. 그럼에도 결국 숨을 거두지만 노상에서 망자의 운명을 숙연히 받아들이고 눈을 감겨 주며 마지막 인사를 해 준다. "편안히 가시게…." 소명감으로 '사람을 살리는 시스템', 그것이 바로 SAMU의 의료서비스인 첨단 의술이다. 재난 피해나 대형 참사 등 사고의 피해를 최소화하기 위한 행동 양식의 사전 지침이 마련되어 있는 응급의료 시스템은 인명에 대한 가치관을 보여 준다.

환자를 위한 최고의 병원, 존스 홉킨스 병원[6]

세계의 유명한 병원들이 그러하듯 존스 홉킨스 어린이 병원에 가면 곳곳에 인형을 놓아 두어서 병원인지 어린이 방인지 혼동될 정도다. 존스 홉킨스 병원은 세계 최고 수준의 입원 없는 수술 등 선도적 기술을 보유하고 있는 병원이다. 간호사들의 환자와의 소

6) MBC프로덕션(1997). '최고의 조건, 미국 존스 홉킨스 병원' 영상 옮김

통 장면을 보자면 고참 간호사가 환자 곁에서 눈높이를 맞추고 앉아서 환자의 모든 말을 들어 주면서 환자와 소통한다. 또한 의사들의 비상연락망은 첨단의 시스템과 함께 환자와 보호자에게 신뢰를 주는 의사소통을 겸한다. 외래 환자는 세계 최고의 병원답게 그 수가 엄청나지만 대기는 길어도 10분 정도다. 그러나 진료는 짧지 않고 충분한 시간을 갖고 진료하며 환자의 모든 질문에 친절히 답변한다. 의사의 문진은 수십 개의 질문이 이어지지만 2시간 내에 결과가 나온다. 외국인 환자가 공항에 도착하면 리무진을 비롯해서 전담 통역 요원이 배정된다. 진료 기간 동안 의사의 지시 사항을 전달하는 것은 물론이고, 진료 수속, 숙박 알선, 교통 안내, 비자 알선 등 일체의 편의를 해당 언어로 도움을 준다. 외국인 환자서비스를 제공하는 국제봉사부의 통역을 통해서 언어장애를 지원한다. 또한 병원의 배려로 환자 보호자를 주 1회 저녁만찬(dinner service program)에 초대하는데, 이것은 병원이 제공하는 휴식 프로그램이다.

'환자 중심 치료'에 이러한 배려들이 중요한 가치를 구현하며 세계적 명성을 자랑하고 있다. 존 허친스(영어명) 국제봉사부 이사는 '존스 홉킨스 병원은 영리를 추구하는 곳이 아니며 세계적 비전을 추구하는 곳'이라고 이야기한다. 환자를 더 큰 이윤 추구하는 수단으로 삼지 않고 최고의 수준을 갖춘 병원으로서 자부심과 자기혁신을 통해 의료계 발전에 기여해 왔다. 1889년 사업가 존스 홉킨스의 지원으로 설립된 존스 홉킨스 병원이 의학 발전에 이바지한 공적은 상당하다. 대장암 유전자의 세계 최초 규명, 만성 신부전증 환자에 대한 신장투석기 사용, 심폐소생술 시술, 최초 암세포 뇌세포 배양, 복잡 심장기형아 수술의 성공, 백혈병 환자에 대한 골수이식 등이 그 예다. 수술용 고무장갑도 존스 홉킨스에서 처음 사용했다.

존스 홉킨스 병원은 미국에서 가장 광범위한 양의 건강-의학 정보를 제공하고 있으며, 등록 환자들의 질문에 일일이 응답한다. 로날드 피터슨(영어명) 존스 홉킨스 병원의 이사장은 과학에 대한 끊임없는 투자와 연구, 그리고 최신 의학 기술 및 발전에 관심을 통해 끊임없이 배우고 연구하는 병원이라고 설명한다. 또한 병원에서는 '캐리온샵(영어명)'을 운영하는데, 병원 종사자, 친구, 입원 환자들의 기부품으로 운영되는 점포다. 수익금의 일부는 의대 장학금과 인터내셔널클럽, 자원봉사 프로그램에 사용하고, 나머지는 병원 각 부서의 필요 요청에 따라 승인하여 기부하는데, 그 금액이 적지 않다고 한다. '마버그관(영어명)'에 가면 엘리베이터에는 양탄자가 깔려 있고, 복도는 나무로 구성되어 있으며, 병실 내부는 화병 서비스를 한다. 집과 같은 안락한 병원을 제공하려는 목적으로 조용하고 깨끗하고 우아한 호화 병동을 호텔 서비스와 유사하게 제공한다. 병원이라는 곳이 삶과 죽음이 교차하는 곳이지만 미래의 병원에서는 의사-환자의 관계가 환자가 중심이 되고 있음을 확인할 수 있다. 존스 홉킨스에는 기적을 이루는 신의 손으로 불리는 벤자민 카슨(소아신경과 전문의)이 유명하다. 카슨은 수술하지 않으면 죽음이 예정될 수밖에 없는 환자를 대상으로 위험을 감수하고 고난이도의 수술을 집도한다. 그가 위험을 감수하고도 최선을 다하는 것은 '환자를 위해 최선을 다한다는 신념'이라고 말한다. 환자가 수술을 선택할 때 간절한 난치병 환자의 바람을 저버리지 않는 것은 환자 치료가 병원의 첫 번째 의무라고 할 때 치료는 의사로서 성스러운 의무감이라고 이야기하며 생명에 대한 존중을 보여준다. 바로 세계 최고 병원인 존스 홉킨스 병원에 근무하는 의사의 모습이었다.[7)]

자연으로 치료하는 친환경 병원, 싱가포르 쿠텍 푸아트 병원

싱가포르 도심에서 북쪽으로 20분쯤 자동차를 타고 달리면 위순(Yisun) 지역에 '병원 같지 않은 병원'이 눈에 들어온다. 병원이 온통 녹색이다. 'ㄷ'자 형태로 배치된 병원 건물의 가운데에는 거대한 나무숲이 조성되어 있다. 그 안에는 제법 규모가 큰 계단식 폭포가 있고, 시냇물이 흐른다. 여기에 각종 새와 나비를 대거 모아서 키운다. 물소리와 새소리가 입원실과 외래 곳곳에 퍼져 나가도록 설계했다. 환자들은 사방이 녹색인 환경에 둘러싸여서 자연의 소리를 들으며 치료를 받고 있었다. 550병상의 종합병원이 마치 숲속에 파묻힌 모습이다. 병원 옆에는 축구장 10개 크기의 호수가 있다. 환자들의 심리적 안정을 위해 병원이 만든 인공호수다.

이곳은 싱가포르 정부가 지난해에 세운 최첨단 '그린 & 클린 호스피털(Green & Clean Hospital)'이다. 정부가 세운 공공(公共)병원이지만 병원 설립에 가장 많은 기부금을 낸 독지가의 이름을 따서 '쿠텍 푸아트(Khoo Teck Puat)' 병원이라고 이름을 지었다. 옌 탄(Yen Tan) 병원운영부장은 "국제 병원계에서 최근에 화두가 되는 에코(eco, 친환경) 병원의 전형적인 모습을 갖추고 있어서 각국 의료계 인사의 방문이 줄줄이 이어지고 있다"고 말했다. 시공은 한국의 현대건설이 담당했다.

병원 옥상에는 유기농 채소를 재배하고 있다. 과일 농장도 조성되어 있다. 농장은 일반인에게 분양됐다. 기부금을 내고 이를 소유한 사람이 농장 채소의 첫 수확물의 일정량을 가져가고, 나머지 물량은 병원 환자들의 식사에 공급된다. 과일나무도 기부를 받아 심

7) 이정진(2013). 세계 최고의 병원 메이요 클리닉. **병원경영정책연구**, 2(1), 88-96.

는다. 나눔을 통한 민간과 공공의 '에코 합작품'인 셈이다. 병원은 이 공간을 '치유를 비는 제단'이라고 이름을 지었다.

옥상에는 태양열을 이용한 전기 발전기도 설치되어 있다. 여기서 나오는 전기로 환자들에게 뜨거운 물을 공급한다. 병원 측은 "기존 병원보다 에너지 효율성을 30% 증가시켰다"고 한다. 병원 옆 인공호수에 담긴 빗물을 정화하여 병원 시설 관수(灌水)로 활용한다. 병원 내 맑은 공기를 유지하기 위해 자동차는 병원 건물 안쪽으로는 진입할 수 없게 했다. 병원 복도에는 창문이 없다. 조그만 나무를 촘촘히 줄을 세워 벽처럼 심어 놨다. 싱가포르가 일년 내내 더운 날씨인 것을 감안하여 자연 채광과 바람을 최대한 실내 공간으로 끌어들이기 위한 설계였다. 엘리베이터 천장도, 중환자실의 벽면도, 계단도 녹색과 나무 그림으로 채워져 있다.

병실, 진료실, 수술실, 중환자실의 출입문에는 특수 센서가 달려 있다. 통상 방문자가 손으로 터치해야 문이 열리는데, 이 병원에서는 손을 대지 않고도 센서 앞에서 손을 흔들면 문이 열린다. 많은 사람의 손이 닿는 곳이 병원 감염의 근원지가 되는 것을 예방하려는 조치다. 이 병원의 의무위원회 코쿤파(Koh Kwong Fah) 부이사장은 "우리 병원의 모토는 '골치 아픈 것이 없는 곳'이라며 환자들을 자연 속 치유 환경에 놓이도록 하는 것이 미래 병원의 주요 모델이 될 것"이라고 말했다.[8] [기사 전문 옮김]

8) 조선일보(2011. 6. 11.). "여기가 병원이야? 숲 속이야?" 자연으로 치료하는 '에코병원', [기사 전문 옮김]

병원의 녹색경영(Green Healthcare)[9]

병원의 그린헬스케어에 대한 정의를 살펴보면 일반폐기물과 환경 관리, 고형폐기물 관리, 쓰레기 감소 및 재활용, 의료폐기물 관리, 위험물 폐기물 관리, 그린 상품 구매 및 에너지 절약 등이 개념 범주에 포함되어 있다. 그리고 미국의 그린헬스케어 평가 범주에는 친환경 병원의 평가 항목을 포함하여 환경보호(environment)에 적극적으로 참여, 물 관리 및 절약(water), 에너지(energy) 절약, 유기식품(organic food), 햇빛(daylighting), 대체 이동 수단 등의 증대가 포함되어 있다. 해외의 그린헬스 사례를 살펴보면, 햇살이 들어오는 입원실의 환자가 햇살이 들어오지 않는 병실의 환자에 비해서 재원일수가 3.7일 단축 효과가 있다는 연구 결과가 있다. 미국의 뉴욕장로교회 병원에서는 에너지 절약 프로그램의 시행을 통해서 11%(1.8백만 불)의 에너지 비용 감소 효과를 보고했다. 그리고 친환경 건물(green building)은 초기 디자인에 2%의 비용이 더 들지만, 초기투자 비용의 10배 비용 절감 효과가 있다는 사례가 보고되고 있다. 그리고 병원의 친환경 건물(green hospital building)은 에너지 절감효과 이외에도 투약 오류 감소, 환자의 통증 감소 효과, 환자의 재원 일수 단축 및 회복 기간 단축, 진료진의 환자 관리 활동 증가 개선 효과까지 보고되고 있다.

다시 방문하고 싶은 병원, 태국의 사미티벳 병원

'호텔과 같은 병상' '테마가 있는 병원' 등이 태국의 병원을 나타내는 단적인 표현이라고 할 수 있다. 우수한 의료시설과 함께 환자

9) 이용균(2011). 병원의 녹색경영과 건축과제. 한국병원경영연구원 논설, 17(3), 55-59.

를 철저히 케어하는 최상의 서비스 제공을 목표로 하고 있으며, 의료인들의 수준도 높은 것으로 정평이 나 있다. 사미티벳 병원[10]은 태국에서 가장 획기적이고 뛰어난 의료서비스를 제공하는 의료기관으로 인정받는 병원이다. 총 5개의 병원(사미티벳 스쿰빗 병원, 사미티벳 스리나카린 병원, 사미티벳 스리나카린 어린이 전문병원, 스리라차병원, 사미티벳 돈부리)으로 이루어진 병원은 사미티벳 병원으로 각 병원마다 차별화해서 전문적인 종합병원 형태를 갖추고 있다. 모든 병원이 JCI 인증을 받았으며, 2003년에 어린이 종합병원이 오픈하면서 동시에 가장 획기적이고도 뛰어난 의료서비스를 제공하는 병원으로 인정받고 있다. 특히 태국의 사립병원 중 유일하게 전 병실을 1인 1실로 운영하여 귀족 병원이라고 불릴 정도의 호화로운 시설을 자랑하고 있다.[11] 아시아에서는 처음으로 소아 전문병원을 운영하기도 하였는데, 골수이식과 신생아 집중 치료 분야에 있어 최고 수준이라고 한다. 스리나카린에 있는 아동병원은 놀이동산으로 착각할 듯하다. 병원의 안내판도 '사파리존'이라는 식으로 표현되어 있는데, 피노키오 아저씨가 곳곳을 다니면서 풍선으로 장난감을 만들어주고 사진 촬영도 함께한다. 간호사들의 옷에도 놀이동산 직원과 같이 동물 그림이 그려져 있고, 병원 매장과 휴게소에서는 아이들이 좋아하는 장난감과 문구류들을 판매한다. 이와 같이 놀러 가고 싶은 병원의 또 다른 사례로 미국의 '월트 디즈니 파빌리온 어린이 병원'이 있다. 월트 디즈니(Walt Disney Company)가 만든 병원으로, 디즈니의 유명한 캐릭터들로 가득하

10) https://www.samitivejhospitals.com/about-us/hospital
11) 대한병원협회 보도자료(2012) 옮김

고 병원의 놀이방은 디즈니 동화와 같이 모든 것이 꾸며진 세상이고, 원하는 입원실의 테마를 고를 수 있다. 직원들은 디즈니 캐릭터로 분장하고 놀아 준다. 스페인의 산후안 데 데우 병원의 사례에서도 어린 환자들을 위해 병원 디자인을 고민하여 어린이 생활 프로그램과 각종 아이들을 위한 학교, 강아지 치료 프로그램 등을 제공한다. 이외에도 병원 서비스 디자인을 특화한 사례는 다른 국가에도 많다. 이처럼 특화된 사미티벳 병원에서는 '어린이 건강 연구소'를 설립한 바 있는데, 신생아 때부터 정기검진과 담당 의사의 맞춤형 의료서비스를 제공하여 종합건강센터의 역할을 하고 있다. 매우 친절하여 방문했던 환자들이 다시 방문하고 싶은 병원이라고 입소문이 나 있다. 이외에도 호텔과 같은 병원으로 경쟁력을 갖추고 있는 시설은 물론이고 '고객 감동 서비스'를 제공하여 긍정적인 환자 경험을 체감하도록 해 주는 병원이다. 무엇보다도 이 병원의 경쟁력은 가격인데, 가격 대비 높은 수준의 의료 퀄리티와 고급 서비스를 제공한다. 국가적인 차원에서 의료관광산업을 지원하고 있는 태국은 빠르게 해외 선진 의료서비스를 받아들이고 관광산업과의 결합 모델을 제시하고 있다.

최고 등급의 친환경 건물과 최첨단 병원을 위한 정부의 노력, 싱가포르 응텡퐁병원

싱가포르의 건설부로부터 설계에서부터 시공까지 친환경 인증제도 그린마크에서 최고 등급을 받은 응텡퐁 종합병원[12]은 개원 전부터 관심이 집중되었다. 단일 공사로는 싱가포르 최대 규모의

12) 이진영(2016). 격의 시대. 영인미디어.

종합병원이며, 선풍기 날개 모양의 건물과 최적의 병실 환경을 조성하였다. 친환경적 하드웨어, 독특한 건물 설계, 정보통신기술을 접목한 완전 자동화된 병원 운영 시스템 등 전 세계 첨단 병원의 모든 요소를 다 집약했다. 자연 환기에 최적화된 부채꼴 형태의 병실 설계, 모든 병실의 창밖에 녹색 정원을 배치한 건물 구조, 무선 주파수(radio frequency)를 활용한 손목시계형 환자 인식표, 와이파이로 통제되는 화물 이송 로봇 카트를 통한 검체 수송 등은 모두 싱가포르에서 처음 시도한 것이다. 병원의 독특한 외관은 환자마다 창문과 외부 조망이 가능한 조경 공간이 제공되며, 건물 곳곳에 조경 화단을 배치하여 환자의 자연 치유 능력을 극대화할 수 있도록 설계하여 싱가포르 최고의 랜드마크로 자리매김하고 있다.

환자의 치유는 물론이고, 태양광 소음을 차단하였고, 공기 정화 기능을 배가하였다. 응텡퐁 종합병원이 내세우는 비전은 매우 사회적이고 예방의학적이다. '환자 돌봄을 변혁하고 모든 가정에 건강의 가교가 되자'를 비전으로 하고 있는데, 이러한 병원을 통해 의료 전달 체계를 고려하는 싱가포르 정부의 노력이다. 최근 의료비 상승과 고령화, 만성질환 증가에 본격 대응하였는데, 의료기관들이 서로 단절되어 있고 환자들의 의료서비스 이용이 효율적이지 못한 점을 해결하기 위해 통합의료청(AIC)을 설립했다. 통합 의료를 촉진하기 위해 처음에는 수술 등 치료 후 환자 관리에 주안점을 두었고, 다음에는 급성 질병 치료 병원과 요양시설, 각 지역의 클리닉을 연계해서 통합적 관리를 유도했다.[13] 이와 같은 병원의 노력은 단순히 하드웨어나 소프트웨어의 혁신뿐만 아니라 치료(cure)에

13) 이왕준(2016. 8. 17.). 싱가포르에서 본 의료서비스의 미래. 조선일보.

서 케어(care)로 무게중심이 옮겨 감을 의미한다.

싱가포르의 또 다른 병원인 래플스 병원[14]의 사례가 있다. 싱가포르 도심 한복판에 위치한 래플스 병원은 들어가는 순간부터 호텔보다 더 좋은 착각이 들게 만든다. 병원 앞에 내리면 호텔의 벨보이와 같이 정복을 한 프런트 오피서가 웃음으로 반겨 주고, 안으로 들어가면 커피숍이 보이고, 병원 특유의 알코올 냄새는 나지 않으며, 아름다운 음악 선율이 흘러나온다. 로비 안쪽에는 환자와 가족들이 인터넷 등 사무를 볼 수 있는 '비즈니스 센터'도 있다. 진료와 수납, 약 제조를 원스톱 시스템에 의해 한 곳에서 불편 없이 끝낼 수 있다. 의료 개방에 걸맞게 각 진료센터는 다국어 서비스를 제공한다. 병동별로 환자들의 특성에 맞는 편의성을 제공하고, 특색에 맞게 분위기를 조성해 주어 환자들에게 편안하고 상쾌한 분위기를 만들어준다. 진료실에 들어가면 주치의와 한 시간이 넘는 상담과 진료 후에 입원 수속을 결정하게 된다. 병실에 들어가면 호텔로 착각이 될 정도로 세세한 부분에도 환자를 배려하여 시설 및 병원 용품을 배치한 것을 볼 수 있다.

산부인과 병동의 경우에는 1인실 하루 병실료가 50싱가포르 달러(약 25만 원)이고, 입퇴원 수속 대행 등 편의를 제공할 경우에는 약 45만원이 소요되고, 전담 간호사를 신청할 경우에는 병실료가 65만 원으로 오르지만 대신 식사 조리는 특급호텔에서 스카우트된 '푸드 매니저(food manager)'가 책임진다. 병원 5층의 로열 스위트룸(Presidential Suite)은 브루나이 왕족과 전속 계약을 맺고 있어서 샹들리에, 도금 처리한 손잡이, 대리석 욕조, 영상 회의실 등 왕실

14) www.rafflesmedicalgroup.com/services/hospital; https://blog.naver.com/hyouncho2

을 그대로 본떠 만들었다. 환자뿐 아니라 환자의 가족을 위한 서비스까지 저렴하게 제공한다. 환자 가족을 위한 숙박 시설과 24시간 외래 진료 및 전화 상담으로 병원 관련 및 관광 정보를 동시에 제공받을 수 있기에 의료관광과 함께 특화하여 외국인 환자의 방문을 유도하고 있다.

10년 전 샴쌍둥이 수술로 입지를 다진 래플스 병원은 치료와 관광 쇼핑을 연계하는 싱가포르 의료의 전형적인 모델이다. 고급화 병원의 교과서로 인식되는 래플스 병원은 외국의 부유층들을 대상으로 차별화된 마케팅을 한다. 래플스 병원의 건강검진 프로그램은 11종류인데, 가격이 한화로 20만 원에서 200만 원까지 다양하다. 이 병원은 자체적인 응급환자 수송 체계를 갖고 있는데, 환자가 전화하면 어디든 24시간 운영된다. 병원의 의사가 동승하는 시스템이다. 비용 또한 시간에 따라 다르지만, 매우 저렴하여 건강검진이나 응급환자 수송과 같은 부분은 대 환자 서비스로 제공되는 편이다. 또한 최근에는 독자적으로 건강기능식품을 생산하고 있다. 래플스 병원의 국제 경쟁력은 정부의 의료 정책과 지원, 의료계의 내부 효율성 등에서 효과를 받아 성장한 병원이다. 헬스케어(Healthcare)뿐만 아니라 휴먼케어(humancare)로 옮겨 가는 방향으로 세계 유수의 병원들이 변화하고 있다. 이와 같은 병원의 진보적이고도 삶의 질을 추구하는 경향으로의 변화는 병원의 본래 어원에 담긴 의미를 잘 설명하고 있으며, 이미 유사한 형태로 국내에서도 시도되고 있는 변화다.

민주적 환자 중심 병원, 미국 메이요 클리닉

메이요 클리닉[15]은 '환자 중심'이라는 목표 아래 환자가 필요로 하는 것을 최우선으로 한다는 가치관을 공유하며, 환자가 원하는 것이 무엇인가를 항상 생각하는 환자 중심으로 병원을 지향한다. '세상에서 가장 사랑받는 의료서비스 기관' '의료 혁신의 상징' 등으로 수식되는 메이요 재단은 미네소타주의 로체스터, 플로리다주의 잭슨빌, 애리조나주의 스코츠데일에 위치한 3개의 메이요 클리닉과 4개의 종합병원에 2만 5천 명의 의료인, 간호사, 과학자가 종사하는 거대한 '임상의 메카'다. 메이요 클리닉의 사명은 '임상 실험과 의학 교육, 연구를 종합하여 모든 환자에게 언제나 최상의 진료를 제공한다'다. 전 세계에서 방문한 환자들을 위한 호텔, 식당 등의 편의시설이 함께 거대한 메디컬 타운을 형성한다. 인구의 25% 정도가 메이요 클리닉과 관련된 일을 할 정도로 로체스터 마을의 일자리와 경제를 지탱하고 있다.

사회 발전과 경제 발전에 기여하며, 지역 내 타 의료기관에도 병원정보를 제공하여 시민들의 삶의 질 향상에 이바지하고 있다. 또한 미국 전역에서 기부금이 모인다. 병원 로비를 들어가는 순간, 호텔 또는 미술관을 연상하게 만드는 안락하고 쾌적한 공간으로 디자인되어 있고, 압도적인 규모만큼 하루 진료 환자 수도 엄청나다. 환자들은 평화롭고 안락하게 병원을 경험한다. 모든 진료에서 환자에게 시간을 불필요하게 소비하지 않도록 하고, 기다림 없이 가장 적합한 의사에게 진단과 수술까지 빠르고 정확하게 받게 된다.

세계 최고의 의사들은 충분한 시간을 기울여서 환자의 의견에 귀를 기울이고 서둘러 진찰하지 않는다. 협진을 통해 최선의 진료

15) 이정진(2013). 세계 최고의 병원 메이요 클리닉. **병원경영정책연구**, 2(1), 88-96.
https://www.mayoclinic.org

를 끌어내기 위해 진료진은 진단과 중요한 결정에 있어서 소통하고 의견을 모은다. 상호 배려와 신뢰로 최고의 진료를 제공한다. 남북전쟁 당시에 외과의사 윌리엄 마요(William W. Mayo)가 북군 병사의 진료를 담당하기 위해 로체스터에 파견되었다가 세계 최고의 병원을 만들게 된 것에서 메이요 클리닉이 추구하는 가치에 주목할 수 있다. '환자를 최우선으로'라는 가치와 철학에서 비롯되어 환자와 환자 가족을 위한 교육센터, 연구센터, 예술 작품과 정기 콘서트 개최, 방문자를 위한 프로그램으로 문화 공간을 동시에 창출하여 환자를 향한 가치를 갖고 병원의 공간과 시설 의료서비스에 있어 소통하고 있다.[16] 강력한 메이요 의료서비스 브랜드의 형성은 바로 환자를 위한 가치관과 시스템의 환자 경험에서 비롯된다. 메이요 브랜드의 사례에서도 의료서비스가 생명 존중의 가치 중심 서비스이자 환자 경험을 통해 인정되는 의료서비스의 특성이 그대로 반영되어 있다.

환자들이 서로 만나 관계를 쌓고 입원이 경험이 되어야 한다, 캐나다 숄디스 병원

캐나다 토론토에 위치한 숄디스 병원[17]은 병상이 100개도 안 되는 작은 탈장에 특화된 전문병원이다. 규모는 작지만 의사들의 전문성과 환자들의 만족도는 세계 최고 수준이다. 매년 환자 동창회(patient reunion)라고 불리는 파티를 열어 환자들을 초대해서 함께 저녁을 먹고 연예 공연을 즐기며 춤을 추기도 한다. 검진을 위해 환

16) '엔자임헬스' 병원탐방 프로젝트

17) 동아비즈지니스리뷰(2013. 10.). 월드인재개발원 서비스컨셉자료 139호.

자들을 초대하고 검진을 포함하는 동창회를 개최한다. 또 병원까지 접근하기 어려운 사람들을 위해 이동진료소를 세운다. 숄디스 병원의 성공 철학은 이 병원의 경쟁력을 보여 준다.

"우리의 유산(legacy)을 지켜 줄 누군가를 찾아야 합니다. 병원은 주인보다 더 중요합니다(The hospital is more important than the owner)" "큰돈을 벌고 싶은 의사는 숄디스에 맞지 않습니다. 우리 의사들은 안정된 생활과 자신의 가족을 위해 쓸 수 있는 시간을 원하는 사람들입니다." 이는 우르트하트 부원장의 말이다. 효율적인 운영을 위해 탈장만 다루는데, 탈장 치료에서는 세계에서 가장 유명하다고도 할 수 있다. '숄디스 방식(Shouldice method)'이라는 고유의 치료법으로 1945년 창립 이후 지금까지 계속 세계 최고의 완치율과 환자 만족도를 자랑한다. 특히 민간병원에 대한 규제가 심한 캐나다 사례이기에 의미 있다고 할 수 있는데, 이 병원의 성공 비결은 다음과 같다.

- 세부 질환에 대한 전문병원으로 특화 전략 고수
- 환자 간의 의사소통을 독려하고 멘토십을 조성하여 정신적 안정감을 주고, 의료인의 인건비는 절약
- 동창회 개최, 우편물 발송 등 예전 환자에 대한 적극적 사후관리를 통해 입소문 확산. 2019년 당시 87%의 신규 환자가 예전 환자의 추천으로 입원함

병원에서 모든 것을 하고 사람들의 소망까지도 구현하도록 돕는다, 일본 가메다 병원

'Always say YES'가 가메다 종합병원[18]의 모토다. 일본 치바현

가모가와시에 있는 가메다 병원은 도쿄역에서 열차로 2시간 이상 가야 만날 수 있다. 병원 입지의 열악함에도 불구하고 이 병원에는 전국에서 환자가 찾아온다. 매일 3만 명의 외래 환자가 병원을 방문하고, 1,000병상이 가득 찬다. 전문가들은 이 병원을 찾는 환자들이 마음에 드는 경험을 하기 때문으로 분석한다. 모든 병실이 바다를 바라보고 있고, 호텔과 같은 컨시어지가 있어서 교통, 숙박 안내, 면회객 응대, 방문 카드 발행, 입원실 에스코트, 우편물을 입원실내로 배당 등을 지원한다. 애완동물도 환자들에게는 가족과 같은 중요한 존재라고 생각해서 병실 내에서 함께 지내도록 허용한다.

환자와 가족을 세심하게 배려하는 품격 있는 병원 서비스를 제공한다. 우선 가메다 병원의 모든 입원실은 21㎡로 넓어서 보호자도 편히 쉴 수 있다. 또 24시간 면회가 자유롭다. 병원 1층에는 고객의 눈을 즐겁게 해 줄 수 있는 잡화점이 입점해 있다. 치료로 인해 머리가 빠지는 환자를 위해 뷰티살롱, 음주가 가능한 환자 등을 위한 바(bar)까지 운영된다. 이곳은 병원 밥은 맛이 없다는 통상적인 생각도 깨고, 환자식도 얼마든지 맛있게 제공할 수 있다는 것을 보여 준다. 전망이 가장 좋은 13층에 영안실을 만들 정도로 고객이 원한다면 무엇이든 시도하는 병원이다.

병원에서의 좋은 경험을 심어 주는 가메다 병원은 환자 경험 만족도에서 높은 평가를 받고 있다. 또한 환자를 배려함과 함께 내부고객인 의료진의 능력을 인정하고 자율권을 부여함으로써 직원들의 역량을 충분히 발휘할 수 있는 환경을 제공한다. 가모가와시는

---

18) 동아비즈지니스리뷰(2013. 10.)
김진영(2016). 격의시대. 영인미디어.
월드인재개발원 서비스컨셉자료 기사 옮김

가메다 의료원을 중심으로 도시의 문화와 상권을 형성해서 병원 마을로 불린다. 고객을 중심으로 모든 것을 생각하는 마인드로 기대를 뛰어넘는 가치를 실현하는 가메다 병원의 서비스에 대해 호세이대학(法政大學)의 사카모토(板本) 교수는 다음과 같은 네 가지 핵심 가치를 이야기했다.

1. 병을 치료한다는 '기본적 가치'
2. 고객이 당연히 기대하는 '기대 가치'
3. 이렇게 하면 좋겠다는 '소망 가치'
4. 예상치 못한 감동을 주는 '예상 외 가치'

가메다 병원의 사례에서처럼 환자와 가족의 직접 경험을 통한 만족도 제고는 의료서비스에 있어서 매우 중요한데, 환자의 병원에 대한 신뢰도에 영향을 주게 되며 최종 병원 방문 의도에 긴밀하게 연결되기 때문이다.

과학과 신개념의 만남, 독일 아헨병원

유럽 최대의 병원인 아헨병원[19]은 엄청난 규모의 병원으로서 교육, 연구, 치료가 한 병원에서 이루어진다. 병원 안으로 들어가면 병원이 아닌 호텔이나 공항청사와 같고 병원으로 느껴지지 않는다. 병원 2층에는 칸칸의 방이 있는데, 환자의 접수 및 상담이 프라이버시를 보호하며 이루어진다. 이는 병원의 익명성을 보호하는 아헨병원의 전략이다. 간호사의 책상에도 주사기와 진료카드 하나

19) MBC프로덕션(1997). '독일의 자존심, 아헨병원' 영상 옮김

보이지 않는다. 환자에 관한 것은 온라인 전산에 의해 베일에 가려서 관리되고 이동된다. 병원처럼 보이는 것은 모두 숨긴다.

이 병원은 학문적 과목과 실제 진료가 모두 연결되어서 의료진의 과감하고 진취적인 시술이 이루어진다. 아헨병원은 신경외과와 신장내과에 있어서 세계 독보적이다. '폴리클리닉'에서는 일반 병동에서 진단이 불가능한 환자의 진단명을 알아내는 진단전문 진료센터인데, 독일인은 물론 전 세계로부터 환자들이 찾아온다. 또한 이 병원의 환자들은 환자복을 입지 않으며, 모든 병실은 세계 유일의 2인실 병동으로 이것은 환자 제일주의의 상징이라고 한다. 2인실 병동은 호텔에 버금가는 인체공학적 시설로 환자의 편의를 도모하고 있다. 또한 병실에는 보호자가 필요 없다. 병원에서 전적으로 환자 돌봄이 가능한 병원이다. 이러한 서비스에도 병원 관련된 모든 비용은 무료로, 국가가 모든 것을 부담한다.

독일 최초로 간장 이식수술에 성공한 독일 본대학교의 종신교수인 한국인 이종수 박사는 "병원은 이익을 내서는 안 된다" 라고 말했다. 국가의 보건은 정부의 책임으로 경영과 운영에 있어 부족한 부분은 정부가 채우고 보험료는 현상 유지를 해야 한다는 의미다. 독일 사회는 '병원은 이익을 내서는 안 되는 사회'라고 한다. 그래서 독일 거리에서는 병원 간판을 찾아보기가 어렵다. 광고 효과로 인해 환자가 병원에 오면 안 된다는 의미다. 독일은 모든 개인병원의 간판 모양을 법으로 규제하여 현란한 형태를 금지하고, 크기는 가로×세로 30~50cm를 넘을 수 없다. 의사의 실력에 따라 환자가 병원을 선택하도록 하는 나라이지만 대통령이라고 해도 1차 병원을 거치지 않고는 대학병원에 갈 수 없다.

독일에는 가정의제도가 있어서 한 의사에게만 진료를 받고 환자들은 가정의를 높이 신뢰한다. 환자가 움직이지 못하게 되면 가정의는 환자에게 달려간다. 그러나 환자를 진료하기 위해 서두르지도 않는다. 이 모든 서비스가 국가가 지급하는 진료비가 보장되어 있기 때문이다. 환자가 대학병원으로 갈 경우에는 환자의 가정의의 진료와 병원의 기록이 연계된다. 특히 큰 병원 우선주의 경향이 있는 우리 스스로에게 질문하게 된다. 환자의 상태를 잘 이해하고 잘 다루어 주는 의사가 좋은 의사인지 아니면 무조건 큰 병원에 근무하는 의사가 환자에게 좋은 의사인지를 생각해 볼 필요가 있다. 아헨병원의 소아병동에는 환자를 위한 시립학교가 있다. 아헨시가 병원 안에 설립한 정식 학교다. 어린이가 동등하게 교육받을 권리에 따라 3주 이상 병원에 입원해야 하는 아헨병원의 어린이 환자는 학교에 다녀야 한다. 병원 내 교실 안에 모든 시설, 수업재료, 그리고 선생님의 월급은 아헨시가 책임진다. 학교 수업에 뒤처지지 않도록 하고 병원에서 정상적 생활을 유지하도록 하기 위함이다. 때로는 선생님이 병실로 찾아가 수업을 진행하기도 한다. 그리고 이렇게 받게 되는 수업일수는 학교 결석에서 제외된다. 환자가 중증질환으로 비관적일 상황일지라도 끝까지 가르침을 포기하지 않고 환자를 보살핀다는 느낌을 갖도록 한다. 병동에는 최고의 시설을 갖춘 놀이방에서 지체부자유한 어린이도 함께 어울림으로써 '병'이 일상생활을 단절시켜서는 안 된다는 믿음을 준다.

봉사자들이 환자들의 방마다 다니며 환자들의 무료함과 문화적 욕구를 채워 주는 병원의 걸어다니는 도서실의 역할을 한다. 이 특별한 도서 서비스가 주는 교훈은 부름이 있기 전에 먼저 달려가는 것이 '복지'라는 점이다. 아헨병원의 사례가 보여 주는 이러한 국가의 복지는 로더비르겐 요양병원으로 이어진다. 이 병원에서는 퇴원 환자가 사회 복귀 훈련을 4주간 하면서 사회 적응을 준비한다. 치료에서 요양까지 국가가 책임지는데, 한 명의 환자를 건강하게 사회에 복귀시키는 것이 국가의 이익이라는 관점이다. 한 사람과 한 가족이 짊어지기에 질병은 무겁다. 국민 모두가 한 사람의 책임을 나눠 갖는 국가책임론을 독일의 아헨병원에서 확인할 수 있다. 화창한 오후, 아헨병원 광장에서는 아이스크림 파티가 열린다. 아이스크림을 즐기는 시민들은 환자라고 하기에는 평온한 모습을 하고 있다. 과학과 결합한 첨단의 아헨병원의 신개념은 질병도 삶의 일부로 받아들이도록 한다.

이외에도 유사한 서비스를 제공하는 병원의 사례를 독일과 다른 국가에서 찾아볼 수 있겠지만, 아헨병원은 쉼과 배려의 의미를 제대로 설명하고 또 서비스를 통해 보여 주는 사례다. 또한 광고가 의료의 전문성과 진정성을 침해하지 않도록 통제하면서 병원의 영리 추구를 차단한다는 점은 한국의 의료 현장에 시사하는 바가 크다. 의료서비스재의 특성에 있어서 광고는 철저히 이윤 추구가 아닌 공익성과 공공성에 있어서만 공통분모를 갖춰야 하며, 의료서비스 본래의 목적 이용에 영향을 주지 않아야 한다. 보건의료는 생명을 다루며, 의료서비스가 공공성과 공익성을 특성으로 하는 생명존중의 가치를 지닌 서비스이기 때문이다.[20]

맞춤형 치료와 사회와 병원을 이어 주는 독일 회엔리트 재활병원

독일 뮌헨 남쪽 호숫가에 세워진 병원으로, 환자의 신체 상태에 따라 치료를 달리하는 맞춤형 치료와 퇴원을 하고도 사회에 적응하

20) 조은희(2019). 개정의료법 57조(의료광고 사전심의제도 개정)의 배경, 광고의 사회적 윤리성과 공익적 가치. **병원경영학회지**, 24(1), 77-80.

도록 돌보기 위해 사회와 병원을 이어 유기적인 치료를 받을 수 있는 프로그램을 가진 곳이 회엔리트 재활병원이다.[21] 이 병원의 철학은 친환경적인 의료시설에서 첨단 의료 프로그램으로 환자가 심신의 장애를 극복하도록 돕는 것이다. 위르겐 슈미트 부원장은 이렇게 말했다. 7개 동의 병원 건물은 대형 유리창이 달린 통로로 연결되어 있어서 몸이 불편한 환자의 이동을 효율적으로 도와주면서도 언제나 자연을 감상하도록 설계했고, 신선한 공기를 호흡하면서 재활 훈련을 받는 과정에서 정신신체의학 치료를 병행한다. 이 과정에서 필요하다고 판단되면 고용주를 불러서 환자와 면담하는 프로그램도 있을 정도로 환자 개개인을 위한 세심한 배려를 한다. 지난 10년의 기간을 거쳐 병원 시설과 환자를 위한 치료 프로그램에 꾸준히 투자하여 심장질환뿐 아니라 정신장애 분야에서 두각을 나타내고 있다. 아심 쉐퍼 원장은 전문경영인 출신이다. 1997년 병원을 보험회사에서 운영하면서 환자 중심으로 병원 내 모든 시스템을 바꾸었는데, 이때 전문경영인인 쉐퍼가 병원장이 되었다. 환자가 최선의 의료서비스를 받을 수 있는 병원 경영과 병원운영관계, 그리고 연금 보험회사와의 원만한 관계 유지 등을 고민했다. 회엔리트 재활병원의 명성이 알려진 것은 환자에게 과학적인 장비를 이용하고 체계적인 치료 프로그램을 도입하면서부터다.

심장질환 환자를 위한 세심한 재활 치료도 다른 병원과 차별화되어 제공된다. 이미 10여 년 전부터 독일 사회는 병원의 의료서비스 개선 인식이나 직원들의 인식이 서비스와 효율을 추구하는 방

21) www.hoehenried.de
푸르매재단 자료센터.
동아사이언스(2006. 12. 30.). [세계의 名병원] 獨회엔리트 재활병원.

향으로 변화하고 있다. 환자에게는 집과 같은 병원, 환자를 위한 병원 내부의 디자인 배치, 환자들에게 환자임을 잊도록 하는 사복의 허용, 재활 환자들의 즐거운 치료 시간, 저렴한 병원비와 질 높은 의료진의 전문 치료 프로그램 제공이다. 그러나 국가가 국민의 건강과 교육 문제를 책임지는 독일의 제도에서 환자들은 비용 부담이 없다. 퇴원 후에도 환자의 기능이 회복될 때까지 맞춤형 치료가 진행된다. 독일 병원에서는 입원 환자들끼리 주말을 이용해서 인근 지역으로 관광을 다니고, 심지어 춤을 즐기는 모임까지 활성화되어 있다. 이미 독일에서는 입원과 치료가 모든 것을 포기하고 감수해야 하는 고통스러운 일이 아니라 일상적인 삶을 찾아가는 과정으로 인식되기 때문이다.

커뮤니티케어, 일본 미츠기 병원

고령화 환자의 증가로 노인 의료의 미래 재택의료서비스에 관한 관심도 증가하고 있다. 미츠기 병원[22)]은 일본의 존엄한 노후에 대해 연구하는 야마구치 원장의 철학이 담긴 병원이다. 일본의 대표적인 지역포괄케어 시스템이라고도 할 수 있다. 지역 인구 6,600명의 작은 마을에 240병상, 22개 진료과의 규모로 외래 진료만으로는 부족한 환자에게 방문 진료와 간호를 개시하였다. 퇴원 후 환자들의 상태가 나빠지는 상황을 안타까워하여 그 결과 인간을 돌보는 방문 의료 활성화를 강조한 '공립 미츠기 종합병원 시스템'이 탄생하게 되었다고 한다. 외래 진료만으로 부족한 환자에게 방문 진료, 간호를 개시하였고, 재택 지원 강화를 위해 지금의 의료, 복지,

22) 김수홍(2019). 대한병원협회「K-Hpspital Fair 2019」-일본의 지역포괄케어시스템

보건의 복합체 시스템을 만든 곳이다. 이러한 사후케어를 통해 와상 노인의 비율을 줄일 수 있었다고 한다.[23] 보건복지센터를 시작으로 통합보건의료복지 서비스를 제공하기 위해 많은 관련 기관이 들어오게 되고, 의료타운을 형성하게 되었다. 이것은 정부의 체계적인 계획과 지원이 아닌 야마구치 원장의 시도였다. 이는 노인이 좀 더 인간적인 돌봄을 받을 수 있는 발판을 마련한 병원이라고 할 수 있다. 이와 관련하여 또 다른 사례로서 치료 후 재활 의료시스템을 제공하는 일본 모리노미야 병원을 참고하여 찾아볼 수 있겠다. 노인 대상은 아니지만 퇴원 이후 사회 복귀 계획을 의료진이 직접 계획 및 설계하며, 필요한 경우에는 퇴원 후 가정을 방문하여 거주 환경을 파악한다. 어르신들이 존엄하고 행복하게 노후를 마감하도록 배려하는 것은 '노인의 권리'[24]다. 고령화가 급속한 우리나라에도 노인 간병 돌봄 서비스는 증가하고 있지만, 영리 추구로 둔갑한 요양병원, 요양원에서는 환자에 대한 서비스에 대한 문제점이 많고 관리도 허술한 것이 현실이다. 제대로 돌봄을 받기는커녕 관리가 부실하고 사고도 잦으며 의료서비스도 제대로 되어 있지 않다.[25] 사회적으로 노인 돌봄에 대한 합의가 필요함은 물론이고, 어르신들에 대한 현실적인 법과 제도가 필요할 것이다. 초고령사회에서 노인 병원과 돌봄에 있어 실질적인 심층 연구와 분석이 필요하다.

---

23) 한국일보(2005. 7.). [노인케어]〈8〉 日 히로시마현 미츠기쵸-공립 미츠기 병원.

24) UN이 발표한 노인을 위한 원칙(1991).

25) KBS 1TV(2019. 7. 10.). 존엄한 노후.

병원이 아닌 마을, 호그벡 치매마을

한국도 고령화 사회로의 속도가 가속화되고 치매 환자도 동시에 급증하고 있다. 근본적 사회 문제가 해결되어야 하겠지만, 노인 문제와 관련해서는 국가책임론을 주장하는 이도 많다. 네덜란드에서는 집처럼 편안하게 치료하는 호그벡 치매마을[26]을 설립했다. 호그벡 치매마을은 이 마을의 설계자인 이본 반 아메롱겐(Yvonne Van Amerongen)의 배려가 담긴 작품이다. 요양병원에서 환자들을 위한 자유로운 공간의 필요성을 느끼고 병원 경영진에게 이러한 아이디어를 제안한 결과, 정부 지원으로 2009년에 개원했다. 호그벡 치매마을은 4,500여 평 부지 안에 커피숍, 슈퍼마켓, 음식점, 공원, 미용실 등을 갖추고 있다. 입주자들은 마을 농장에서 채소를 가꾸고, 교회를 가고, 가벼운 취미생활도 즐긴다. 호그벡 치매마을에는 약 200명의 노인이 거주하는데, 6~7명씩 한 집에서 생활한다. 거주 공간을 배정할 때에도 환자 개인의 특징을 분석해서 입주자가 살던 생활양식과 유사한 환경의 곳으로 선택하도록 한다.

소득에 따라 입소 부담금도 다르다. 그리고 여기서는 노인들이 '환자'가 아닌 '주민'이라고 불린다. 치매를 앓기 전에 좋아했던 음악과 요리가 제공되고, 집에는 향기로운 꽃이 화병에 꽂혀 있고, 클래식 음악이 흐른다. 이곳에서 근무하는 사람들은 요양 전문 간호사나 간병인, 노인병 전문 의사다. 노인들이 돌아다니다가 길을 잃어도 직원들이 길을 찾아 준다. 의사, 간호사들은 흰 가운을 입지 않는다. 최소한의 개입만 할 뿐이고 환자들과 함께 생활하면서 응급 상황에 대처한다. 평상복을 입은 직원이 집집마다 상주하여 장

26) https://hogeweyk.dementiavillage.com

을 보고 요리하고 노인들을 돌본다. 사고를 방지하기 위해 곳곳에 CCTV가 설치되어 있으며, 관리팀은 1시간마다 모든 환자의 동선을 파악한다. 마트에 가도 물론 가격표가 없고, 미용실에서도 비용 지불을 하지 않는다. 정신이 흐릿하고, 손과 머리를 떨고, 휠체어에 몸을 의지하고 있을지라도 이 마을에서는 일반 요양원에서 지내는 경우처럼 종일 침대에만 누워 있지 않아도 된다. 갇혀 있는 요양병원과 같은 형태가 아닌 평범하고 편안한 일상을 마을 안에서 지속하게 해 주고 행복한 삶을 누리도록 하는 환경을 조성한다.

요양시설에 격리된 치매 환자의 경우에는 격리 상황에서 발생하는 스트레스와 근심, 분노, 공포, 우울증으로 증세가 악화하는 경향이 있다. 〈네이처 신경과학(Nature Neuroscience)〉에 실린 연구에 따르면, 격리가 실제 뇌 속 신경세포의 연결 섬유인 미엘린(myelin)의 생산을 감소시키는 것으로 나타났다. 이러한 이유로 해외에서도 네덜란드의 호그벡 치매마을을 벤치마킹하는 사례도 늘고 있다.[27]

덴마크의 스벤보르 치매마을은 네덜란드의 호그벡 치매마을을 참고하고 보완해서 만들어졌다. 호그벡 치매마을은 유럽 내에 치매마을이 확산하는 데 동기를 제공했다. 클리트 위원장은 "우리가 참고는 했지만 스벤보르는 덴마크 문화와 환경에 맞게 지어져서 호그벡 모델과는 매우 다르다. 우리 시설은 거주부터 데이케어센터 운영, 지역사회 교육 등을 총괄한다"고 말했다. 스벤보르 치매마을의 목표는 '좋은 삶에 관한 모든 것(All about good life)'이라고

---

27) https://www.hani.co.kr/arti/society/health/868512.html; https://health.chosun.com/site/data/html_dir/2017/12/07/2017120702174.html; https://bravo.etoday.co.kr/view/atc_view.php?varAtcId=10790

설명한다. 그는 "질병에 걸리지 않고 오래 사는 것이 가장 이상적이지만, 걸리더라도 삶의 질을 유지하며 사는 게 중요하므로 우리는 그런 서비스를 제공하는 데 주력한다"며 '치매 어르신을 안전하게 모시는 것이 우선이고, 그렇게 함으로써 그들의 가족에게 마음의 안정과 휴식을 준다'고 말했다.

치매마을의 '고립성'을 두고 비판이 없는 것은 아니다. 치매마을의 입주자는 각자 집에 살면서 상점, 헬스장, 레스토랑, 카페, 서재 등 공동시설을 이용하는데, 이 역시 요양원처럼 치매 어르신을 울타리 내에 두고 지역사회로부터 격리하는 게 아니냐는 주장이다. 이에 대해 클리트 위원장은 "덴마크 법상 사람을 가두지 못한다. 그렇게 할 수도 없고 해서도 안 된다. 입주민 누구나 원하면 얼마든지 밖으로 나갈 수 있다. 다만 실종 위험이 있어서 위치 추적으로 그들을 안전하게 보호하는 것"이라고 반박했다. 그는 "스벤보르 치매마을은 격리가 아니라 지역사회가 함께 어르신을 돌보는 체계"라고 덧붙였다.[28] [기사 전문 옮김]

또 다른 사례로 일본의 도쿄, 히라주쿠에는 '노인들의 히라주쿠'라는 상점가가 있다. 모든 것이 노인들에게 맞추어 움직이는 거리다. 보행보조기에 느릿하게 걸어도 타인을 의식할 필요가 없고, 노안을 배려해서 모든 쇼핑을 즐기도록 가격표, 안내문 글씨가 조정되어 있다. 또한 노인의 주머니 사정을 고려하여 가격표 또한 저렴하게 책정해 놓았다. 노인들의 안전 보행과 안전을 위해 에스컬레

28) 국제신문(2019. 4. 17.). '질병 있어도 삶의 질 유지하며 살 수 있는 서비스 제공에 주력'. [기사 전문 옮김]

이터, 차도, 인도를 디자인하고, 주변의 환경 또한 위험 요소를 없애 설계하였다. 노인들을 위해 모든 서비스, 상품을 고령화에 특화하여 성공한 경우다. 스벤보르 치매마을이나 호그벡 치매마을과 유사하면서도 일본의 문화와 특성에 맞도록 변형한 사례다. 환자이기 전에 부모 세대인 노인의 안전하고 평화로운 삶의 마감을 위하여 배려한 형태다. 노인의 삶의 여정에서 쉬어 갈 수 있는 공간을 제공하는 사례들이라고 할 수 있다.

암 환자들의 희망, 멕시코 오아시스 병원

어느 시한부 암 환자가 20년간 생존할 수 있었던 것은 멕시코의 오아시스 병원[29]을 방문하고 이 병원의 대체의학에 근거한 치유 방법에 의해서였다. 화학치료와 방사선 치료로 지친 환자들이 방문하는데, 이 병원은 입원실에 누워 있지 않아도 되고 일상생활에 지장이 없다. 따라서 환자들은 화학 요법의 고통과 후유증이 없고 편안한 병원 치료를 한다. 환자이지만 한 사람의 소중한 인간 객체로 대접받고 좀 더 위로를 받는다. 진료보다 인간으로서의 환자로 케어한다는 점에서 이 병원은 다르다. 환자를 한 사람으로 대하는 것이다. 자연친화적인 치료 방법이 정상 세포를 해하지 않으며, 암 치료를 하기에 환자에게 보다 나은 삶을 제공하고, 때에 따라서 치유가 되기도 한다. 이곳의 의사들은 환자의 상태와 치료 방법을 토론으로 결정하며, 필요하면 수술도 하고, 일상으로 돌아가 복귀한 후의 준비도 환자들에게 교육한다.

정통의학은 일반적으로 서구의학을 의미하는데, 대체의학에 대

29) MBC프로덕션(1997). '암환자들의 천국, 멕시코 오아시스 병원' 영상 옮김

해 비판적인 경향이 있다. 이 병원은 수술과 같은 직접적 치료보다는 자연친화적 치료를 하는데, 어떤 희생이 따르더라도 질병에 매달려서 치료하는 방법에만 몰입하지 않고 전체 면역 능력을 강화하는 등 자연치유력을 높이는 전인적 치료를 진행한다. 식이요법도 육식과 가공식품 등은 배제하고, 생야채, 곡류, 견과류를 섭취한다. 지방이 적으면서도 섬유소가 많은 식품, 천연비타민과 미네랄을 충분히 보충하여 인체의 질병 대응 능력을 높인다. 치료의 영역에는 심리적인 부분까지 포함된다. 환자를 혼자 있도록 두지 않고 좋지 않은 감정을 주는 환경을 피하도록 한다. 오아시스 병원에서는 매주 수요모임을 마련하여 입원 환자 모두가 참석하도록 한다. 병원 직원들이 직접 연주하고 생일 축하도 나눈다. 사회적 교감을 나누고, 기쁘고 행복한 감정을 나누어 주는 것이다. 오아시스 병원은 암 환자의 보호자를 배려하여 보호자의 숙박도 무료로 제공함은 물론이다.

인간의 건강은 단순히 질병이 없는 상태로만 정의되지 않는다. 인간은 다양한 수준에서 영향을 받기 때문이며, 이미 다양한 보고서에서도 입증된 바 있다. 이 병원의 기본적인 원칙은 인간을 지탱하는 자연을 올바르게 사용하고 자연에서 치유 방법을 발견하는 것이다. 또한 질병은 환자가 스스로 회복하고자 하는 의지가 중요하다. 두렵지 않고 즐거운 치료 맥락상에서 공감을 주는 사례다. 병을 다루는 근본적인 태도와 개인과 사회의 환경을 배려하는 태도에 있어서 교훈을 준다. 오아시스 병원 외에도 다양한 대체 치료나 요법의 적절한 사용을 통해 치유 증진과 치료를 끌어내는 다양한 병원의 사례는 많다. 자연 파괴로 기후와 환경이 위협받고 신종 질병이 출현하는 등 신음하는 지구촌의 문제와 관련하여 현대인들의 부주의한 식생활 및 제반의 습관과 태도에 있어서 시사하는 바가 크다.

이 장에서는 시공간의 제약 가운데 13개 병원의 사례를 소개했다. 소개한 병원들과 유사한 병원 경영을 구현한 사례는 존재하겠지만, 보건의료서비스를 제공하는 병원의 고유하면서도 핵심 가치를 잘 보여 주는 대표적 사례를 소개하고자 했다. 부족한 자료이지만 병원의 창의와 혁신, 고객 감동은 물론이고, 보건의료서비스의 특성 안에서 상호작용하고 시너지를 창조하는 미래 병원에 대한 영감을 주고자 했다. 병원이 불편하고 두려운 곳이 아닌 삶의 과정에서 지친 몸과 영혼을 치유 받게 되는 따뜻하고 신뢰할 수 있는 곳으로 변모할 수 있을 가능성을 발견하길 바란다. 미래의 병원은 보다 환자 및 사회적 약자와 공감하고 배려하며, 환자의 격을 높일 수 있는 단순 치료 이상의 경영 마인드를 요구한다. 세계의 인정받고 특화된 병원들의 사례는 공통적으로 그 근본에 '인간에 대한 사랑과 생명 존중'에서 비롯됨을 보여 준다.

우리는 병원에서 머물고 치유 받으며 보살핌을 받는 중에도, 또는 병원 밖에서 일상을 보내다가 본인의 의사와 상관없이, 때로는 예측이 불가한 죽음의 순간을 맞이할 수도 있다. 그 누구도 본인의 죽음을 예측할 수 없다. 또한 죽음의 순간에 자신이 원하는 모습으로 자신의 의사를 표현할 수 없는 상태가 될 수도 있다. 생의 마지막 순간은 말 그대로 '신의 영역'이다. 이 장에서는 세계의 병원 소개에 이어서 자신의 마지막 순간에 대해 행복한 결정권을 가질 수 있는 권리를 찾도록 하는 '웰다잉 법'이라고 불리는 「연명의료결정제도」를 소개하려고 한다.

웰다잉 Well Dying

존엄한 삶의 마지막 선택, '연명의료결정법'

의료 기술의 발전은 건강 증진뿐 아니라 생명을 유지시킬 수 있는 의술을 다양하게 발전시켰다. 일부 의학 기술은 사람을 치료하는 데 쓰이기도 하지만, 때로는 환자의 생명만을 연장하게 하는 목적으로 사용되기도 한다. 각국은 이미 1970년대부터 삶의 마지막에 어떻게 인간의 존엄성을 보장하는지에 대해 안락사, 존엄사, 연명의료 중단 등 사망과 관련하여 고민하고, 이를 법률 등으로 제도화하기 시작했다.[30]

미국의 경우에는 1979년 워싱턴주에서 「자연사법(Natural Death Act)」이 제정되면서 연명의료의 중단을 범죄가 아니라고 선언하면서 연명의료 결정에 대한 법률이 시작되었다.[31] 독일의 경우에는 제2차 세계대전 당시 유대인 학살에 대한 트라우마로 오랜 기간 안락사에 대한 논의가 금기시되다가 1970년대가 되어 논의가 시작되었다. 1979년 환자의 자기결정권을 존중하는 입장에서 연방의사회의 '임종 지원에 관한 가이드라인'이 발표되는 등 환자의 자기결정권에 관한 사회적 인식의 변화가 시작되었다.[32] 프랑스에서 연명의료 결정과 관련한 논의는 안락사를 탄원하다가 모친의 도움으로 사망에 이르게 된 소방관 '뱅상 왕베르' 사건이 계기가 되었다.[33] 미국

---

30) 장원경, 유지영, 우수정(2016). **미국의 연명의료결정**. 정담미디어.
31) 김선택(2018). "의사조력자살의 합법화–세계적 동향". **한국의료법학회지, 26**(1), 43.
32) 주호노(2013). "독일에 있어서 존엄사의 법제화와 향후과제". **경희법학연구소: 경희법학, 48**(1), 471-472.

의 카렌 퀸란(Karen Quinlan) 사건이나 낸시 크루잔(Nancy Cruzan) 사건에서의 법원 판결을 통해 연명의료결정에 대해 사회적으로 많은 논의가 진행되었고, 최근에는 웰빙과 함께 안락사 논쟁에서 촉발된 웰다잉(well-dying)에 대한 관심 또한 높아지고 있다.

2009년 2월에 선종한 고(故) 김수환 추기경은 생명 연명 치료를 거부하고 자연스러운 죽음의 과정을 받아들임으로써 아름답고 존엄한 죽음을 몸소 실천했다. 평소 존엄사를 긍정적으로 인정해 온 김수환 추기경은 병세가 악화되기 시작한 2008년 말부터 인공호흡기와 같은 기계적 치료에 의한 무의미한 생명 연장을 거부해 왔다. 이와 함께 2009년 2월 서울고등법원의 김 모 씨의 가족이 세브란스 병원을 상대로 낸 연명치료 중단 민사소송에서 환자의 연명치료를 중단하라는 판결을 내림으로써 존엄사와 안락사에 대한 사회적 공론을 일으킨 바 있다.[34]

2018년 2월부로 우리나라에서도 본격적으로 「호스피스ㆍ완화의료 및 임종과정에 있는 환자의 연명의료결정에 관한 법률」(이하 「연명의료결정법」)에 따른 연명의료결정제도가 시작되었다. 이 법은 환자와 가족을 비롯해 의료계, 생명윤리학자, 종교계, 시민단체 등 각계의 전문가들이 참여해 오랜 숙의 과정을 거쳐 제정되었다. 인간의 존엄과 죽음에 대한 인식을 바꾸는 전환점이 되었는데, 다만 국내외를 막론하고 의료 현장에서도 커뮤니케이션 부족이 시급히 해결해야 할 과정이다.[35]

33) 이지은(2015). "사전의료지시서에 관한 프랑스의 입법 동향". **경상대학교 법학연구소: 법학연구**, 23(2), 118-120.

34) 이한주(2019). 연명의료결정법 제정과정과 문제점 검토. **인권법평론**, 22, 157-191.

우리나라는 아시아 지역 중 최초로 호스피스를 시작했다(1965년 강릉 갈바리 호스피스). '호스피스'(Hospice)의 어원에는 앞서 설명한 병원의 어원이 가진 의미를 포괄한다. 오늘날 호스피스는 암과 같은 질병으로 인해 말기 환자로 진단받은 사람이 자신의 품위와 인격을 최대한 지키면서 고통 없이 남은 삶을 보내도록 도와주는 것을 의미하게 되었다. 이는 단순한 '사회봉사 활동' 혹은 '간병' '간호'와는 다른데, 의료와 사회복지, 종교와 철학 영역을 아우르는 포괄적인 개념으로 환자를 위한 치료 및 돌봄의 장소인 동시에 그러한 정신을 나타낸다. 환자가 편안히 죽음을 맞을 수 있도록 도와주는 것이라는 철학이 반영된 전인적인 접근으로 말기 암 환자의 삶의 질을 향상시키고 인간의 존엄성을 마지막까지 지켜 주는 것이 호스피스 정신이다.

초기의 호스피스는 의료라기보다는 사랑과 봉사를 강조한 종교적인 사명감에서 이뤄졌으나 영적 돌봄과 간호만으로는 환자의 임종 과정이 고통스럽고 가족의 부담도 커서 말기 환자의 통증이나 기타 증상을 완화하려는 연구가 진행되었다. 1935년 하버드의대의 우스터 박사는 의대생을 위해 '노약자와 죽어 가는 사람을 보살피는 법'을 썼고, 임종 환자의 고통을 바르게 이해하고 그들의 고통을 줄이는 방법을 찾으려는 완화의학이 런던의 성 루가 병원과 성 요셉 호스피스를 중심으로 탄생하게 된다. 1960년대 이후 개별적인 호스피스, 가정치료, 지속적인 치료, 암성 통증 등 증상 조절이라는 새로운 분야가 포함된 현대적 의미의 호스피스가 발전하고, 완화

35) 김용(2018). 연명의료결정법의 의미와 과제-환자 중심 의료를 중심으로. 대한의료커뮤니케이션, 13(1), 53-61.

의학(palliative medicine)과 함께 더욱 전문화되어 가고 있다. 그러나 대부분의 국민이 호스피스 제도에는 찬성하면서도 연명의료 결정 문제는 아직 잘 이해하지 못하고 있는 현실이다. 무의미한 연명의료를 하지 않는 것이 호스피스임에도 둘을 별개의 사안으로 생각하는 것이다. 가정에서 임종하는 환자는 의료제도에서 소외되고 고통을 겪을 수 있는 반면에 병원에 입원해 임종하는 환자들은 '무의미한 의료 행위'에 노출되고 있어 이로 인한 윤리적 갈등과 경제적 손실이 상당하다. 우리나라 법안의 문제점은 대상 환자의 범위를 말기와 임종기를 구분하여 호스피스 신청은 말기를 기준으로, 연명의료결정은 임종기를 기준으로 정하게 한 것이다. 말기 환자와 임종기 환자를 명확히 나누는 것은 현실적으로 쉬운 일이 아니기에 문제가 발생한다. 매년 많은 환자가 여러 현실적인 이유와 연명의료결정 과정에 대한 규제 중심의 제도, 이로 인한 의사들의 방어 진료 등의 이유로 자신의 의사와 상관없이 심폐소생술이나 인공호흡기와 같은 무의미한 연명의료에 의지한 채 고통스럽게 임종하고 있다. 연명의료에서 자기결정권을 인정하는 이유는 이 경우만큼은 의료 기술적인 판단보다 환자의 가치관이 더 중요하다고 여겨지는 상황이 있기 때문이다. 연명의료에 대한 자기결정권은 나라마다 인식 차이가 있다. 이런 중요한 결정에는 사회문화적 배경이 크게 작용하기 때문이다. 자기결정권을 가장 중시하는 곳은 미국이다. 반면 유럽은 환자의 입장에서 무엇이 최선인지에 대해 의료진과 가족이 상의해서 결정한다. 「연명의료결정법」은 자기결정권에 대한 법이지만 한국에서는 전통적으로 환자에게 무엇이 최선인가에 대해 주로 의료진과 가족이 상의해서 결정하는 경향이 있다. 법과 문화 사이에서 풀어야 할 과제다. 한국은 호스피스뿐 아니라 의료제도 전반에 있어서 환자에 대한 보살핌에 대한 부분이 부족하다. 병원이나 보건당국의 관리가 편한 제도보다는 고통받는 환자를 보살피고 인간의 존엄성과 삶의 질을 마지막 순간까지 지켜 주는 제도가 환자에게 필요하다.[36]

여전히 많은 사람이 「연명의료결정법」의 존재를 모르거나 제대로 이해하지 못하고 있으며, 심지어 병의원에 근무하는 의료진조차도 임종의 순간에 삶의 결정권을 갖는 것에 대해 충분히 숙지하고 있지 못하고 있는 현실이다. 이러한 현실 때문에 '무의미한 연명의료'에 동의한 것으로 간주되어 고통스러운 임종을 맞이해서는 안될 것이다. '웰다잉법'이라고도 불리는 「연명의료결정법」은 의학적으로 무의미하고, 환자도 원하지 않는 연명의료는 시행하지 않을 수 있도록하여 환자가 삶의 마감을 편안하게 마무리하도록 하는 제도다. 환자에 대한 연명의료 시행 여부를 결정할 책임을 가족에게 넘김으로써 가족이 심리적 · 사회적 부담을 갖지 않도록 보호하는 제도라고 할 수 있다. 국민이 자신의 삶을 존엄하게 마무리할 수 있도록 도와주는 제도인 것이다. 이제 연명치료 관련해서 법률적 기준(legal criteria)의 '사회 규범'으로서의 공감대 마련과 인식에 대한 확산이 필요한 시점이다.

삶의 마지막 순간에 대한 결정권을 갖도록 사회가 함께 생각하고 이해함으로써 적법한 기준과 절차를 마련하는 문화를 조성하는 과정은 인간 존엄의 가치에 대한 구현이라고 할 수 있다.[37] 이를 위해 이 법의 시행에 관련된 사람들이 적극적으로 참여하는 것이 필

36) 허대석(2018). 우리의 죽음이 삶이 되려면. 글항아리

37) 허대석(2018). 우리의 죽음이 삶이 되려면. 글항아리

요하며,[38] 의료계와 학계가 자율성 존중과 의학적 권위 사이의 균형을 고민하여 연명의료 의사결정 과정에서 바람직한 의료 행위(good practice)의 표준을 제시하고 의료인들을 교육해야 한다.[39] 의료인뿐만 아니라 사회 전체적으로 연명의료에 대한 인식을 개선하려는 관심과 노력도 필요하다.[40] 사회가 함께 이 논의에 참여해서 합의를 이뤄 가는 과정을 통해 어떠한 모습으로 삶을 고귀하게 마무리할 수 있을 것인지에 대한 바람직한 '임종문화'를 정착시켜 가는 것이 필요하다.

• 연명의료결정제도란?

연명의료결정제도는 「연명의료결정법」에 따라 임종 과정에 있는 환자에게 의학적 시술로서 치료 효과 없이 임종 과정의 기간만을 연장하는 연명의료를 시행하지 않거나 중단할 수 있는 기준과 절차를 마련하여 국민의 자기결정권을 보장하고, 인간으로서의 존엄과 가치 및 행복추구권을 보호하며, 품위 있고 편안하게 삶을 마무리할 수 있도록 하는 제도다.

국립연명의료관리기관에서 연명의료결정제도와 관련한 모든 내용을 제공하고 있다.

※ 국립연명의료관리기관 홈페이지 https://lst.go.kr

• 연명의료

임종 과정에 있는 환자에게 ① 심폐소생술, ② 인공호흡기 착용, ③ 혈액 투

38) 김명희(2018). 연명의료결정법의 문제점 및 개선 방안. 한국호스피스 · 완화의료학회지, 21(1), 1-8.

39) 문제영, 안희준(2019). 연명의료결정법과 환자 자율성 증진에 관한 문제 제기. 한국의료윤리학회지, 22(2), 161-173.

40) 김연주, 임채만, 심태선, 홍상범, 허진원, 오동규, 고윤석(2020). 연명의료결정법 시행 전후 전공의들의 법에 대한 인지도 및 시행 상황 연구. 한국의료윤리학회지, 23(4), 279-299.

석, ④ 항암제 투여, 그 밖에 대통령령으로 정하는 의학적 시술(체외생명유지술 · ECLS), 수혈, 혈압상승제 투여 등으로서 치료 효과 없이 임종 과정의 기간만을 연장하는 것을 말한다[41].

「연명의료결정법」의 요건을 충족하는 사람은 '사전연명의료의향서'와 '연명의료계획서'를 통해 연명의료에 관한 본인의 의사를 남겨 놓을 수 있다.

• **'사전연명의료의향서'와 '연명의료계획서'**

'사전연명의료의향서'는 19세 이상이면 건강한 사람도 작성해 둘 수 있다. 다만 보건복지부가 지정한 사전연명의료의향서 등록기관을 찾아가서 충분한 설명을 듣고 작성해야 법적으로 유효한 서식이 된다. 국립연명의료관리기관 홈페이지의 메인화면에서 근처 등록기관을 확인한 후 신분증을 지참하여 방문하면 1:1 상담 이후에 의향서를 작성하면 된다. 작성한 이후에는 국가연명의료 정보처리시스템에서 관리되어 작성자가 임종 과정일 때 국가데이터베이스에서 문서를 찾아 의사를 확인할 수 있다.

본인만 작성이 가능하므로 거동이 불편한 경우에는 국립연명의료관리기관(대표전화: 1855-0075)으로 문의하면 작성이 가능하다.

'연명의료계획서'는 의료기관윤리위원회가 설치되어 있는 의료기관에서 담당 의사 및 전문의 1인에 의해 말기 환자나 임종 과정에 있는 환자로 진단 또는 판단을 받은 환자에 대해 담당 의사가 작성하는 서식이다. 따라서 담당 의사에게 신청한다(단, 의료기관윤리위원회가 설치된 약 295개의 의료기관에서만 가능하다).

이미 '사전연명의료의향서'나 '연명의료계획서'를 작성하였다고 하더라도 본인이 언제든 그 의사의 변경 또는 철회가 가능하다.

41) 이한주(2019). 연명의료결정법 제정과정과 문제점 검토. **인권법평론**, 22, 157-191.

• '사전연명의료의향서'와 '연명의료계획서'의 차이

	사전연명의료의향서	연명의료계획서
작성 대상	19세 이상의 성인	말기 환자 또는 임종 과정에 있는 환자 (모든 연령의 환자 대상)
작성	본인이 직접	환자의 요청에 의해 담당 의사가 작성
대리 결정 여부	허용되지 않음	환자가 의사결정 능력이 없을 때 참여 가능 (한국은 본인만 작성 가능)
서식 완성의 최종 책임과 양식의 의미	환자(의사 서명 불필요), 의미: 사전 유언 living will	의사, 의미: 의료 행위에 대한 명령 medical order
설명 의무	상담사	담당 의사
활용 시점	미래	현재
기록 관리 책임	환자/가족 (의료기관에 전달하여 보관)	의료기관
등록	보건복지부 지정 사전연명의료의향서 등록기관 (예: 건강보험공단)	의료기관윤리위원회를 등록한 의료기관

• **연명의료중단 결정에 관한 환자의 의사 확인 과정**[42]

연명의료중단 결정 과정의 최초에는 연명의료계획서로 연명의료중단 여부를 확인하고 환자의 의사 능력 여부에 따라 ① 의사 능력이 있는 경우와 ② 의사 능력이 없는 경우의 순서대로 연명의료중단 결정을 확인하게 되는데, 환자의 의사 능력이 없는 경우에는 의사의 의학적 판단과 최종적으로 환자 가족의 연명의료중단에 대한 의사 합의를 확인하는 과정의 순서로 연명의료 중단 결정 여부를 확인하게 된다.

42) 보건복지부 국가생명윤리정책원(2019). 연명의료결정제도 안내.

–환자 가족의 범위[43)]

Ⓐ 배우자와 1촌 이내의 직계 존비속

Ⓑ 2촌 이내의 직계 존비속 (Ⓐ에 해당되는 사람이 없는 경우에 해당)

Ⓒ 형제자매 (Ⓐ+Ⓑ에 해당되는 사람이 없는 경우)

※ 가족을 확인하기 위해서는 '환자(연명의료중단을 희망하는 대상자)' 기준의 '가족관계증명서' 또는 '제적등본'이 필요

- **연명의료에 대한 환자 또는 환자 가족의 결정 방법**

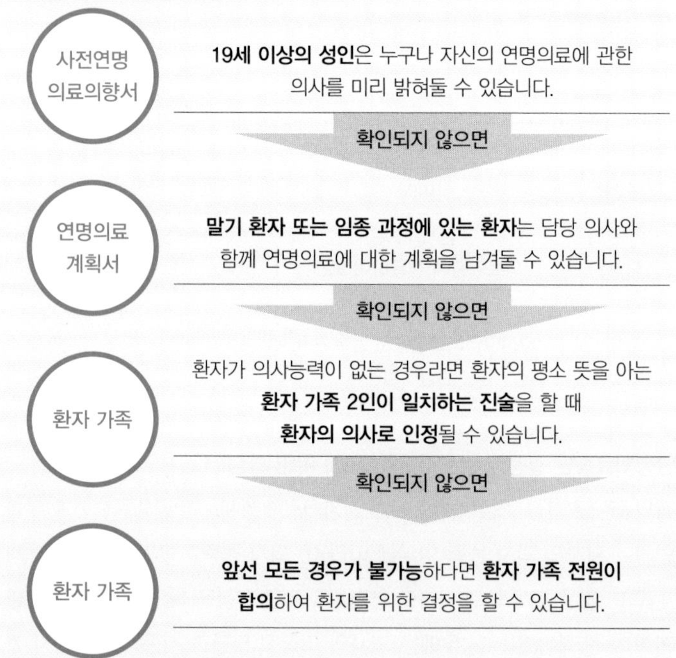

출처: 국립암센터 홈페이지 https://www.ncc.re.kr

---

43) 이송월(2021). 쉽게 알아보는 연명의료결정 제도. 한국당뇨협회: 月刊 당뇨-Debates, 337, 44-47.

• 국립연명의료관리기관(https://www.lst.go.kr)

국립연명의료관리 기관에서는 「호스피스 · 완화의료 및 임종과정에 있는 환자의 연명의료결정에 관한 법률」(약칭: 「연명의료결정법」에 따라 보건복지부가 지정한 '국립연명의료관리기관'으로 연명의료결정제도 관련 업무를 수행한다.

• 연명의료결정제도 관리 체계

국가호스피스연명의료위원회

보건복지부차관을 위원장으로 의료계 · 종교계 · 윤리계 · 법조계 · 환자단체계 위원 총 15인으로 구성된 사회적협의기구로서 호스피스연명의료 종합계획 및 시행계획, 기타 호스피스연명의료와 관련된 중요사항을 심의합니다.

국립연명의료관리기관

시스템 구축 · 운영, 의료기관 및 등록기관 관리 · 감독, 종사자 교육 등 제도 전반을 관리하며, (재)국가생명윤리정책원에서 기능을 위탁받아 수행하고 있습니다.

의료기관

의료기관윤리위원회가 설치된 의료기관에서만 연명의료결정제도에 따른 임종과정에 있는 환자 판단, 환자의사 확인, 연명의료 유보 및 중단 등을 실시할 수 있습니다.

사전연명의료의향서 등록기관

사전연명의료의향서에 관한 상담, 사전연명의료의향서의 작성 및 등록 등을 실시하는 기관입니다. 보건소 등 지역보건의료기관, 의료기관, 사전연명의료의향서에 관한 사업을 수행하는 비영리법인(단체), 공공기관이 보건복지부의 지정을 통해 그 역할을 수행할 수 있습니다(연명의료결정법 제11조).

출처: 국립연명의료관리기관 홈페이지 https://www.lst.go.kr

15

위드 코로나 시대: 성공 병원을 만드는 의료서비스 수요 창출 전략

이신재 이사
주식회사 컨셉코레아

QR코드를 스캔하시면 저자의 설명 영상을 시청하실 수 있습니다.

✚ ✚ ✚

이 장에서는 코로나19 팬데믹으로 인한 의료서비스의 수요 변화와 더불어 빠르게 성장하고 있는 헬스케어 시장의 흐름에 맞춤한 의료계 패러다임 시프트를 통해 우리 보건의료계가 어떻게 적응하고 변화해야 하는지를 강조한다. 디지털 헬스케어 중심의 커뮤니케이션과 서비스 치료 중심에서 예측과 예방, 사후관리 중심의 의료서비스의 수요 변화, 셀프 메디케이션 중심의 맞춤형 의료서비스와 커뮤니케이션을 주로 다뤘다.

코로나19 시대를 맞이하여 보건의료계도 빠른 변화를 맞이하고 있다. 소비자의 의료 비용 절감 노력과 함께 비대면 진료, 홈케어 의료기기 소비 확산, 건강기능식품 시장의 급격한 성장 등은 환자가 건강을 케어하는 방식과 접근이 변하고 있음을 의미한다. 이는 디지털 헬스케어 시장의 성장을 가속화하는 계기가 되었다. 특히, 비대면 진료 수요가 지속해서 커짐에 따라 관련 제도의 정착이 예견되는 상황에서 의료기관 역시 생존과 지속적인 성장을 위한 혁신을 준비해야 하는 시대가 되었다. 필자는 이 장을 통해 빠르게 변화되고 있는 국내외 헬스케어 산업 동향과 더불어 새로운 환자 수요 변화 및 그에 따른 환자 창출을 위한 커뮤니케이션의 방식을 필자가 기획하고 추진하고 있는 한방 의료 브랜드의 사례를 중심으로 소개하고자 한다.

국내의 비대면 진료 확대

코로나19 팬데믹 여파로 의료 패러다임의 변화가 한층 빨라졌다. 비대면 진료가 그 대표적인 예다. 의료계와 약사계의 반발로 활성화되지 못하였던 비대면 진료와 조제약 배달 서비스가 2021년 2월부터 전화 상담과 처방(비대면 진료)이 한시적으로 허용되면서 원격진료에 대한 소비자의 인식이 바뀌기 시작한 것이다.

〈표 15-1〉 **한시적 비대면 진료 허용 방안**

2020년 12월 14일 발표

내용	의사의 의료적 판단에 따라 안전성이 확보된다고 판단되는 경우에는 전화 상담, 처방 실시
대상	비대면 진료에 참여하고자 하는 전국의 의료기관 ㅇ 「의료법」 제2조에 따른 의사, 치과의사, 한의사만 비대면 진료 가능
적용 기간	코로나19 감염병 위기 대응 심각 단계의 위기 경보 발령 기간(「감염병의 예방 및 관리에 관한 법률」 제49조의3 공포 시행일('20.12.15.)부터 적용)
적용 범위	유무선 전화, 화상통신을 활용한 상담 및 처방 * 진료의 질을 보장하기 위하여 문자메시지, 메신저만을 이용한 진료는 불가
본인 부담금 수납	환자의 본인부담금 수납은 의료기관과 환자가 협의하여 결정
처방전 발급	의료기관에서 의사가 진료한 환자의 전화번호*를 포함하여 팩스 또는 이메일 등으로 환자가 지정하는 약국에 처방전 전송 * 전화번호는 전화복약 지도에 사용
의약품 수령	환자에게 복약 지도(유선 및 서면) 후 의약품을 조제, 교부(수령 방식은 환자와 약사가 협의하여 결정)
기타	본인 확인, 진료 내용 기록 등 대면 진료 절차 준용

출처: 보건복지부 공고 제2020-889호 '한시적 비대면 진료 허용방안'.

보건복지부에 따르면, 2020년 2월 2만4,727명에 불과하던 원격진료 환자 수는 1년 뒤인 2021년 1월 159만2,651명으로 늘었다. 2022년 1월 기준으로는 누적 352만3,451명으로 집계됐다. 2년 만에 원격진료를 경험해 본 환자가 1,500% 증가한 것이다. 주목할 점은 이런 변화로 인해 의료사고는 단 1건도 발생하지 않았다는 점이다.

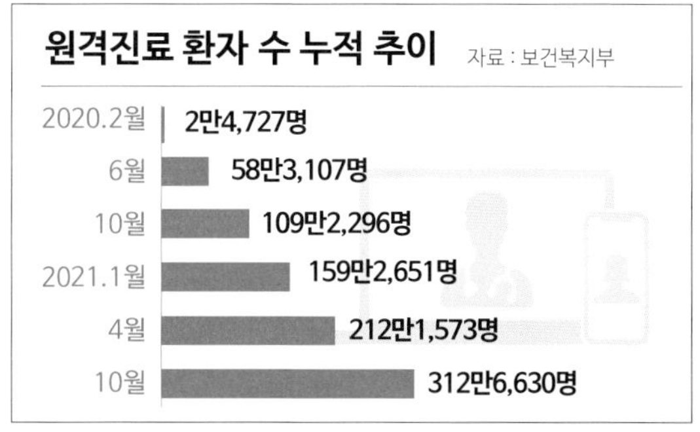

[그림 15-1] 비대면 진료 애플리케이션 누적 이용 고객 수
(2021년 기준 굿닥-16만 명, 닥터나우-90만 명)

〈표 15-2〉 **의료기관 종별 전화 상담 및 처방 의료기관 수, 의사 수 현황**

종별 구분		전체 의료 기관 수 (A)	기관 수	전화 상담 및 처방		
				전체 대비 참여 기관 비율 (B/A)	의사 수	기관당 평균 참여 의사 수 (C/B)
의과	상급 종합병원	45	38	84.4%	5,244	138
	종합병원	319	232	72.7%	4,611	20
	병원	1,409	499	35.4%	2,100	4
	요양병원	1,466	115	7.8%	352	3
	의원	33,531	7,853	23.4%	9,803	1
	소계	36,770	8,737	23.8%	22,110	3
치과	치과병원	236	10	4.2%	52	5
	치과의원	18,459	181	1.0%	201	1
	소계	18,695	191	1.0%	253	1
한방	한방병원	440	11	2.5%	41	4
	한의원	14,552	1,277	8.8%	1,439	1
	소계	14,992	1,288	8.8%	1,480	1
총계		70,457	10,216	14.5%	23,843	2

출처: 건강보험 심사평가원. COVID-19 대응을 위해 한시적으로 허용된 전화 상담 및 처방 효과 분석 보고서).

지난 1년간 비대면 진료를 시행한 의료기관은 총 1만 216개로 전체 의료기관의 14.5%가 전화 상담 및 처방을 청구했다.[1] 비대면 진료 플랫폼 '닥터나우'의 작년 하반기 앱 이용자 10만여 명의 비대면 진료 플랫폼 이용 진료과목 분석 결과, 감기와 같은 가벼운 진료부터 탈모, 질염, 성기능과 같은 방문 진료 기피 진료과목까지 다양

1) 한시적으로 진행한 비대면 진료 의원급 청구 70%. 메디칼옵저버.
http://www.monews.co.kr/news/articleView.html?idxno=309884

한 형태의 이용 행태 결과가 나타났다. 또 이동이 힘든 소아 및 고령자를 중심으로 원격진료의 이용 빈도가 증가하고 있다. 실제로 비대면 진료에 대한 환자 인식도 좋은 것으로 나타났다. 서울대학교병원 공공보건의료진흥원이 2021년 2월에 발표한 '의료서비스 이용 및 태도와 주요 의료정책에 대한 대국민 인식 조사 결과'에 따르면, 비대면 진료의 향후 도입 시 찬성률은 57.1%, 비대면 진료 이용 의향은 70.3%로 나타났다.

코로나19로 크게 흔들린 대면 진료 체계 안에서 우려로 지적되었던 의료사고에 대한 법적 책임 문제, 대형병원 쏠림 현상 등의 문제는 거의 발생하지 않았다. 또한 비대면 진료 서비스는 효과성과 안정성을 검증하기에 충분한 시범사업 과정을 거쳤다고 밝혔던 보건복지부의 입장도 자연스럽게 입증되었다. 오미크론 변이 바이러스의 확산세로 하루 신규 확진자가 5만 명을 넘어서면서 정부가 코로나19 재택 진료의 공식 도입을 발표한 것 역시 '위드 코로나 시대'에서 비대면 진료가 의료전달 체계로서 지니는 유효성과 안정성을 인정받은 것으로 해석할 수 있다.

중국의 온라인 병원은 어떻게 성장했는가

2018년 중국 전체 의료기관의 수는 전년 대비 1.1% 증가한 99만 7,433개를 기록했고, 의사 등 의료인의 수는 1,231만 명으로 전년 대비 4.7% 늘었다. 이에 천 명당 의사 수는 2013년 2.0명에서 2018년 2.4명으로 늘었지만, 주민들의 의료서비스 접근성은 선진국 대비 여전히 낮은 수준으로 개선이 필요하다. 특히 도농 간 천 명당 의사

수의 격차는 2배 이상이며, 공립병원과 대형병원으로의 쏠림 현상이 심각한 상황이다. 국내에서도 규모의 차이가 다를 뿐 유사한 상황이 벌어지고 있다. 중국의 의료서비스 시장은 지난 5년간 매년 10% 이상 성장하여 2017년 대비 13.5% 증가한 5조 위안을 기록했다. 코로나19 발생과 함께 그 성장 속도는 더욱 증가되어 2025년에

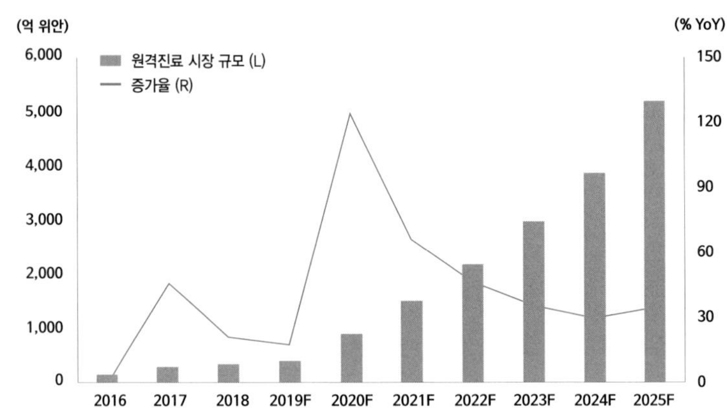

[그림 15-2] **중국의 원격진료 시장 규모의 추산**

출처: OECD,WIND,중국위생관리국, 미래에셋리서치.

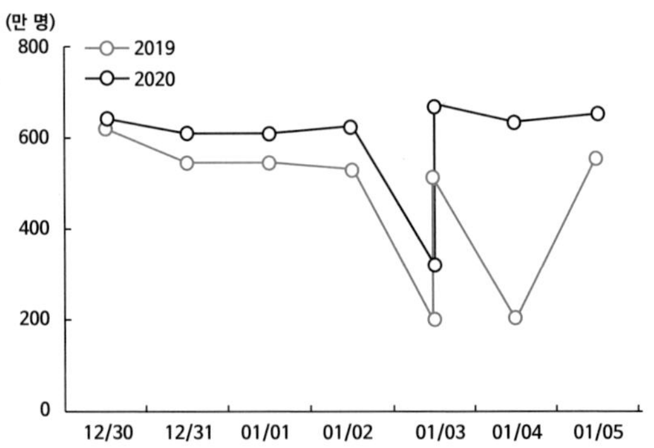

[그림 15-3] **2019~2020년 춘절의 온라인 문진 수 비교**

출처: Analysys 이관(易观), 미래에셋리서치.

는 약 5,173억 위안으로 향후 5년간 연평균 50% 수준의 성장을 예측하고 있다. 특히 중국의 스마트 의료는 '온라인 병원'을 중심으로 발전하고 있다.

중국 정부의 원격진료 시장 육성사업은 2000년부터 시작되었다. 하지만 2020년까지 이용자는 2~3% 남짓에 불과한 수준으로 발전하지 못했다. 하지만 이번 코로나19 사태를 통해 중국 정부는 원격진료 산업과 관련한 대부분의 규제를 풀고 환자 원격진료 시스템 확대에 집중했다. 2014년 최초로 '광동성 온라인 병원'을 설립하였다. '광동성 온라인 병원'은 의사와 환자 간 원격진료, 전자 처방전 발급, 처방 약 배송, 각종 검사 및 만성질환 관리 그리고 건강 관리 교육 서비스를 환자에게 제공하고 있다.

중국은 원격의료 플랫폼 기업이 주체가 되어 온라인 병원을 운영 중에 있다. 원격의료 플랫폼 대표 기업으로는 핑안보험 그룹사

〈표 15-3〉 **중국 온라인 병원 개요**

배경	인터넷 + 의료: 정책의 일환으로 생긴 새로운 형태의 병원으로, 의료의 온라인 결합을 통해 의료서비스 품질 향상 추진
정의	실제 의료기관을 기반으로 인터넷 기술을 이용, 온라인을 통해 문진, 자문, 진료, 처방 등이 모두 가능한 병원
주요 형태	의료기관(주체) + 플랫폼 기업 : 「의료기구 관리조례법」에 의거, 국가에 등록되어 있는 의료기관(병원 등)이 인터넷 플랫폼을 구축 온라인 의료서비스 제공
	플랫폼 기업(주체) + 의료기관 : 온라인 플랫폼 기업이 의료기구로 등록되어 있는 의료기관과의 협력을 통해 온라인 병원 개업
진료 대상	일부 흔한 병 및 만성병의 재진(초진 이용 불가)

출처: 중국 스마트 의료시장 현황 및 시사점. TRADE FOCUS 2019, 26호. 한국무역협회.

의 헬스케어 자회사 핑안헬스케어(平安好医生, 1833 HK)와 텐센트가 투자한 위닥터(We DOCTOR, 微医)가 있다. 두 기업 모두 인터넷 병원을 설립하여 의료기관과의 협약을 파트너십을 통해 원격진료 서비스를 제공하고 있다.

〈표 15-4〉 **중국 원격의료 플랫폼 기업 설립 온라인 병원 핑안하오이셩**

平安好医生 要健康上平安好医生	**핑안하오이셩 온라인 병원** 의료 네트워크: 약 3,100개의 의료기관, 자체 헬스케어 전문가 그룹 약 1,196명, 외부 의사 약 5,203명 등록 고객 수: 약 3.15억 명
플랫폼 사업 영역 **(3.15억 명 고객 이용 플랫폼)** 3,000개 병원 2,000개 건강검진센터 1,800개 치과의원 150개 미용기관 9.4만 개 약국	**온라인 플랫폼** 진료 예약 - 원격진료 - 온라인 처방 - 온라인 약국 - 건강관리서비스 **오프라인 플랫폼** 병원 - 건강검진센터 - 미용센터 - 약국 – 기기 및 식품 등 제조사

출처: 중국 스마트 의료시장 현황 및 시사점. TRADE FOCUS 2019, 26호. 한국무역협회.

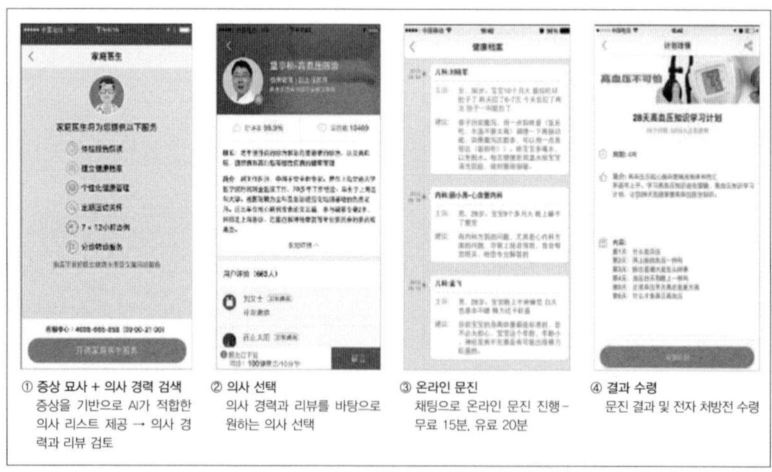

① **증상 묘사 + 의사 경력 검색**
증상을 기반으로 AI가 적합한 의사 리스트 제공 → 의사 경력과 리뷰 검토

② **의사 선택**
의사 경력과 리뷰를 바탕으로 원하는 의사 선택

③ **온라인 문진**
채팅으로 온라인 문진 진행- 무료 15분, 유료 20분

④ **결과 수령**
문진 결과 및 전자 처방전 수령

[그림 15-4] **핑안하오이셩 원격진료 플랫폼 '홈닥터'의 온라인 문진 서비스 프로세스**[2)]

출처: 핑안헬스케어, 미래에셋대우 리서치센터.

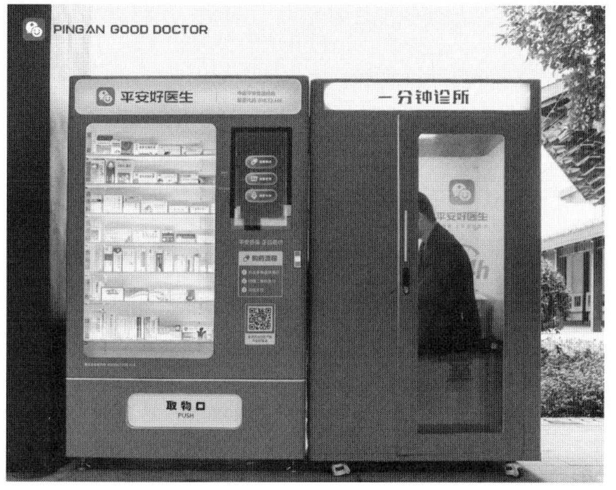

[그림 15-5] **핑안하오이셩 원격진료소-핑안굿닥터의 1분 진료소**[3)]
출처: 1분 진료소 http://www.pahtg.com/

핑안하오이셩은 온라인 병원 플랫폼을 통한 환자 진료 데이터를 지속해서 축적하고, AI 분석을 통해 시스템 및 의료서비스 확대에 활용했다. 1분 진료소는 도시 로드에 설치되어 언제든 방문하여 핑안하오이셩 온라인 병원 의료진과의 진료 상담 후 약품 자판기를 통해 약을 받거나 연계된 인근 약국을 통해 안내받아 구매할 수 있으며, 재진 환자는 추가적인 진단 없이 동일한 처방 약을 받을 수 있다.

2017년 '내 손 안의 모바일 은행'으로 금융 혁신을 이끌었던 카카오뱅크는 런칭 4년 만에 코스피 상장을 이뤄 내며 1,615만 명의 고객과 1년 반만의 흑자 전환이라는 성과를 통해 플랫폼 산업의 가능

---

2) 온라인 문진/진료 병원 변경/대기번호 발급 서비스, 86개 도시 처방약 1시간 내 배송, 제2 진료 의견 제시 등 서비스 제공
3) 100여 종의 약품을 구비하고 있으며, 핑안하오이셩 의료진과의 온라인 진료와 처방 서비스를 제공

성을 다시 한 번 입증했다. 원격진료 플랫폼 역시 코로나19 같은 감염병 유행의 흐름에서 보건의료 시장의 패러다임 전환을 예견한다.

코로나19 팬데믹과 같은 감염병 시대에 비대면 진료는 대면 진료의 한시적 대안을 넘어서 환자들의 의료 이용 행태와 수요 변화에 따른 의료서비스의 디지털 기술 기반의 접목과 서비스 방식에 대하여 적극적이고도 진지한 고민을 준비해야 하는 시점에 직면했음을 의미한다.

원격진료의 최대 이용 고객은 만성질환 및 경증 환자다. 지속적인 관리가 필요하거나 의료 이용과 접근에 있어서 시공간의 제약을 느끼는 대상이 주요 수요다. 결국 의료를 이용하고자 하는 환자의 수요와 유입은 환자의 필요와 접근성이 매칭되었을 때 반응한다.

최근 대한의사협회와 분쟁의 쟁점이 되는 '강남언니' 플랫폼과 같은 성형·미용 정보 애플리케이션 앱의 관심은 성형 의료 소비자의 니즈가 정점을 이룬 결과라고 볼 수 있다. 디지털 헬스케어 기술은 빠르게 발전과 성장을 이루고 있지만, 환자의 수요를 바르게 예측하여 준비하는 과정은 배제되어 가고 있는 건 아닌지 되짚어봐야 할 것이다. 곧 맞이하게 될 온라인 병원의 성패는 결국 환자의 필요와 지속적인 유입의 명분 제공과 소통 방식일 것이다.

개인 맞춤형 디지털 헬스케어 전성시대

비대면 진료 시스템이 한시적 진료 대응 체계를 넘어 대면 진료의 대체보완 형태로 활성화되는 시대를 맞이하면서 국내 디지털 헬스케어 시장은 보수적인 의료계의 한계로 성장하지 못할 것이라는 예상을 뒤엎으며, 2014년 3조 원의 시장에서 2020년 약 14조 원 규모의 폭발적 성장을 이루어 냈다. 환자의 생체 정보를 수집하고 분석하여 의료기관으로 전송하거나 웨어러블 기기 또는 소프트웨어를 통해 환자에게 건강 정보를 제공하는 등의 제품이 허가되고 있으며, 관련 특허는 매년 300건 이상 출원 진행되고 있다.

이렇듯, 디지털 헬스케어는 의료의 패러다임을 '디지털 기술 기반의 근거 중심 데이터'로 이끌고 있다. 정보통신기술과 보건의료서비스를 접목해 개인의 질병을 사전에 예측, 진단, 치료, 사후 관리를 담당하는 미래 의학의 중심으로 자리매김하고 있다. 미래 의학 시대는 '4P 의학(4P Medicine)' 시대라고 부른다. 여기서 '4P'는 예방(Predictive), 예측(Preventive), 맞춤(Personalized), 참여(Participatory)의 약자로서 개인에게 발생이 예측되는 질병까지 찾아내어 예방하는 시대가 온다는 뜻이다.

현재 국내 주요 병원은 정보통신기술 기반의 디지털 기술을 융

〈 디지털 헬스 국내 시장 전망 〉

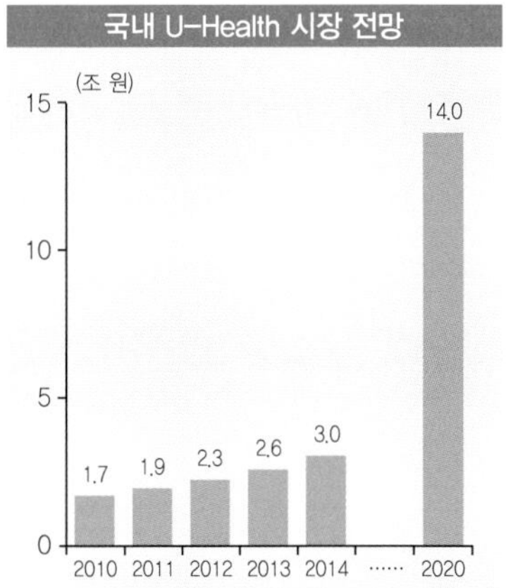

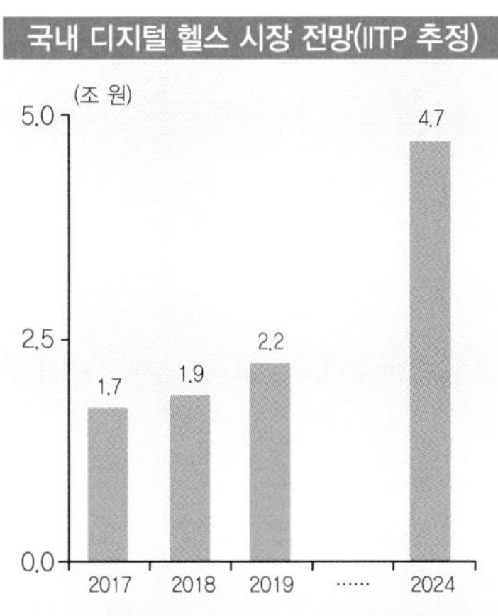

출처: 한국보건산업진흥원, 현대경제연구원, 정보통신기획평가원.

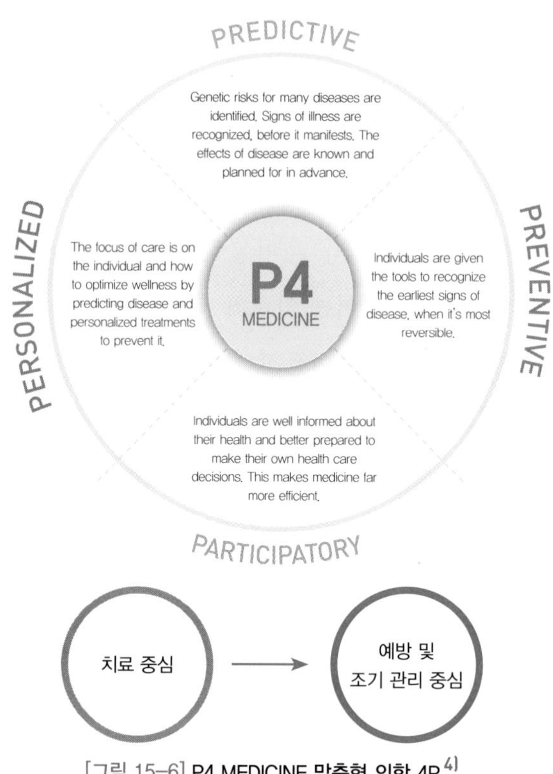

[그림 15-6] **P4 MEDICINE 맞춤형 의학 4P** [4)]

합하여 예측과 맞춤형 관리 중심의 스마트 병원에 대한 투자와 사업을 계획 및 추진하고 있다. 과거의 대면 중심의 의료서비스 전달 방식에서 분산형, 온라인, 비대면으로 변화되고 있으며, 환자와의 지속적인 소통을 통해 진단, 관찰, 상담, 교육, 처방 등의 과정을 통한 고객 만족도 달성뿐 아니라 운영비 절감을 통한 생산성 향상과 효율성 증대를 목표로 하고 있다.

---

4) Flores, M., Glusman, G., Brogaard, K., Price, N. D., & Hood, L (2013). P4 medicine: How systems medicine will transform the healthcare sector and society. *Personalized medicine, 10*(6), 565-576.
시스템 의학이 의료 분야와 사회를 어떻게 변화시킬 것인가. 맞춤형 의학.

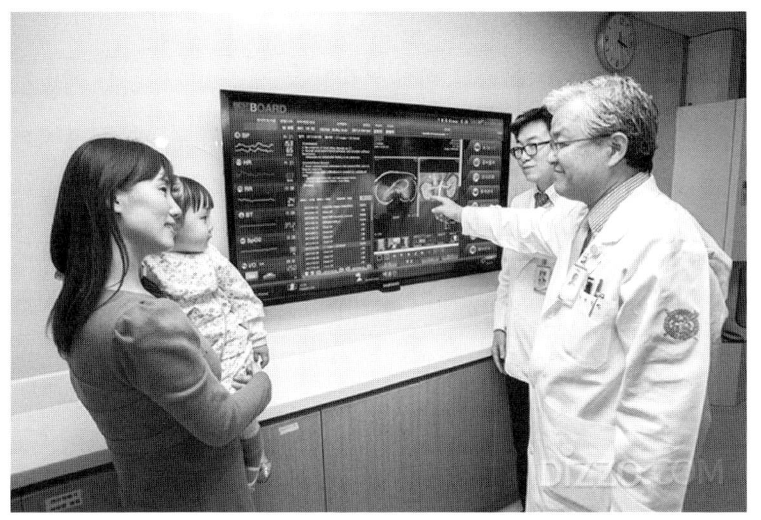

[그림 15-7] **국내 스마트 병원 사례 1: 분당서울대병원 통합의료정보시스템**

출처: http://digitalchosun.dizzo.com/site/data/html_dir/2021/04/28/2021042880060.html

[그림 15-8] **국내 스마트 병원 사례 1-1: 분당서울대병원 심혈관질환 환자 케어 앱 'Heart4U'**

출처: Heart4U 앱 화면.

분당서울대병원은 의료 IT 전문기업 이지케어텍과 함께 개발한 의료정보시스템 '베스트케어'는 전자의무기록시스템, 처방전달시스템, 의료영상저장전송시스템, 경영정보시스템, 모바일시스템, 스마트 병원 솔루션 등 병원 내 모든 전산 시스템을 통합 및 관리하는 시스템이다.

또한 심혈관질환 환자를 위한 스마트폰 애플리케이션을 개발하여 본인의 검사 결과를 바탕으로 혈압, 생활 습관, 운동의 목표치가 제시되고, 처방된 약에 대한 정보와 함께 약 복용 알람 서비스가 제공된다. 환자 교육을 위한 비디오 클립 등 병원 자체 교육 자료도 확인할 수 있다. 분당서울대병원 연구팀은 총 666명의 심혈관질환 환자를 대상으로 앱 사용 효과를 평가한 결과, 사용하지 않는 그룹에 비해 수축기 혈압 수치와 심혈관 사건 발생 위험도가 감소하는 것으로 관찰됐다.

국민건강보험 일산병원은 보건복지부 주관 스마트 병원 모델 사업 주관 기간으로 참여해서 '감염병 대응 스마트 병원'과 '지역사회

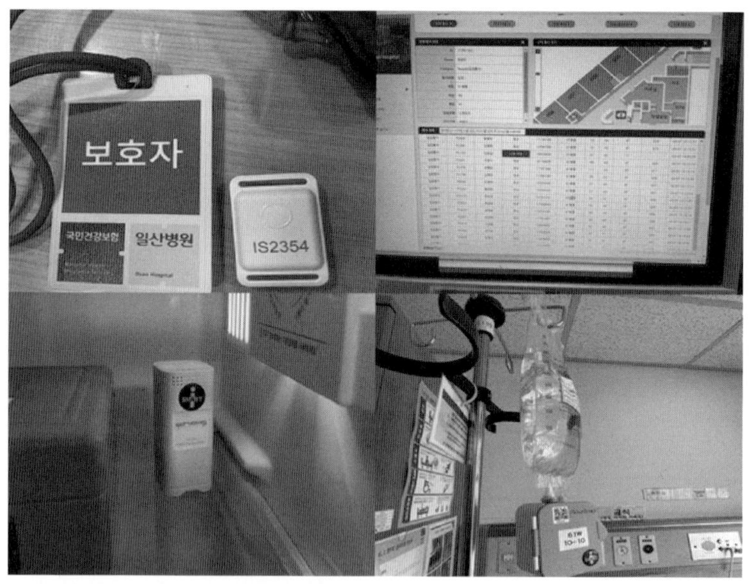

[그림 15-9] **국내 스마트 병원 사례 2**

국민건강보험 일산병원 원내 감염 확산 방지 실시간 시스템(왼쪽 상단부터 시계 방향으로) 보호자 및 환자 위치 추적 태그, 환자별 위치 확인 화면, 냉장고 자동 온도 모니터링 기기, 수액 모니터링 시스템 연결기기

출처: http://www.bosa.co.kr/news/articleView.html?idxno=2151089

네트워크 구축'을 연계하는 것으로 사물인터넷(IoMT)을 적용해 인공지능 알고리즘 기반 지역 감염병 환자 관리 시스템 구축, 지역 단위의 원격 생체 징후 모니터링을 통한 고위험군 선제적 관리 시스템, 감염병 공공 의료기관 원격 협진 시스템 구축, 위치 동선 추적 기반의 원내 감염 확산 방지 실시간 감시 시스템 구축, 스마트 병실 구현을 통한 병실 업무 자동화 시스템을 구축했다.[5]

내 건강 내가 지키는 '셀프 메디케이션' 트렌드 확산

보건의료 분야에서 정보통신기술은 진단 및 치료뿐만 아니라 디지털치료제에도 활용되고 있으며, 질병 예방과 라이프스타일 변화와 같은 사회 혁신과 동반되어 그 영역이 점차 확장되고 있으며, 또한 맞춤형 건강 관리 서비스, 식품, 뷰티 등과 같은 새로운 소비 트렌드로 변화하면서 헬스케어 시장의 성장을 가속하고 있다. 셀프 메디케이션(self-medication)'이란 자신의 신체 건강을 스스로 챙기는 것으로, 개인 건강 관리와 더불어 뷰티, 항노화와 같은 영역을 포함한 소비에 집중하여 투자하는 소비 트렌드를 말한다. 코로나19 발생과 함께 생활 속 위생 및 면역 관리와 생활 방식의 변화에 따른 자가 케어의 관심이 급증하면서 그에 따른 맞춤형 제품 및 서비스 시장이 활발하게 움직이고 있다. 과거 중장년층에 치중됐던 건강, 운동, 레저 관련 수요가 MZ세대라고 불리는 20~30대 세대

5) 건보 일산병원 '스마트 감염관리 모델', 이미 본사업 중. 의협신문, http://www.bosa.co.kr/news/articleView.html?idxno=2151089

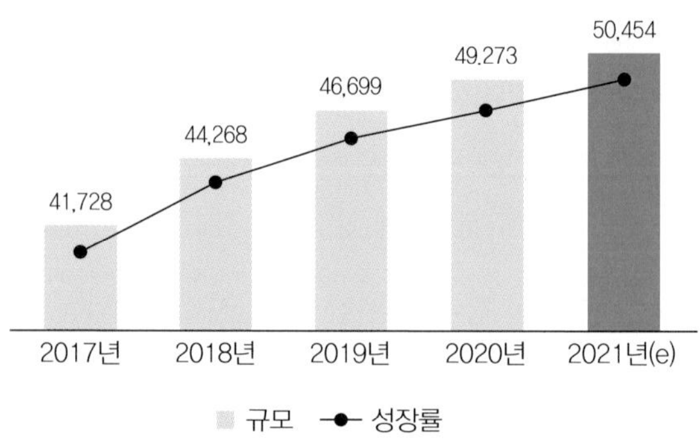

[그림 15-10] **국내 건강기능식품 시장의 규모**

출처: 한국건강기능식품협회 발표자료

를 아우르면서 관련 시장도 빠르게 확대되는 추세다.

특히 건강기능식품의 시장은 2015년부터 연평균 11% 이상의 성장세를 보이며 5조 시장의 규모다. 식품의약품안전처는 스스로 건강을 챙기고, 질병 이전의 케어 소비문화 확산 등에 따라 자기 몸 상태에 맞춘 개인 맞춤형 건강기능식품 추천 및 판매에 관한 규제 샌드박스 시범사업을 시행함으로써 개인별 생활 습관, 건강 상태, 생체 분석 정보 등을 바탕으로 한 건강기능식품의 소분 판매 및 비의료적 상담 등이 가능해졌다. 소비자는 내 몸에 꼭 필요한 건강기능식품을 전문가 추천을 통해 여러 제품을 조합한 맞춤형 제품을 정기적으로 배송받을 수 있게 되었다.

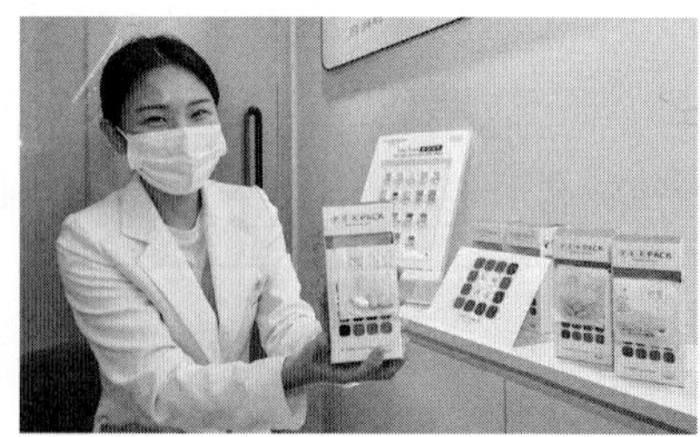

[그림 15-11] **풀무원 '퍼팩'**[6]

[그림 15-12] **모노랩스 'I AM'**[7]

코로나19의 장기화가 불러온 의료 이용 변화: '질환 이전의 불편한 증상 케어 원해'

코로나19 이후 의료 이용 변화를 보면 전국에 걸쳐 발생한 코로나19 검사 및 진료 수요에도 불구하고, 외래 다빈도 상위 질환 중 소아청소년과와 이비인후과 질환의 감소폭이 크게 나타난 반면, 정신과는 오히려 진료인원과 입내원 일수가 증가했다. 코로나19의 장기화에 따른 스트레스와 피로감으로 '코로나 블루(Corona Blue)'라는 신조어가 생겨났으며, 수면장애와 우울증 등 정신과 질환이 증가했다. 특히 20대에서 우울증 진료 환자 수가 전년 대비

6) 풀무원 건강생활 소속 전문 영양사가 설문 조사를 하고 개인의 건강 상태, 생활 습관, 체성분 분석, 유전자 검사 등을 참고해서 고객과 심도 있는 면담을 진행한 후 적절한 건강기능식품을 추천한다. 따라서 소비자는 영양사와 상의해 본인에게 꼭 필요한 건강기능식품을 적정량으로 구매할 수 있다. 영양사의 조언에 따라 필요한 건강기능식품만 한 팩에 담아 있으므로 하루에 1팩씩만 섭취하면 되는 형태다.

7) 풀무원 건강생활 소속 전문 영양사가 설문 조사를 하고 개인의 건강상태, 생활습관, 체성분 분석, 유전자 검사 등을 참고해 고객과 심도 있는 면담을 진행한 후 적절한 건강기능식품을 추천한다. 따라서 소비자는 영양사와 상의해 본인에게 꼭 필요한 건강기능식품을 적정량으로 구매할 수 있다. 영양사의 조언에 따라 필요한 건강기능식품만 한 팩에 담아, 하루에 1팩씩만 섭취하면 되는 형태다.

큰 폭으로 증가했다. 국민건강보험공단에 따르면, 수면장애로 병원을 찾는 이들은 2019년 64만2,280명에서 2020년 66만8,743명으로 4.1% 증가했다. 이로 인한 진료비 역시 2019년 1,361억 원에서 2020년 1,461억 원으로 7.4%나 증가했다. 특히 여성은 진료비가 14.8%나 늘었다. 진료비 증가 추이를 보면 특히 연령에 따른 차이가 확연하다. 반면 60대는 14.6%(남성 8.8%, 여성 20.3%), 70대는 17.1%(남성 13.8%, 여성 20.2%), 80대는 22.5%(남성 23.5%, 여성 21.9%)로 연령대가 올라갈수록 진료비 증가율이 높다.

코로나19 이후 수면장애가 늘어난 원인으로 먼저 실업이나 소득 감소, 경제적 불안감 등으로 인한 스트레스 증가를 꼽을 수 있다. 재택근무 확대도 수면장애에 영향을 준다. 출퇴근이 명확하지 않으면서 우리 몸이 일과 휴식, 근무 시간의 경계가 모호해져서 더 늦게 자고 더 늦게 일어나는 현상을 초래할 수 있기 때문이다. 이와 함께 취미 생활이나 각종 모임이 힘들어지면서 스트레스 해소에도 어려움을 겪게 됐다.

코로나19가 불러온 새로운 환자 중심의 의료서비스 변화: 생활케어

특별히 아픈 곳은 없지만 몸이 계속해서 무겁고 피로한 상태를 호소하는 사람들이 증가하고 있다. 한의학에서는 이러한 사람의 신체 상태에 대해 '미병(未病)'이라고 이야기한다.

한국한의학연구원의 연구 결과에 따르면, 우리나라 성인 인구의 약 47%가 병이 없음에도 건강상 여러 가지 이상을 호소하고 있으

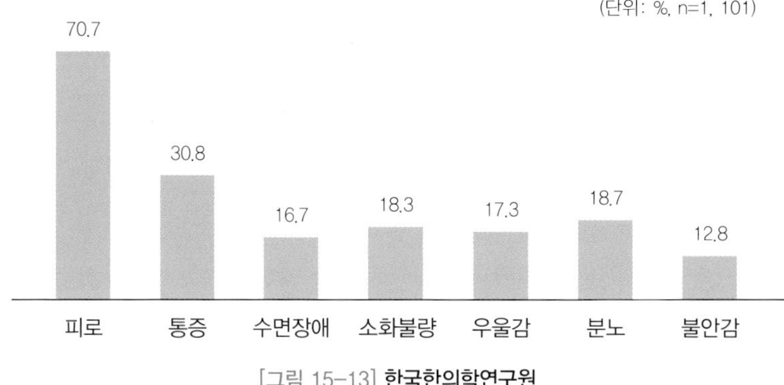

[그림 15-13] **한국한의학연구원**

출처: 국내 성인 1,100명 대상으로 미병 주요 증상 조사.

며, 일곱 가지 증상에 대해서는 70.7%가 피로감, 30.8%가 통증을 느꼈다. 분노를 느끼는 사람은 18.7%, 소화불량은 18.3%, 우울감 17.3%, 수면장애는 16.7%, 불안감은 12.8%의 순이었다.

병과 병 이전의 단계를 바라보는 양방과 한방의 관점에는 차이가 있다. 양방은 무병과 병으로 나누지만, 한의학에서는 증(症), 즉 증상의 관점에서 발병 이전의 단계 역시 치료의 영역으로 바라보는 반면에 서양의학의 경우에는 두 가지 이상의 복합 증후군 또는 징후(sign)의 개념으로 바라보는 것이 그 차이라고 할 수 있다. 증상은 환자가 주관적 경험으로 호소하는 장애를 말하고, 징후란 의사에 의해 관찰되는 환자의 이상 상태를 가리킨다.

질병으로 진단 받지는 않았으나, 원인 모를 만성통증과 생활의 불편함을 호소하는 의료소비자는 위드 코로나 시대에 의료서비스 영역의 새로운 수요라고 할 수 있다.

특성화 진료과목과 연계된 다빈도 질환 치료 영역의 접근으로 창출되는 신규 환자 수요

진료 확장 및 전문화를 고민하는 국내 전문병원이나 개원의 브랜드 컨설팅 경험을 통해 발견한 사실은 진료 영역의 종합화를 통해 수요 확장이 신규 환자를 창출하고, 그로 인한 기존 성장의 한계를 맞이한 특성화 진료과목 역시 재 활성화될 수 있다는 것이다. 진료 영역의 종합화는 전문화 과목과 연계된 다빈도 질환 및 지역구 특성, 그리고 생활 변화에 밀접하게 연계된 진료 영역이다.

국내 최초의 대장 · 항문 전문병원 서울송도병원

대한민국 최초의 '대장 · 항문 전문병원' 으로서 자리매김해 온 서울송도병원(https://isongdo.com/)은 '대장 · 항문' 진료 영역에서 세계에서 인정받는 최고의 실력을 갖춘 병원이지만, 과거의 명성에 비해 신규 유입 환자 수요가 줄어들고 고착된 대장, 항문의 전문화 이미지가 타 진료 영역의 성장에 장애 요인이 되는 현상을 진단하게 되었다. 개선 솔루션으로 '대장 · 항문' 영역과 밀접하게 발생하는 다빈도 질환 및 신규 진료 콘셉트 개발을 통해 젊은 연령대의 환자층과 여성 진료 영역 확장에 성공하였다. 특히 기존의 병원 진료 영역의 홍보를 위한 노출 위주의 마케팅 접근에서 탈피하여 대장 · 항문 질환을 예방하고 관리할 수 있는 의료 소비자의 관심도 접점과 근접한 콘텐츠 생산을 통해 대장 · 항문 의료 지식 정보 플랫폼을 구축하였다. 이는 온라인 환경에서 치료의 목적을 가진 환자뿐 아니라 예비 의료 소비자를 대상으로 한 접근성을 높일 수 있다.

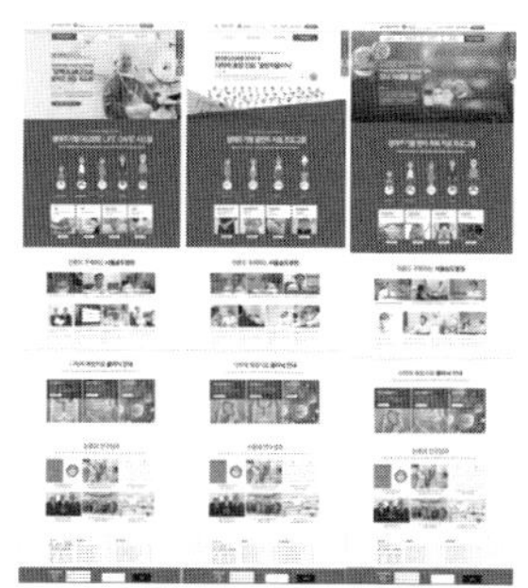

[그림 15-14] **대장 · 항문 연계 다빈도 질환 확장 인트로 웹 화면(좌)과 클리닉별 특성화 WEB 화면(우)**

골반저/변비 클리닉 외래 환자 수가 1년 새 600% 이상 증가, 주력 진료 항문 외과 수술 환자 수 30% 증가

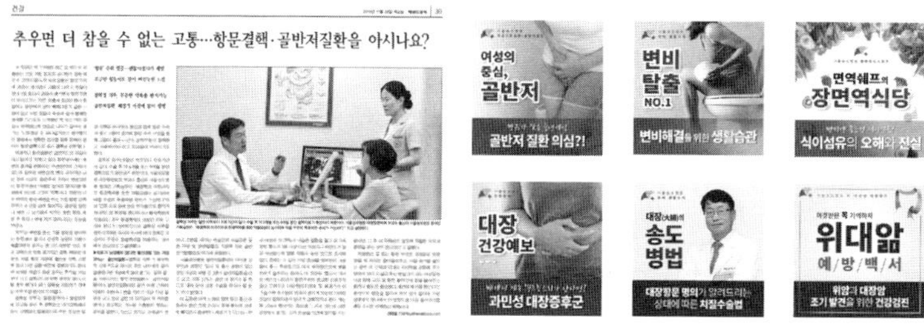

추우면 더 참을 수 없는 고통…항문결핵·골반저질환을 아시나요?

[그림 15-15] **진료 영역 확장 대외 홍보 활동 언론기사(좌), 대장 · 항문 플랫폼 콘텐츠(우)**

출처: 컨셉코레아 내부 자료, 서울송도병원 대장 · 항문 플랫폼.

30년 여성 자궁 연구 병원. 고운여성병원

30년간 지역의 출산을 책임지며 여성 질환 치료를 통해 자궁 치료 영역에 있어서 그 전문성을 인정받았던 '고운여성병원(https://kwwh.co.kr/)'은 지속되는 출산율 하락으로 인해 의료 수요가 점차 줄어들어 병원의 경영을 유지하기 어려운 상황에 이르렀다. 지역구 내 여성 병의원과의 유사 서비스를 제공하는 비차별적 경쟁 구조를 탈피하고, 지역구 경쟁에 따라 부득이하게 지출되었던 막대한 마케팅 비용을 절감할 수 있는 진료 콘셉트 영역을 확장하였다.

특히 산과 위주의 진료 영역에서 확장된 여성 생애 전(全) 주기를 기준으로 '여성 생애 케어시스템'을 개발하여 기존 진료 영역의 확대 및 의료 수요층의 다변화를 이뤄 낼 수 있었다.

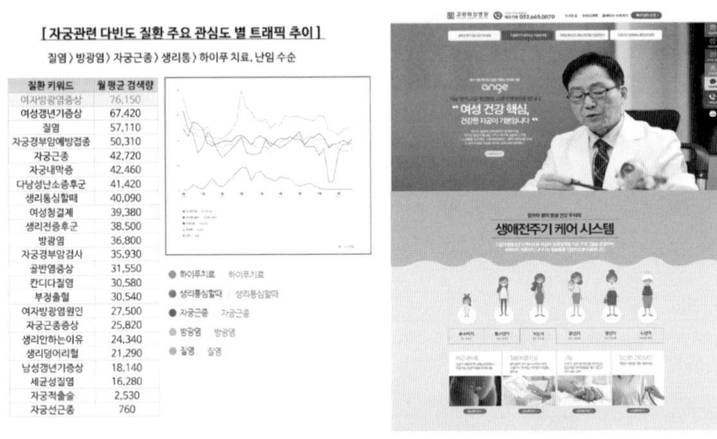

질환 키워드	월 평균 검색량
여자방광염증상	76,150
여성갱년기증상	67,420
질염	57,110
자궁경부암예방접종	50,310
자궁근종	42,720
자궁내막증	42,460
다낭성난소증후군	41,420
생리통심할때	40,090
여성청결제	39,380
생리전증후군	38,500
방광염	36,800
자궁경부암검사	35,930
골반염증상	31,550
칸디다질염	30,580
부정출혈	30,540
여자방광염원인	27,500
자궁근종증상	25,820
생리안하는이유	24,340
생리덩어리혈	21,290
남성갱년기증상	18,140
세균성질염	16,280
자궁적출술	2,530
자궁선근종	760

[그림 15-16] **자궁 질환 관련 확장 진료 영역 선별 분석(좌)과 여성 생애 케어 시스템 웹 화면(우)**

출처: 컨셉코레아 내부 자료, 고운여성병원 웹사이트.

[그림 15-17] **진료 영역 확장 대외 홍보 활동(매거진 및 언론방송 홍보)**

출처: 컨셉코레아 내부 자료, 고운여성병원 웹사이트.

환자의 필요와 수요 변화에 대응하는 진료시스템 변화와 케어 영역의 확장

필자가 기획하고 추진 중인 한방 브랜드 의원 '보구 한의원' 역시 기존 한의원의 주요 진료 영역이었던 근골격계 통증, 교통사고 환자 치료 영역에서 코로나 시대를 맞이하여 증가하고 있는 원인 모를 통증과 스트레스, 불안으로 증대되는 수면장애와 같은 질병으로 진단받기 어려운 병 이전의 단계인 '미병(未病)'의 진료 영역을 컨셉화 하여 지금껏 실현화되지 못했던 한의학적 진단 방식을 과학적 진단을 통해 검사 결과를 수치화하고, 이를 통해 개인 맞춤화된 진료 솔루션을 제공하고, 생활 습관과 질병 예방을 관리하는 생활 주치 의료시스템이 적용된 생기능의학[8] 브랜드를 구축했다.

8) 생기능의학(biofunctional medicine): 신체와 정신을 여러 기능 중심으로 한의학 관점에서 평가하고 관리함으로써 미병 관리 및 건강 증진을 목적으로 하는 임상의학

생기능의학 검진과 진료 영역

보구 한의원은 전혈검사(Complete Blood Count: CBC)와 간기능 검사(LFT), 호르몬 검사를 한 후 체성분 분석 장치와 뇌파 검사기, 적외선 체열진단장치 등을 이용해서 환자의 검사 결과와 한의학의 생리 · 병리 개념을 매치시키는 시도를 하고 있다. '생기능의학 검사'를 통해 환자의 상태에 따른 객관적이고 정량화된 자료 분석을 한다. 이를 기반으로 임상 진단과 치료 방법을 제안한다.

예를 들어, 자율신경계 검사의 경우에는 자율신경계의 교감신경과 부교감신경의 기능 및 균형도, 육체적 · 정신적 스트레스 저항도, 신체 내부 및 외부 환경에 대한 인체의 적응도 등을 검사해서 심근경색과 부정맥의 예측 인자로 활용이 가능하며, 경피온열검사(적외선체열검사)는 몸에서 발생되는 적외선 감지를 통해 X-ray나 CT에서 발견하기 어려운 통증 유발 요인을 추적할 수 있으며, 뇌혈관질환의 편측 마비, 안면마비 등의 예후를 예측할 수 있다.

보구 한의원의 전문화 진료 영역은 생애주기별 한의 치료의 효

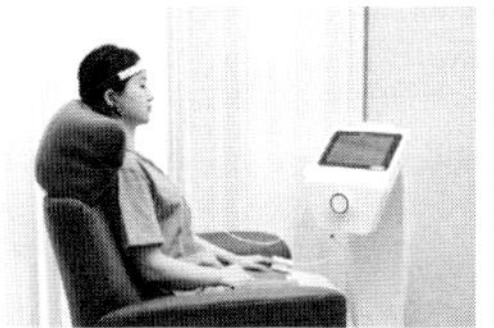
뇌파 & 자율신경검사

혈관검사

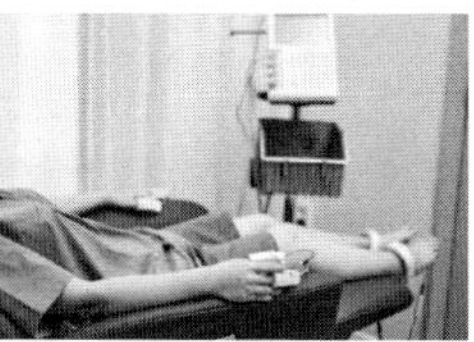
체성분검사

미세 청력 및 이명도 검사

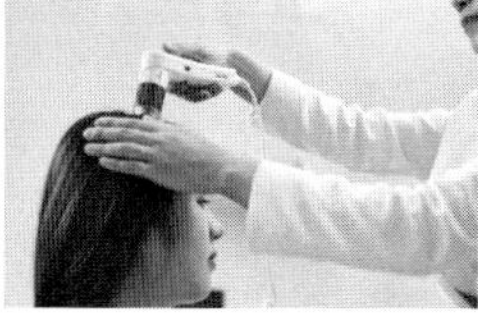
두피 및 피부 검사

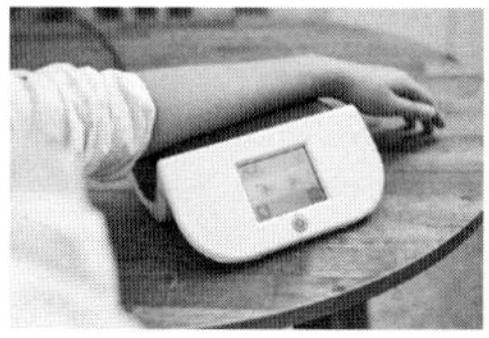
당독소검사

과적인 질환을 우선으로 구성되어 있으며, 특히 미병 → 급성질환 → 만성질환 → 종말기에 따른 질병 단계를 총 4단계로 나누어 만성질환 이전의 미병 단계와 급성질환 단계의 치료에 전문성을 두고 있다.

〈표 15-5〉 **생애주기별 한의 관련 효과 질환 우선순위**

순위	아동(0~19세)	청년(20~44세)	장년(45~64세)	노인(65세 이상)
1	비염 아토피성 피부염	두통 요통	요통	고혈압 치매
2	소화불량 감기	난임	당뇨 고혈압 소화불량	당뇨 중풍
3	성장장애	소화불량 편두통 두근거림 불면증 비만	갱년기	어지럼증 이명

출처: 2017년 한방의료이용 및 한약소비 실태조사 종합편. 보건복지부.

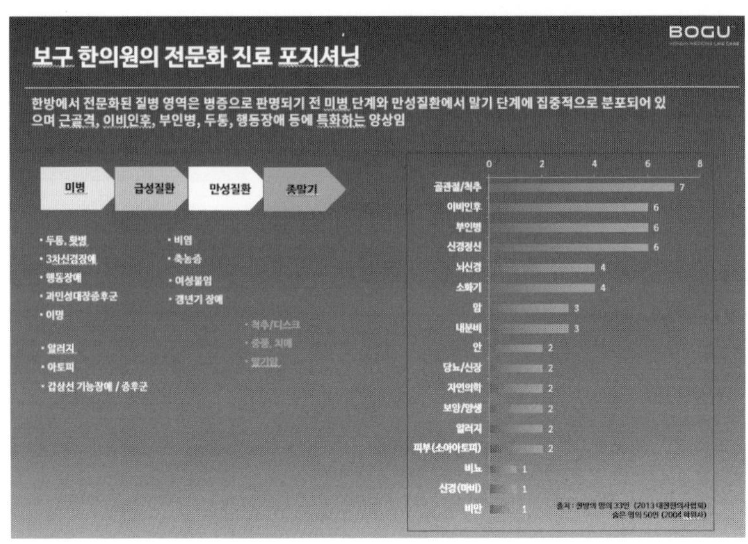

[그림 15-18] **보구 한의원의 전문화 진료 포지셔닝 근거 자료**

출처: 주식회사 보구의 분석 자료

- 생기능의학 검사 데이터 빅데이터화 및 연구 발표 추진(대한생기능의학회 출범)

2021년 대한생기능의학회 출범을 시작으로 보구 한의원 전 지점에서 검사된 환자들의 임상 데이터는 사전 동의를 얻어 클라우드 서버에 축적되어 전 지점 한의사들은 질환 케이스별 검사 결과의 양상과 그에 따른 치료 방법 및 효능 약재 연구에 참여하고 있으며, 정기적인 세미나를 통해 각 지점 간의 우수 증례를 공유하고 공동 치료 연구를 진행하고 있다.

고객 대기 공간의 활용: 맞춤형 예진과 생활 습관 케어

병원을 이용하는 대부분의 환자 만족도는 대기 시간과도 밀접한 연관성을 갖는다. 많은 병의원은 환자들의 대기 시간 축소를 위해 예약제 도입, 실시간 대기 시간 안내 등과 같은 방법을 도입하고 있

[그림 15-19] **보구 한의원 원종점(환자 대기 공간)**

다. 병원 전체 공간의 약 10~12% 정도를 차지하는 대기 공간의 활용은 병원을 첫 대면하는 환자들에게 새로운 경험과 만족도를 높일 수 있는 기회의 공간이다. 보구 한의원은 세 가지의 목표를 두고 대기 공간의 변화를 시도하였다.

그 목표의 첫 번째는 대기 공간의 변화를 통한 심리적 대기 시간의 축소다.

보구 한의원을 처음 방문하는 초진 환자들은 건강상점의 탁자에서 내원 목적에 맞는 사전 문진을 진행하게 된다. 보구 한의원에서 진행하는 기초 건강 상담 및 한의학적 전문 교육을 이수한 상담사(생활 건강상담 매니저)가 상담 작성을 도우며, 개인 체질에 맞는 차(茶)를 나누면서 생활에서 불편함을 느끼고 있는 환자의 목적 진료 외 영역(질환 및 통증)에 대해 듣고 그에 관한 이야기를 나눈다. 이 과정에서 환자와의 라포가 형성된다. 첫 내원에 어색함과 긴장감이 완화되며 예정보다 진료 시간이 늦춰지더라도 그에 대한 심리적 불만이 줄어들게 된다.

두 번째는 검사 및 원장 진료 이전의 예진 기능이다.

설문 작성 후 몸 안의 당독소(최종당화산물)와 자율신경 검사를 진행한다. 당독소 검사를 통해 나이에 따른 신체 기능 나이와 누적 당독소를 수치로 확인할 수 있으며, 자율신경 검사를 통해 현재 교감·부교감 신경의 균형도와 스트레스 지수, 그리고 만성피로 수치를 확인할 수 있다. 기본 검사 결과는 상담사를 통해 설명을 듣게 되며, 내원 목적(필요 진료)에 대한 사전 진료 안내와 그에 따른 치료 프로그램을 안내 받는다. 이는 의료진과의 상담을 사전에 경험하게 해 주고, 치료 방향의 결정에서도 사전 설명을 통해 치료 프로그램에 대한 이해도가 높아진다.

세 번째는 홈(생활)케어 관리 및 보조 제품의 판매 기능이다.

전체적인 치료 이후 상담사를 통해 향후 치료에 대한 스케줄과 과정을 다시 한 번 설명을 듣고, 치료 효과를 위한 일상에서의 관리와 습관에 대한 교육을 받게 된다. 이 과정에서 처방 받은 한약 외에 기능을 보조하거나 사전 문진을 통해 이야기 나눴던 진료목적 질환 외의 생활 통증 및 기능 저하를 도울 수 있는 제품을 추천 받는다. 환자에게 부담이 과중되지 않는 기준에서 판매 목적보다는 기능보조의 역할로 추천된다. 병원에 공급되는 제품은 주식회사 보구에서 추천한 상품으로 구성되며 판매 수익은 각 지점의 진료 외 부대수익으로 제공된다. 보구 한의원의 건강상점은 기존 진료 대기 공간의 일부로서 환자의 만족도를 높이고 부가적인 수익을 창출하는 효율 공간으로 자리 잡고 있다.

[그림 15-20] **보구 한의원(건강상점과 건강상점에서 예진을 하고 있는 환자)**

출처: 보구 한의원 내부 자료

[그림 15-21] **보구 한의원(초진 환자의 진료 이용 프로세스)**

출처: 보구 한의원 내부 자료

치료와 케어의 접목: 심신숙면 케어

미병에서 가장 큰 비중을 차지하는 환자의 불편 증상은 불면이다. 이명, 난청 환자의 경우에는 90% 이상이 불면을 호소한다. 또한 코로나19 이후 재택근무와 격리로 인해 생활 패턴은 불규칙하게 변화되었고, 경제적인 이유에서도 불안과 스트레스는 불면이라는 새로운 의료 수요로 전환 되고 있다. 실제 슬리포노믹스(sleeponomics)라는 수면산업 시장이 있고, 그 규모는 국내만 보더라도 3조 원에 가까운 엄청난 산업 시장이다. 또한 단기적 치료보다는 꾸준한 습관 관리와 환자의 안정(relax)을 돕는 관리의 영역이기도 하다. 보구 한의원 안에는 이와 같은 숙면을 돕는 공간이 구성되어 있다. 케어를 전담하는 전문 관리사는 보구 한의원의 한방 교육을 이수하거나 한의원 경력을 갖춘 간호 조무사 및 피부 · 두피 관리사로 구성되어 있다.

보구 한의원의 숙면케어 공간의 기능은 한의원의 또 다른 신규 의료 소비자 수요를 창출하고 있다. 항노화, 피부미용, 탈모케어 등을 원하는 지역구 내의 고객들은 진료 목적 외에 방문을 하고 있으며, 한의사의 치료와 접목된 케어 프로그램은 한방 치료를 경험하지 못한 고객들에게 간접적인 경험의 기회를 제공하여 지속적인 내원 및 치료로 이어지게 하고 있다. 또한 진료 방문 환자의 경우에는 침치료, 한약치료, 기타 일반적인 한방치료 경험 외에 관리를 통해 치료 만족도가 일반 한의원의 경험 치료에 비해 높게 나타나며, 고객 맞춤형으로 설계된 한방 전문 메디컬 케어 프로그램을 통해

[그림 15-22] **보구 한의원(한방 두피숙면케어 공간)**

일반 에스테틱 또는 스파샵에서 경험하지 못한 만족도를 이야기한다. 이와 같은 심신 · 숙면 케어 프로그램을 통해 병원은 신규 의료 고객 창출과 더불어 의사의 손길 없이 창출해 낼 수 있는 부가적인 수익과 고급화된 맞춤형 의료 전문 브랜드의 콘셉트를 구축할 수 있게 되었다.

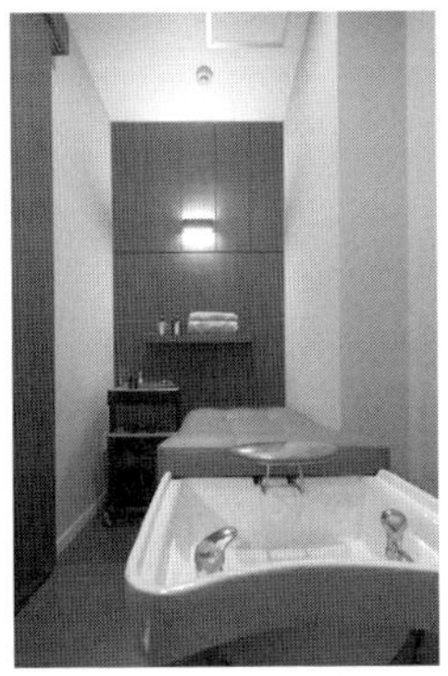
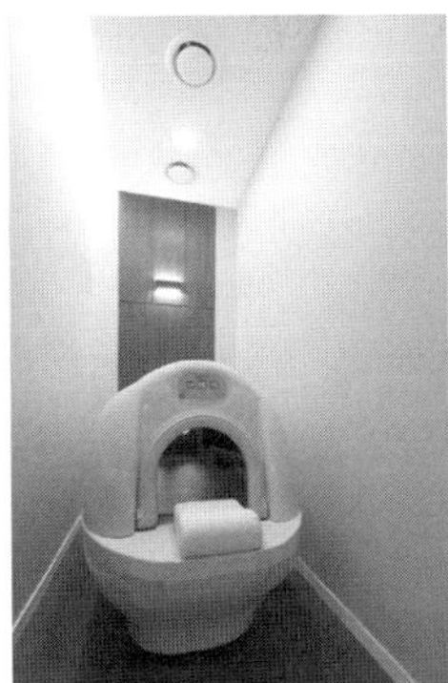

[그림 15-23] **보구 한의원(한방 메디컬 스파 공간)**

주목해야 할 코로나 메디컬 패러다임 시프트

세계를 강타한 코로나19는 의료 및 헬스케어 산업에 있어 2020년은 성장의 방점을 찍은 한 해다. 코로나19로 치료 중심의 의료 패러다임을 '예방과 진단'으로 전환하는 시기도 앞당겨졌다. 코로나19 백신 접종 이후 항체 생성 여부를 확인하는 진단 수요와 가정에서 건강기능식품 및 보조식품, 그리고 홈케어 기기 등의 소비가 폭발적으로 증대된 사실이 이를 증명한다. 코로나19 팬데믹이 불러온 의료계의 뉴노멀(New normal, 새로운 표준) 시대가 시작되었음을 의미하기도 한다. 의료 체계의 패러다임은 향후 질병 예측, 예방 및 사후 관리 중심으로 빠르게 변화할 것이다. 특히 소비자 중심의 의료서비스 개편과 맞춤형 케어, 그리고 지속적인 관리 서비스는 그 핵심 요소로 평가 받게 될 것이며, 이는 의료기관뿐 아니라 바이오

[그림 15-24] **SKT-서울대병원, 발달장애인 대상 AI 조기 진단 · 치료 사업 MOU**

출처: "SKT-서울대병원, 발달장애인 대상 AI 조기 진단 · 치료". 아이뉴스 24, https://www.inews24.com/view/1434818

[그림 15-25] **한의협-KT, '디지털 한의원 구축' 위한 MOU**

출처: "한의협-KT, '디지털 한의원 구축' 위한 MOU". 민족의학신문, http://www.mjmedi.com/news/articleView.html?idxno=54312

및 헬스케어 스타트업부터 주요 통신사까지 다양한 서비스 공급 주체들의 의료 패러다임 선점을 위한 각축전이 예상된다.

변화될 의료계 패러다임의 중심에서 이제 진정한 환자 중심의 서비스를 고민해야 할 시기다. 필자는 최근 보구 한의원의 의료 수요 서비스 확장을 목표로 실제 개원의 실행 경험을 통해 변화하는 의료 소비자의 니즈에 대응하는 방안의 핵심을 세 가지로 요약해 보았다.

첫 번째, 경험하지 못한 '차별성'이다.

차별성은 결국 브랜드의 힘에서 나오게 되며, 브랜드는 다음의 브랜딩 전략 구성 내용과 같이 비전, 미션, 가치 체계, 공간, 입지, 디자인, 내부 구성원의 마인드, 커뮤니케이션, 디지털 채널, 지역 사회와의 교류, 외부로부터의 평가(인증, 수상, 학술 활동) 등과 같은 개별 요인들이 종합되어 완성되고, 완성된 브랜드 체계는 지속

병원 브랜드 경영 전략 및 중장기 마스터 플랜 수립	병원 아이덴티티 구축 및 브랭딩 전략 수립	병원 브랜드 리뉴얼 및 확장 전략
병원 브랜드 전반에 대한 경영진단 및 중장기 비전 전략 수립	병원의 미래 비전과 전략 설계, 차별화 가치 시각적 체계 정립	브랜드 리포지셔닝 및 인지도 확장, NEW VISION 구축
병원 스페이스 아이덴티티 구축 및 시각적 정비 실행	**환자 경험 디자인 전략 수립 및 운영 관리**	**병원 내부 행동규범 및 고객 서비스 체계 정비**
병원 내외부 공간 마스터플랜 설계 시각화 정비	병원 서비스 경험에 대한 고객 관점의 디자인 설계와 개발	내부 구성원 동기강화 및 고객 서비스 프로세스 매뉴얼 구축
브랜드 커뮤니케이션 전략 및 운영 마스터플랜 수립	**지역 사회 커뮤니티 연계 공헌 및 기부 확산 캠페인 전략**	**디지털 스페이스 및 소셜 채널 정비**
차별화 커뮤니케이션 컨셉 구축 및 운영 조직 정비	협력네트워크 및 지역사회 상생 공헌 캠페인 설계 및 실행	WEB채널 운영 전략 설계 및 SNS 연계 커뮤니케이션 채널 정비

[그림 15-26] **주식회사 보구(한의원 보구 네트워크 브랜드 전략 구성 내용)**

적인 관리를 통해 자연발생적으로 고객에 의해 평가되고 성장함에 따라 브랜드가 완성되어 간다. 결국 병원의 브랜드는 고객이 느끼는 차별성으로 완성되며, 지속적인 관심과 평가로 인해 변화와 성장을 거치게 된다.

두 번째, 고객의 필요에 우선한 편의성이다.

예전과 다르게 이제 병원 또한 단순히 친절한 서비스와 루틴하게 유지되어 오던 환자 관리의 행태로는 환자의 만족도를 높이는데 한계를 느끼고 있는 것이 현실이다. 우선 수동적이었던 의료 소비자의 입장이 능동적인 소비자의 입장으로 변화하고 있다. 이는 포털, 전문 채널, 커뮤니티 등과 같은 디지털 환경에 확산되어 있는 정보 뿐 아니라 개인의 진료 정보를 확인할 수 있는 시스템 환경의 조성이 가장 큰 이유다. 환자 중심의 정보 주도권의 변화는 의료 접근성의 장벽을 낮추는 반면에 전문성에서 취약할 수밖에 없는 의료 정보 활용의 인식 수준이 잘못된 정보와 의료기관을 평가하는 잘못된 기준의 잣대로 환자와 의료진 간의 신뢰 관계가 점차 약화되는 부작용 또한 발생되고 있다. 이러한 현상에 저항하고 부작용만으로 인식하기보다는 환자의 접근성과 만족도, 그리고 신뢰관계에서의 지속성에 대한 기회 요인으로 전환하는 시스템 구축이 필요하다.

〈표 15-6〉 **보구 한의원 전국 콜센터 시스템 운영 내용 및 효과**

구분	시스템 운영 내용	운영 효과
진료 사전 예약 시스템	대표 전화 진료 예약, 네이버 포털 진료 예약, 홈페이지 사전 진료 예약, 카카오 채널 진료 예약을 통한 전 지점 의료진별 예약제 시스템 도입	사전 예약율 90%, 로드 유입율 10%로, 의료진별 예측 진료 가능 전일 예약 환자에 따른 진료 계획 수립 가능 환자 대기 시간: 평균 10~15분 이하로 축소 가능해짐
비대면 진료 예약 및 상담	재진 환자 비대면 진료상담 초진 환자 비대면 진료상담 가족 환자 비대면 진료상담	동일 처방 및 정기 관리 환자는 내원 필요 없이 의료진과의 상담을 통해 처방 가능 (정기 내원율 상승) 지역구 외 타 지역 환자의 초진 상담 및 콜센터 예약 관리 시스템을 통해 원내 진료 공백 시간 내에 의료진과 비대면 진료 예약 세팅(진료 회전율 상승) 내원이 어려운 기존 환자의 가족환자의 유전력 확인 후 유선상으로 가족환자 비대면 진료 상담 진행 (소개 환자 증가)
한약 환자 별도 관리	한약 복용 환자 정기 관리	한약 주기 배송 관리, 한약 복용 환자 상태, 이상 유무를 콜센터의 직접 관리로 기존의 데스크 및 실장 업무 축소 (약 30% 이상)

장기 미내원 고객 관리	예약 부도 환자 및 장기 미내원 환자 해피콜 시스템 운영	잦은 노쇼 환자 및 장기 미내원 환자에게 정기적인 한의원 소식 및 환자 맞춤 진료 예방 관리 정보제공(카카오톡 또는 문자메시지) 장기 미내원 고객 관리로 재초진 환자 증대
고객 만족도 평가	지점 및 의료진별 고객 진료 만족도 평가	각 지점과 설문 동의 하에 진료 만족도 평가 설문 실시 컴플레인 및 개선 사항 지점 정보제공, 필요시 교육 지원(진료 만족도 지속 관리)

세 번째, 병원 이용을 통해 느끼는 '상징성'이다.

병원의 선택과 추천의 이유는 스스로 느끼는 명분이다. 결국 이 병원을 선택하게 된 이유와 병원을 추천할 만큼의 만족과 본인 스스로와 밀접한 라포를 갖추고 있는 병원과의 관계성에 대한 자부심까지도 연계되기 마련이다. 이는 홍외부에서 평가하는 병원의 대외적 활동(언론, 매거진, 수상, 학술 활동)과도 연계되며, 병원 공간에서 다가오는 쾌적함, 고급스러움, 아름다움, 구성의 연출 요소 등과 같은 눈과 감정으로 느끼는 감성적 요소 또한 복합적으로 작용하게 된다.

빠르게 변화하는 의료계 패러다임에서 의료 소비자의 니즈에 대응하는 방안은 앞서 요약한 세 가지 기준 외에도 수많은 변수와 기회 요인이 다가올 것이다. 미래를 향해 나아가고 있는 현재의 수많은 의료기관 및 헬스케어 시장에 종사하고 있는 주체자들이 진정한 소비자 중심으로의 보건의료산업의 혁신과 정체성 확립을 통해 전 세계가 주목하는 글로벌 디지털 헬스케어 국가로서 두 걸음 앞서 나가기를 희망한다.

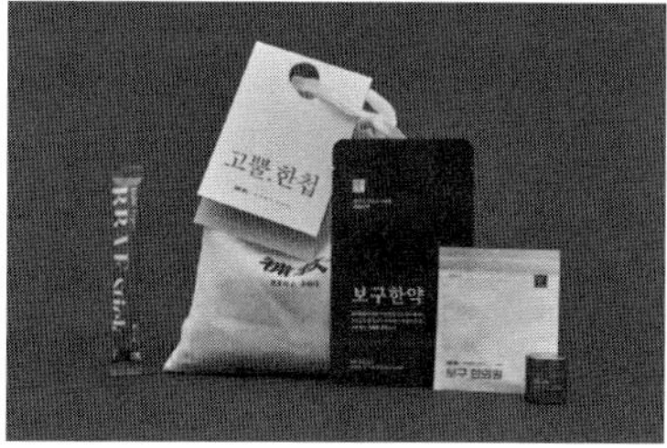

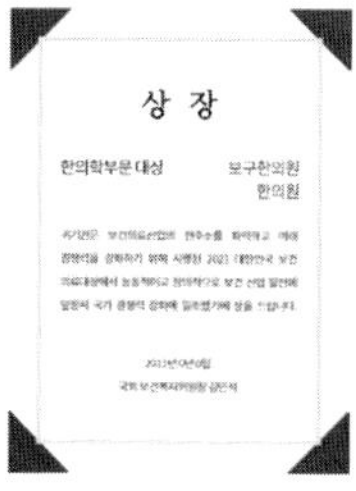
상 장

한의학부문 대상 보구한의원 한의원

"위축되는 한의사, 부흥하는 한의…새로운 시도로 국민에게 다가가야"

'미병' 진단하고 관리함으로써 개인 맞춤 건강 최적화 유지 연구 등에 집중

[그림 15-27] **보구 한의원의 원내 공간 및 대외 활동 사례**

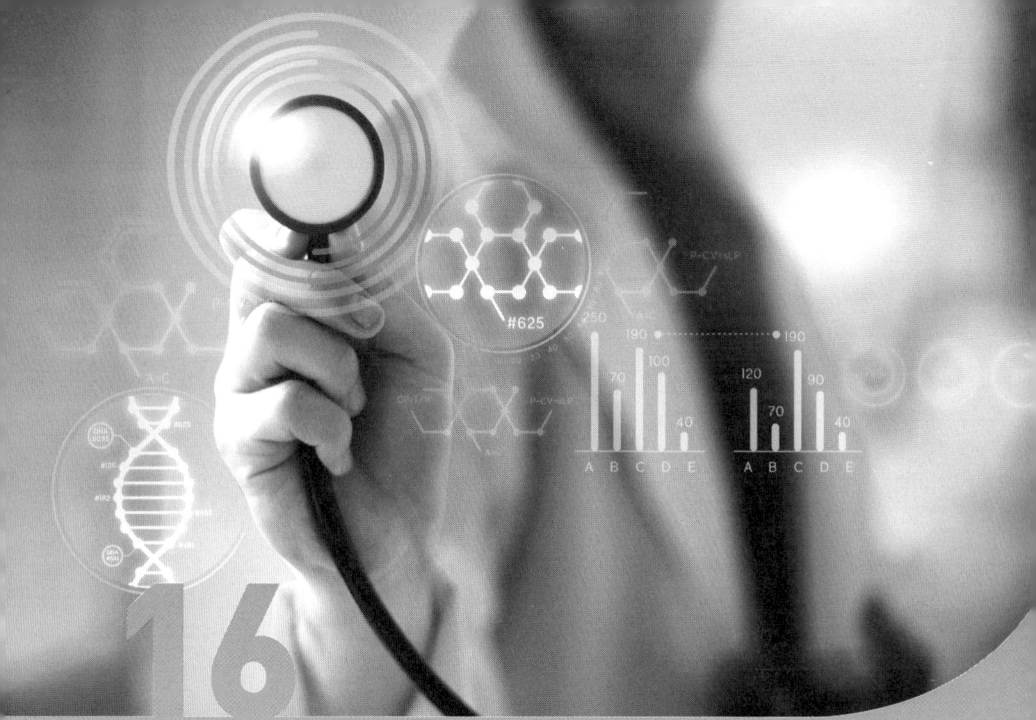

16

포스트 코로나 시대의 '뉴노멀', 비대면 진료의 미래

강승미 겸임교수
이화여자대학교 커뮤니케이션 · 미디어학부

QR코드를 스캔하시면 저자의 설명 영상을 시청하실 수 있습니다.

최근 전 세계적인 감염병 확산에 대한 대처와 예방을 위하여 의료진과 환자 모두가 안전한 의료 환경 구축을 목적으로 비대면 진료에 대한 수요가 늘고 있다. 비대면 진료가 코로나19 이후의 상황에도 안정적으로 정착하고, 국민 건강에 제대로 이바지하기 위해서는 비대면 진료가 가진 다양한 사회적 · 법적 쟁점에 대한 논의가 필요하다. 이 장에서는 비대면 진료에 관한 국내 현행법과 정책 현황을 살펴봄과 동시에 코로나19 이후 해외 각국의 비대면 진료 현황을 함께 다루고자 한다. 또한 의약품 배송 서비스, 비대면 진료 애플리케이션 등 실제 사례 점검을 통해 비대면 진료의 제도화와 정책 마련 방향을 가늠하고자 한다.

코로나19 이후 비대면 진료에 대한 필요성 대두

세계 원격의료 시장은 2019년 455억 달러에서 2026년 1,755억 달러로 연평균 21.3%씩 성장할 것으로 전망된다(GM insight). 원격의료는 전 세계적인 추세이며, 병원을 방문하기 어려운 의료 사각지대 환자에게 많은 시간과 비용을 절약해 준다는 점에서 사람들의 관심이 높다. 컨슈머워치 의료소비자위원회가 국민 1,000명을 대상으로 '대국민 비대면 진료 및 약 배송 인식 조사'를 실시한 결과, 비대면 진료에 대해서 66.1%가 긍정적으로 인식하고 있고, 배송 시스템을 활용한 약 배송에 대해서도 72.8%가 긍정적으로 평가했다.

최근 전 세계적으로 감염병이 확산됨에 따라 비대면 진료에 대한 수요가 늘고 있다. 현재 국내의 비대면 진료는 불법이지만 2020년 2월 코로나19 팬데믹이 본격화되자 정부가 한시적으로 비대면 진료를 허용했다. 이후 2년간 전국 1만3천여 개소의 의료기관에서 제공한 원격진료 건수는 350만 건(2020년 2월~2022년 1월 기준)을 넘어선 것으로 나타났다. 비대면 진료는 신체적 제약 및 장소적 제한이 있는 의료 취약 계층에게 의료서비스를 제공함으로써 의료의 접근성을 높인다는 장점이 있다. 비대면 진료 활성화를 통해 만성질환에 대한 예방적 건강 관리 서비스 제공으로 건강 수명 증대 및 국민 의료비 절감이 기대되는 측면도 분명 존재한다.

그러나 국내의 비대면 진료는 코로나19에 대응하기 위해 한시적으로 허용된 만큼 상황이 안정되면 서비스가 종료될 가능성이 크다. 비대면 진료에 대한 사회적 공감대가 높아짐에 따라 산업계는 물론 의료업계에서도 이를 위한 정책적 논의가 필요하다는 의견이 나오고 있다. 정부 차원에서 비대면 진료에 대한 논의를 꺼낸 건 처음이 아니다. 2009년 이후 10여 년간 의료민영화 논란과 IT-의료 연계, 4차 산업혁명 등과 함께 원격의료서비스 추진이 시도되었으나, 아직도 뜨거운 논쟁 중이다. 정부가 제18~제20대 국회에 각각 「의료법」 개정안을 제출하여 의료 취약지 주민 및 경증 · 만성질환자를 대상으로 한 의사-환자 간 원격의료 제도화 추진을 시도했다. 그러나 원격의료의 정확성 · 안전성 검증 부족, 의료사고 발생 시 책임 소재 불분명, 대형병원 쏠림으로 인한 의료 전달 체계 왜곡 가능성, 의료영리화 우려 등에 대한 논란으로 모두 임기 만료가 되어 폐기되었다.

이러한 맥락을 이해하기 위해서는 한국의 '원격의료'가 외국의 개념과 상이하다는 점을 짚고 넘어갈 필요가 있다. 해외에서 원격의료(Telemedicine)는 모든 비접촉 진료 행위, 자문 행위, 보완 행위를 아우르는 개념이라면, 국내에서의 원격의료는 '환자-의사' 간 원격의료로서 대면 진료에 대응하는 개념에 가까우며, 대면 진료를 대체할 수 있는지 없는지(비대면 진료)가 핵심 쟁점으로 논의되어 왔다.

〈표 16-1〉 **원격의료의 개념**

원격의료	IT, 통신기술을 이용하여 물리적으로 떨어져 있는 환자를 대상으로 한 의료 행위로, 포괄적 개념(진료, 환자 관리, 교육, 예방 등 포함). 병원 방문에 따른 비용과 시간을 줄일 수 있으며, 환자의 의료 접근성을 높일 수 있다는 장점이 있다. 기존의 아날로그 중심의 의료를 디지털화함으로써 미래 의료의 중요한 한 축으로 성장 잠재력이 있다.
원격진료	컴퓨터나 정보통신기술을 이용하여 원격으로 환자를 진단, 치료하는 행위로, 의료진-의료진 원격의료, 환자-의료진 원격의료로 구분된다. 비대면 진료를 포함하는 개념이다.
비대면 진료	대면 진료에 대응하는 개념으로, 환자를 대면하지 않고 화상통신, 전화로 진행되는 진료 행위다. 코로나19로 인한 전 세계적인 비대면 전환이 진료 분야에 적용된 형태이다. 비대면의 특성상 대면 진료보다 제한이 있다.

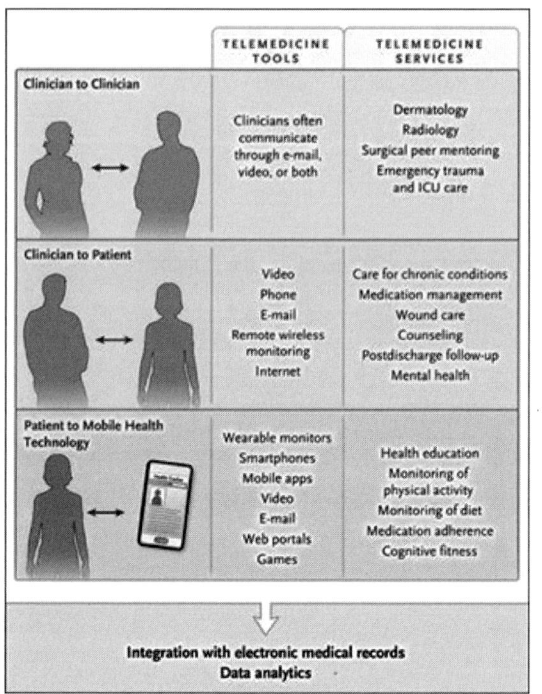

[그림 16-1] **원격의료(telemedicine)의 개념과 종류**

출처: Tuckson, R. V., Margo E., & Hodgkins, M. L. (2017). Telehealth. *New England Journal of Medicine, 377*(16), 1585-1592.

비대면 진료의 세계적 추세

비대면 진료는 영국, 호주, 일본 등 많은 국가에서 이미 도입되어 있다. 나라마다 상이한 면도 있으나, 전반적으로 코로나19 팬데믹 이후에 비대면 진료 방식이나 범위가 확대되었다. 맥킨지 보고서에 따르면, 코로나19 이전에는 미국 내 전체 환자 기준 11% 정도에 머물렀던 원격의료서비스 활용률이 코로나19 이후 46%로 증가했으며, 의사 및 의료기관의 원격의료 이용 또한 50~175배 증가했다.

영국의 경우, 영국 국민보건서비스(National Health Service: NHS) 모바일 앱(mHealth-NHS GP at hand' GP)으로 환자 등록을 하거나 약국에서 반복 처방이 있는 경우에는 온라인으로 진료 및 처방을 할 수 있다. 코로나19 이후, 가능한 한 비대면 의료인 온라인 · 유선 의료 및 처방으로 전환하도록 권고되고 있다. 호주에서는 팬데믹 발발 이전에는 전문의와 환자 간의 거리가 최소 15km 이상 원거리에 있는 경우, 오디오와 비디오가 가능한 화상 통화 형식으로 비대면 진료가 허용되었다. 감염병 발생 이후, 대응을 위해서 임시적으로 전 국민 대상으로 비대면 의료서비스를 확대 시행 중이다. 화상 연결, 전화 상담, Zoom, Skype, Facetime 등 다양한 방식을 활용하고 있으나, 통신서비스가 진료 임상 요건을 충족하고 「개인정보 보호법」을 위반하지 않는지 확인하는 절차가 있다.

프랑스는 영상 장비를 활용한 원격진료가 허용되고 있으며, 의사가 1회 이상 대면 진료를 실시한 환자를 대상으로 한다. 원격진료 시 비용은 병원 대면 진료와 같은 급여를 적용하고 있다. 코로나19 이후 국민과 의료인을 보호하기 위해 원격의료 기준을 완화했다. 초진이라도 코로나 확진 환자 또는 유증상자, 급성기 환자, 만성질환자, 임산부에게 원격진료할 수 있게 한 것이다. 또한 의사와 환자가 영상을 전송할 수 있는 기술적 수단을 갖추도록 하되, 환자가 장비를 갖추지 못한 경우에는 전화로 진료가 가능하도록 허용했다. 캐나다의 경우, 2003년부터 격오지 거주 국민에게 의료서비스를 제공하는 원격의료를 허용해 왔다. 코로나19 발발 이후, 한시적으로 별도의 보안 기술 가이드가 적용되지 않는 가상진료도 할 수 있도록 주 정부에서 적극적 활용 방안 수립을 권고했다. 전화, 문자 외에도 영상진료가 가능하도록 영상회의 앱, 페이스타임, 스카이프 등을 활용하는 것도 허용했다.

미국에서는 각 주에 따라 상이하기는 하지만, 농촌 지역으로 제한하여 원격의료 프로그램을 운영 중이다. 코로나19 이후 비대면 의료를 전국으로 확대하고, 환자 집에서도 비대면 의료서비스를 받을 수 있도록 확대 시행하고 있다. 자택 등 모든 지역에 전화, 비디오, 이미지 등을 통한 정보 교환으로 의료인의 서비스를 받을 수 있게 하고 있다. 코로나19 이전에 일본의 비대면 진료 상황은 국내와 유사하다. 의료진–환자 간 원격의료는 실시 가능 범위를 매우 명확히 규정하고 있다. 초진 또는 급성질환에 대해서 대면 진료 원칙이나 대면 진료가 곤란한 격오지, 만성질환자를 대상으로 원격진료가 가능하도록 제한하고 있다. 코로나19 이후 상황에서는 재진과 만성질환 대상에서 초진 및 알레르기 질환, 폐렴 등으로 한시적으로 확대하였으며, 약 처방 제한이 없어지고 약 택배 배송이 가능하도록 규제를 완화했다.

〈표 16–2〉 **주요국의 비대면 진료 정책의 코로나19 전후 비교**

구 분		코로나19 이전	코로나19 이후
일본	약 처방	• 대면 진료에서 처방했던 약에 한함 • 처방전을 가지고 약국 방문 및 처방약 수령	• 약 처방 종류 제한 없음 • 택배로 처방약 배달 가능
	대상 환자	재진 / 만성질환자	재진, 초진 / 만성질환, 알레르기 질환, 폐렴
미국	대상 지역	농촌 지역 제한	전국으로 확대
	환자장소	메디케어에서 지정한 의료 시설(예: 농촌 건강 클리닉, 병원 기반 투석 시설)	환자의 집 추가
	대상 환자	재진	재진, 초진

프랑스	대상 환자	의사가 1회 이상 대면 진료를 실시한 환자	코로나19 확진자, 의심 환자, 급성기 환자, 만성질환자 및 임산부로 확대
	비대면 진료 방식	오디오와 비디오 화상	전화도 가능
캐나다	대상자	사전에 대면 진료 이용을 신청한 환자	전 국민
	비대면 진료 방식	정부가 인증한 솔루션(오디오와 비디오)를 이용한 영상 통화	전화, 이메일, 웹, 화상 앱 등
호주	환자와 의사 거리	최소 15km 이상 원거리에 있는 전문의와 환자	전 국민
	비대면 진료 방식	오디오와 비디오가 가능한 화상 통화	화상통화가 어려운 경우 전화 가능

출처: 보건복지위원회(2021). 원격 모니터링 또는 비대면 진료의 제도화. 보건복지위원회 검토보고서.

비대면 진료에서 개인정보보호 관련 이슈

전 세계적으로 확대 시행되고 있는 비대면 진료가 코로나19 이후의 상황에도 안정적으로 정착하고, 국민 건강에 제대로 이바지하기 위해서는 비대면 진료가 가진 다양한 사회적 · 법적 쟁점에 대한 논의가 필요하다. 이 중 첫 번째는 개인정보보호에 대한 정책적 조치다. 특히 '모바일앱' 과 '체외진단기기' '건강관리서비스' 도입 등은 개인의 건강 정보를 무차별로 수집할 수 있는 플랫폼으로 악용될 소지가 있다. 특히 2020년 개인정보 등을 여러 사업에 활용할 수 있도록 규제를 완화한 일명 '데이터 3법'이 시행되면서 비식별 개인건강정보가 공공 의료데이터로 제공될 여지가 커진 것도 우려 요소다. 국민이 개인정보 제공에 대한 공감대가 형성되지 않은 상황을 고려할 때, 개인정보가 가공된 형태로 제공된다(개인정보의 비식별화, de-identification)고 해도 민감한 이슈일 수밖에 없다. 따라서 개인건강정보에 대한 개인 기피신청(opt-out), 비식별 개인정보 이용에서 최소한의 건강정보는 상업적 집적화 및 활용을 금지하는 등의 추가적인 정책 마련이 필요하다. 이와 같은 안전 장치가 없다면 비대면 진료의 온전한 발전과 정착을 담보하기가 어렵다.

원격(비대면)의료에 관한 국내 현행법과 정책 현황

국내의 현행 「의료법」은 2002년 3월 의사–의료인 간의 원격의료(의료 지식이나 기술을 지원하는 행위)를 제한적으로 도입하였으나, 현재까지 의사–환자 간의 원격의료는 허용하지 않고 있다. 다만, 정부는 지역과 대상을 한정한 시범사업의 형태로 의사–환자 간 원격진료 또는 모니터링 사업을 지속 추진해 오고 있다. 의료 접근성이 낮은 도서 벽지, 군부대, 원양어선 등에서 '의사–환자 간의 원격진료' 등의 시범사업을 실시하고 있으며, 지속적인 의료 관리가 필요한 재택환자를 대상으로는 원격모니터링 및 진료를 제공하고 있다. 또한 보건소를 중심으로 정보통신기술을 활용하여 노인, 만성질환 위험자 등 건강 취약 계층에게 건강 관리 서비스를 제공하고 있다(〈표 16–3〉 참조).[1]

1) 보건복지위원회(2021). 원격 모니터링 또는 비대면 진료의 제도화. 보건복지위원회 검토 보고서.

〈표 16-3〉

사업 대상	내용	현황 · 실적
의료 취약지 (도서 · 벽지 등) (2017~#)	보건소(의사) ↔ 보건지소 · 진료소(의료인) * 경증 · 만성질환자 대상	• (대상자) 8,927명('20.3.) • (개소) 437개소('20년)
노인 요양시설 (2016~#)	촉탁 의사 ↔ 노인 요양시설 간호사	• (대상자) 10,867건('16.12.~) • (개소) 118개소('20년)
격오지, 군부대 (국방부) (2015~#)	원격진료센터(의사) ↔ 격오지 부대(환자)	• (대상자) 23,843건('19년) • (개소) 89개소('20년)
교정시설 (법무부) (2005~#)	외부 전문의 ↔ 교정시설 내 의료인	• (대상자) 21,193건('19년) • (개소) 47개소('20년)
원양어선 (해수부) (2015~#)	해양의료연구센터 의사 ↔ 원양어선 환자	• (대상자) 1,912명('19년) • (개소) 100척('20년)

〈표 16-4〉

사업명	내용	현황 · 실적
재택의료 건보수가 시범사업 (2019~#)	• 지속적 관리가 필요한 재택 환자* 대상 의사-환자 간 원격 모니터링 · 상담 제공** * 복막투석 · 1형당뇨 · 가정용 인공호흡기 환자 등 ** 인슐린 투입량 조절 등 일부 진료 제공	• 복막투석('19.12.~'20.4.) -(대상) 4,573건(1,707명) -(개소) 54개 기관 참여 • 1형 당뇨('20.1.) -42개 기관, 284명 참여
일차의료 만성질환 관리 시범사업 (2019~#)	• 고혈압이나 당뇨 등 지속적 관리가 필요한 만성질환자 대상 일차의료기관 중심 비대면 모니터링, 상담 · 교육 제공 * 정보통신기술이 반영된 혈압 · 혈당계 및 모바일 앱 활용	-(대상자) 19만 명 참여('20.4.) -(개소) 의원급 1,522개소 참여

〈표 16-5〉

사업명	내용
모바일 헬스케어 (비의료 건강 관리)	• 보건소 중심 건강 관리 희망자(만성질환 위험 있음)에게 건강 관리 계획 제공, 모바일 기반 건강 정보 모니터링 · 교육 · 상담 * '20년 130개 보건소 참여, 1.6만 명 건강 관리 제공
정보통신기술 방문건강관리 (2022년 10월 시행 예정)	• 보건소(의사) ↔ 방문건강관리 간호사, 정보통신기술을 활용한 원격 모니터링 · 상담, 원격 협진 * 보건소 방문건강관리 사업에 정보통신기술 기기를 활용하여 원격 상담 제공

한편, 2020년 2월 24일 정부는 코로나19 위기 상황으로부터 의료인과 환자의 감염을 예방하기 위하여 한시적으로 모든 의료기관에서의 전화 상담 및 처방을 허용하는 조치를 했다. 국회는 2020년 12월 15일「감염병의 예방 및 관리에 관한 법률」개정을 통하여 이에 관한 법률적 근거를 마련했다. 이를 통하여 감염병 위기 심각 단계에서 환자와 의료인의 감염 예방과 의료기관 보호를 위하여 한시적으로 비대면 진료를 시행할 수 있는 법적 근거가 마련되었다. 그러나 이러한 정부의 비대면 진료 허용 조치가 원격의료서비스 산업 육성을 통한 의료 영리화로 이어져서 건전한 의료질서를 해치게 될 가능성을 우려하는 목소리도 제기되기도 했다.[2)]

비대면(원격) 의료 행위는 정보통신기술을 이용하여 환자가 의료기관을 직접 방문하지 않고도 의료서비스를 받을 수 있도록 함으로써 환자의 편익을 증진하고 의료 접근성을 높이는 측면이 있다. 그러나 의사가 직접 시진, 촉진, 타진, 청진을 통하여 진료할 수

2) 대한의사협회(2020. 6.).「정부의 원격의료 추진 관련 대한의사협회 의견」, 코로나19 사회경제위기 대응 시민사회대책위원회(2020.5.15.) 코로나 위기에 의료 영리화? 원격의료 추진 중단하고 공공의료 강화하라.

없다는 한계(환자 정보 부족, 시설 및 장비의 한계로 인한 진료의 불완전성)도 가지고 있다. 때문에 안전성, 의료 접근성, 편의성 등을 고려하여 국민의 건강 증진에 기여할 수 있도록 하기 위해서 일반적인 상황에서의 비대면 진료는 안전한 의료 이용을 원칙으로 대면 진료를 보완하는 형태로 자리 잡는 것이 바람직해 보인다. 또한 비대면 진료가 의료 취약지 및 취약 계층 등 의료 사각 지대를 해소하는 차원에서 제도화하는 방안을 마련할 필요가 있다. 따라서 비대면 진료에 대해 제기되었던 사회적 우려를 해소하고 안전한 비대면 진료가 이루어질 수 있는 행정적 기반을 마련하는 자리가 만들어져야 한다. 비대면 진료의 확대는 코로나19 등 감염병 상황을 특정하지 않고도 일반적인 비대면 진료의 체계와 근거를 마련하고자 하는 취지다. 비대면 진료의 범위, 대상, 기간, 방법, 조건 등을 규정함에 있어서 환자의 생명을 다루는 의료 행위의 연장선이라는 점을 고려할 때, 더욱 신중하고 조심스럽게 접근해야 할 사안이다.

비대면 진료의 특성과 현황을 비추어 보아 비대면 의료 행위의 허용 여부와 허용 범위(어떤 질환 · 환자에 대하여 어떠한 의료 행위까지 허용할 것인지)는 대면 진료에 대한 보완적 수단으로서 의학적 안전성, 유효성의 근거가 축적된 영역에서 의료 기술 및 정보통신 기술의 발전을 반영하여 의료 접근성 보장(의료사각지대 해소)과 국민 편익 증진을 위한 정책적 필요성을 고려하여 설정해야 할 것이다. 또한 이는 의료체계 및 국민의 의료 이용 환경에 중대한 변화를 가져오는 내용이므로 사회적 공감대 형성을 전제로 시행되어야 한다. 이에 허용 가능한 의료 행위의 범위, 허용 환자의 범위, 허용 의료기관의 범위, 원격모니터링 또는 비대면 진료 시 의료인의 책임 등에 대한 체계적 검토가 필요하다.

비대면 진료에서 허용되는 의료 행위의 범위

비대면 진료에서 의료 행위를 어디까지 허용할 것인지가 가장 첫 번째 고려 사항이다. 크게 두 가지 정도의 선택지가 있는데, 하나는 대면 진료의 보조적 방법으로 관찰 및 상담 등의 모니터링이며 다른 하나는 진단 및 처방의 진료 행위를 포함하는 것이다. 대면 진료의 보조적 방법으로 진단과 처방 단계에 이르지 않는 관찰, 상담 등의 모니터링으로 허용 행위를 한정하는 경우에는 진단 및 처방 진료행위를 포함할 때보다 제도적 수용 가능성이 크다. 디지털 기기 등으로 측정한 환자 의료데이터의 추적, 관찰을 용이하게 하면서도 신중한 의학적 판단이 필요한 진단, 처방은 대면 진료에 의하도록 하는 것을 전제로 하기 때문이다. 진단, 처방의 진료 행위까지 가능한 것으로 비대면 진료의 허용 범위를 넓히게 된다면 대면 진료의 원칙이 훼손되지 않도록 하는 보완 장치 마련 방안이 함께 검토되어야 한다.

비대면 진료에서 허용되는 환자의 범위

허용 환자의 범위를 특정하기 위해서는 비대면 진료가 포함하는 분야를 먼저 살펴볼 필요가 있다. 대표적으로 만성질환을 앓는 환자들에 대한 모니터링과 코칭, 영상 및 병리 조직 검사에 대한 판독 서비스, 의료 취약 지역(격오지, 교도기관, 원양어선 등) 환자에 대한 원격 진단 및 처방, 의료진-의료진 간의 원격 의뢰 상담, 초진 환자에 대한 원격 진단 및 처방 등이 있다. 이 중 영상 및 병리 조직 검사에 대한 판독 서비스, 의료 취약 지역(격오지, 교도기관, 원양어선 등) 환자에 대한 원격 진단 및 처방, 의료진-의료진 간의 원격 의뢰 상담은 이미 국내에서 시행되고 있는 부분이다. 이러한 점을 고려할 때 만성질환자, 초진 환자를 비대면 진료에 포함시킬지의 여부가 논의되어야 하는 것으로 보인다. 여기에는 몇 가지 선택지가 존재한다. 먼저, 고혈압, 당뇨, 부정맥 등 장기 진료가 필요한 질환을 겪는 재진 환자로 명확히 한정하는 케이스다. 이러한 방식은 의학적 안전성이 보장된 범위(만성질환자에 대한 관찰, 상담의 범위 내)에서, 지속 관리가 필요한 환자의 편익을 증진하는 차원에서 제도적 합의를 도출해야 한다. 이보다 허용 범위를 늘린다고 가정하면 지역적 · 상황적 여건으로 의료기관을 직접 방문하기 어려운 환자를 허용 범위에 포함하는 선택지도 있다. 이는 의료 취약지 거주자 및 취약 계층의 의료 접근성을 실질적으로 보장할 수 있다는 명분이 있다. 어떤 방식을 선택하든지 비대면 진료의 적정 허용 범위에 대해서는 법안 심의 과정 및 하위 법령 규정 과정에서 의학적 · 과학적 근거를 기초로 의료계와의 충분한 사전 협의 절차가 필요하다.

비대면 진료에서 허용되는 의료기관의 범위

현재 코로나19 상황에서 의료기관, 질환 등에 대한 제한 없이 한시적으로 허용되고 있는 비대면 진료의 실시 현황을 살펴보면, 진료 건수 기준으로는 77.2%(228.3만 건/295.6만 건), 진료비 기준으로는 75.2%(275.2억 원/366억 원)가 의원급 의료기관에서 행해진 것으로 나타났다. 비대면 진료의 정책 확대로 인해서 대형병원으로 환자 쏠림 현상이 나타나지 않도록 의료정책적 관점에서 대상 의료기관을 한정하여 제도화할 것인지에 대한 논의가 필요하다. 대상 의료기관을 한정한다면 병원급 의료기관과 의원급 의료기관 간에 차별이 발생한다는 논쟁의 소지가 있기 때문이다. 이러한 차별이 발생할 수 있다는 입장에서는 전 국민 건강보험 가입과 지역 제한 없이 의료서비스를 받을 수 있는 국민의 의료기관 선택권을 담보하고, 보다 효과적이고 적절한 치료를 위하여 질환 및 환자의 상태에 따라 병의원 구분 없이 적정하게 선택할 수 있어야 한다고 주장한다. 때문에 비대면 진료를 의원급 의료기관에만 한정하거나, 특정 환자(수술 후 관리해야 하는 환자, 중증 · 희귀난치 질환자 등)에 대해서는 병원급 의료기관까지 허용하는 등 범위를 어디까지로 둘 것인지는 중요한 부분이다. 의료전달체계의 왜곡 우려, 환자의 선택권과 의료기관의 형평성 등과 같이 충돌하는 가치들이 있으므로 의료계 전문가들과 정책 입안자들 간 긴밀한 협의가 선행되어야 한다.

비대면 진료 시 의료인의 책임 이슈

현행법상 대면 진료에 대해서는 의사의 책임 여부에 관한 별도의 규정을 두고 있지 않다. 그러나 비대면 진료 과정에서 통신 오류, 장비 결함 등으로 인해 의료사고가 발생했을 때 의료인의 책임 범위가 불분명하다는 논란의 소지가 있다. 환자 측 과실이 있는 경우나 불가항력(통신 오류)으로 인한 경우와 같이 의사의 과실이 인정되지 않는 상황 등에서 의사가 책임을 부담하지 않는다는 것을 명시할 것인지, 아닌지에 대한 법적인 검토가 필요하다. 원격진료에서 발생하는 의료 분쟁에 대해서도 기존의 「민사법」으로 충분히 규율이 가능하므로 대면 진료의 경우와 달리 별도의 특칙을 입법화할 필요가 없다는 의견도 제시되고 있기 때문이다.

비대면 진료의 제도화와 정책 마련 방향

앞에서 제시한 다양한 쟁점 사항에 대해서 전문가들의 정책적 논의가 필요한 이유는 비대면 진료에 대한 정책 입안 과정에서 자칫 취지와 달리 무분별하게 확대되거나 남용될 경우에 국민에게 미치는 효과가 치명적일 수 있기 때문이다. 특히 비대면 진료로 인한 의료사고가 발생할 시 그 책임 소재에 있어서 발생 가능한 경우의 수가 많아 이를 충분히 담보하지 못할 수 있다는 점도 우려된다. 현재 비대면 진료, 재택치료, 전화 처방, 각종 의료플랫폼 등이 한시적으로 허용되고 있다고 할지라도, 대면 진료를 100% 대신할 수는 없다. 따라서 국민 건강과 직결되는 비대면 진료와 관련된 사항은 전문가 단체 등과 충분한 논의를 거친 후에 진행되어야 할 것이다.

무엇보다도 비대면 진료에 대한 논의는 산업적 접근보다는 환자의 편의성을 우선해서 미래 의학적 관점에서 접근해야 한다. 구체적으로 1차 의료기관 중심으로 비대면 진료를 시행하되, 경증질환, 만성질환 등 비대면 진료가 효과적인 부분부터 시행하는 방안을 고려해야 한다. 다만 오진 가능성을 줄이기 위해서 건강측정기기 등의 단계적 도입과 활용 검토가 선행되어야 한다. 또한 의료사고 책임 소재에 대한 의료인 부담 완화 정책이 도입될 필요가 있다. 의료기관의 편중을 막고 비대면 진료를 통해 개원가와 대학병원이 상생하는 방향을 모색하기 위해서 제도적 장치 도입도 검토되어야 한다. 의료기관 당 비대면 진료 건수의 상한제 도입, 비대면 진료 시 상담 시간 등에 따른 수가 차등 적용 등이 논의되어야 한다. 무엇보다도 환자의 개인정보에 대한 보호 대책도 제도화해야 할 것이다.

불법인가, 혁신인가: 의약품 배송 서비스

코로나19가 지속되면서 비대면 진료 확대의 필요성이 제기되는 가운데 의약품 안전 배송 서비스 시행도 주목할 만한 이슈다. 의약품 배송 서비스의 핵심은 비대면과 편리함이다. 약국을 방문하지 않아도 원하는 장소에서 약을 수령할 수 있다는 장점이 있다. 특히 의료 취약 계층이 혜택을 볼 것으로 기대된다. 섬 지역 등 의료 사각지대에서 의약품 수급이 가능해지고 거동이 불편한 노인들의 편의를 높일 수 있다. 또한 의약품 배송 서비스는 약국과 상생을 지향한다는 측면에서 이점이 있다. 소비자에게 약을 안전하고 빠르게 배송해주며, 대형 약국에 소비자가 몰리는 현상을 개선해서 동네 약국을 활성화하는 데 도움을 준다는 긍정적 측면이 존재한다. 비대면 진료와 의약품 처방 및 수령에 활용할 수 있는 '닥터나우' '솔닥' '바로필' 등이 대표적인 앱으로 꼽힌다. 의약품 배송 서비스의 시행은 국내만의 일은 아니다. 미국과 중국 등에서는 의약품 배송 서비스가 활발히 이루어지고 있다. 아마존은 2018년 온라인 약국 업체 필팩(Pill Pack)을 인수해서 의약품 배송 서비스를 시작했으며, 차량 공유 서비스를 운영하는 우버(Uber)도 자회사 우버 헬스(Uber Health)를 통해 관련 스타트업 님블알엑스(NimbleRX)와 손잡고 서비스를 시작했다.[3]

그런데 최근 들어 보건복지부의 '한시적 비대면 처방 · 조제' 고시에 대해 플랫폼 업계와 약국가의 엇갈린 시각이 불거지고 있다. 플랫폼을 통한 의약품 배달 서비스는 합법과 불법 사이에 놓여 있기 때문이다. 「약사법」에 따르면 불법이지만, 복지부 고시에 따르면 합법인 모호한 상태다. 현행 「약사법」 제50조 제1항에 '약국개설자 및 의약품판매업자는 그 약국 또는 점포 이외의 장소에서 의약품을 판매하여서는 아니 된다'고 규정하고 있다. 그러나 지난 2020년 2월부터 복지부는 공고 제2020-177호 '전화상담 · 처방 및 대리처방 한시적 허용 방안'을 발표하고, 비대면 처방 · 조제를 일부 허용했다. 이후 현재까지 환자가 의사나 약사를 만나지 않고도 의약품을 처방 받고 배달 서비스를 이용할 수 있다.

약 배송 서비스에 따른 사고가 발생하는 경우에 책임 소재가 명확하지 않다는 점도 문제로 꼽힌다. 실제로 여기저기서 사고가 발생하기 시작했다. 작년 12월, 월경전증후군을 앓고 있는 30대 여성이 병원에 갈 시간이 없어서 비대면 원격진료 앱을 이용해서 평소 먹고 있던 경구피임약을 처방받았고, 약국에서는 '당장 재고가 없으니 같은 성분의 약을 지어 주겠다'고 한 게 사건의 시초다. 약국은 이 과정에서 국내 허가를 받지 않은 불법의약품을 환자에게 전

3) http://it.chosun.com/site/data/html_dir/2020/09/17/2020091700370.html

달했으며, 환자를 통해 이 같은 사실이 알려졌다. 오미크론 변이 유행으로 비대면 진료, 약 배달에 대한 우려를 내놓고 있던 약사회에서는 예견된 참사라는 입장을 냈다. 약사회 측은 "한시적 특례로 플랫폼 업체의 자율에만 상황을 맡기기보다는 정부가 직접 나서서 상황을 점검해야 한다. 안전한 상황에서 처방과 투약이 이뤄질 수 있도록 면밀한 대비가 필요하다"고 견해를 내놓았다.[4] 코로나19 사태를 계기로 의약품 배송 서비스에 대한 필요성이 급증한 만큼 무조건적으로 불법으로 규정하기보다는 보다 심층적인 차원에서 고민하고 논의를 거쳐서 갈등 해결 방안을 찾아야 한다.

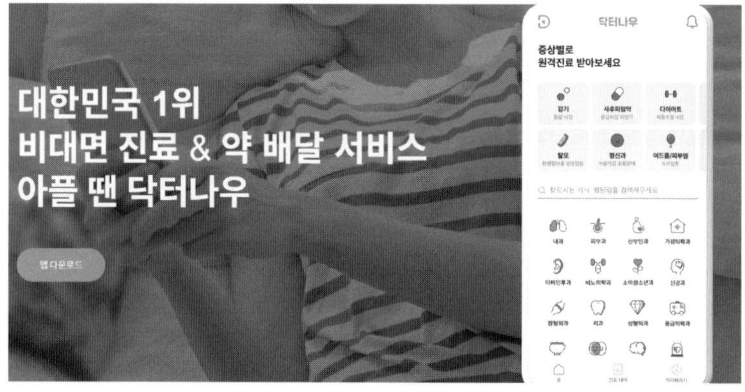

[그림 16-2] **국내 약 배달 서비스 애플리케이션 '닥터나우'**

출처: 닥터나우 홈페이지[5]

해외에서는 약 배송 서비스 애플리케이션뿐만 아니라 다양한 비대면 의료서비스를 받을 수 있는 스타트업 회사들이 늘고 있다. 해외 사례를 짚어 보면서 국내의 비대면 의료서비스의 미래를 가늠

---

4) http://www.dailypharm.com/Users/News/NewsView.html?ID=285900&REFERER=NP

5) https://drnow.co.kr/about

할 수 있기를 바란다. 먼저, Teledoc Health는 미국에 본사를 둔 다국적 원격의료 및 가상 의료 회사로, 2021년 기준 100만 회원을 보유하고 있다. 이들 회사에서는 전화 및 화상 회의 소프트웨어를 기반으로 전문 의료서비스, 정신건강 서비스 등을 지원한다. 환자는 언제든지 서비스에 로그인하면 몇 분 안에 Teledoc Health 네트워크와 연결된 의사(주 면허 보유)와 비대면으로 만나게 된다. 독감, 피부 질환, 이비인후과 질환, 안구건조증 등 안과 질환, 정신건강 문제 등과 같은 비응급 상황에서의 의료서비스를 받을 수 있다. 또한 일부 약물에 한해 원격으로 처방받을 수 있다.

인공지능을 활용해서 환자에게 적합한 의료진을 소개해 주는 서비스 애플리케이션도 있다. 미국 시애틀에 있는 98point6는 환자를 의사와 연결하기 전에 음성 및 이미지 인식, 환자가 입력한 데이터 등을 기반으로 인공지능이 환자를 분류해서 가장 적절한 치료를 받을 수 있도록 돕는다. 환자 입장에서 사용의 편의성이 뛰어나며, 유용하다는 평가를 받고 있다.

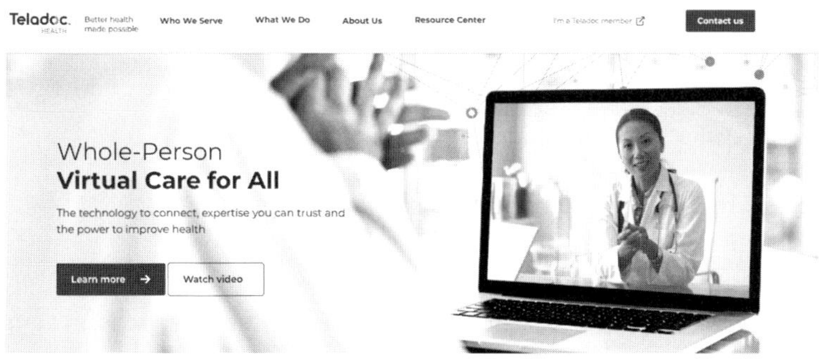

[그림 16-3] **비대면 의료서비스 'Teledoc Health'**

출처: Teledoc Health 홈페이지[6]

6) https://www.teladochealth.com/

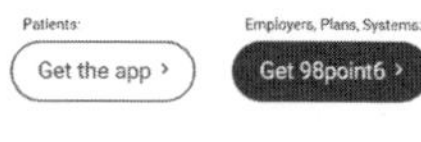

[그림 16-4] **비대면 의료서비스 '98point6'**

출처: 98point6 홈페이지[7]

미국 플로리다에 본사를 둔 MDLIVE는 주 정부 면허와 미 이사회 인증(US Board Certified)을 모두 받은 의사들만을 연결해 주는 비대면 의료서비스다. 미국 내 모든 의사는 해당 주에서 합법적으로 의료를 개업하기 위해 주 면허가 필요하다. 때문에 미국에서 비대면 의료서비스를 행하는 많은 스타트업이 주 면허를 가진 의사와 네트워크를 보유하고 있다. 반면 미 이사회 인증은 미국에서 의사에게 필요한 교육 및 인증 수준이 일정 레벨 이상임을 보여 주는 추가 자격이다. MDLIVE는 주 면허와 이사회 인증을 모두 받은 의사들을 연결한다는 점을 강조한다. 또한 의사들을 모집할 때 국립 의사 데이터 베이스(National Physician Data Base: NPDB)와 미국의학협회(The American Medical Association: AMA) 등을 통해 백그라운드 체크를 필수적으로 하고 있다고 소개하고 있다.

이를 통해 환자 입장에서의 신뢰도를 더 확보하고자 어필하고 있다. MDLIVE 서비스는 주치의가 없을 때 비응급 문제에 대해 의

7) https://www.98point6.com/

사에게 빠르고 쉽고 편리하게 접근할 수 있도록 설계되었으며, 코로나19 관련 증상, 감기, 알레르기, 두통, 발진 등의 내외과적 증상, 소아과적 질환, 정신 건강 관련 증상 등에 대해 의사와 상담할 수 있다.

우울증, 불안장애, 섭식장애 등 정신 건강과 관련된 의료서비스에 특화한 프로그램도 있다. 미국 뉴욕을 기반으로 하는 Talkspace는 환자들이 정신 건강 관련 상담 및 의료서비스를 상대적으로 저렴하고 편리하게 받을 수 있도록 하는 것을 목적으로 한다. 온라인으로 간단한 질문지에 응답하면 추천 의료서비스 및 전문가 리스트를 확인할 수 있으며, 그중 자신과 가장 적합하다고 생각하는 전문가와 연결될 수 있다. 직접 대면하지 않고 의료 전문가와 문자, 오디오, 사진 및 비디오를 통해서 소통이 가능하다.

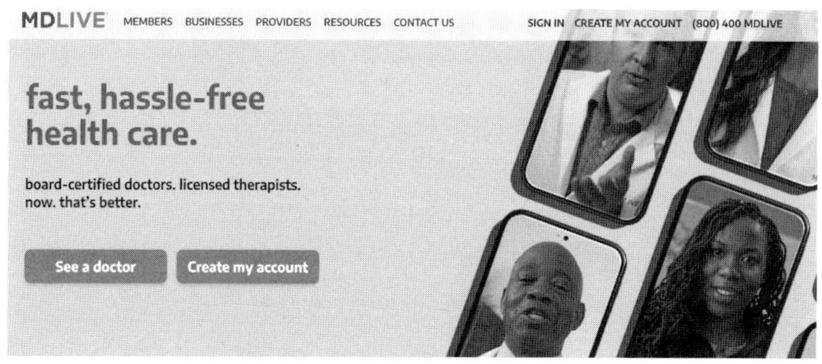

[그림 16-5] **비대면 의료서비스 'MDLIVE'**

출처: MDLIVE 홈페이지[8]

8) https://mdlnext.mdlive.com/

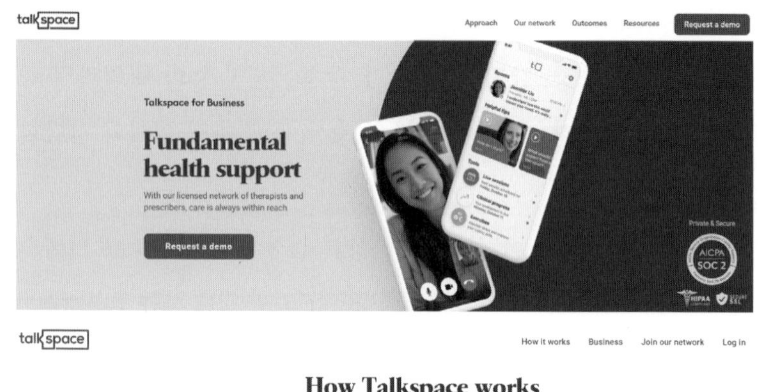

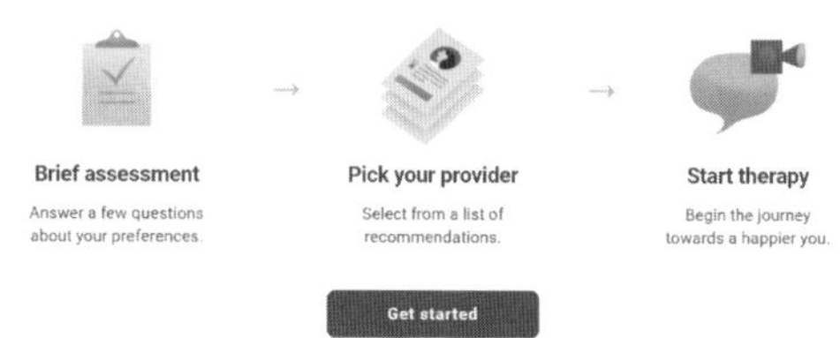

[그림 16-6] **비대면 의료서비스 'Talkspace'**

출처: Talkspace 홈페이지[9]

이제 비대면 진료에 대한 적극적인 논의가 필요하다

의료 테크놀로지와 소프트웨어가 발전을 거듭하는 가운데 환자가 디지털 화면을 통해 의사를 만나고, 적절한 의료서비스를 받을 수 있는 시대에 도래했다. 비대면 진료는 이용자인 환자에게 편리하고, 의료 접근성이 높다는 이유로 수요가 늘고 있다. 그러나 의사가 환자의 직접 얼굴을 맞대고 시진, 촉진, 문진하는 대면 의료를 전면 대체할 수는 없다는 대전제는 바뀌지 않으며, 응급 상황에서

9) https://www.talkspace.com/#how

특히 더 그러하다. 부정할 수 없는 것은 전 세계적인 흐름이 비대면 진료를 수용하는 방향으로 나아가고 있다는 점이다. 앞으로 10년 후, 20년 후를 내다볼 때 비대면 진료를 무조건 거부하거나 비판적 입장을 견지한다고 해결될 수 없다. 비대면 진료가 대면 진료의 '대체 의료서비스'가 아닌 '상호 보완적 보충 의료서비스'로 자리 잡기 위해서 의료계 전문가, 사회-보건계 전문가, 정책 입안자들의 심도 높은 논의가 필요한 시점이다.

저자 소개

유승철(Seung Chul Yoo)

유승철 교수는 '디지털 소비문화 커뮤니케이션 연구자'로 현재 이화여자대학교 커뮤니케이션·미디어학부 교수로 미디어 공학&창업 트랙 주임교수다. 미국 텍사스대학교(University of Texas at Austin)에서 광고학(Advertising) 전공으로 석사 및 박사 학위를 취득했다. 유학 전에는 (주)제일기획에서 다년간 미디어/광고 실무를 담당했으며, 학위 취득 후 로욜라 대학교(Loyola University Chicago)에서 디지털/인터랙티브 미디어(Digital/Interactive Media) 담당 교수로 재직했다. 한국헬스커뮤니케이션학회, 한국광고학회, 한국광고홍보학회, 한국PR학회에서 기획이사 및 연구이사로 봉사하고 있다. 병원 브랜딩, 디지털 의료 서비스 혁신, 디지털 실감영상 등 뉴미디어 기술을 활용한 의료커뮤니케이션이 주요 연구 및 교육 분야다. 유승철 교수는 미디어 산업 발전에 이바지한 공적을 인정받아 2021년 12월 문화체육관광부장관 표창을 수상했다.

임승희(Seung Hee Im)

임승희 교수는 현재 수원대학교 경영학부 교수다. 고려대학교에서 마케팅(Marketing) 전공으로 석사 및 박사 학위를 취득하고, 미국 텍사스대학교(University of Texas at Austin)에서 방문연구원을 지냈다. 서비스마케팅학회, 한국상품학회에서 부회장, 한국경영학회 상임이사, 한국마케팅학회 감사 및 한국광고홍보학회에서 이사로 봉사하고 있다. 지금까지 마케팅 분야에서 다수의 저서와 국내외 주요 학회지에 논문을 발표하고 교육했다. 임승희 교수는 이러한 연구 노력을 인정받아 발표한 저서가 한국학술원 우수도서로 선정되었고, 2019년 한국경영학회 우수경영학자상을 수상했다.

문장호(Jang Ho Moon)

문장호 교수는 현재 숙명여자대학교 홍보광고학과 교수로 재직 중이다. 미국 텍사스대학교(University of Texas at Austin)에서 광고학(Advertising) 전공으로 박사학위를, 미국 남가주대학교(University of Southern California)에서 전략적홍보(Strategic Public Relations) 전공으로 석사학위를 취득했다. 학위 취득 후 캘리포니아 주립대 풀러턴(California State University Fullerton)에서 광고 담당 교수로 재직했다. 한국광고학회, 한국광고홍보학회, 한국소비자광고심리학회에서 이사로 활동 중이다. 검색광고, 타겟팅 광고, 브랜디드콘텐츠, 소셜미디어 등 디지털 채널을 활용한 브랜드 커뮤니케이션이 주요 연구 및 교육 분야다.

김현정(Hyun Jeong Kim)

김현정 교수는 현재 서원대학교 광고홍보학과 교수다. 한양대학교에서 영문학 석사와 광고홍보학 박사를 취득했다. 유통경제신문사, (주)아가월드 홍보실을 거쳐 한국무역보험공사 홍보실에서 17년간 PR업무를 전담했으며, 국립재난안전연구원에서 재난위기관리 연구를 수행한 후, 국립정신건강센터 설립 전후, 조직 홍보 전반을 담당하는 홍보전문가로 일했다. 저서로는『팬데믹 시대, 감염병 대응을 위한 사회적 소통과 공공PR』(공저, 지금, 2021),『스마트 광고, 기술을 넘어서』(공저, 학지사, 2020),『디지털 융합시대 광고와 PR의 이론과 실제 』(공저, 학지사, 2018),『소셜미디어 시대의 PR』(공저, 커뮤니케이션북스, 2015) 등이 있다. 디지털PR 관련 다수의 논문을 발표했으며, 정책홍보 기여공로로 산업통상자원부 장관상을 수상한 바 있다.

이형민(Hyung Min Lee)

이형민 교수는 현재 성신여자대학교 미디어커뮤니케이션학과 교수로 재직 중이며, 국제대외협력처장을 맡고 있다. 전공 분야는 PR, 공공 커뮤니케이션으로 미국 미네소타대학교(University of Minnesota)에서 박사학위를 받았다. 한국PR학회, 한국광고학회, 한국광고홍보학회, 한국광고PR실학회, 한국방송학회 등에서 총무이사를 역임했으며, 여성가족부, 보건복지부, 국방부, 행정안전부 등을 비롯한 중앙정부 부처들의 홍보 자문 및 평가위원으로서 활동 중이다.

이화자(Hwa Ja Lee)

이화자 카피라이터는 대홍기획과 제일기획 카피라이터를 거쳐 약 15년간 호남대학교 광고홍보학과 교수로 재직했으며, 현재는 프리랜서 카피라이터와 브랜딩 자문 일을 하고 있다. 저서로 10여 권이 넘는 광고 전문서가 있으며, 광고 이론 및 제작에 관한 다양한 교재를 개발했는데, 대표 저서로는 『크리에이티브 내비게이터』(한경사, 2019), 『미디어가 크리에이티브다』(호남대학교 출판부, 2006), 『광고 what & how』(나남, 2003), 『광고 그리고 창의성』(커뮤니케이션북스, 2002) 등이 있으며, 공저서로는 『광고카피의 이론과 실제』(공저, 나남, 2010), 『광고홍보실무특강』(공저, 커뮤니케이션북스, 2007) 등이 있다. 새만금문화관광 자문위원, 서울시 도시브랜드 자문위원을 비롯하여 지자체 의료관광홍보 자문위원으로 활동하고 있다.

이혜은(Hye Eun Lee)

이혜은 교수는 현재 이화여자대학교 커뮤니케이션 · 미디어학부 교수로 미디어 경영 · 법제트랙 주임교수다. 미국 미시간주립대학교(Michigan State University)에서 커뮤니케이션(Communication) 전공으로 석사 및 박사 학위를 취득했다. 학위 취득 후 하와이주립대학교(University of Hawai`i at Manoa)에서 대인커뮤니케이션(Interpersonal Communication) 및 연구방법론 담당 교수로 재직하며 2014년 정년보장을 받았다. 한국방송학회와 공공외교학회에서 기획이사로 봉사하고 있다. 대인커뮤니케이션과 심리적 안녕감 및 만족도가 주요 연구 분야이나, 최근 10년간 뉴미디어의 발전으로 대인커뮤니케이션과 소셜미디어의 관계가 심리적 안녕감과 만족도에 미치는 영향 및 문화 간 차이로 인한 미디어 콘텐츠 소비 패턴 차이로 연구 영역을 확장하고, 방법론 연구자로 설문조사뿐만 아니라 실험, 기능성 MRI 및 빅데이터를 이용한 개인의 미디어 효과 차이를 융합적으로 연구하고 있다.

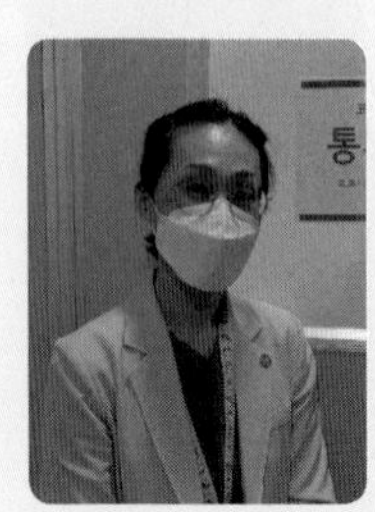

오지연(Ji Youn Oh)

오지연 간호사는 경희의료원 본관 13층 수간호사로서 경희의료원에서 25년간 재직 중이다. 간호학을 전공하고 석사로 병원 경영을 전공했다. 수간호사이기 전에 교육간호사로 신규 간호사와 경력 간호사의 임상실 기술 및 다양한 교육을 진행했다. 경희대학교를 비롯하여 제주 한라대학교, 신성대학교, 신한대학교 등의 임상실습강사를 했으며, 간호사 국가고시 출제 위원으로도 활동한 바 있다. 대한간호협회에서 유휴간호사와 실무지도자교육을 진행하고 있으며, 이러한 공적을 인정받아 2018년에는 서울특별시 간호사회 모범간호사상을 수상한 바 있다.

김유정(Yoo Jung Kim)

김유정 박사는 현재 삼성 SDS CX팀에서 선임 엔지니어로 재직하며 UX/HCI 관련 업무를 진행하고 있다. 서울대학교 융합과학기술대학원에서 사용자경험 및 인간 컴퓨터 상호작용 전공으로 석사 및 박사 학위를 취득했다. 학위 과정 동안 보건산업진흥원의 지원을 받아 분당 서울대학교 병원 의료정보팀과 함께 개인 건강 데이터를 EMR을 통해 실제 진료에서 활용하는 시스템을 설계했다. 2017년에는 우수 논문연구에 선정되어 보건복지부 장관상을 수상한 바 있으며, 미국 워싱턴대학교(University of Washington)에서 1년간 의사–환자 정보 시스템 설계 프로젝트를 진행하며 해외 의료 환경에 대한 감각을 익혔다. 학위 취득 후, 삼성 SDS에서 UX/HCI를 산업 현장에 적용하고 확산하는 업무를 진행 중이다.

유우현(Woo Hyun Yoo)

유우현 교수는 현재 인천대학교 신문방송학과 교수이자 사회과학대학교 부학장 및 정책대학원 부원장이다. 성균관대학교 미디어커뮤니케이션학과에서 학사 및 석사 과정을 마치고 미국 위스콘신 매디슨 대학교(University of Wisconsin-Madison)에서 매스커뮤니케이션(Mass communication) 전공으로 박사학위를 취득했다. 한국헬스커뮤니케이션학회 총무이사 및 건강과 테크놀로지 연구회장, 한국언론정보학회 연구이사, 한국PR학회 기획이사 등을 역임했다. 현재 인천시청자미디어센터 발전협의회, 인천광역시 학교미디어교육협의회에서 미디어 리터러시 교육 자문을 제공하고 있으며, MBC, OBS에서 시청자 평가원으로 활동하고 있다. 디지털 헬스커뮤니케이션, 헬스 빅데이터 분석, 온라인 사회적 지지 등 디지털 커뮤니케이션 기술을 활용한 헬스케어가 주요 연구 및 교육 영역이다.

오지은(Ji Eun Oh)

오지은 교수는 현재 이화여자대학교 신산업융합대학 교수이며, 이화여자대학교에서 식품영양학을 전공한 후 동 대학에서 석사 및 박사 학위를 취득했다. 한국식생활문화학회, 한국식생활교육학회에서 이사로 봉사하고 있으며, 푸드서비스 소비자 행동 및 환경 분석, 상품 개발(고령 친화 식품, 단백질 강화 식품, HMR 간편식)이 주요 연구 및 교육 분야다. 오지은 교수는 지속 가능한 발전을 위해서는 변화하는 식생활 및 소비 환경에 맞춰 소비자의 니즈를 반영한 식품을 개발하고 식생활을 교육하는 것이 목표가 되어야 한다고 생각하며, 다수의 관련 연구 프로젝트를 수행하고 있다.

조은희(Eun Hee Cho)

조은희 박사는 보건학 석사를 마치고 한양대학교에서 2020년에 박사학위를 받았다. 보건학과 커뮤니케이션학 학제간의 융합적 주제에 관심을 갖고 '헬스커뮤니케이션을 위한 거버넌스 개념과 콜라보리더십'(2017), '노인의 의학적 특성과 미디어행동 패턴'(2018) 등의 주제로 학회에서 발표한 바 있다. 논문으로 「의사, 공공재의 의미가 함축하는 고귀한 가치」(2021), 「보건의료기관의 개성유형 연구」(2020), 「개정의료법 57조의 배경, 광고의 사회적 윤리성과 공익적 가치」(2019) 등이 있다.

이신재(Sin Jae Lee)

이신재 이사는 홍익대학교 광고홍보대학원에서 광고홍보학 석사 학위를 받았으며, 현재 주식회사 컨셉코레아의 전략기획총괄 이사를 맡고 있다. 엘리오앤컴퍼니 브랜드전략본부 매니저, 카페24 메디컬 마케팅 신사업 총괄을 맡았으며, 국내 주요 대학병원 및 공공기관(부산광역시)의 브랜드 전략 컨설팅, 국내 중소병원(약 200여 개 병의원)의 브랜드 개원 및 커뮤니케이션을 실행했다. 또한 국내 한방 네트워크 브랜드 마케팅을 총괄하였으며, 국가 주요 국제 행사 기획 및 실행 PM 및 국내 기업 브랜드 런칭 및 프로모션 PM을 맡은 바 있다.

강승미(Seung Mi Kang)

강승미 박사는 현재 이화여자대학교 커뮤니케이션 · 미디어학부 겸임교수로 재직 중이다. 이화여자대학교 커뮤니케이션 · 미디어학부에서 '푸드 커뮤니케이션과 콘텐츠 마케팅'을 주제로 박사학위를 취득했으며, 박사학위 전에는 국내 최대 의료 건강 미디어인 헬스조선(http://health.chosun.com)에서 다년간 취재기자로 근무했다. 도시 브랜딩, 영상 콘텐츠 마케팅, 메디컬 및 푸드 커뮤니케이션 등 뉴미디어 기술과 다양한 콘텐츠를 융합한 광고/PR 기획과 브랜드 전략이 주요 연구 분야다. 현재 한국헬스커뮤니케이션학회에서 홍보이사로 봉사하고 있다.

메디커뮤니케이션
의료커뮤니케이션과 마케팅
MEDICOMMUNICATION

2022년 7월 1일 1판 1쇄 인쇄
2022년 7월 5일 1판 1쇄 발행

지은이 • 유승철 · 임승희 · 문장호 · 김현정 · 이형민 · 이화자 · 이혜은
오지연 · 김유정 · 유우현 · 오지은 · 조은희 · 이신재 · 강승미

펴낸이 • 김진환
펴낸곳 • ㈜ 학지사
04031 서울특별시 마포구 양화로 15길 20 마인드월드빌딩
대표전화 • 02-330-5114 팩스 • 02-324-2345
등록번호 • 제313-2006-000265호

홈페이지 • http://www.hakjisa.co.kr
페이스북 • https://www.facebook.com/hakjisabook

ISBN 978-89-997-2696-5 93320

정가 25,000원